코기토 총서

세계사상의 고전

코기토 총서 039
세계사상의 고전

독일 민족의 그리스도인 귀족에게 고함
교회의 바빌론 포로에 대한 마르틴 루터의 서주
그리스도인의 자유에 대한 논설

마르틴 루터 지음 | 황정욱 옮김

도서출판 길

옮긴이 황정욱은 1950년 인천에서 태어나 서울대 독어독문학과를 졸업했다. 한신대 대학원에서 신학 석사학위를 받았으며, 독일 부퍼탈 신학대학(Kirchliche Hochschule Wuppertal)에서 교회사를 전공하여 신학 박사학위를 받았다. 1991년부터 2015년까지 한신대 신학과 교수로 있었다.

저서로『칼빈의 초기사상연구 1』(한신대학교출판부, 2000),『칼빈의 초기사상연구 2』(한신대학교출판부, 2002),『예루살렘에서 長安까지』(한신대학교출판부, 2005) 등이 있으며, 번역서로는『교회교의학 II/1』(칼 바르트, 대한기독교서회, 2010),『교회교의학 II/2』(칼 바르트, 대한기독교서회, 2007),『교회교의학 IV/3-2』(칼 바르트, 대한기독교서회, 2005),『종교개혁 초기: 청년 루터, 청년 츠빙글리』(요하임 로게, 호서대학교출판부, 2015) 등이 있고, 다수의 연구 논문들이 있다.

코기토 총서 039
세계사상의 고전

독일 민족의 그리스도인 귀족에게 고함
교회의 바빌론 포로에 대한 마르틴 루터의 서주
그리스도인의 자유에 대한 논설

2017년 10월 10일 제1판 제1쇄 인쇄
2017년 10월 20일 제1판 제1쇄 발행

지은이 | 마르틴 루터
옮긴이 | 황정욱
펴낸이 | 박우정

기획 | 이승우
편집 | 김춘길
전산 | 한향림

펴낸곳 | 도서출판 길
주소 | 06032 서울 강남구 도산대로 25길 16 우리빌딩 201호
전화 | 02)595-3153   팩스 | 02)595-3165
등록 | 1997년 6월 17일 제113호

ISBN 978-89-6445-147-2 93230

서양 종교는 물론 정치, 경제, 사회, 문화의 모든 방면에 대전환을 가져온 종교개혁의 창시자 마르틴 루터
부패한 로마 가톨릭 교회에 대한 철저한 비판을 통해 본래의 그리스도교 정신을 강조한 그는 오직 성서와
믿음에 바탕을 둔 일대 혁신을 불러일으켜, 서양 문명사 전체에 지대한 영향을 끼쳤다. 1883년 이후 그의 전
저작과 글을 모아 편집, 출간해오고 있는 바이마르 판『루터 전집』(*D. Martin Luthers Werke: Kritische*
Gesamtausgabe)은 물경 60,000여 쪽에 이르는 방대한 분량으로 그가 종교개혁가였을 뿐만 아니라 서양 근대
의 시원을 연 위대한 사상가였음을 증명해주고 있다.

루터가 자신의 신념을 주장하기 위해 출두한 보름스 제국의회(1521)
교황 레오 10세로부터 루터가 1521년 1월 21일 파문을 당한 소식이 독일에 전해지자 루터의 군주인 프리드리히 3세는 그에 대한 제재를 거부, 신성 로마 제국의 황제 카를 5세와 협상을 벌여 그의 안전 보장을 약속받은 후 보름스 제국의회에 4월 17일에 출두하여 심문받게 한다. 루터는 이 자리에서 자신의 생각과 종교적 신념을 포기할 수 없음을 분명히 밝힌다.

루터의 지지자였다가 나중에는 결별한 에라스무스
16세기 최고의 인문주의자였던 그는 루터의 종교개혁에 처음에는 많은 지지를 보냈지만, 보름스 제국의회 이후부터는 차츰 그와 대척점에 서게 되고 로마 가톨릭 교회 안에서의 교회 기강 재정립과 평화를 갈망했다. 이들의 대립은 에라스무스의 『자유의지론』(1524)에 대한 루터의 『노예의지론』(1525)으로 첨예화되었다.

악마의 입속에 있는 가톨릭 성직자들을 묘사한 프로테스탄티즘의 선전물(채색 목판화, 1536년경)

루터 당시는 물론 이전 시기부터 로마 가톨릭 교회는 면죄부와 성물(聖物) 판매, 성직자들의 타락으로 그 영적인 권위를 잃었다.

저명한 토마스주의자인 추기경 토마스 카예탄과의 논쟁
1518년 교황 레오 10세는 카예탄(윗줄 왼쪽)을 아우크스부르크에 파견해 완고한 루터를 회유하고 이성을 되찾게 하고자 했다. 두 사람은 푸거(Fugger) 가문의 저택에서 만나 이틀에 걸쳐 논쟁했으나 아무런 성과도 없었다.

루터의 친구이자 종교개혁 최고의 협력자였던 필리프 멜란히톤
그는 1519년 라이프치히 논쟁에서 루터를 지지하면서부터 그의 종교개혁에 지속적으로 헌신했다. 1521년에는 종교개혁의 원칙을 체계적으로 다룬 『신학요론』(*Loci communes*)을 펴내기도 했다.

현재까지 마르틴 루터(Martin Luther, 1483~1546)의 3대 논문은 여러 차례에 걸쳐 국내에 소개된 바 있다. 이번에 다시 번역을 하게 된 가장 큰 이유는 대부분 우리말 번역이 바이마르 비판본(Weimarer kritische Ausgabe)에서 옮기지 못한 관계로 루터가 의도한 바가 정확하게 전달되지 못했기 때문이다. 따라서 옮긴이는 원문에 충실함으로써 독자들의 미흡함을 가능한 한 충족하기 위해 최선을 다했다. 아울러 2017년 루터 탄생 500주년을 맞이해 국내의 교회 상황과 루터 당시의 교회 상황을 비교해볼 때 다시금 루터의 선언을 음미할 필요가 있다고 생각했기 때문이다. 루터는 당시 로마 가톨릭 교회의 부패에 대항해 독일 국민의 독자적 각성을 고취하고 여러 가지 개혁안을 제안했으며 그리스도교를 개혁했다. 종교개혁은 중대한 역사적 사건이기는 하지만 교회가 한 번의 개혁으로 만족할 수 없고 항상 개혁되어야 하는 것이 교회의 본질에 속한다면, 옮긴이는 오늘날 난맥상을 이루고 있는 한국 교회에 누군가가 나타나 루터의 정신을 이어받아 다시금 진정한 개혁을 실현하기를 바라는 마음에서 이 글을 여기에 소개하는 바이다.

끝으로 「그리스도인의 자유에 대한 논설」의 번역에 대해 언급하고자 한다. 이미 위에서 말한 대로 루터는 이 글을 두 개의 언어로 작성했다.

출판에서는 독일어 판이 라틴어 판에 앞서 발행되었지만, 집필은 라틴어 판이 독일어 판보다 먼저 이루어졌다. 그 이유에 대해서는 앞에서 이미 설명한 바 있다. 현재까지 대부분의 번역은 독일어 판이나 영어 판인 *Luther's Works*(St. Louis, 1960)를 대본으로 이루어졌다. 옮긴이는 라틴어 판으로부터 우리말로 옮겼다. 독일어 판과 대조한 바에 의하면, 라틴어 판은 독일어 판보다 분량이 길며, 독일어 판에 없는 서론과 상당히 긴 결론 부분이 발견된다.

이하에서 몇 가지 예를 들어보겠다.

독일어 판

첫 번째, 우리가 근본적으로 그리스도인이 무엇이며, 성 바울이 종종 서술한 바대로 그리스도가 획득하였고 선사한 자유는 어떤 것인가를 인식하기 위하여 나는 이 두 가지 결론을 설정한다.

그리스도인은 만물에 대한 자유로운 주이며 누구에게도 예속되지 않는다.

그리스도인은 만물에 예속된 종이며 누구에게나 예속되어 있다.

이 두 가지 결론은 명백하다. 성 바울은 말한다. "나는 만사에 있어서 자유로우나 스스로 모든 사람의 종이 되었느니라."(「고린도 전서」 9:19) "너희는 서로 사랑하는 것 외에는 아무에게도 빚을 지지 말라."(「로마서」 13:8) 사랑은 섬기며 사랑하는 것에 예속된다. 그러므로 바울은 그리스도에 대해 이렇게 말한다. "하나님께서는 그의 아들을 세상에 보내셔서 여자에게서 태어나게 하시고 또한 율법 아래 예속되게 하셨느니라."(「갈라디아서」 4:4)

라틴어 판

그리스도인은 만물에 대한 자유로운 주이며, 누구에게도 예속되지 않는다.

그리스도인은 만물에 예속된 종이며, 누구에게나 예속되어 있다.

이 두 가지는 충돌하는 것처럼 보일지라도 짝을 이루고 있을 때 우리에게 훌륭한 교훈을 줄 수 있다. 바울은 「고린도 전서」 9장에서 양자에 대해 다음과 같이 말한다. "나는 만사에 있어서 자유로우나 스스로 모든 사람의 종이 되었느니라." 「로마서」 13장에서는 "너희는 서로 사랑하는 것 외에는 누구에게도 빚을 지지 말라"라고 말했다. 사랑은 본성적으로 섬기며, 사랑하는 것에 순종한다. 그러므로 그리스도는 만물의 주일지라도 여자에게서, 또한 율법 아래 태어났으니, 자유인인 동시에 종이며, 신의 형상과 종의 형상 속에 있다.

밑줄 친 부분에서 독일어 판은 「갈라디아서」 4:4를 단순히 인용했으나, 라틴어 판에서 루터는 자기 표현으로 바꿔서 중심 주제를 공지한다. 즉 그리스도인은 자유인인 동시에 종이며, 신의 형상인 동시에 종의 형상 안에 있다.

독일어 판

두 번째, 상호 모순되는 자유와 섬김에 대한 두 가지 명제를 이해하기 위해 우리는 모든 그리스도인은 두 가지 본성, 즉 영적 본성과 육적 본성을 지녔음을 기억해야 한다. 영혼에 있어서는 그리스도인은 영적이고 새롭고 내적인 인간이라 불리며, 살과 피에 의하면 그는 육적이고 낡고 외적인 인간이라 불린다. 이 차이 때문에 성서에서는 그리스도인에 대해서 지금 내가 자유와 섬김에 대해 말한 것처럼 상호 모순되는 내용을 말한다.

라틴어 판

더 높고 더 조야한 데서 시작하자. 인간은 두 가지 본성, 즉 영적 본성과 육적 본성으로 이루어졌다. 영혼이라 불리는 영적 본성에서 인간은 영적이고 내적인, 새로운 인간이라 불리며, 살이라 불리는 육적 본성으로는 육적이고 외적인, 낡은 인간이라 불린다. 사도는 이것에 대해 「고린도 후서」 4장에서 다음과 같이 말한다. "우리의 외적 인간이 부패할지라도 내적 인간은 날로 새로워진다." 이 차이 때문에 성서에서 같은 그리스도인에 대해 싸운다고 말한다. 「갈라디아서」 5장에서 말한 것처럼 육은 영에 대적하며 영은 육에 대적함으로써 두 인간이 같은 인간 안에서 서로 싸우기 때문이다.

밑줄 친 부분처럼 독일어 판에 비해 라틴어 판은 설명이 훨씬 상세하다. 또한 독일어 판에는 없는 2개의 성서 구절을 인용해 영과 육, 내적인 인간과 외적인 인간의 충돌을 부연한다.

독일어 판

다섯째, 영혼은 하늘이나 땅에서 그가 살아가고 의롭고 자유로운 그리스도인이 되기 위하여 거룩한 복음, 즉 그리스도가 선포한 하나님의 말씀 외에는 다른 것을 필요로 하지 않는다. 그리스도 자신이 말씀하신다. "나는 생명이요 부활이니 나를 믿는 자는 영원히 살 것이다." "나는 길이요 진리요 생명이다." "인간은 빵만으로 사는 것이 아니라 하나님의 입에서 나온 모든 말씀으로 산다." 그러므로 영혼은 하나님의 말씀 외에 다른 것이 없어도 살 수 있으며, 하나님의 말씀 없이는 어떤 것도 영혼에 도움이 되지 못한다는 것을 확신해야 한다. 그러나 영혼이 말씀을 가질 때 더 이상 다른 것을 필요로 하지 않으며 말씀에서 충분한 양식, 기쁨, 평화, 빛, 기술, 정의, 진리, 지혜, 자유와 온갖 좋은 것을 넘치게 갖는다.

라틴어 판

모든 것을 제쳐두자. 사변과 명상 그리고 영혼의 노력을 통해 행할 수 있는 어떠한 것도 아무런 유익이 없다. 그리스도인의 삶, 의, 자유를 위해 단 한 가지만 필요하다. 그것은 신의 거룩한 말씀, 그리스도의 복음이다. 이것은 그리스도가 「요한복음」 11장에서 말한 것과 같다. "나는 생명이요 부활이니 나를 믿는 자는 영원히 살 것이니라." 또한 「요한복음」 8장에서 "아들이 너희를 자유롭게 한다면 너희는 진실로 자유로울 것이니라", 「마태복음」 4장에서 "인간은 빵만으로 사는 것이 아니라 신의 입에서 나온 모든 말씀으로 사느니라"라고 말한 바와 같다. 따라서 우리는 영혼이 신의 말씀 외에 다른 것 없이도 살 수 있으며, 신의 말씀이 없이는 어떤 것도 영혼에 도움이 되지 못한다는 것을 확신해야 한다. <u>그것은 영혼이 말씀을 가짐으로써 부유하고 더 이상 다른 것을 필요로 하지 않으니, 이 말씀은 생명, 진리, 빛, 평화, 정의, 안녕과 기쁨, 자유, 지혜, 능력, 은총, 영광과 온갖 비할 바 없이 좋은 것의 말씀이기 때문이다.</u>

밑줄 친 부분에서 독일어 판은 영혼이 말씀에서 누리는 축복으로 "기쁨, 평화, 빛, 기술, 정의, 진리, 지혜, 자유"를, 반면에 라틴어 판은 "생명과 진리, 빛, 평화, 정의, 안녕과 기쁨, 자유, 지혜, 능력, 은총, 영광"을 나열한다. 여기서 특이한 점은 독일어 판에는 없는 '살루스'(salus) 개념이 등장한다는 것이다. '살루스'는 '살부스'(salvus, 건강한), '살베레'(salvere, 건강하다)에서 파생되었다. 본래 '살베!'(salve!)는 '안녕!'이라는 로마인의 인사말이다. 따라서 '살루스'를 '구원'으로 번역하는 것은 원래의 의미를 왜곡할 위험을 안고 있다. 구원이라고 하면 일반적으로 내세적 구원을 연상하기 때문이다. 반면 루터의 의도는 내세적 구원에 있지 않다. 오직 믿음으로 의롭다고 인정받은 인간이 영적으로 건강하다. 이것이 바로 그리스도인이 얻는 현실적 축복이다.

독일어 판

그러므로 우리는「시편」, 특히 119편에서 예언자가 오직 하나님의 말씀만 갈구하는 것을 읽는다. 성서에서는 하나님이 그의 말씀을 인간에게서 빼앗는 것을 가장 최대의 재난이요 진노로 간주한다. 또한 하나님이 그의 말씀을 보내는 것보다 더 큰 은혜가 없다고 생각한다. "하나님이 그들을 돕기 위하여 그의 말씀을 보냈느니라."

라틴어 판

곧 예언자는 8절 억양격 시 전체와 여러 다른 곳에서 탄식과 음성으로 오직 신의 말씀을 갈망하고 부른다.「아모스서」에서 말한 것처럼 신께서 진노하여 자신의 말씀을 듣지 못하게 하는 기근을 보내는 것보다 더 끔찍한 징벌이 없고, 또한「시편」106편에 기록된 것처럼 신께서 그의 말씀을 보내는 것보다 더 큰 은혜가 없다. "신이 그들을 치유하고 그들을 멸망에서 구출하기 위해 그의 말씀을 보냈느니라."

밑줄 친 부분에서 독일어 판은 일반 대중을 의식해「시편」119편이라고 구체적으로 지칭한 반면, 라틴어 판은 지식인을 염두에 두면서 '8절 억양격 시'(octonarium)라고 표기한다. 당시 성서에서 '8절 억양격 시'는「시편」119편을 지시했다. 독일어 판은 모호하게 '성서'라고 표현한 반면, 라틴어 판은「아모스서」8:11을 인용한다.

독일어 판

스물여덟 번째 …… 그러나 사람들이 디도가 할례 받아야 하고 그것이 구원을 위해 필요하다고 주장했을 때는 디도가 할례 받는 것을 허락하지 않았다.

라틴어 판

그러나 「갈라디아서」 2장에서 보듯이, 반대로 사람들이 신앙의 자유를 멸시하고 <u>의</u>를 위해 할례가 필요하다고 주장했을 때 사도는 반대했고 디도가 할례를 받는 것을 허락하지 않았다.

밑줄 친 부분에서 독일어 판은 '젤리히카이트'(Seligkeit), 라틴어 판은 '주스티티아'(justitia)로 표현한다. 독일어 '젤리히카이트'는 종말론 개념으로서 축복받은 상태, 즉 내세적 구원을 지시한다. 라틴어 판의 '주스티티아'와 비교할 때 '젤리히카이트'는 '주스티티아'를 초월한 피안적 축복이고 민간 신앙에 부합하는 표현이다. 반면에 라틴어 판에서 루터는 할례 받는 목적이 엄밀히 말해 신으로부터의 의를 얻기 위함임을 말한다. 그리스도인의 목표는 의에 도달하는 것이다.

독일어 판

서른 번째, 이 모든 것으로부터 그리스도인은 자기 자신 안에서 사는 것이 아니라 <u>그리스도 안에서는 믿음을 통해, 자기 이웃 안에서는 사랑을 통해 산다</u>는 결론이 나온다. 믿음을 통해 그리스도인은 자신을 지나서 하나님에게로 가며, 하나님으로부터 다시금 사랑을 통해 인간들 가운데로 오며, 언제나 하나님과 하나님의 사랑 안에 머문다. 이것은 그리스도가 말한 것과 같다. "너희는 하늘이 열리고 천사들이 인자 위에서 오르락내리락하는 것을 보게 되리라."(「요한복음」 1 : 51) 보라, 마음을 모든 죄와 율법과 계명으로부터 해방시키는 올바른, 영적, 그리스도인의 자유이다. 이 자유는 하늘이 땅을 능가하듯 모든 다른 자유를 능가한다. 이 자유는 우리에게 신을 올바로 이해하고 간직할 수 있도록 만든다. 아멘.

라틴어 판

그러므로 그리스도인은 자기 자신 안에서 사는 것이 아니라 그리스도와 자기 이웃 안에 살며, 그러나 믿음을 통해 그리스도 안에, 사랑을 통해 이웃 가운데 있는 것은 그리스도교적이 아니라는 결론을 내린다. 즉 믿음을 통해 자신을 넘어 신에게로 올라가며, 다시 사랑을 통해 자신을 지나 이웃에게로 내려오며, 그럼에도 언제나 신과 신의 사랑 안에 머문다. 이것은 그리스도가 「요한복음」 1장에서 말한 것과 같다. "너희는 하늘이 열리고 천사들이 인자 위에서 오르락내리락하는 것을 보게 되리라." 이상이 당신이 보는 것처럼 우리 마음을 모든 죄와 율법, 계명으로부터 해방하는 영적이고 참된 자유에 대한 말이다. 바울이 「디모데전서」 1장에서 "율법은 의인을 위해 제정된 것이 아니"라고 말한 것처럼 이 자유는 하늘이 땅을 능가하듯 모든 다른 자유를 능가한다. 그리스도는 우리로 하여금 이 자유를 이해하고 지키게 만든다. 아멘.

밑줄 친 부분에서 결론은 대동소이하지만, 라틴어 판은 부정적 진술을 통해 신앙과 사랑에 안주하는 것이 그리스도인답지 않다는 점을 부각한다. 「디모데 전서」 1장의 인용은 라틴어 판에만 발견된다.

이탤릭체 부분에서 독일어 판은 주어가 '자유'이고 목적어가 '신'인 반면, 라틴어 판은 주어가 '그리스도'이고 목적어가 '자유'이다. 루터가 주어와 목적어를 이렇게 바꾼 이유는 결국 인간 중심주의 대신에 그리스도 중심주의를 역설하려는 의도가 있는 듯하다.

이상의 비교를 통해 보면 루터는 독일어 판에서 일반 대중을 위해 보다 단순하게 그리고 평이하게 쓴 반면, 라틴어 판에서는 지식인을 대상으로 신학적으로 정확하고 상세하게 설명하면서 자기 주장을 입증하기 위해 더 많은 성서를 인용했다. 그에게 '살루스'는 단순히 내세적 구원이 아니라 영혼의 건강, 안녕, 죄로부터 구원받은 상태, 즉 신으로부

터 의롭다고 인정받음을 뜻한다. 그러므로 '살루스'는 '주스티티아'를
보완하는 핵심 개념이다.

옮긴이는 *D. Martin Luthers Werke*(Weimar, 1888), Bd. 6, pp. 381~
469, 484~573; Bd. 7 (Weimar, 1897), pp. 39~73을 저본으로 삼아 번
역했으며, *Dr. Martin Luthers Sämmtliche Schriften*, hrsg. v. J. Georg
Walch, Bd. 10(St. Louis, 1885), Bd. 19(1907)를 참고했음을 밝혀둔다.

2017년 8월
옮긴이 황정욱

차례

독일 민족의 그리스도인 귀족에게 고함: 그리스도인 신분의 개선에 대하여 *

마르티누스 루터 박사

예수(Jhesus)[1]

성서학 박사이자 비텐베르크 대성당 참사회원이며
나의 특별히 친애하는 친구, 존경하는 니콜라우스 폰 암스도르프[2] 님에게
마르티누스 루터 박사

존경하고 친애하는 훌륭한 친구여, 먼저 하나님의 은총과 평화가 함
께하기를!

「전도서」에 기록된 바와 같이 침묵의 시간이 지나갔고 말할 때가 왔
습니다.[3] 나는 우리의 계획에 따라[4] 독일 민족의 그리스도인 귀족에게

---

1 비텐베르크 판에는 텍스트의 각 장 위에 있다.
2 Nikolaus von Amsdorf, 1483~1565: 비텐베르크 대학의 신학 교수이자 루터의 친
  구로 라이프치히 논쟁과 보름스 제국의회까지 루터를 동반했다.
3 「전도서」 3 : 7 참조.
4 1520년 6월 8일 루터는 게오르크 슈팔라틴(Georg Spalatin)에게 보낸 서신에서 다
  음과 같이 말했다. "로마 교황청의 독재와 비행에 대해서 카를 5세와 모든 독일 귀
  족을 위한 팸플릿을 펴낼 생각이다." 루터가 말한 계획은 바로 이 생각을 염두에
  둔 것이다.

신이 평신도 신분을 통해 그의 교회를 도와줄 것인지 보여주기 위해 그리스도인 신분의 개선에 대해 몇 가지 문제를 모았습니다. 그 이유는 이일에 대해 보다 당연한 책임이 있는 성직 신분이 전혀 부주의하기 때문입니다. 나는 귀하에게 이것을 판단하고 또 필요하다면 고쳐줄 것을 바라며 이 모든 것을 보냅니다. 비천하고 세상을 포기한 인간인 내가 마치 이 세상에 루터 박사 외에는 그리스도인 신분을 염려해서 이처럼 매우 현명한 사람들에게 감히 충고할 사람이 없는 듯이 그처럼 고귀하고 위대한 신분에게 이런 중대한 문제에 대해 감히 제언을 하는 것이 너무 주제 넘는 일이라는 비판을 면치 못할까 매우 우려됩니다. 그러나 누가 나를 비난할지라도 나는 변명하지 않을 것입니다. 아마도 나는 나의 신과 세상에 대해 다른 또 하나의 어리석은 짓을 행할 책임이 있는 것 같습니다. 이제 내가 정직하게 이행하고 다시 한 번 궁정 광대가 될지라도 그것을 행하기로 결심했습니다. 내가 비록 성공하지 못할지라도 역시한 가지 이점은 있습니다. 아무도 나에게 두건이나 빗을 선사할 필요는 없습니다.[5] 문제는 누가 다른 사람에게 방울을 달 것인가 하는 것입니다.[6] 나는 "세상이 무슨 짓을 한다고 할지라도 수도승은 사람들이 그에게 색칠을 할지라도 거기에 있지 않으면 안 된다"[7]라는 격언을 실행해야 합니다. "누구나 지혜롭게 되고자 하면 어리석은 자가 되어야 한다"라는 바울의 말처럼[8] 어리석은 자가 때로는 지혜롭게 말했으며 또한 때로는 지혜로운 사람들이 심히 바보짓을 했습니다. 더욱이 나는 어리석은 자일 뿐만 아니라 서약한 성서학 박사이기 때문에 이와 같은 어리석은 방법으로 내 박사 서약을 이행할 수 있는 기회가 내게 주어져서 기쁩니다.

---

5 이 말은 수도승이나 광대가 두건을 쓰고 삭발을 하기 때문에 나온 농담이다.
6 즉 누가 다른 사람을 바보로 만드는가가 문제이다.
7 라틴어로 '모나추스 셈페르 프라이센스'(Monachus semper praesens)이다.
8 「고린도 전서」 3:18.

이해력을 가진 사람들에게 나를 적절하게 변명해 주시기를 바랍니다. 왜냐하면 비상한 이해력을 가진 사람들의 은혜와 호의는 어떻게 얻을 수 있는지 알지 못하기 때문입니다. 물론 과거에는 종종 그렇게 하려고 몹시 노력을 했습니다. 앞으로는 그들의 호의를 바라지도 않고 고려하지도 않으려고 합니다. 신이여, 우리를 도와주셔서 우리로 하여금 자신의 영광이 아니라 당신의 영광만을 구하게 하여 주소서. 아멘.

비텐베르크 아우구스티누스회 수도원에서 1520년 세례 요한의 날 전야에.[9]

존엄하시고 막강하신 황제 폐하와 독일 민족의 그리스도인 귀족에게
마르티누스 루터 박사

존엄하신 폐하여! 자비로우시고 친애하는 각하들이여! 먼저 신의 은혜와 능력이 있기를 바랍니다.

나 불쌍하고 보잘것없는 개인이 각하 여러분에게 말씀드리려 하는 것은 결코 오만하고 무모한 태도에서 나온 것이 아닙니다. 그리스도교계의 모든 신분이, 특히 독일 땅을 억압하고 나만이 아니라 모든 사람으로 하여금 누차 부르짖게 하고 도움을 간구하게 한 고뇌와 고통은 나로하여금 지금도 크게 부르짖지 않을 수 없게 하였습니다. 그것은 신이 어떤 사람에게 영을 주시어 비참한 민족에게 손길을 보내 주시기를 호소하는 것입니다. 공의회를 통해 자주 무엇인가가 제안되었으나 몇몇 사람의 간계에 의해서 교묘하게 저지되었고 사태는 더욱 악화되었습니다. 이제 나는 ─ 신이 나를 도우시기를 ─ 그들의 간계와 악의를 밝힘으로써 그들의 본심이 사람들에게 알려져서 더 이상 그렇게 방해하고 해를 끼치지 못하도록 할 생각입니다. 신은 한 고귀한 젊은이를 우리의 머리

---

9 6월 23일.

가 되게 함으로써 많은 사람의 마음에 크고 선한 희망을 일깨워 주었습니다.[10] 그 밖에 우리가 우리 임무를 행하고 또 때와 은혜를 유익하게 사용하는 것이 합당합니다.

이런 일 가운데서 무엇보다 해야 할 첫 번째 일은 비록 세계의 모든 권세가 다 우리의 것이라고 할지라도 큰 권력이나 이성을 믿고 무엇인가를 시작하지 않도록 아주 조심하는 일입니다. 왜냐하면 신은 우리 자신의 능력이나 이성을 믿고 선한 일을 시작하는 것을 좋아하지 않고 또 허용하려 하지 않기 때문입니다. 신은 이런 행위를 짓밟아 버립니다. 이 때 「시편」 33편에 "왕은 큰 권세로 서지 못하며 어떤 군대도 강한 군대의 힘으로 서지 못한다"라고 기록된 바와 같이 아무것도 도움이 되지 못합니다.[11] 이런 이유에서 옛날에 황제 프리드리히 1세와 프리드리히 2세 및 다른 많은 독일의 황제들과 같은 존귀한 군주들이 전 세계가 두려워하는 교황들에 의해 그처럼 수치스럽게 짓밟히고 억압당하지 않았던가 염려됩니다. 그들은 신을 신뢰하기보다는 오히려 자신의 힘을 더 신뢰했을 것입니다. 그러므로 그들은 몰락하지 않을 수 없었습니다. 우리 시대에는 무엇 때문에 피에 굶주린 율리우스 2세(Julium secundum)[12]가 이처럼 기고만장합니까? 프랑스와 독일과 베네치아가 자기 자신을 신뢰한 것 외에 다른 이유는 없지 않나 염려됩니다. 베냐민 후손들은 4만 2,000명의 이스라엘 사람을 죽였으니, 이는 이스라엘 사람들이 자신의 힘을 믿었기 때문이었습니다.[13]

우리가 이 고귀한 청년 카를과의 관계에서 그렇게 성공하지 못한 것은 우리가 이 문제에서 인간들을 상대로 하는 것이 아니고 지옥의 군주

---

10 이 젊은이는 1519년에 독일의 황제로 선출된 카를 5세를 의미한다. 그때 그의 나이는 20세였다.

11 「시편」 33 : 16.

12 I : 'secundum'이 없다.

13 「사사기」 20~21장.

들을 상대하기 때문임을 분명히 알지 않으면 안 됩니다. 지옥의 군주들은 전쟁과 유혈로 세상을 가득 차게 할 수 있으나 그들은 이로써 정복되지 않습니다. 우리는 육적인 힘을 포기하고 겸손히 신을 신뢰하고 이 일에 달려들어야 하고, 열심히 기도함으로써 신의 도움을 구하여야 하며, 악한 사람들이 무슨 응보를 받는지 생각하지 말고, 다만 불행한 그리스도교계의 참상과 고통을 마음에 두어야 합니다. 그렇지 않으면 게임은 성공의 큰 기대를 가지고 시작될 수는 있으나 본격적으로 들어가면 악령들이 전 세계로 하여금 피바다가 되게 하고도 아무것도 달성하지 못하도록 혼란을 야기할 것입니다. 그러므로 우리는 여기서 신을 두려워하는 마음으로 지혜 있게 행동합시다! 만일 우리가 신을 두려워하는 가운데 겸손히 행하지 않으면 힘을 쓸수록 우리의 파멸은 더욱 커질 것입니다. 교황과 로마인이 이제까지 악마의 도움으로 왕들로 하여금 서로 싸우게 할 수 있었다면, 또한 우리가 신의 도움 없이 자신의 힘과 술책으로 나아간다면 그들은 다시 그런 일을 행할 것입니다.

로마주의자들은[14] 매우 교묘하게 자기들 주위에 세 개의 담[15]을 쌓아 놓고 그 뒤에서 이제까지 아무도 그들을 개혁하지 못하도록 방어해 왔습니다. 이 때문에 전 그리스도교계는 완전히 몰락했습니다. 첫째, 로마주의자들은 세속 권세에 의하여 억압을 당하면 세속 권세는 그들에게 대하여 아무 권한도 없고 오히려 영적 권세가 세속 권세 위에 있다고 답변했습니다. 둘째, 사람들이 로마주의자들을 성서에 의하여 징벌하려고 하면 그들은 교황 외에는 아무도 성서를 해석할 수 없다고 답변합니다. 셋째, 로마주의자들이 공의회에 의하여 위협을 받으면 교황 외에는 아무도 공의회를 소집할 수 없다고 꾸며댔습니다. 이로써 그들은 벌을 면하려고 우리에게서 세 가지 채찍을 교활하게 훔쳐갔습니다. 그리

---

14 교황의 권한을 옹호하는 사람들을 의미한다.
15 'Riegel'과 비교.

고 그들은 우리가 지금 보고 있는 모든 비행과 악한 일을 행하기 위하여 이 세 개의 담의 요새 속에 안전하게 자리잡고 있습니다. 그들이 공의회를 열지 않으면 안 되게 되었을 때에도 사전에 군주들로 하여금 기존 질서를 그대로 있도록 할 것을 서약하게 함으로써 미리 공의회를 김 빠지게 만들었습니다. 더욱이 그들은 공의회의 모든 절차에 대한 완전한 권한을 교황에게 줌으로써 그들이 가면과 속임수로 우리를 기만하는 것은 별도로 하고 공의회를 자주 열거나 전혀 열지 않거나 결국은 마찬가지가 되었습니다. 그들은 참으로 올바르고 자유로운 공의회를 매우 두려워합니다. 그리고 그들은 왕들과 군주들에게 만일 그들이 이런 모든 기만적이고 간교한 속임수에 굴복하지 않으면 신에게 반역하는 것이라고 믿게 함으로써 그들을 협박했습니다.

이제 신이 우리를 도와주시어 여리고 성을 무너뜨렸던 나팔 하나를 저희에게 주소서.[16] 그래서 우리로 하여금 이 지푸라기와 종이로 된 담을 무너뜨리게 하며 죄를 벌하고 악마의 간계와 허위를 밝혀 드러내기 위해 그리스도교적 채찍을 휘두르게 하시옵소서. 이래서 우리가 징벌을 통해 우리 자신을 개선하고 신의 은총을 다시 한 번 얻을 수 있게 하옵소서.

먼저 첫 번째 담을 공략합시다!

교황, 주교들, 사제들 및 수도승들을 영적 신분이라고 부르고 군주들, 호족들, 노동자들 및 농부들을 세속적 신분이라고 부르는 데 착안했는데, 이것은 순전한 거짓이며 사기입니다. 아무도 여기에 겁먹어서는 안 됩니다. 이것은 모든 그리스도인이 진정으로 영적 신분에 속하며 그들 가운데는 직무상 구별 외에는 아무 차이도 없기 때문입니다. 이것은 바울이 「고린도 전서」 12장에서 말한 것과 같습니다.[17] 곧 우리는 다 한

---

16 「여호수아」 6:20.
17 「고린도 전서」 12:12 이하.

몸이나 각 지체(肢體)가 다른 지체를 섬기기 위하여 각자 자기 임무를 가지며, 이 모든 것이 우리가 다 한 세례와 한 복음과 한 신앙을 가지고 또 다 같은 그리스도인이 되게 만드는 것이니 세례와 복음과 신앙만이 우리를 영적으로 만들어 같은 그리스도인 백성이 되게 하기 때문입니다. 그러나 교황이나 주교가 기름을 바르고 삭발하고 서품을 주고 봉헌하고 평신도와 다른 옷을 입는 것은 위선자와 멍청한 인간을 만들 수는 있으나, 결코 그리스도인이나 영적 인간을 만들 수는 없습니다. 우리는 모두 세례를 통해 사제로서 성별(聖別)됩니다. 이는 성 베드로가 「베드로 전서」 2장에서 "너희는 왕 같은 사제이며 사제 같은 왕국이라"[18]라고 하거나 「요한계시록」에서 "당신은 당신의 피로써 우리를 사제와 왕들이 되게 하셨습니다"[19]라고 한 것과 같습니다. 왜냐하면 만일 교황이나 주교가 주는 것보다 더 높은 서품이 우리 안에 없다면 교황이나 주교가 주는 서품으로는 결코 사제가 되지 못할 것이며, 또한 아무도 미사를 드리거나 설교를 하거나 사죄 선언을 하지 못할 것이기 때문입니다.

  그러므로 주교의 서품은 그가 모두가 같은 권한을 가진 회중 대신 그들 가운데서 한 사람을 선택하여 그에게 다른 사람들을 위해 같은 권한을 행사하도록 위임하는 것과 같습니다. 이것은 마치 다 같은 왕의 아들이고 동등한 상속자들인 열 형제가 그들 가운데서 하나를 택하여 자기들을 대신하여 유산을 관리하게 하는 것과 같습니다. 그들 모두가 왕이며 동등한 권력을 가지고 있으나 한 사람에게 통치하도록 위임한 것입니다. 이 점을 더 분명히 밝혀 봅시다. 만일 작은 무리의 경건한 그리스도인 평신도들이 포로가 되어 어떤 황무지로 옮겨졌는데, 그들 가운데 주교의 서품을 받은 사제가 한 사람도 없었다고 합시다. 그들이 만장일치로 그들 중에서 기혼자이든 미혼자이든 한 사람을 택하여 그에게 세

---

18 「베드로 전서」 2:9.
19 「요한계시록」 5:10.

례를 베풀고 미사를 드리고 사죄하고 설교하는 직무를 위임했다면, 그는 모든 주교들과 교황들이 성별한 사제와 마찬가지로 진정으로 사제가 될 것입니다. 그러므로 긴급 시에는 어떤 사람이나 세례를 베풀고 사죄할 수 있으니, 만일 우리가 모두 사제가 아니라면 이런 일은 불가능할 것입니다. 그들은 교회법을 통해 세례와 그리스도인 신분이 지닌 이런 큰 은총과 권력을 완전히 무(無)로 돌려버리고 우리에게 알려지지 않게 만들었습니다. 이런 방식으로 옛날에는 그리스도인이 무리 가운데서 자기들의 주교와 사제들을 선출했으며, 그 사람은 오늘날 지배적이 된 그런 허례허식 없이 다른 주교들로부터 인준을 받았습니다. 성 아우구스티누스, 성 암브로시우스, 성 키프리아누스가 이렇게 해서 주교가 되었습니다.

세속 권세가 우리와 같이 세례를 받고 같은 신앙과 복음을 가지고 있으므로 우리는 그들이 사제와 주교임을 인정해야 하며, 그들의 직무를 그리스도교 공동체에 속하는 유용한 직무로 간주해야 합니다. 왜냐하면 세례에서 나온 자는 비록 모든 사람이 다 그 직무를 수행하는 것이 합당하지 않을지라도 누구나 이미 사제, 주교, 교황으로 서품 받은 것을 자랑할 수 있기 때문이다. 우리는 모두 동일하게 사제들이기 때문에 아무도 그 자신을 드러나게 하여 우리의 동의나 선택 없이 우리가 다 같이 권한을 가지고 있는 일을 행하려고 해서는 안 됩니다. 왜냐하면 모든 사람에게 공통적인 것을 누구도 공동체의 의사와 명령 없이 스스로 떠맡으려 해서는 안 되기 때문입니다. 그리고 만일 어떤 사람이 이런 직무를 위해 선택받은 후 직위 남용으로 인하여 파면당하면 그는 그 직무를 갖기 이전과 같게 될 것입니다. 그러므로 그리스도교계에서 사제 신분은 직무 외에 아무것도 아닙니다. 그가 직무를 가지고 있는 동안에는 다른 사람을 지도합니다. 즉 그가 파면되면 다른 사람들과 마찬가지로 농부나 시민입니다. 마찬가지로 사제가 파면당하면 그는 진정으로 더 이상 사제가 아닙니다. 그런데 지금 그들은 "소멸될 수 없는 품격"

(characteres indelebiles)[20]을 날조해 놓고 파면된 사제도 단순한 평신도와는 다르다고 지껄입니다. 사제는 결코 평신도가 될 수 없다거나 사제는 사제 외에 아무것도 아니라고 몽상합니다.[21] 이 모든 것은 인간이 만든 공론(空論)이나 규정에 지나지 않습니다.

이 모든 것에서 볼 때 그들이 말하는 바 평신도와 사제, 군주와 주교, '영적인 것'과 '세속적인 것' 사이에는 직무와 일에 대한 차이 외에 근본적으로 신분상 아무런 차이가 없습니다. 왜냐하면 그들은 모두가 영적[22] 신분에 속하며 진정한 사제와 주교, 교황들이기 때문입니다. 그러나 모든 사제들과 수도승들 가운데서도 모두가 같은 일을 하지 않는 것처럼 그들이 다 같은 일에 종사하지는 않습니다. 우리는 다 머리 되는 그리스도의 한 몸이며, 각자가 서로에 대하여 지체들입니다. 이것은 위에서 말한 바와 같이 성 바울의「로마서」12장[23]과「고린도 전서」12장,[24] 성 베드로의「베드로 전서」2장[25]에 기록된 가르침입니다. 그리스도는 세속적인 것과 영적인 것, 두 가지 몸을 가지고 있는 것이 아닙니다. 즉 그리스도는 머리이며, 한 몸을 가지고 있습니다.

그러므로 지금 사제나 주교나 교황과 같이 성직자라고 불리는 사람들이 그들의 일과 직무로서 신의 말씀과 성례전의 집행을 다루고 있는 것 외에는 다른 그리스도인과 아무 차이가 없고 우위에 있지도 않은 것

20 가톨릭 교회의 입장에 의하면, 사제는 안수(按手)를 통해 신적인 권위를 부여받는다. 이 영적 권위는 오직 신만이 취소할 수 있는 성질의 것이라고 주장한다.

21 쿤(E. Kuhn)은 그의 루터 작품집, pp. 8, 16에서 이 구절을 납득할 수 없다고 말한다. 그러나 의미는 명백하다. 즉 로마의 이론에 따르면, 사제는 결코 다시 평신도가 될 수 없다.

22 B, C: 'gleichs stands'(아마도 옳은 듯하다. 다음행 참조; 다른 데서는 B를 따른 F는 여기서 A와 일치한다).

23 「로마서」12:4 이하.

24 「고린도 전서」12:12 이하.

25 「베드로 전서」2:9. A, B, C: 'i. Pet. iij'; C: 'i. Pe. iij'.

처럼 세속적 정부도 악한 자들을 벌하고 선한 자를 보호하기 위해 칼과 채찍을 손에 쥐고 있습니다. 구두 수선공, 대장장이, 농부, 각기 자기 손으로 하는 일과 직무를 맡고 있는 자는 모두가 다 안수 받은 사제, 주교와 같습니다. 그들은 각기 자기의 일과 직무에 의해 다른 사람들에게 유익하게 봉사해야 합니다. 이것은 마치 몸의 모든 지체들이 서로 섬기는 것과 같이 이로써 여러 가지 일들을 행함으로써 공동체의 육적 또는 영적 진전을 가져오기 위해서입니다.

이제 세속적 권세가 영적 권세 위에 있지 않으며 이것을 징벌해서도 안 된다고 정한 것이 얼마나 그리스도교적인가 보십시오![26] 이것은 눈이 고난을 당할지라도 손은 아무 도움을 주어서는 안 된다고 말하는 것과 같습니다. 한 지체가 다른 지체를 돕지 못하고 다른 지체의 파멸을 막아서는 안 된다는 것이 비(非)그리스도교적인 것은 고사하고 부자연스러운 일이 아닙니까? 실로 지체가 귀중하면 귀중할수록 더욱 다른 지체가 그것을 돕지 않으면 안 됩니다. 그러므로 세속 권세는 악을 행하는 자들을 처벌하고 선을 행하는 자들을 보호하기 위해 신이 제정해준 것이므로 세속 권세는 교황이건 주교이건 사제이건 수도승이건 수녀이건 간에 그 누구에 대해서라도 해당자의 신분에 관계없이 그리스도교계 전체를 통해 아무런 장애 없이 그 직무를 자유롭게 행사할 수 있어야 한다고 나는 주장합니다. 왜냐하면 세속 권세를 방해하는 이유가 세속 권세는 그리스도인의 직무들 가운데 설교자나 고해 사제의 직무 내지 영적 신분보다 낮다는 사실뿐이라면 또한 재봉사, 구두 수선공, 석공, 목수, 요리사, 급사, 농부 및 모든 세속적 수공업자들 역시 교황, 주교들, 사제들 및 수도승들에게 신발, 의복, 집과 음식물을 공급해주지도 못하게 하고 그들에게 조세를 바치는 일도 못하게 해야 할 것이기 때문입니

---

26 1302년 교황 보니파티우스(Bonifatius) 8세의 교서 '거룩한 하나의 교회'(Unam sanctam)는 세속 권세에 대한 영적 권세의 우위성에 대한 내용을 공표했다.

다. 그러나 만일 이런 평신도들에게 그들의 일을 아무런 장애 없이 행할 수 있도록 허용한다면 로마의 서기관들은 그들의 법규로써 무엇을 의도하는 것입니까? 이는 그들이 세속 권세에서 벗어나 자유롭게 악을 행할 수 있게 되며, 또한 성 베드로가 말한 바를 성취하기 위함입니다. "너희 가운데 거짓 교사들이 일어날 것이며, 그릇된 지어낸 말로써 너희를 팔아버릴 것이다."[27]

그러므로 그리스도교 세속 권세는 그 해당자가 교황이건 주교이건 사제이건 간에 아무 거리낌 없이 그 직무를 자유로이 행해야 합니다. 범죄자가 누구이건 간에 그는 벌을 받아야 합니다. 교회법이 여기에 반대되게 말한 것은 순전히 로마주의자들의 주제 넘는 날조에 지나지 않습니다. 성 바울은 모든 그리스도인에게 이렇게 말했기 때문입니다. "곧 모든 영혼은 (교황의 영혼도 여기에 포함된다고 봅니다) 위에 있는 권세에 복종해야 한다. 왜냐하면 그 권세는 칼을 헛되이 가진 것이 아니라 오히려 악을 행하는 자들을 벌하고 선을 행하는 자들을 칭찬하기 위함으로써 신에게 봉사하기 때문이다."[28] 또한 성 베드로는 말합니다. "신의 뜻이 그러하므로 주를 위하여 인간의 모든 법령에 복종하라."[29] 그리고 또한 베드로는 「베드로 후서」 2장[30]에서 세속 권세를 멸시할 사람들이 나타날 것이라고 예언했는데, 바로 이런 일이 교회법을 통해 일어났습니다.

그러므로 나는 이 첫 번째 종이담이 무너졌다고 생각합니다. 왜냐하면 세속 주권이 그리스도교라는 몸의 한 지체가 되었고, 또한 그것의 일이 육적일지라도 영적 신분에 속하기 때문입니다. 그러므로 세속 주권의 일이 아무런 장애 없이 자유로이 온몸의 모든 지체에 미쳐야 합니

---

27 「베드로 후서」 2:1, 3.
28 「로마서」 13:1.4.
29 「베드로 전서」 2:13, 15.
30 「베드로 후서」 2:10.

다. 교황이건 주교이건 사제들이건 관계없이 그들이 마음대로 위협하고 파문할지라도 벌을 받아 마땅하거나 필요할 때에 세속 권세는 언제나 징벌하고 힘을 사용하지 않으면 안 됩니다. 그러므로 죄 있는 사제들이 세속적인 법정에 넘어가기에 앞서 먼저 그들의 사제 직위를 박탈당하게 되는데, 이것은 세속적 칼이 먼저 신적 규정에 의해 죄 있는 사제들을 다스릴 권위를 가지지 못한다면 정당하지 않을 것입니다. 또한 평신도는 성직자들과 같이 영적이고 선한 그리스도인이 아니거나 교회에 속하지 않는 것인 양 교회법에서 성직자들의 자유와 생명, 재산을 너무 강조하는 것은 지나친 일입니다. 우리가 같은 그리스도인이며 같은 세례와 신앙과 성령과 모든 것을 가지고 있다면 무엇 때문에 당신의 몸과 생명, 재산, 명예는 그처럼 자유스럽고 내 것은 그렇지 못합니까? 만일 어떤 사제가 살해당하면 그 지방은 수찬 정지(修餐停止)를 당하는데(ligt ein land ym Interdict),[31] [32] 농민이 살해당하면 왜 그렇지 않습니까? 똑같은 그리스도인 간에 이렇게 큰 차이가 있는 것은 무엇 때문입니까? 그것은 다만 인간적 법령과 조작 때문일 뿐입니다.

또한 이런 예외를 조작하고 죄인을 징계하지 않고 방면하는 인간은 선할 수 없습니다. 그리스도가 명령하고 그의 사도가 명령한 것처럼 악령의 행위와 말에 대항해 싸웠고 악령을 몰아낼 의무가 있다면 교황이나 그의 추종자들이 악마적인 말과 행위를 기도하고 있을 때 우리가 어찌 이에 대해 잠자코 참을 수 있겠습니까? 인간 때문에 우리는 세례를 받을 때에 몸과 생명을 다해 지원하기로 맹세한 신의 계명과 진리가 억압당하도록 방관해야 합니까? 참으로 우리는 이 때문에 버림받고 미혹당할 모든 영혼들을 위하여 책임지지 않으면 안 됩니다. 그러므로 교회

---

31 I: 'ym'이 없다.
32 "Von unbillichem Interdict und niederlegung der Dienst gottes" 절에서 *Die Beschwerungen des hayligen Roe. Rey.*, 1521, Bl. Diij^a 참조.

법에 기록된 바 "비록 교황은 수많은 영혼들을 몰아서 악마에게 넘겨줄 만큼 추악하다고 할지라도 그를 파면시킬 수 없다"라고 말한 자는 악마의 왕 자신임이 분명합니다.[33] 로마에 있는 그들은 이와 같이 가증스럽고 사악한 근거에 의지하고 있으며, 또한 그들의 비행에 대항하기보다는 오히려 악마에게 전 세계를 넘겨주어야 한다고 생각합니다. 만일 한 사람이 다른 사람보다 우위에 있다는 사실로 그가 벌을 면할 충분한 이유가 된다면 그리스도인은 아무도 다른 사람을 처벌할 수 없을 것입니다. 왜냐하면 그리스도는 모든 사람에게 자신을 가장 낮고 가장 적은 자로 여기라고 명령하기 때문입니다.[34]

죄가 있는 곳에서는 벌을 면할 길이 없습니다. 이것은 우리가 참으로 다 동등하나 죄가 우리를 서로에게 굴복하게 한다고 성 그레고리우스가 말한 것과 같습니다.[35] 이제 로마 교도가 어떻게 그리스도교계를 다루고 있는지 봅시다. 신과 사도가 세속적 칼에 복종하게 만들었던 그들이 성서의 증거도 없이 방자하게 스스로 자유를 탈취했습니다. 그러므로 이것이 적그리스도의 장난이 아니면 그것의 전조가 아닌가 염려하게 됩니다.

두 번째 담은 한층 더 보잘것없고 쓸모가 없습니다. 비록 그들은 그들

---

33 여기서 말하는 교회법은 공의회 결정 사항 및 교황의 법령을 지시한다. 루터 당시 교회의 법령은 한 법령집 속에 수집되었으니 그것은 세 부분으로 구성되었다. 첫 번째 부분은 1150년에 이 법령집을 수집한 수도승 그라티아누스(Gratianus)의 이름을 딴『그라티아누스 교령집』(Decretum Gratiani)이며, 두 번째 부분은 앞의 법령집을 보완하여 1230~34년 사이에 수집되고 교황 그레고리우스 9세의 이름을 딴『그레고리우스 9세 교령집』(Decretalium Gregorii IX. libri quinque), 끝으로 세 번째 부분은 역시 앞의 법령을 보완하여 1289년에 교황 보니파티우스 8세가 출간한『제6장』(Liber sextus)이다. 루터의 인용문은 "Decretum Gratiani", pars I, distinctio 40, canon 6 : Si papa; 앞 p. 336과 Karl Benrath, p. 84, Anm. 11 참조.
34 「마태복음」 18 : 4;「누가복음」 9 : 49 참조.
35 그레고리우스 1세(590~604)의『주교의 직책과 의미』(Regula Pastoralis), II, 6 참조.

의 모든 삶에서 성서로부터 아무것도 배우지는 않을지라도 성서의 유일한 교사임을 자처합니다. 그들은 스스로 유일한 권위라고 생각하며, 교황은 악인이거나 선인이거나 간에 신앙 문제에서 오류를 범할 수 없다는 뻔뻔스러운 말로써 우리를 기만하지만 그것에 대해 한마디도 입증할 수 없습니다. 그래서 그렇게도 많은 이단적이고 비그리스도교적이며 실로 부자연스럽기까지 한 규정들이 교회법 가운데로 들어왔습니다. (그러나 여기에 대해서는 지금 말할 필요가 없습니다.) 왜냐하면 그들은 자기들이 아무리 무식하고 사악하다 할지라도 성령이 자신들을 떠나지 않는다고 생각하므로 무엇이나 그들이 원하는 대로 대담하게 추가하기 때문입니다. 그러나 이것이 가능하다면 성서가 무엇에 필요하고 유용하겠습니까? 우리는 성서를 불태워 버리고 성령을 소유하고 있는 로마의 무식한 나리들로 만족합시다. (물론 성령은 경건한 마음만이 지닐 수 있을 것입니다.) 만일 내 자신이 이것을 읽지 않았다면 나도 악마가 로마에서 이처럼 서투른 일을 빙자하여 도당을 모은다는 것을 믿을 수 없었을 것입니다.

그러나 우리는 말로써 그들과 싸우지 않기 위하여 성서를 인용하려 합니다. 성 바울은 「고린도 전서」 14장[36]에서[37] 다음과 같이 말합니다. "어떤 사람이 앉아서 다른 사람으로부터 신의 말을 듣고 있다고 할지라도 그에게서 어떤 더 좋은 것이 나타나면 이야기하고 있는 처음 사람은 침묵을 지키고 자리를 양보해야 한다." 만일 우리가 말하는 사람이나 상좌에 있는 사람만을 믿는다면 이 계명이 무슨 소용 있겠습니까? 또한 그리스도는 「요한복음」 6장[38]에서 모든 그리스도인은 신으로부터 가르침을 받아야 한다고 말합니다. 따라서 교황과 그 추종자들도 사악한 사

---

36 「고린도 전서」 14:30.
37 A, B, C, C: 'i. Corint. iiij'.
38 「요한복음」 6:45.

람들이고 진실한 그리스도인이 아닐 수 있으며, 또한 신의 가르침을 받지 않고 올바른 이해를 가지지 못할 수 있는 반면에 어떤 미천한 인간이 올바른 이해를 가질 수도 있습니다. 그렇다면 우리는 무엇 때문에 그런 사람을 따라서는 안 됩니까? 교황도 여러 번 잘못을 저지르지 않았습니까? 만일 우리가 교황보다는 성서를 자기편에 가지고 있는 사람을 믿지 않는다면 교황이 잘못을 저지를 때 그리스도교계를 누가 돕겠습니까?

그러므로 교황만이 성서 해석이나 그 해석의 확인을 할 수 있다고 하는 것은 전혀 조작적인 이야기이며, 그들은 여기에 대하여 한마디도 입증하지 못합니다. 그들은 스스로 이 권한을 탈취했습니다. <u>성 베드로에게 열쇠가 주어질 때에 이 권한이 주어졌다고</u> 그들은 주장하지만, 열쇠는 베드로에게만 주어진 것이 아니라 전 공동체에 주어진 것이 분명합니다.[39] 더구나 그 열쇠는 교리나 통치를 위해 제정된 것이 아니라 다만 죄를 매고 풀기 위해서만 제정된 것입니다. 그들이 이 열쇠로부터 그 이상의 권한을 자기들에게 돌리는 것은 순전히 조작에 지나지 않습니다. 그러나 그리스도가 베드로에게 "네 믿음이 떨어지지 않도록 하려고 너를 위하여 기도했다"[40]라고 한 말은 교황에게까지 확대 적용될 수는 없습니다. 왜냐하면 대부분의 교황들 자신이 고백해야 하는 대로 신앙이 없었기 때문입니다. 더구나 그리스도는 베드로를 위해서뿐만 아니라 모든 사도와 그리스도인을 위해서도 기도했습니다. 이것은 그리스도가 「요한복음」 17장[41]에서 "아버지여! 저는 당신께서 저에게 주신 자들을 위하여 기도합니다. 그리고 다만 이들을 위해서뿐만 아니라 이들의 말을 통하여 나를 믿는 모든 자들을 위해서도 기도합니다"라고 말한 대로

---

39 I : "es were dem heiligen Papst sancto Petro die gewalt gegeben worden, als im die schlüssel seind gegeben worden. Ist wol offenbar …".

40 「누가복음」 22 : 32.

41 「요한복음」 17 : 9, 20.

입니다. 이것으로 충분히 분명하게 말하지 않았습니까?

여기에 대해서 스스로 생각해보기 바랍니다. 그들은 우리 가운데 진실한 신앙, 영, 이해, 그리스도의 말씀과 생각을 가진 경건한 그리스도인이 있다는 것을 고백해야 합니다. 그렇다면 왜 우리는 이 사람들의 말과 이해를 거부하고 신앙도 영도 없는 교황을 따라야 합니까? 이것은 모든 신앙과 그리스도 교회를 부인하는 것이 될 것입니다. 게다가 "내가 하나의 거룩한 그리스도 교회를 믿습니다"라는 신앙 조항이 옳다면 언제나 교황만이 옳은 것은 아닙니다. 만일 그렇지 않다면 우리는 "내가 로마의 교황을 믿습니다"라고 기도해야 하며, 이로써 그리스도 교회를 한 인간으로 격하시켜야 할 것입니다. 이것은 악마적이고 흉악한 오류에 지나지 않을 것입니다.

더욱이 위에서 말한 대로 우리가 모두 사제이고 한 신앙과 한 복음과 한 성례전을 가지고 있다면 왜 신앙 문제에 대해 바르고 그른 것을 시험하고 판단할 권한을 가져서는 안 됩니까? 「고린도 전서」 2장[42]에서 "영적인 사람은 모든 것을 판단하나 그 자신은 아무에게도 판단 받지 않는다"라고 한 바울의 말과, 또한 「고린도 후서」 4장[43]에서 "우리는 다 신앙의 동일한 영을 가지고 있다"라고 한 말은 어떻게 됩니까? 어째서 우리는 불신(不信)적인 교황이 하는 것처럼 무엇이 신앙에 적합한지 적합하지 않은지를 느껴서는 안 됩니까? 우리는 이제까지의 모든 구절에 따라 대담하고 자유롭게 되어 바울이 지칭하는 바 자유의 영이 교황들의 날조된 말로 인해 억압당하는 일이 있어서는 안 됩니다. 오히려 우리는 교황들이 무엇을 행하든 행하지 않든 간에 활기차게 신앙에 근거한 성서 해석에 따라 판단해야 하고 교황들로 하여금 그들 자신의 이해가 아니라 더 좋은 해석에 따르도록 강요해야 합니다. 옛날에 사라는 오

늘날 우리가 지상에서 누구에게 복종하는 것보다도 더 철저하게 복종했지만, 아브라함도 사라의 말을 들어야 했습니다.[44] 발람의 나귀는 예언자 자신보다 더 현명했습니다.[45] 만일 신이 한 마리의 나귀를 통해 예언자에게 반대하는 말을 했다면 왜 오늘 한 경건한 인간을 통해 교황에게 반대하는 말을 할 수 없습니까? 이와 같이 성 바울은 성 베드로를 잘못한 사람으로 책망했습니다.[46] 그러므로 신앙을 이해하고 변호하며 모든 오류를 책망하는 것은 모든 그리스도인에게 당연한 일입니다.

세 번째 담은 처음 두 담이 무너질 때에 제풀에 무너집니다. 왜냐하면 교황이 성서에 배치되는 행위를 할 때 「마태복음」 18장[47]에 있는 그리스도의 말씀대로 성서 편에 서서 그를 책망하고 강요하는 것이 우리의 의무이기 때문입니다. "만일 네 형제가 네게 대하여 죄를 범하면 가서 너와 그만 있는 곳에서 그에게 말하라. 만일 네 말을 듣지 않으면 이 일을 교회에 이야기하라. 만일 그가 교회의 말도 듣지 않으면 그를 이방인으로 여기라." 여기에서 모든 지체는 다른 지체를 위해 염려하라고 명령합니다. 그렇다면 공동체를 지도하는 지체가 악을 행하면, 또한 그의 악한 행위를 통해 다른 지체에게 많은 손상과 거리낌을 주는 경우에 더욱더 이와 같이 해야 하지 않겠습니까? 그러나 만일 내가 공동체 앞에서 그 사람을 고발하려면 공동체를 한데 집결해야 합니다.

교황만이 공의회를 소집하거나 확인할 수 있다는 그들의 주장에 대해 그들 자신의 법령 외에는 아무런 성서적 근거도 없습니다. 그런 법령은 그리스도교계에 혹은 신의 율법에 해롭지 않는 한에서만 유효한 것입니다. 공의회를 통해 교황을 처벌하지 않는 것은 그리스도교계에 해로운 일이니, 교황이 처벌을 받아 마땅할 때에는 이런 법령들은 즉각 무

---

44 「창세기」 21 : 12 참조.
45 「민수기」 22 : 28 참조.
46 「갈라디아서」 2 : 11 이하 참조.
47 「마태복음」 18 : 15.

효가 됩니다.

「사도행전」 15장[48]을 읽으면 사도회의를 소집한 것은 성 베드로가 아니라 사도들과 장로들이었다고 합니다. 만일 그 권한이 성 베드로에게만 있었다면 그 회의는 그리스도교 공의회(concilium)가 아니라 이단적인 소모임(conciliabulum)이었을 것입니다. 또한 모든 공의회 가운데 가장 유명한 니케아 공회의도 로마의 주교에 의해서가 아니라 콘스탄티누스 황제에 의해 소집되었고 확인되었습니다. 콘스탄티누스 황제 이후 다른 많은 황제들도 이와 같이 행했으니, 이 공의회들은 가장 그리스도교적이었습니다. 그러나 만일 교황만이 공의회 소집 권한을 가지고 있다면 이 모든 공의회들은 이단적인 모임이었음이 분명할 것입니다. 또한 교황이 만들어낸 공의회들을 고찰해볼 때 거기서 특별한 것은 아무것도 달성하지 못했다고 봅니다.

그러므로 필요한 상황의 경우, 또 교황이 그리스도교계에 거리낌이 될 경우 먼저 소집할 수 있는 사람이 모든 몸의 한 성실한 지체로서 참으로 자유로운 공의회를 성립시키기 위해 그 일을 행해야 합니다. 누구도 이 일을 세속 정부처럼 잘 할 수 없습니다. 왜냐하면 특히 이제는 그들도 동료 그리스도인이고 동료 사제이고 동료 성직자이고 만물에 대해 같은 권세를 가진 자들이고 또한 언제나 필요하고 유익할 때마다 신으로부터 위탁받은 그들의 직무와 일을 그 대상을 막론하고 자유롭게 수행해야 하기 때문입니다. 만일 어떤 도시에 화재가 일어났는데 단순히 아무도 시장의 권한을 가지지 않았다는 이유만으로 혹은 그 화재가 가령 시장의 집에서 일어났다고 해서 탈 수 있을 만한 모든 것이 다 타 버리게 내버려둔다면 부자연스러운 일이 아니겠습니까? 이런 경우에는 모든 시민이 다른 사람들을 깨우고 소집하는 것이 의무가 아니겠습니까? 그렇다면 교황청이든 어떤 다른 곳이든 간에 범법이라는 화재가

---

48 「사도행전」 15:6.

일어났을 때에 그리스도의 영적 도시에는 더욱더 이와 같이 행하지 않으면 안 될 것입니다. 적이 어떤 도시를 공격했다고 하면 마찬가지 일이 일어납니다. 다른 사람을 먼저 깨운 자는 영광과 감사를 받아야 할 것입니다. 그렇다면 왜 지옥의 원수가 나타난 것을 알리고 그리스도인을 깨우고 소집하는 사람이 마땅히 영광을 받아서는 안 됩니까?

그러나 누구도 그들의 권한에 대해 거역할 수 없다는 그들의 자랑은 결국 무의미한 것입니다. 그리스도교 안에는 교회에 손상을 끼칠 권한이나 손상에 대한 항거를 금지할 권한을 가진 사람은 아무도 없습니다. 교회에는 개선을 위한 권한 외에는 아무것도 없습니다. 그러므로 만일 교황이 자유로운 공의회 소집을 저지하기 위해 그의 권세를 이용하고 이로써 교회의 개선이 장애를 받는다면 우리는 교황과 그의 권위를 고려해서는 안 됩니다. 만일 교황이 파문하고 위협한다면 우리는 그의 소행을 미친 사람의 짓으로 경멸하고 신에게 의지해야 하며, 우리 편에서 오히려 그를 파문하고 쫓아 버려야 합니다. 왜냐하면 이런 교황의 주제넘는 권한은 아무것도 아니기 때문입니다. 그는 이런 권한이 없으며 성서의 말씀에 의해 곧 타도됩니다. 바울은 고린도인에게 말했습니다. "신께서 우리에게 권위를 주신 것은 그리스도교를 파멸시키기 위해서가 아니라 개선하기 위해서이다."[49] 누가 이 말씀을 넘어가려 합니까? 그리스도교계의 개선을 위해 도움이 되는 것을 방해하는 것은 악마와 적그리스도의 권세뿐입니다. 그러므로 이런 권세에는 결코 복종해서는 안 되며 생명과 재산과 우리가 할 수 있는 모든 노력을 다해 그것에 대항해야 합니다.

비록 세속 권세에 불리한, 교황을 위해 유리한 기적이 일어나고 혹은 어떤 사람이 재앙을 당한다고 할지라도 — 저들이 자랑하는 그런 일이 종종 일어나기는 하는데 — 이런 것은 신을 믿은 신앙의 연약함 때

---

49 「고린도 후서」 10 : 8.

문에 순전한 악마를 통해 일어나는 행위로 생각해야 합니다. 이것은 그리스도가 「마태복음」24장[50]에서 선포한 것과 같습니다. "내 이름으로 거짓 그리스도인과 거짓 예언자들이 와서 표적과 기적을 행하여 선택받은 자들을 속일 것이다." 또한 성 바울도 데살로니가인에게 적그리스도는 사탄의 권세를 통해 거짓된 기적에서 능력이 있을 것이라고 말합니다.[51]

그러므로 그리스도교적 권세는 그리스도를 거슬러 아무것도 행할 수 없다는 말을 견지합시다. 이것은 성 바울이 "우리는 그리스도를 거슬러 아무것도 행할 수 없고 그리스도를 위하여 행할 수 있다"라고 말한 것과 같습니다.[52] 무엇이나 그리스도를 거슬러 행하는 권세는 비록 그것이 기적과 재난을 비 오듯 쏟아지게 한다고 할지라도 적그리스도와 악마의 권세입니다. 기적과 재난은 특히 이 마지막 악한 때에는 아무것도 확증해주지 못합니다. 이때의 거짓 기적들에 대해 성서가 전부 예언합니다. 그러므로 우리는 확고한 신앙으로 신 말씀에 매달려야 하며 그렇게 하면 악마는 기적을 그만둘 것입니다.

이로써 나는 잘못된 기만적인 공포 수단이 퇴치되었기를 바랍니다. 로마주의자들은 이제까지 오랫동안 이런 공포 수단으로 사람들의 양심을 겁먹게 만들고 둔하게 했습니다. 또한 그들은 우리 모두와 마찬가지로 세속적인 칼의 지배 아래 있으며, 학문 없이 다만 권세만으로 성서를 해석할 권한은 없습니다. 그들은 공의회를 저지하거나 제멋대로 제한하거나 속박하거나 그 자유를 빼앗을 권한이 없습니다. 오히려 만일 이렇게 한다면 그들은 실로 적그리스도와 악마의 무리이며, 그리스도로부터는 그 이름 외에 아무것도 가진 것이 없습니다.

---

50 「마태복음」 24 : 24.
51 「데살로니가 후서」 2 : 9 참조.
52 「고린도 후서」 13 : 8 참조.

이제는 공의회에서 마땅히 논의되어야 할 일들에게 대해 고찰하려 합니다. 이것은 교황들과 추기경들과 모든 학식 있는 자들이 그리스도와 그의 교회를 사랑한다면 당연히 밤낮으로 다루어야 할 일입니다. 그러나 만일 그들이 이 의무를 도외시한다면 파문과 위협에 개의치 말고 군중과 세속적인 칼이 이 일을 행할 것입니다. 왜냐하면 하나의 불의한 파문이 열 개의 바른 면죄(免罪)보다 나으며, 하나의 불의한 면죄는 열 개의 바른 파문보다 악하기 때문입니다. 그러므로 사랑하는 독일인이여, 깨어나서 사람보다는 신을 두려워합시다.[53] 그래서 로마주의자들의 수치스럽고 악마적인 지배로 인해 너무나 비참하게 파멸당한 모든 불쌍한 영혼들의 운명을 당하지 않도록 합시다. 악마가 날로 더욱 강해지고 있고 내가 이해할 수 없고 믿을 수도 없지만, 로마주의자들의 이런 흉악한 통치는 더욱 악화될 수도 있습니다.

첫 번째로 그리스도의 대리자(Vicarius)이며 성 베드로의 후계자라고 스스로 자랑하는 그리스도교계의 수장(首長)이 어느 왕이나 황제도 그 면에서는 그와 대등하거나 접근할 수 없으리만큼 세속적이고 호사로운 생활을 하는[54] 것과, 또 '가장 거룩하고 가장 영적이라는' 칭호를 내세우는 자가 세상보다 더 세속적이라는[55] 사실을 목도하는 것은 두렵고도

---

53 「사도행전」 5 : 29 참조.

54 울리히 폰 후텐(Ulrich von Hutten)의 『바디스쿠스』(Vadiscus)와 유사하다.(Hutteni opp. ed. Eduard Böcking, IV, p. 183 참조) 에네아스 실비우스(Äneas Silvius)는 Germania Enee Silvij, Ausgabe von 1515, Bl. I 8a에서 다음과 같이 말한다. "그대가 로마 교황이 성례전을 거행하거나 신의 말을 듣는 것을 본다면, 로마 수장에게만 질서와 영광과 위엄이 있음을 진실로 고백해야 한다. 그리스도가 가난하고 겸손하게 나타났다면, 이것은 우리도 가난해야 하고 같은 것을 행하도록 하기 위함은 아니다."(Quod si videres aut celebrantem Romanum pontificem aut divina audientem, fateris profedto non esse ordinem, non esse splendorem ac magnificentiam nisi apud Romanum praesulem. Si Christus pauper et humiois apprauit, non quidem, ut nos pauperes essemus, id fecit.)

55 I : "den allerheiligsten und geistlichsten sich laßt nennen, und er doch weltlicher

놀라운 일입니다. 최고의 왕이라도 한 개의 왕관밖에는 쓰지 않는데 교황은 삼중관을 씁니다. 이것이 가난한 그리스도가 성 베드로와 닮는 것이라면 이것은 새로운 닮은꼴입니다. 거기에 거스르는 말을 하면 그들은 이단적이라고 부르짖습니다. 이런 일이 얼마나 비그리스도교적이고 사악한가를 그들은 듣고 싶어 하지 않습니다. 그러나 만일 교황이 눈물을 흘리며 신에게 기도드린다면 이런 왕관을 벗어버려야 한다고 생각합니다. 왜냐하면 우리 신은 교만을 용납하지 않기 때문입니다. 이제 그의 직무는 그리스도교를 위해 날마다 울고 기도하는 일과 모든 겸손의 모범을 보이는 것 외에 다른 것이 아닙니다.

그럼에도 불구하고 교황의 이런 사치는 언짢은 일이며, 교황은 자신의 영혼의 복락을 위해 이런 사치를 벗어버려야 합니다. 이는 성 바울이 "언짢게 만드는 모든 모습을 멀리하라"라고 말하며,[56] 또한 「로마서」 12장[57]에서 "너희는 신 앞에서뿐만 아니라 모든 사람들 앞에서도 선을 도모하라"라고 말하기 때문입니다. 교황에게는 보통 주교관으로 충분할 것입니다. 교황은 학문과 거룩함에서 다른 사람들보다 더 앞서야 하며, 그의 전임자들이 여러 세기 전에 행한 것처럼 교만의 관은 적그리스도에게 내주어야 합니다. 그들은 교황이 이 세상의 주라고 말합니다. 이것은 거짓말입니다. 왜냐하면 교황이 그의 대리자요 주무관이라고 자처하는 그리스도는 빌라도 앞에서 "내 나라는 이 세상에 속한 것이 아니다"라고 말했기 때문입니다.[58] 어떤 대리자도 자기 주인 이상으로 지배할 수는 없습니다. 더구나 교황은 하늘로 올라간 그리스도가 아니라 십자가에 달린 그리스도의 대리자입니다. 이것은 바울이 "나는 너희 중에서 그리스도, 다만 십자가에 달리신 그리스도 외에는 아무것도 알려고

wesens ist."

56 「데살로니가 전서」 5 : 22 참조.
57 「로마서」 12 : 17.
58 「요한복음」 18 : 36 참조.

하지 않았다"라고 말하고,[59] 「빌립보서」 2장[60]에서 "그러므로 너희는 자신을 비우고 종의 형상을 입으신 그리스도 안에서 보는 바대로 본받으라"라고 말하며, 또한 「고린도 전서」 1장[61]에서 "우리는 십자가에 달리신 그리스도를 전했다"라고 말한 것과 같습니다. 지금 로마주의자들은 교황을 하늘에 올라간 그리스도의 대리자로 만들었으며, 또한 그들 가운데 일부는 악마로 하여금 자기들 가운데서 강력히 지배하게 하여 교황이 하늘의 천사들보다 위에 있고 또 그 천사들을 다스릴 권위를 가진다고 믿게 되었습니다. 실로 이것은 바로 진정한 적그리스도의 행위입니다.

두 번째로 오늘날 추기경이라 불리는 사람들은 그리스도교에서 무슨 소용이 있습니까?[62] 나는 여기에 대해 말하고자 합니다. 이탈리아와 독일에 부유한 수도원들, 교회 시설들, 영지들, 교구들이 많습니다. 이 모든 것을 로마로 가져가기 위한 가장 좋은 방법은 추기경들을 만들어 그들에게 주교구와 수도원, 관할 구역을 주는 것입니다. 이로써 그들은 신에 대한 경배를 땅에 떨어지게 했습니다. 따라서 오늘 이탈리아가 바로 황무지가 되었고 수도원들은 파괴되었으며 주교구들은 황폐화되었고 관구와 모든 교회의 지대는 로마로 옮겨졌으며 도시들은 몰락하고 나라와 국민은 도탄에 빠졌으며 예배도, 설교도 불가능하게 되었습니다. 무엇 때문입니까? 추기경들이 영지를 가져야 하기 때문입니다. 투르크 인도 이탈리아를 이처럼 황폐하게 만들고 신에 대한 경배를 억압할 수

---

59 「고린도 전서」 2:2 참조.
60 「빌립보서」 2:5.
61 「고린도 전서」 1:23.
62 Äneas Silvius, *Germania Enee Silvij*, Ausgabe von 1515, Bl. I 8[b]: "그런데 그대는 말한다. 그 많은 사람들(추기경 등)이 왜 필요한가? 우리는 답변한다. 우리가 세상을 판단하고자 한다면 필요하다."(Sed dices : Quid opus est tot viris〔cardinalibus & c.〕? Respondemus : Opus est, si volumus iudicare mundum.)

는 없었습니다.

　이제 추기경들은 이탈리아를 완전히 빨아먹었기 때문에 독일로 와서[63] 매우 신중하게 일을 개시하고 있습니다. 그러니 독일도 곧 이탈리아와 같이 되지 않도록 조심합시다! 이미 우리에게는 몇 사람의 추기경들이 있습니다. '술 취한' 독일인은 주교구도, 수도원도, 교구도, 봉토도, 한 푼의 돈도 남지 않을 때까지 로마주의자들이 거기서 무엇을 구하는지 이해해서는 안 됩니다. 이미 예언된 바와 같이 적그리스도는 지상의 모든 보물들을 틀림없이 취할 것입니다.[64] 지금 이와 같이 되고 있습니다. 그들은 주교구들과 수도원들, 봉토들 가운데 제일 좋은 곳부터 시작합니다. 그리고 그들은 아직은 이탈리아에서 이제까지 행한 것처럼 그렇게 모든 것을 <u>완전히 낭비해서는</u>[65] 안되기 때문에 10개나 20개의 구역들을 하나로 묶고 그것들 하나하나로부터 매년 얼마씩 받아서 결국 상당한 금액을 만드는 거룩한 재주를 부립니다. 뷔르츠부르크 구역은 1,000굴덴을, 바벤베르크[66] 구역도 얼마간을 바치며, 마인츠와 트리어, 다른 구역들도 좀 더 바칩니다. 그래서 모두 1,000굴덴 내지 1만 굴덴의 금액을 모을 수 있으므로 추기경은 로마에서 부유한 왕처럼 살 수 있습니다.

　우리가 거기에 길들면 하루에도 30명이나 40명의 추기경을 만들고[67] 모든 교회들과 도시들이 황폐해질 때까지 한 추기경에게 바벤베르

63　K. Benrath, p. 87, Anm. 17 참조.

64　「다니엘서」 11 : 39, 43 참조.

65　F : 'thürren gar vor schanden'; I : 'dürfen gar beschneiden'; Erl. Ausg. : 'duren gar vorschwenden'; B : 'dürfen gar verscheren'; D : ganz zu verschlingen wagen'.

66　C : 'Babenberg'; I : 'Bamberg'.

67　교황 레오 10세는 1517년 7월 1일 하루에 31명의 추기경을 임명했으며, 그들로부터 대가로 30만 두카트를 수령했다고 한다. Ernst Salomon Cyprian, *Nützliche Urkunden*, II, Leipzing, 1718, p. 15; *Hutteni opp*. ed. E. Böcking, IV, p. 188 참조.

크(Babenberg)의 문헨베르크(Munchenberg)[68] 교구와 뷔르츠부르크 교구, 또 여기에 몇 곳의 부유한 교구를 덧붙여서 주려고 합니다. 그 후에 우리는 그리스도의 대리자들이며 그리스도의 양들을 지키는 목자들이라고 말할 것입니다. 어리석은 독일인들은 모두 당해야 합니다!

그러나 나는 추기경의 수를 줄이거나 교황은 그 자신의 비용으로 그들을 부양하라고 충고합니다. 그들은 12명이면 충분하며, 한 사람이 1년에 1,000굴덴의 수입을 얻을 것입니다.[69] 어떻게 우리 독일인들은 교황에 의해 우리 재산을 이처럼 약탈당하고 착취당하기에 이르렀습니까? 프랑스 왕국이 이것을 막았다면[70] 왜 우리 독일인은 이와 같이 우롱당하고 조롱당해야 합니까? 그들이 다만 우리 재산을 훔친다면 그것은 참을 수 있을 것입니다. 그러나 그들은 이로써 교회들을 폐허로 만들고 그리스도의 양들에게서 경건한 목자들을 빼앗아가며 또 예배와 신의 말씀을 쑥밭으로 만들어 놓습니다. 추기경이 단 한 사람도 없다고 해서 교회가 망하지는 않을 것입니다. 왜냐하면 그들은 그리스도교를 위해 아무것도 하는 일이 없기 때문입니다. 그들은 다만 주교구와 구역들에서 돈벌이와 싸움만 할 뿐입니다. 이런 짓은 어떤 강도라도 할 수 있는 일입니다.

세 번째로 교황청 궁의 99퍼센트를 헐어버리고 단 1퍼센트만 남겨 놓는다고 할지라도 신앙 문제에 대한 결정을 내리는 데는 충분할 것입니다. 그러나 지금 로마에는 이와 같이 <u>기생충들이</u>(gewurm und

---

68 B, C : 'Munchberg' ; I : 'zů Bamberg'.

69 K. Benrath, p. 87, Anm. 17 참조.

70 프랑스 왕 샤를 7세는 1438년 7월 부르주에서 로마 교황 에우게니우스 4세와 협약을 맺었다. 이 협약에 의해 프랑스 교회는 바젤 공의회의 개혁안에 동의하는 대가로 대성당 참사회의 주교 선거권을 회복시켰으며, 이로써 교황청으로부터 어느 정도의 독자성을 획득하게 된다. 특히 교황청으로 가는 성직록을 봉쇄할 수 있게 되었다.

geschwurm)[71] 우글거리고 있으며, 모두가 교황처럼 바빌론에도 이런 조직은 없었다고 자랑합니다. 교황의 비서들만 해도 3,000명 이상 되고, 직책은 거의 셀 수도 없으리만큼 많으니 그 종사자들을 누가 셀 수 있겠습니까?[72] 그들은 모두 양을 노리는 이리처럼 독일의 교회 기관과 봉토를 노리고 있습니다. 지금 독일은 과거에 황제들에게 바치던 것보다 로마 교황에게 더 많은 것을 바치고 있다고 생각합니다. 해마다 30만 굴덴 이상의 돈이 전혀 쓸모도 없고 효과도 없이(vorgebens und umb sonst)[73] 독일에서 로마로 유출된다고 추산하는 사람들도 더러 있습니다.[74] 우리는 그 대가로 조롱과 치욕 외에는 아무것도 얻은 것이 없습니다. 그러면서도 제후, 귀족, 도시들, 교회 기관, 나라와 백성이 궁핍해지는 것을 이상하게 여깁니까? 오히려 우리는 아직도 먹을 것이 남아 있는 것을 이상하게 여겨야 합니다!

이제 본격적 경기에 이르렀으니 잠시 숨을 돌리고 독일인들이 로마주의자들의 책략을 모르거나 이해하지 못하리만큼[75] 그렇게 둔한 바보가 아니라는 것을 보여줍시다! 여기서 나는 로마에서 신의 계명과 그리스도교 법이 멸시를 받고 있다고 불평하는 것이 아닙니다.[76] 왜냐하면 우리가 지금 이런 고차적 문제에 대해 불평하기에는 그리스도교계, 특

---

71 I : 'gewürme'. 'und geschwurm'이 없다.

72 Äneas Silvius, *Germania Enee Silvij*, Ausgabe von 1515, Bl. I 6[bff]. 참조. 여기에 교황의 궁궐이 묘사되어 있으니, 막대한 수의 서기들을 지적한다. 그 밖에 K. Benrath, p. 88, Anm. 18, p. 95, Anm. 36 참조.

73 I : 'vorgebens und'가 없다.

74 추산을 위해서 *Gravamina Germanicae Nationis cum remediis et avisamentis ad Caesaream Maiestatem, Selestadii impressum in officina Schüreriana*, Bl. A 4a가 도움이 될 것이다. "독일은 에네아스 실비우스의 증언에 따르면 50개 이상의 주교구를 가지고 있다."(Germania〔Aenea Silvio teste〕supra quinquaginta episcopatus habet.) 루터의 발언은 지나치지 않다.

75 I : 'odder vorstehen'이 없다.

76 I : 'nit'가 없다.

히 로마에서의 형편이 좋지 않기 때문입니다. 나는 또한 자연적 혹은 세상적인 법과 이성이 전혀 효력이 없다는 것을 불평하는 것이 아닙니다. 모든 문제는 보다 낮은 데 있습니다. 내가 불평하는 것은 저들이 스스로 조작한 교회법을 지키지 않는다는 것입니다. 물론 이것은 법이라기보다는 순전히 독재이자 탐욕이며 일시적 허영입니다. 이 문제를 보기로 합시다!

이전에 독일 황제들과 제후들은 교황에게 독일의 모든 봉토로부터 초년(初年)도 헌상 성직록, 즉 각 봉토로부터 첫해 성직록 수입의 절반을 징수하도록 허용했습니다.[77] 그러나 이것을 허용한 것은 교황이 투르크인과 불신자들에게 대항해 싸워 그리스도교를 수호하는 데 필요한 재정을 이 거액의 돈으로 충당할 수 있게 하며, 전쟁하는 것이 귀족에게만 과도한 부담이 되지 않고 성직자들도 거기에 다소나마 기여할 수 있게 하기 위해서였습니다. 교황들은 독일 민족의 이런 좋고도 순박한 신앙심을 이용하여 100년 이상이나 이 돈을 징수해왔으며, 지금은 이것을 의무적 조세로서 부과 세액을 책정했습니다. 그리고 그들은 재물을 축

---

77 K. Benrath, p. 88f., Anm. 19에 의하면, 팔라비치니(Pallavicini)는 *Geschichte des Trienter Concils*, Lib. II, c. 8 §4에서 초년도 헌상 성직록 수입이 대(對)투르크 전쟁 목적을 위해 사용되어야 하고, 이런 조건 아래서 신분들에 의해 교황청에 전달되었음을 부인했다. 아마도 예전과 후대의 초년도 헌상 성직록을 구별해야 할 것이다. 적어도 카를 벤라트(Karl Benrath)의 노트에서 초년도 헌상 성직록이 이미 13세기 초에 언급되었다면 동일 개념이 밑바닥에 깔려 있는 한, 이것이 어떻게 투르크 전쟁을 위해 정해졌는지 불분명하다. 확실한 것은 1518년 아우크스부르크 제국의회에서 신분들은 루터와 같은 견해를 가졌다는 것이다. 그들은 초년도 헌상 성직록은 "우선 다만 몇 년 동안만 대투르크 전쟁을 위해 승인되었고 지금까지 오랫동안 헌납되었고 여전히 헌납된다는 것을 주장했다.(Johannes Janssen, *Frankfurts Reichskorrespondenz* von 1376~1519, II, Freiburg, 1863~73, p. 980 참조) 이에 대해서는 1521년 보름스 제국의회의 *Die Beschwerungen des hayligen Roe. Rey. und besonderlich gätz Teütscher Nation*, Bl. Bij^bf.와 1522년 뉘른베르크 제국의회의 *Gravamina de annatis*; *Hutteni opera*, ed. E. Böcking, IV, p. 206f. 참조.

적했을 뿐만 아니라 로마에 많은 성직과 관직을 만들었으며, 매년 영구 임차지에서 나오는 지대처럼 이 돈으로 그들에게 봉급을 주었습니다. 교황들은 투르크인과 싸우려 한다는 핑계를 둘러대고는 사절들을 파견해 돈을 거두게 합니다. 그들은 어리석은 독일인들이 한결 같이 바보짓만 해야 하고 자신들에게 돈을 내며 말로 다할 수 없는 탐욕을 채워주어야 한다고 생각하면서 투르크인과 싸운다는 것을 구실로 삼아 종종 면죄부를 발급합니다. 물론 우리는 초년도 헌상 성직록이나 면죄부 판매 대금 및 다른 모든 돈들이 투르크인을 막기 위해 한푼도 사용되지 않고 모조리 밑 빠진 자루 속으로 들어간다는 것을 공공연히 압니다. 교황들은 거짓말하고 속이며 우리와 협정을 맺고도 어느 하나 지키려 하지 않습니다. 이 모든 것이 그리스도와 성 베드로의 거룩한 이름으로 행해졌음이 분명합니다.

여기서 이제 독일 민족과 주교들, 제후들도 자신들이 그리스도인임을 생각하며, 육적·영적 재화에서 통솔하고 보호하도록 맡겨진 백성을 양의 옷을 입고 목자와 통치자들인 체하며 약탈하는 이리들로부터 지켜야[78] 합니다. 그리고 초년도 헌상 성직록이 너무나 수치스럽게 오용되고 또 합의된 사항들이 지켜지지 않으므로 그들의 토지와 백성들이 그처럼 비참하게 불법적으로 약탈당하고 파멸당하도록 내버려두어서는 안 됩니다. 오히려 그들은 황제의 법령이나 전 국민의 법으로 초년도 헌상 성직록을 국내에 보유하거나 다시 철폐해야 할 것입니다.[79] 그 이유는 로마주의자들이 협약한 것을 지키지 않으므로 초년도 헌상 성직록을 받을 권리가 없기 때문입니다. 그러므로 주교들과 제후들은 법이 요구하는 대로 이런 절도와 약탈 행위를 징벌하거나 방지할 의무가 있습

---

78 I: 'beschirmen'이 없다.

79 1518년 아우크스부르크 제국의회에서 신분들은 초년도 헌상 성직록이 "이런 (대투르크족) 원정을 위해 부과되고 명령되고 제국 내에 남아 있어야" 한다고 요구했다. J. Janssen, *Frankfurts Reichscorrespondenz*, II, p. 991 참조.

니다. 이 일에서 그들은 교황을 돕고 옹호해야 합니다. 아마도 교황은 마치 이리와 폭군에 대항하듯이 이런 비행(非行)에 홀로 대항하는 데는 너무나 약합니다. 교황은 악을 행하거나 변호할 수 있는 권한이 없습니다. 투르크인에 대비해 이런 재물을 축적하고자 하면 우리는 앞으로 충분한 지각을 가져야 하고, 독일 국민이 일을 위해 교황보다 재물을 잘 보존할 수 있음을 깨달아야 합니다. 왜냐하면 독일 민족은 돈만 있으면 싸울 만한 능력이 있기 때문입니다. 이것이 이제까지 다른 많은 로마 교회의 구실에서 본 바와 같이 초년도 헌상 성직록과 관련된 것입니다.

게다가 1년은 교황과 지도적인 주교들과 수도원들 사이에 분할되어 있으니, 교황은 1년에 격월로 6개월 동안 자신의 달(月)에 공석이 된 봉토를 미리 임차할 수 있습니다. 이로써 거의 모든 봉토가 로마에 흡수되며, 특히 최상의 성직록지와 교구들이 그렇게 됩니다.[80] 그래서 일단 로마의 수중에 떨어지면 비록 그것이 교황의 달에 다시 공석이 되는 일이 없다고 할지라도 그것들이 결코 다시 로마에서 나오지 않습니다. 이로써 수도원들에는 너무나 잠깐 혜택이 주어지게 됩니다. 이것은 국내에 아무것도 남는 것이 없게 만든 진짜 강탈 행위입니다. 그러므로 이제는 교황의 달을 완전히 철폐하고 이를 통해 로마로 가져간 모든 것을 도로 빼앗을 시기가 무르익었습니다. 제후와 귀족은 도둑질 당한 물건을 반환케 하고 도둑들을 처벌하며 자기 특권을 남용한 자들에게서 그 특권을 빼앗아야 합니다. 교황은 선출된 다음날로 교황청 사무국에서[81] 그럴 권리도 없이 우리의 수도원들과 성직록지를 강탈할 수 있는 규정과 법을 만들었습니다. 이것이 타당한 일이라면 카를 황제는 그의 대관식 다음날로 전 독일에서 어떤 봉토나 성직록지가 교황의 달에 의해 로마

---

80 *Hutteni opp*. ed. E. Böcking, IV, p. 199f; K. Benrath, p. 89, Anm. 20 참조.

81 K. Benrath, p. 96, Anm. 40; *Die Beschwerungen des hayligen Roe. Rey.*, 1521, Bl. Biij^b 참조.

의 수중으로 들어가지 못하게 하고, 이미 로마 수중에 넘어간 것을 다시금 로마의 강도들로부터 구출받을 수 있도록 규칙과 법을 만드는 것이 오히려 더 타당한 일일 것입니다. 카를 황제는 자신의 직무와 칼로 인해 그럴 권리를 가지고 있습니다.

지금 로마의 탐욕과 강도 좌(座)는 모든 봉토가 하나씩 차례로 교황의 달에 의해 그의 손아귀 속으로 들어올 때를 기다리지 못하고 충족될 줄 모르는 배를 위해 모든 봉토를 가능한 한 속히 얻으려 서두르고 있습니다. 그래서 초년도 헌상 성직록과 교황의 달 이외에도 봉토들과 성직록지들이 세 가지 방법으로 로마로 넘기는 책략을 고안해냈습니다.[82]

첫 번째로 자유 성직록지를 소유한 어떤 사람이 로마에서 사망하거나 로마로 오는 도중에 사망하면 그의 성직록지는 영원히 로마의 강도 좌(그렇게 불러야 한다)의 소유로 남게 됩니다.[83] 그럼에도 불구하고 그들은 누구도 과거에 들어보지 못하고 읽어보지도 못한 강도질을 행하면서도 강도들이라고 불리는 것을 싫어합니다.

두 번째로 봉토를 가지고 있거나 물려받는 자는 교황이나 추기경의 호종(護從)입니다.[84] 혹은 전에 봉토를 가지고 있는 사람이 후에 교황이나 추기경의 호종이 됩니다.[85] 그러나 교황이 말을 타고 산책만 하려 해

---

82 *Hutteni opp.* ed. E. Böcking, IV, p. 200 참조.

83 *Die Beschwerungen des hayligen Roe. Rey.*, 1521, Bl. Biij^a 참조. "교황 성하는 성직자가 로마에서 사망하거나 로마 밖의 노상에서 사망할 경우에 교황 성하의 가족이나 신하, 친척이든 아니든 간에, 모든 그의 성직록과 직무는 크든 작든 간에 교황 성하에게 귀속되어야 한다고 정했다." 1522년과 1523년 뉘른베르크 제국의회에서 확대되어 주장되었고, *Hutteni opp.* ed. E. Böcking, IV, p. 201에는 다만 암시되었다.

84 I의 가장자리에 'Die man Familiares nent'(가족이라 불리는)가 있다.

85 여기에 대해서는 여러모로 불만이 제기되었다. Jakob Wimpfeling, "Responsa et replicae ad Eneam Silvium", in: Äneas Silvius, *Germania Enee Silvij*, Ausgabe von 1515, Bl. Miiij^b; Johann Erhard Kappen, *Kleine Nachlese*, II, p. 412; *Hutteni opp.* ed. E. Böcking, IV, p. 200; *Die Beschwerungen des hayligen Roe. Rey.*, 1521, Bl.

도 모든 황제들과 왕들이 무색할 정도로 3,000~4,000명의 노새 기사들을 대동하고 가는데, 누가 교황과 추기경들의 호종을 셀 수 있습니까? 그리스도와 성 베드로는 그들의 대리자들이 그만큼 더욱 사치하고 뽐낼 것이 많도록 해주기 위해 걸어 다녔습니다. 지금 탐욕은 계속하여 다른 계략을 생각해내 이곳에 있으면서도 많은 사람들이 로마에 있는 것처럼 교황의 호종의 이름을 가지도록 만들었습니다. 이는 다만 어디에서나 '교황의 호종'이라는 순전히 교활한 말로 모든 봉토를 로마 좌(座)로 가져가고 또 거기에 영원히 묶어두기 위함입니다. 이것들은 괘씸하고도 사악한 책략이 아닙니까? 주시합시다! 이렇게 마인츠, 마그데부르크, 할버슈타트가 교묘히 로마의 손에 넘어갈 것이고, 추기경직을 얻는 대가를 매우 비싸게 지불해야 할 것입니다.[86] 그 후에 우리는 독일의 모든 주교를 추기경으로 만들어 여기에 아무것도 남지 않게 할 것입니다.

세 번째로 성직록지로 말미암아 로마에서 분쟁이 시작된 경우입니다. 나는 이것이야말로 봉토를 로마로 가져가는 데서 거의 가장 보편적이고 가장 넓은 길이라고 생각합니다. 왜냐하면 이곳에 분쟁이 없을 때 그들이 원하기만 하면 분쟁들을 땅 속에서 파내 마음대로 성직록지를 공격하는 무수한 악당들이 로마에 있기 때문입니다. 이때 많은 경건한 사제가 자기 성직록지를 상실하거나 많은 돈을 지불함으로써 한동안 그 분쟁을 해결해야 합니다. 정당하거나 부당하거나 간에 이런 분쟁에 연루된 봉토들은 영원히 로마 교황청의 소유가 되고 맙니다.[87] 신은 옛날

Bii^af.; 1522년과 1523년 뉘른베르크 제국의회의 *Gravamina*; K. Benrath, p. 90, Anm. 21 참조.

86 이것은 알브레히트 폰 브란덴부르크(Albrecht von Brandenburg)가 이미 획득한 마그데부르크 대주교직, 할버슈타트의 관리자직, 마인츠 대주교직 외에 1518년에 추기경직을 금화 2만 9,000굴덴으로 획득한 사실을 암시한다.

87 J. Wimpfeling, "Responsa et replicae ad Eneam Silvium", in : Äneas Silvius, *Germania Enee Silvij*, Ausgabe von 1515, Bl. M^b : "끊임없는 분쟁과 싸움, 언쟁, 원한, 증오가 그리스도교 성직자들 사이에 일어나고 증가하고 있다."(Lites infinaitae,

에 소돔과 고모라에서 행한 것처럼[88] 하늘에서 불과 유황을 내려 로마를 지옥으로 가라앉게 한다고 해도 하나도 이상할 것이 없을 것입니다. 교황 권세가 다만 이런 큰 비행을 위해서만 사용되고, 또한 교황 자신이 이것을 비호하고 조정한다면 그리스도교에서 교황이 왜 있어야 합니까? 오, 고귀한 제후와 영주들이여! 얼마나 오랫동안 당신의 토지와 백성을 이런 탐욕적인 이리들에게 내맡기렵니까(offen und frey lassen)?[89]

이런 책략도 충분하지 못하고 또 탐욕스러운 인간에게는 모든 주교구를 삼키는 데 너무나 오랜 시간이 걸리기 때문에 나의 친애하는 탐욕스러운 인간은 주교구들이 명목상으로는 이곳에 있어야 하고 그 토지는 로마에 있게 하는 방안을 숙고했습니다. 즉 어떤 주교도 거액의 돈으로 팔리움(Pallium)[90]을 사고 끔찍스러운 서약으로 교황의 종으로서의 의무를 다할 것을 약속하지 않고서는 인준을 받지 못합니다.[91] 주교가 교황과 감히 협상하지 못하는 이유가 이것입니다. 그리고 로마인이 서약을 시킴으로써 바로 이것을 노렸습니다. 그래서 가장 부유했던 주

---

contentiones et rixae, rancores et odia inter Christi ministros suscitantur, nutriuntur atque foventur.) 같은 책, Bl. Miiij^b : "우리 민족은 부유한 사제직을 소유한 자가 노쇠함 혹은 병에 걸림으로써 불의한 분쟁이 야기되지 않도록 요구하니, 현재 진행 중인 이런 분쟁 가운데 교활한 자들은 정당한 권한도 없이 요절하는 자들의 성직록이나 권리를 얻도록 선택된다."(Impetret natio nostra, ne saerdotia pinguia possidentibus senio vel morbo confectis inquissimae lites moveantur, sub quarum pendentium typo versipelles, nullo iure freti, in praemortuorum beneficia vel iura subrogentur.)

88 「창세기」19:24~25 참조.
89 I : 'und frey'가 없다.
90 검은 십자가를 수놓고 흰 양털로 짠 것으로 어깨에서 가슴까지 드리우는 띠 모양의 장식물을 말한다. 교황이 신임 대주교에게 이것을 수여하기 전에는 대주교가 집무를 시작할 수 없다.
91 *Hutteni opp.* ed. E. Böcking, IV, p. 179; 팔리움에 대해서는 K. Benrath, p. 91, Anm. 22 참조.

교구들이 부채를 지고 몰락하고 말았습니다. 마인츠는 2만 굴덴을 지불한다고 들었습니다.[92] 이것이 바로 내가 본 로마인입니다! 확실히 그들

---

92 『로마 교황제에 관하여』(*Von dem Papsttum zu Rom etc.*)에 의하면, "마인츠 주교구는 사람들의 기억에 의하면 거의 여덟 벌의 주교 외투를 로마로부터 구입했는데, 한 벌당 가격이 3만 굴덴에 달했다." 후텐은『바디스쿠스』(*Hutteni opp.* ed. E. Böcking, IV, p.192f.)에서 다음과 같이 말한다. "수년 전에 이 명예에 합당한 어떤 열성적인 주교[=디터 폰 이젠부르크]가 로마 교황청으로부터 인준을 받고자 했으나 팔리움을 구입하지 않고 대주교직을 고집했을 때, 당시 교황은 그에게 저주를 내렸고, 마인츠 교회가 한 번 이런 고집에 동조했기 때문에 그의 승계자들은 재차 영원히 정죄됐다. 즉 처음에는 1만년으로 정했다가, 이제 2만년을 요구했다."(Superioribus annis cum strenuus quidam dignus hoc honore episcopus [Dieter von Isenburg] a Romano quidem pontifice confirmari sustineret, pallium vero emere nollet, in eoque perstaret, ipsum quidem anathemate confixit pontifex temporis eius, succesores vero, quod in contumaciam hanc semel consenssiset ecclesia Moguntina, dupli in perpetuum damnaverunt : cum prius X millia statuissent enim, XX nunc millia exigunt.) 계속해서 말하기를, "이 알베르투스로부터 마인츠의 8번째 주교를 안다고 기억하는 마인츠 장로가 있다." (Nunc repertus est Moguntinus senex qui meminit octavum ab hoc Alberto videre se Moguntiae episcopum.) 루터가 모든 내용의 일치에도 불구하고 후텐으로부터 자료를 취하지 않았다는 것은 '선 연구'에서 밝혀졌다. 아마도 두 사람의 자료는 1510년 야코프 빔펠링(Jakob Wimpfeling)의 소견서일 것이다. 그들은『독일 민족의 불만』(*Gravamina Germaniae Nationis*)의 슐레트슈타트 인쇄본에서 이 소견서를 알게 되었다. 여기 Bl. Aiijª에 이렇게 쓰여 있다. "과거에 마인츠 주교좌 혼자 1만 플로린을 납부했다. 그곳에서 선출된 어떤 자가 이 돈을 납부하기를 거부하고 그의 사망시까지 계속해서 고집했다. 그 사람 이후에 선출된 자는 인준받기를 원해 사도좌에 반항하는 것을 두려워했으므로, 옛날의 금액을 헌상하면서―1만 플로린을 생각하라―그의 전임자에 의해 그때까지 변제되지 않고 있었던 나머지 1만 플로린을 동시에 변제하지 않는 한, 인준을 요청할 수 없었다. 따라서 그는 2만 플로린을 납부하지 않을 수 없었으니, 이 금액은 당시 의심의 여지도 없이 회계 등기부에 기록되었고 우리 시대까지 모든 대주교로부터 징수된 액수이며, 2만 플로린이 아니라 2만 5,000플로린이 새로운 직책과 새로운 교황청 가신을 위해 징수되었다. 결국 이 금액은 2만 7,000플로린까지 올라갔으니, 대주교 야코부스 폰 리벤슈타인은 이 금액을 최근 납부하지 않으면 안 되었다. 그러므로 한 사람이 사는 동안 일곱 차례나 2만 5,000플로린이 단지 마인

은 옛날에 교회법에서 팔리움이 거저 주어야 하고, 교황의 시종 수를 감소시키고 분쟁을 줄이며 수도원들과 주교들에게 자유를 허락해야 한다고 정했습니다. 그러나 이것으로는 돈을 벌 수가 없었습니다. 그러므로 그들은 태도를 바꿔 주교들과 수도원들로부터 모든 권한을 박탈했습니다. 그들은 무가치한 존재가 되어 직무도 권력도 일도 없습니다. 로마에 있는 큰 악당들이 만사를 지배합니다. 곧 그들은 모든 교회의 불목하니, 종치기 직책까지도 수중에 넣을 것입니다. 모든 분쟁은 로마로 옮겨지고 모든 사람은 교황의 권위를 통해 교황이 원하는 대로 행합니다.

올해 무슨 일이 일어났습니까? 스트라스부르 주교는 그의 수도원의 질서를 세우고 예배를 개혁하려 했으며, 여기에 도움이 될 몇몇 경건한 그리스도교 조항들을 만들었습니다. 그러나 친애하는 교황과 로마 교

츠 대주교직의 인준만을 위해서 로마로 들어갔다.”(Sedes Moguntina, ut dicitur, olim solum dedit decem milia florenorum. Quae cum quidam illic electus dare renueret sicque usque a mortem suam persisteret, electus post eum, confirmationis cupidus, se opponere timuit sedi apostlocae, offerens ntiquam summam, puta decem milium florenorum, is nec confirmationem impetrare potuit, nisi et reliqua decem milia simul redderet, quae adhuc extabant a suo praedecessore nondum persoluta : sicque cogebatur dare viginti milia florenorum, quae tunc indubie in registrum camerae signata sunt et usque ad nostram aetatem a singulis archiepiscopis exacta, et nedum viginti milia, sed et viginti quinque propter nova officia et novos pontificum familiares. Tandem excrevit summa usque ad viginti septem milia, quae archiepiscopus Jacobus (von Liebenstein) cogebantur nuper persolvere. Sicque in vita unius hominis septies viginti quinque milia a solo archiepiscopatu Moguntimo pro confirmatione archiepiscopi Romam pervenerunt.) 디터 폰 이젠부르크 백작은 1459년 6월 18일에, 알브레히트 폰 브란덴부르크 후작은 1514년 3월 9일에 마인츠 대주교에 선출되었다. 즉 약 60년 내에 마인츠 좌에 오른 대주교는 두 사람을 포함해서 8명이었다. 빔펠링은 알브레히트의 전임자 우리엘 폰 게밍엔(Uriel von Gemmingen) 아래에서 글을 썼으므로 같은 시점에서 시작했음에도 불구하고 ‘7번’이라고 말할 수밖에 없었다. J. Wimpfeling, “Responsa et replicae ad Eneam Silvium”, in: Äneas Silvius, *Germania Enee Silvij*, Ausgabe von 1515, Bl. Miiijª; K. Benrath, p. 91, Anm. 22 참조.

황청은 사제들의 요구에 의해 이 거룩하고 영적인 규정들을 몽땅 뒤엎고 저주했습니다.[93] 이것을 그리스도의 양 떼를 먹이는 것이라고 말하다니! 이와 같이 저들은 사제들을 자기들의 주교와 대항하도록 사주하고 또한 거룩한 법에 대한 그들의 불순종을 비호했습니다. 적그리스도가 감히 신을 이렇게 공공연하게 모독하지 않기를! 여기서 당신들은 자신이 원했던 교황을 가지고 있습니다. 왜 그런가요? 실로 한 교회가 개혁된다면 이것은 위험한 발단이 될 것이고, 로마도 아마 위태롭게 될 것입니다. 그 밖에 저들은 차라리 사제들끼리 화합하지 못하게 만들고, 왕들과 제후들도 이제까지의 습관처럼 서로 다투게 만들고, 또한 세계가 그리스도인의 피로 가득 차게 만들어야 합니다. 개혁을 통한 그리스도인의 일치는 로마 교황청을 번거롭게 만들 뿐이기 때문입니다.

이제까지는 저들이 공석으로 되는 성직록지들을 어떻게 다루는가를 보았습니다. 그러나 다정한 탐욕스러운 인간에게는 공석이 되는 곳이 너무나 적기 때문에 아직 관리자가 소유하고 있는 봉토에도 관심을 보였습니다. 그래서 그 영지들이 비어 있지 않음에도 불구하고 여러 가지 방법을 통해 결국 그렇게 될 수밖에 없습니다.

첫 번째, 탐욕스러운 인간은 관리 능력이 없는 것으로 조작된 연로자나 병자가 소유하고 있는 수익 많은 성직록지나 주교구를 노리고 있습니다. 이런 소유자에게 교황청은 그의 요구나 동의 없이 보좌 사제, 즉 '조수'를 줍니다. 이것은 보좌 사제가 교황의 호종이거나, 그 지위를 돈으로 매수했거나 혹은 로마에 대한 부역으로 이것을 획득했기 때문에 그를 위한 것입니다. 여기서 성당 참사회는 자유 선출권을 포기해야 하

---

93 De Wette, I, p. 459; Theodor von Kolde, *Martin Luther: Eine Biographie*, Gotha, 1884/93, p. 387, Anm. zu p. 256 참조. Hieronymus Emser, *Wider das unchristliche buch Martini Luthers Augustiners, an den Teutschen Adel außgangen*, Leipzig, 1521, Bl. Gija: "레오 말고 (내가 착각하지 않는 한) 누가 스트라스부르 주교에게 사제의 자유에 반하는 법령을 무효화했는가!"

고 봉토를 임대할 사람은 자기 권리를 양보해야 합니다. 모든 것은 다만 로마로 가게 됩니다.

두 번째, "공직(空職) 봉록"(Kommende)[94]이라는 말이 있습니다. 즉 교황이 추기경이나 다른 자기편 사람에게 부유하고 수익 많은 수도원이나 교회를 관리하도록 위탁하는 경우입니다. 이는 마치 내가 당신에게 100굴덴을 보관하도록 위탁하는 것과 같습니다. 이것은 수도원을 주거나 수여하는 것도 아니고 신에 대한 경배를 파괴하거나 폐지하는 것도 아니며, 다만 '보관하도록 맡기는 것'을 뜻할 뿐입니다. 이것은 위탁받은 사람이 그것을 지키거나 건축하기 위한 것이 아니고 수도사를 내쫓고 재물과 지대를 징수하며 어떤 변절자,[95] 배신한 수도사를 들어앉히기 위함입니다. 이 수도사는 1년에 5~6굴덴을 받고 낮에는 교회에 앉아서 순례자들에게 성화와 성상들을 판매합니다. 그러므로 그곳에는 찬송도, 독경도 더 이상 볼 수 없게 됩니다. 이것이 수도원을 파괴하고 신에 대한 경배를 폐지하는 것이라고 한다면 교황을 그리스도교의 파괴자, 신에 대한 경배의 폐지자라고 불러야 할 것입니다. 사실 교황은 강력히 이를 추진하고 있기 때문입니다. 이것은 로마에게는 심한 말일 것입니다. 그러므로 우리는 이것을 '공직 봉록지'로서 수도원을 위탁하는 제도라고 불러야 합니다. 교황은 해마다 이런 수도원을 4개 이상 공직 봉록지로 만들어 각각에서 6,000굴덴 이상의 수입을 올릴 수 있습니다. 로마에 있는 그들이 신에 대한 경배를 증진하고 수도원을 보존하는 방법이 이렇습니다. 독일인도 이 사실을 알고 있습니다.

세 번째, 일부 봉토들은 교회법 규정에 따라 한 사람이 예를 들어 두 교구나 두 주교구를 함께 보유할 수 없습니다. 그들은 이것을 '인콤파

94　성직 의무 없이 받는 성직록을 말한다. K. Benrath, p. 91, Anm. 24; *Die Beschwerungen des hayligen Roe. Rey.*, 1521, Bl.Biij^b 참조.

95　K. Benrath, p. 92, Anm. 25 참조.

티빌리아'(incompatibilia)라고 칭합니다. 이런 경우에 로마 교황청의 탐욕스러운 인간은 '연합'(unio), '병합'(incorporatio)[96]이라는 방주(傍註)를 만들어 교회법을 빠져 나갑니다. 즉 하나는 다른 것의 부분이 되며, 따라서 전부가 함께 마치 하나의 성직록지인 것처럼 간주된다고 주를 달아서 많은 '인콤파티빌리아'를 병합합니다. 따라서 더 이상 '인콤파티빌리아'가 아니며 거룩한 교회법도 위배하지 않았습니다. 이래서 교회법은 교황이나 교황 '다타리우스'(Datarius)[97]에게서 방주를 사지 않는 사람들 외에는 더 이상 구속력이 없습니다. '연합'도 그런 성격이니 교황은 많은 성직록지를 나무 다발처럼 묶어 놓으며, 이렇게 해서 전체를 한 봉토로 간주합니다. 그래서 로마에는 자신만을 위해 22개소의 교구와 7개소의 수도원 구역, 그 밖에 44개소의 성직록지를 가진 한 궁신이 있습니다.[98] 그 대가다운 방주는 이 모든 일이 교회법에 위배가 되지 않도록 도와주었습니다. 추기경들과 다른 고위 성직자들이 무엇을 가지고 있는가를 모든 사람이 스스로 생각해 보십시오. 이렇게 해서 저들은 독일인의 보따리를 털고 기쁨을 몰아냈습니다.

또 다른 방주는 관리(administratio)이니, 곧 한 사람이 자기 주교구 외에 수도원이나 다른 고위 성직을 가지며 또한 거기에 따르는 모든 재산을 소유하되 단지 '관리인'(administrator)이라는 칭호만을 지니는 것입니다. 왜냐하면 로마에서는 말은 변할지라도 그 행위가 변하지 않는 것으로 충분하기 때문입니다. 이것은 마치 창녀가 시장 부인이란 이름으로 불리면서 있는 그대로 그렇게 친절해야 한다고 가르치는 것과 같습니다. 성 베드로는 이런 로마의 통치를 예고했습니다. 즉 그는 「베드로

---

96 K. Benrath, p. 93, Anm. 27 참조.
97 교황이 내리는 특별 면제권의 인도를 처리하는 기관의 장을 말한다. K. Benrath, p. 93, Anm. 28 참조.
98 여기서는 요한 폰 비크(Johann von Wick)의 메모를 암시하는 듯하다.

후서」2장[99]에서 "탐심을 가지고 가장된 말로 너희를 속여 이득을 얻으려는 거짓 교사들이 오리라"라고 말합니다.

또한 사랑스러운 로마의 탐욕스러운 인간은 매도자나 양도자가 그것에 대한 귀속권을 보유한다는 유리한 조건으로 성직록지와 봉토를 팔고 임대하는 습관을 고안했습니다.[100] 곧 만일 소유자가 사망할 경우에 그 봉토는 이전에 매도했거나 임대했거나 양도한 사람에게 무료로 귀속된다는 것입니다. 이래서 그들은 봉토를 상속 재산으로 만들어 차후로는 매도자로부터 그것을 매매하는 사람이나 또는 죽을 때에 그 권리를 유증 받는 사람 외에는 아무도 그 권리를 가질 수 없습니다. 그 외에도 봉토에 대한 명의만을 다른 사람에게 양도하는 사람들도 많습니다. 명의를 얻은 사람들은 그 봉토에서 한푼의 수입도 받지 못합니다. 봉토를 다른 사람에게 넘겨주고 연간 지대(地代)의 일부분을 유보하는 것도 지금은 관습이 되어 있습니다. 옛날에는 이것이 성물(聖物) 매매였습니다.[101] 이런 일들은 너무나 많기 때문에 다 헤아릴 수 없습니다. 저들은 십자가 밑에 있던 이교도들이 그리스도의 겉옷을 처분한 것보다 더 비열하게 봉토를 처분합니다.

그러나 로마에서는 이제까지 말한 모든 것이 이미 오래되었고 다반사처럼 되어 있습니다. 탐욕스러운 인간은 한 가지 일을 더 고안해냈습니다. 나는 이것이 그로 하여금 질식하게 할 마지막 계략이기를 바랍니다. 교황은 가슴 속의 유보(pectoralis reservatio)라는 마음의 유보와 자기

---

99   「베드로 후서」2:3.

100   *Die Beschwerungen des hayligen Roe. Rey.*, 1521, Bl.Biijᵃ의 '성직록 미래 임대와 매매에 대해' 참조.

101   후텐은 『바디스쿠스』에서 다음과 같이 말한다. "그들은 시모니, 성물 매매라는 말을 혐오하지만 실제로 성물 매매를 비호하고 실행한다."(Simonismum verbo quidem detestantur, re autem vera unum colut et exercent.) *Hutteni opp.* ed. E. Böcking, IV, p. 185; K. Benrath, p. 94, Anm. 30 참조.

충동(proprius motus), 곧 권력에 의한 자의(恣意)라고 하는 고상한 계략을 가지고 있습니다.[102] 이것은 이렇게 이루어집니다. 한 사람이 로마에서 관례대로[103] 정직한 절차를 거쳐 인허와 서명을 받음으로써 봉토를 획득한 후, 돈을 가져온 또는 여기서는 말할 수 없는 어떤 공로가 있는 다른 사람이 나타나서 같은 봉토를 원하면 교황은 그 봉토를 처음 사람에게서 빼앗아 두 번째 사람에게 줍니다. 만일 전자가 이것이 부당하다고 항의하면 가장 거룩한 교황은 이와 같이 공공연하게 범법 행위를 한다는 비난을 받지 않기 위해 이렇게 변명합니다. 곧 그가 전 생애를 통해 이전에는 결코 그것에 대해 생각해보거나 들어본 일은 없으나 자기 마음과 생각 속에서는 그 봉토를 자기 자신과 자신의 온전한[104] 권세를 위해 유보해두었다고 합니다. 이와 같이 교황 자신이 거짓말하고 속이며, 또한 누구나 바보로 만들 수 있는 방주를 발견해냈습니다. 그는 이 모든 것을 철면피같이 공공연히 행하면서도 그리스도교의 머리가 되고자 하며, 공공연히 거짓말을 함으로써 스스로 악령의 지배를 받습니다.

교황의 이러한 자의와 기만적인 유보는 로마에서 말할 수 없이 어려운 처지를 만들어냅니다. 로마에서는 매입, 매각, 교환, 소란, 사기, 기만, 강도, 절도, 사치, 간음, 악행 및 신에 대한 갖가지 모독이 자행되므로 적그리스도도 이보다 더 신성모독적으로 지배할 수는 없을 것입니다. 로마에서 열리고 있는 이 시장과 또 그곳에서의 거래는 베네치아나 안트베르펜 및 카이로 등지와는 비교도 안 됩니다. 다른 곳에서는 아직도 이성과 법이 유지되고 있다면 로마에서는 모든 것이 악마의 뜻대로 행해지며, 이 바다에서부터 동일한 악덕이 전 세계로 흘러 들어갑니다. 이런 사람들이 개혁과 자유로운 공의회를 두려워하고, 모든 왕들과 제

---

102   *Hutteni opp.* ed. E. Böcking, IV, p. 213; K. Benrath, p. 99, Anm. 48 참조.

103   K. Benrath, p. 94, Anm. 31, p. 98, Anm. 45, p. 99, Anm. 46; Ludwig Lemme, p. 31, Anm. 1 참조.

104   B, C: 'vollen'이 없다.

후들이 연합하여 공의회로 모이는 것보다는 오히려 그들로 하여금 서로 적대시하게 하는 것이 당연한 일이 아닙니까? 도대체 누가 자신의 비행이 폭로되는 것을 그대로 용인할 수 있겠습니까?

결국 교황은 이 모든 고상한 상(商) 행위를 위해 로마에 자기 상점을 세웠습니다. 이것이 로마의 다타리우스의 집입니다.[105] 이 방법에 따라 성직록지와 봉토 장사를 매매하고자 하는 자는 그곳으로 가서 방주(傍註)와 사용법을 구입하고 이런 악행을 행할 수 있는 권리를 얻어야 합니다. 이전에 권리를 매수하거나 돈으로 억압했던 때는 그래도 로마는 자비로웠습니다. 그러나 지금의 로마는 터무니없이 비싸져서 먼저 거액의 돈으로 권리를 사지 않고서는 아무도 악행을 할 수 없게 되었습니다. 이것이 모든 창가(娼家)를 능가하는 창가가 아니라면 무엇을 창가라고 불러야 할지 모르겠습니다.

당신이 이 집에 돈을 가지고 가면 당신은 지금까지 말한 모든 것을 손에 넣을 수 있으며, 그뿐만 아니라 여기서는 갖가지 고리대금도 정당화되며 절도와 강도질로 얻은 모든 재화가 합법화됩니다. 여기서는 서약이 파기되어 수도사들이 수도회를 떠날 수 있는 자유를 얻습니다. 성직자들에게 결혼이 매매되며 사생아가 적자(嫡子)로 될 수 있습니다. 모든 불명예와 치욕을 지닌 자가 명예를 얻으며 온갖 악평과 오명을 가진 자가 기사(騎士)와 같이 고귀한 인간으로 간주될 수 있습니다. 여기서는 법적으로 금지되어 있는 결혼이나 어떤 다른 결함이 있는 결혼이 묵인됩니다. 오, 착취와 절도 행위가 이곳을 얼마나 지배하고 있습니까! 마치 모든 교회법이 한 가지 목적만을 위해, 곧 돈을 울거내는 함정을 가능한 한 많이 파기 위해 만들어진 것처럼 보입니다. 그리스도인이 되고자 하는 사람은[106] 실로 이곳을 벗어나야 합니다! 실로 여기에서는 악마

105 K. Benrath, p. 93, Anm. 28; 주 101 참조.
106 B, C: 'man'이 없다.

가 성자가 되며 더 나아가 신이 됩니다. 하늘과 땅이 할 수 없는 것을 이 집에서는 할 수 있습니다. 저들은 이것을 조정(compositiones)이라고 하지만, 이것은 실은 혼란(confusiones)입니다![107] 이 거룩한 집에 비하면 라인 강변 세관은 얼마나 솔직합니까!

내가 너무 말을 많이 한다고 생각하지 말기를 바랍니다. 이것은 모두가 너무나 공공연하기 때문에 로마에 있는 자들까지도 말로 표현할 수 없이 끔찍하다고 고백해야 할 정도입니다. 나는 아직도 개인적인 악덕에 대해서는 건드리지 않았으며, 또한 그렇게 하려고 하지도 않습니다. 나는 인구에 회자(膾炙)되는 것에 대해서만 말하지만 그것들을 다 말하려면 한이 없습니다. 주교들과 사제들, 특히 이 일을 위해 봉급을 받는 대학의 박사들이 그들의 의무에 따라 이구동성으로 이 일에 대해 항의하는 글을 쓰고 부르짖어야 할 것입니다. 그러나 그들은 이제까지 정반대의 일을 행해 왔습니다.

마지막 카드가 남아 있습니다. 나는 이것까지 내야 합니다. 한량없이 탐욕스러운 자는 3명의 막강한 왕들이라도 당연히 만족할 이 모든 재물로도 만족하지 않았고 이제 이 거래를 아우크스부르크의 푸거 가(家)에 팔아넘기기 시작했습니다.[108] 그래서 주교구와 봉토를 임대하고 교환하

---

107 K. Benrath, p. 94, Anm. 32 : "조정(compositiones)은 특별 면제의 효력 발생을 위해 지불되는 돈을 의미한다." 루터의 언어 유희 'compositiones, ja confusiones'를 독일어 'Verehrungen, ja Verkehrungen' 또는 'Erwirkungen, ja Verwirrungen'으로 번역할 수 있다.

108 후텐은 『바디스쿠스』에서 다음과 같이 말한다. "무엇인가를 돈으로 조달할지라도 우리는 이것은 사거나 팔 수 있는 것이 아니라고 확신할 정도로 그들은 우리를 뇌가 없다고 여긴다. 그러나 그들은 분명히 푸거 가에 성직록 거래까지도 허용하도록 만들었다."(Ita sine cerebro nos arbitrantur, ut, pecunia cum quid paratur, id non esse vendi ac emi persuadeamur, cum adeo aperte faciant hoc, ut Fuccheris etiam beneficiorum nundinationem permittant.) *Hutteni opp*. ed. E. Böcking, IV, p. 185 참조. 크리스토프 폰 슈타디온(Christoph von Stadion)을 아우크스부르크 주교로 선출할 때 푸거 가의 어떤 사람은 교황과 황제를 돈자루

고 매수하는 일과 또한 영적인 재화를 흥정하는 일이 이제는 제자리를 찾았고, 영적이고 현세적인 재화가 상거래가 되었습니다. 이제는 푸거가가 이렇게 자신의 두세 가지 거래를 다른 사람에게 양도하거나 매각한다면 모를까, 로마의 탐욕스러운 자가 과거에 행하지 않은 것이 무엇이며 앞으로 행할 수 있는 것이 무엇인가를 예측할 수 있는 탁월한 이성을 가진 자의 말을 듣고 싶습니다. 내 말은 이제 갈 데까지 갔다는 것입니다.

저들은 면죄부, 교서, 고죄장,[109] 버터 식용 허가증, 또 다른 콘페쇼날리아(confessionalia)[110] 등을 모든 나라에서 훔쳐왔고, 지금도 훔치고 늑탈하는 이 모든 것을 잡동사니에 지나지 않는 것으로 생각하며 악마 하나를 지옥에 던지는 것과 같다고 생각합니다. 그것들이 가져오는 소득이 적다는 말이 아니라 (한 막강한 왕이 그런 것으로 충분히 살아갈 수 있기 때문에) 위에서 말한 막대한 수입에 비하면 이런 소득들이 가진 것은 아무것도 아닙니다. 여기서 나는 이 면죄부 판매금이 어디로 들어가는지에 대해서는 말하지 않겠습니다. 이 문제에 대해서는 다른 기회에 물으려고 합니다. 왜냐하면 캄포피오레(Campofiore),[111] 벨베데레(Belvedere)[112] 및 다른 곳들도 여기에 대해 아마 다소 알고 있을 것이기 때문입니다.[113]

에 넣고 있었다고 공공연히 선언했다.

109 이것을 가진 자는 자신이 고해 신부를 택할 수 있고, 또한 일부 죄를 용서받을 수 있다.

110 이것은 본래 고해 대금을 뜻하나, 여기서는 교황의 교서를 의미한다. 이것을 받고 고해 신부는 가벼운 죄의 경우 사면을 허락할 전권을 갖는다.

111 로마에 있는 광장으로 조르다노 브루노(Giordano Bruno)가 화형당한 처형장이기도 하다.

112 바티칸 내의 정자로 교황 알렉산드르 6세 때는 연회 장소로 사용되었으며, 율리우스 2세는 이 건물을 궁전과 연결해서 연결 통로를 예술품 보관소로 사용했다.

이런 사악한 통치가 공공연한 절도 행위이고 사기이며 지옥문의 횡포일 뿐만 아니라 전 그리스도교를 영육 간에 파멸시키기 때문에 이런 불행과 파괴에 대항하여 그리스도교를 보호하도록 전력을 기울이는 것이 우리의 의무입니다. 투르크인에 대항해 싸우려 한다면 최악의 투르크인이 있는 이곳에서 시작합시다. 만일 우리가 도적들을 교살하고 강도들을 참수하는 일이 합법적이라면 왜 로마의 탐욕스러운 자를 그대로 석방해야 합니까? 그는 과거나 미래를 통해 지구상에서 최대의 도적이자 강도이며, 또한 모든 것을 그리스도와 성 베드로의 거룩한 이름으로 행합니다. 누가 이것을 더 이상 참으며 혹은 더 이상 침묵을 지킬 수 있겠습니까? 탐욕스러운 자가 소유하고 있는 것은 거의 모두 도적질한 것이고 강탈한 것입니다. 이것은 모든 역사에서 증명되는 바와 다르지 않습니다. 어떤 교황도 전술한 바 보물 광과 영토 수입 없이도 직무(officia)[114]에 의해서만도 100만 두카트나 올릴 수 있으나 그 거대한 재산을 결코 구매한 적이 없습니다. 그리스도나 성 베드로는 그에게 그것을 유산으로 물려준 일도 없으며 아무도 그에게 주거나 대여한 일도 없습니다. 또한 그는 그것을 시효에 의해 취득하지도 않았습니다. 그렇다면 그가 어디서 이런 것을 얻을 수 있었는지 내게 말해 보시오. 저들이 투르크인을 대비해 모금하려고 사절들을 파견할 때에 마음속에 어떤 것을 추구하고 생각하고 있는지 여기서 깨닫기 바랍니다.[115]

그런데 나는 이와 같이 끔찍스러운 정황을 개선함에 도움이 될 만한 제안을 하기에는 너무나 변변찮은 존재이기는 하지만 어쨌든 여전히 내 바보의 노래를 끝까지 부를 것이며, 또한 내 이성 능력의 한계 안에

---

113 다음 단락에서처럼 여기에 『로마로부터 온 서신』(*Epistola ex Urbe*, 1518)의 영향이 나타난 듯하다. K. Benrath, p. 95, Anm. 35 참조.

114 로마에서 매매되는 교황청 내의 여러 보직을 의미한다. K. Benrath, p. 95, Anm. 36 참조.

115 이 문제에 대해 이후 자주 비난을 받았다.

서 세속 권력이나 일반 공의회를 통해 무엇을 할 수 있고 또 무엇을 해야 하는가를 말하고자 합니다.

첫째, 모든 제후와 귀족과 도시는 그들의 신하들이 로마에 초년도 헌상 성직록을 납부하는 것을 담대하게 금지하고 이것을 완전히 폐지해야 합니다. 왜냐하면 교황은 계약을 어기고 초년도 헌상 성직록을 강탈하여 전 독일 민족에 손상과 모욕을 끼쳤기 때문입니다. 교황은 그 초년도 헌상 성직록을 친구들에게 주거나 거액의 돈으로 매각하며 또한 그것에 근거해 직무를 만듭니다. 따라서 그는 초년도 헌상 성직록에 대한 권리를 상실했으며 마땅히 처벌을 받아야 합니다. 그러므로 세속 권력은 무죄한 자를 보호하고 불법을 방지할 의무가 있습니다. 이것은 성 바울이 「로마서」 13장[116]에서 가르치고, 성 베드로가 「베드로 전서」 2장[117]에서 가르치며, 또한 교회법 16조 7항 '자녀에 대하여'(de filiis)[118]에서 가르치는 바와 같습니다. 그러므로 교황과 그의 추종자들에게는 기도하라(tu ora)고 하고, 황제와 그의 신하들에게는 보호하라(tu protege)고 하며, 일반인에게는 일하라(tu labora)고 말해 왔습니다. 그러므로 모든 사람들이 기도하고 보호하고 일해야 한다고 말하는 것은 아닙니다. 한 인간이 자신의 일에 근면할 때 그가 행하는 모든 것이 기도하는 것이요 보호하는 것이요 일하는 것입니다. 각자에게는 자기 자신의 과제가 주어져 있다는 것입니다.

둘째, 교황은 로마의 책략 곧 공직 봉록, 보좌 신부제, 유보, 양도 예약(Gratiae exspectativae),[119] 교황의 달, 병합, 연합, 은급,[120] 팔리움, 교황청

---

116 「로마서」 13 : 4.

117 「베드로 전서」 2 : 14. A, B, C, C: 'i. Pet. iij'.

118 Corpus iuris canonici, Decreti II. part. ca. 16. qu. 7. 'Filiis vel nepotibus' 참조. 루터는 부정확하게 'de filiis'로 표시했다. K. Benrath, p. 96, Anm. 37 참조.

119 아직 공석이 되지 않은 교회 보직에 대한 승계권을 말한다. K. Benrath, p. 96, Anm. 39; J. Wimpfeling, "Responsa et replicae ad Eneam Silvium", in: Äneas

사무국 규정[121] 및 이와 같은 악행 등을 통해 아무 권한과 권리도 없이 독일의 모든 수도원들을 자기 것으로 만들고 또 독일 땅에서 그 수도원들을 위해 아무 일도 행하지 않는 로마의 외국인들에게 그것들을 주고 매각합니다.[122] 이로써 교황은 성직자[123]에게서 권한을 빼앗고 주교들을 바보 벙어리로 만들며, 이로써 그 자신의 교회법을 위반하고 자연과 이성에 거슬러 행동합니다. 결국은 순전한 탐욕 때문에 성직록지와 봉토가 오직 로마의 야비하고 무식한 바보 악당들에게 매각되며,[124] 경건하고 유식한 사람들은 자기 수입과 지식을 향유하지 못합니다. 이 때문에 불쌍한 독일 백성은 착하고 유식한 고위 성직자를 만날 수 없고 따라서 멸망할 수밖에 없습니다. 그러므로 그리스도인 귀족은 교황의 횡포에 의해 멸망할 수밖에 없는 불쌍한 영혼들을 구원하기 위해 그리스도교의 공동의 적과 파괴자로서의 교황에게 대항해 일어나야 하며, 앞으로 어떤 봉토도 로마의 수중에 들어가지 않게 하고 차후로는 어떤 방법으로든 저쪽에서는 획득할 수 없도록 하며, 독재적 권력에서 다시금 벗어나게 하여 이곳에서 보존하게 할 것을 명령하고 지시해야 합니다. 그리고 그들은 최선을 다해 독일 성직자들에게 이런 봉토를 임명하는 권리와 직무를 다시 회복해주어야 합니다. 그리고 만일 궁신(宮臣)이 로

Silvius, *Germania Enee Silvij*, Ausgabe von 1515, Bl. Miiij[af].; *Die beschwerungen des hayligen Roe. Rey.*, 1521, Bl.Hiiij[af].; L. Lemme, p. 28, Anm. 2 참조.

120 성직록지를 가진 자가 자신의 수입 중 매년 교황청에 바치는 세금을 의미한다.

121 자신에게 유보되어 있는 보직 수여에 대해 새로 선출된 교황이 정한 규정을 말한다.

122 *Die beschwerungen des hayligen Roe. Rey.*, 1521, Bl. Hiiij[a] 참조.

123 정규 성직자를 지시하며, 여기서는 특히 주교를 의미한다.

124 *Die beschwerungen des hayligen Roe. Rey.*, 1521, Bl. Bij[b]: "독일 민족의 성직록지들이 로마에서 총포 제조인, 매사냥꾼, 제빵사, 나귀몰이꾼, 마굿간지기, 하인 그리고 다른 무식하고 세련되지 못한 인간들에게 수여되며, 때로는 독일인이 아닌 자들에게 수여된다."

마에서 오면 그에게 가까이 오지 못하게 하거나 라인강이나 가까운 강 속으로 뛰어 들어가라고 엄명을 내리며, 또한 로마의 파문장을 그 인장, 편지와 함께 냉수욕시켜야 합니다. 그러면 로마에 있는 자들은 독일인이 언제나 멍청하지는 않고 또다시 그리스도의 거룩한 이름에 (그 이름 아래 이 모든 악행과 영혼의 파멸을 자행해왔으니) 대한 조롱과 멸시를 더이상 허용하지 않고 오히려 인간들의 권세보다는 신과 그의 영광을 더 존중히 여기는 그리스도인이 되었다는 것을 알게 될 것입니다.

셋째, 앞으로는 주교복과 일체의 고위 성직 인준을 로마에서 받지 않게 하고 가장 거룩하고 가장 유명한 니케아 공의회 법령을 회복하게 하는 황제 법이 공포되어야 합니다. 니케아 공의회 법령에서는 주교가 제일 가까운 곳에 있는 두 주교나 대주교의 인준을 받아야 한다고 규정하고 있습니다. 교황이 이 니케아 공의회와 다른 모든 공의회의 법령들을 찢어버린다면 공의회를 여는 것이 무슨 소용 있겠습니까? 또는 누가 교황에게 이와 같이 공의회의 규정을 멸시하고 찢을 수 있는 권한을 주었습니까? 그렇다면 우리는 모든 주교들과 대주교들, 수석 대주교들을 모두 파면하고 그들을 다만 사제로 만듭시다. 그래서 교황만이 지금처럼 저들 위에 군림할 수 있게 합시다. 교황은 주교, 대주교, 수석 대주교들에게 아무 정규적인 권한이나 직무도 주지 않고 모든 것을 독점하며, 그들에게는 다만 명의와 빈 칭호만을 가지게 하고 있습니다. 교황의 해임[125]에 의해 수도원, 대수도원장, 고위 성직자들이 주교의 정규적인 권한을 박탈당함으로써 그리스도교는 아무 질서도 없는 상태에 이르렀습니다. 여기서부터 이제까지 된 일이 비롯했음은 분명합니다. 곧 형벌의 경감과 어디서나 악을 자행할 수 있는 자유 말입니다. 나는 실로 교황을 불법자(homo peccati)[126]라고 부를 수 있지 않을까 우려합니다. 그리스도

---

125 현행법으로부터 예외로 만드는 것. K. Benrath, p. 97, Anm. 42 참조.
126 「데살로니가 후서」 2:3 참조.

교 내에 규율도 징벌도 통치도 질서도 없게 된 데 대해 교황 외에 책임질 사람이 누가 있습니까? 교황은 자신이 강탈한 이런 권세를 통해 모든 고위 성직자들의 손을 묶어 놓고 회초리를 빼앗습니다. 그러면서도 자기 신하들의 손을 풀어 놓아 그들에게 자유를 주기도 하고 팔기도 합니다.

그러나 교황이 자기 권한을 빼앗긴다고 불평하지 못하게 하기 위해 수석 대주교나 대주교들이 문제를 해결할 수 없거나 그들 가운데 분쟁이 일어날 때에 이런 문제는 교황에게 반드시 제출하도록 규정해야 합니다. 물론 모든 사소한 문제를 다 그렇게 하는 것은 아닙니다. 옛날에도 이와 같이 행해졌으며, 또한 유명한 니케아 공의회에서도 무엇을 교황 없이 문제가 해결될 수 있는가를 규정했습니다. 이는 교황이 이런 사소한 문제들로 번거로워하지 말고 오히려 자신이 자랑하는 대로, 또 사도들이 행하는 대로 전체 그리스도교계를 위해 기도하고 명상하고 돌보게 하기 위함입니다. 사도들은 「사도행전」 6장[127]에서 다음과 같이 말했습니다. "우리가 신의 말씀을 제쳐놓고 먹이는 일에 치중하는 것은 합당하지 않으니 우리는 설교와 기도에 힘쓰고 이 일은 다른 사람들에게 맡기자." 그러나 지금 로마는 복음과 기도를 멸시하고 먹이는 일, 곧 세속적 용무에 전념하는 일 외에 아무것도 하지 않습니다. 사도들의 통치와 교황의 통치를 일치시키는 것은 그리스도와 악마, 하늘과 지옥, 밤과 낮을 일치시키는 것과 마찬가지입니다. 그런데도 교황은 그리스도의 대리자요 사도들의 계승자라고 불립니다.

넷째, 저들이 지키지 않으나 자기들의 교회법 가운데서 규정하고 있는 바와 같이 어떤 세속적인 문제도 로마로 가지 못하게 하고 모든 것을 세속 권세에 맡기도록 규정해야 합니다.[128] 왜냐하면 교황의 직무는

---

127 「사도행전」 6:2, 4.

128 빔펠링은 "Responsa et replicae ad Eneam Silvium", in: Äneas Silvius, *Germania Enee Silvij*, Ausgabe von 1515, Bl. L4ªf.에서 다음과 같이 탄식한다. "세속적 사건조차 항소에 의해 그곳(로마)으로 이송된다. …… 모든 사건을 로마에서 다

명목상으로가 아니라 실제로 성서에 가장 해박하고 가장 거룩한 자인

루어야 법적으로 비중을 얻는 것은 실로 번거롭다. 그러나 황제의 법정 외에 우리 땅에서는 재판관의 법적 지식과 완전함에 의해 뒷받침되는 유명한 대도시들이 있다. 누군가 재판정을 가진 가장 인근의 대성당에서 패소했다고 생각한 경우에 항소를 통해 대도시로 갈 수 있다. 베르나르는, 국내 또는 세속적 사건을 가장 가까운 법정의 판사를 무시하여 아무리 사소한 문제일지라도 보복을 위해서 사적으로 (내가 경험한 바로는) 로마 법정으로 이송하는 것은 결코 합당하지 않다고 판단했다. …… 그러므로 황제와 우리의 대주교, 주교들에게 사법권이 확고히 남아 있다면 신성한 사도좌는 그만큼 수고의 부담과 번거로움에 매몰되지 않을 것이다."(Causa etiam prophanae, nedum per appellationes illuc (Romam) trahuntur …. Operosum sane est, Romam omnium causarum iure fori pertractandarum pondera solam sustinere. At sunt praeter imperatoriam iurisdictionem in nostris quoque terris clarissimae metropoles. iurisprudentia et integritate iudicum suffultae, ad quas a nostris cathedralibus, quae proximam iudicandi sedem habent, si quispiam se oppressum ratus fuerit per appellationem refugium habere posset. Quemlibet autem nostratium vel prophanum proximo suo iudice contempto pro re levissima ex vindictae quandoque livore et propria in persona (uti expertus sum) ad Romam tribunal trahi aequum esse divus Bernhardus nequaquam iudicabat …. Quocirca si Caesari, si nostris archiepiscopis et episcopis sua iudiciaria potestas inconcussa maneret. sacrosancta sedes apostolica tanto laborum pondere ac molestia nequaquam obrueretur.) 루터는 『시편 연구』(*Operationes in psalmos*)에서 「시편」 4:6에 대해 다음과 같이 진술했다. "우리는 여기서 저 지옥같이 혼란스러운 법정 사건과 로마의 기술, 온갖 책, 문체, 방식, 관습, 법과 정의가 그리스도인에게는 낯설고 진지한 교회 삶과는 동떨어진 것임을 깨닫는다. …… 그러나 오늘 로마와 주교좌들은 분쟁에서 분쟁이 초래되고, 온갖 언쟁과 다툼을 세상 각처에서 불러들이기에 바쁘다."(Ex quibus intelligimus chaos illud et tartarum forensium causarum et Romanarum artium cum universis libris, stylis, moribus, usibus, iuribus iustitiisque suis esse rem peregrinam christiano homini et ab ecclesiasticae vitae sinceritate alienam… In quam tamen hodie sic incumbitur Romae et episcopalibus curiis, ut …. lites litibus emanat, omnium iurgia et rixas et omnibus mundi angulis ad se advocent.) 그리고 *Die beschwerungen des hayligen Roe. Rey*., 1521, Bl. B^a에서 첫 번째 요구 사항을 다음과 같이 제기한다. "성직자든 세속인이든 간에 누구도 영적 혹은 세속적 사건 때문에 1차 변호를 위해 로마로 소환되어서는 안된다." K. Benrath, p. 97, Anm. 43 참조.

그가 그리스도인의 신앙과 거룩한 삶에 관련된 문제들을 관리하고 수석 대주교들과 대주교들로 하여금 이런 일에 전념하게 하고, 또한 그들과 함께 이런 문제들을 협의하고 돌보는 데 있기 때문입니다. 이는 성 바울이 「고린도 전서」6장[129]에서 고린도인이 세속적 일에 관여한 것을 심하게 책망하며 가르친 바와 같습니다. 왜냐하면 이런 사건들이 로마에서 다루어질 때 막대한 비용을 소요케 함으로써 모든 나라에 참을 수 없는 손실을 가져오기 때문입니다. 더구나 재판관들은 여러 지방의 관례와 법률과 습관을 알지 못하므로 종종 사실을 곡해하고 자기들의 법과 의견에 근거해 판결을 내림으로써 원고나 피고에게 부당한 결과를 초래합니다.

또한 모든 종교 시설에서 주교구 재판소 판사들에 의해 자행되는 악랄한 착취[130]를 금지해야 합니다. 그래서 그들은 다만 신앙과 선량한 행실 문제만을 다룰 수 있게 하고, 돈과 재산, 생명, 명예 등에 대한 문제들을 세속 재판관들에게 위임하도록 해야 합니다. 그러므로 세속 권세는 신앙이나 바른 생활에 대한 문제가 아닐 때에는 파문이나 추방을 허락해서는 안 됩니다. 영적 권세는 이성의 가르침에 따라서 영적 재화를 통치해야 합니다. 그런데 영적 재화는 돈이나 육신에 대한 것이 아니라 신앙과 선행입니다.

그러나 봉토나 성직록지에 관련된 사건들은 주교와 대주교, 수석 대주교 앞에서 심리하도록 허락해야 합니다. 따라서 불화와 분쟁을 해결하기 위해 독일의[131] 수석 대주교는 법률가, 사무장들과 함께 전국 종교국을 열 수 있을 것입니다. 수석 대주교는 현재 로마에서처럼 '은혜와

---

129 「고린도 전서」6:7.

130 종교개혁자는 1518년에 이미 주교구 재판소 판사들의 착취 행위에 대해 목소리를 높였다. WA, 1, p. 634ff.; *Die beschwerungen des hayligen Roe. Rey.*, 1521, Bl. Eiiij^aff.; K. Benrath, p. 98, Anm. 44 참조.

131 K. Benrath, p. 98, Anm. 45 참조.

사법에 대한 업무'(signaturae gratiae und iustitiae)[132]를 관장해야 하며, 또한 독일 땅에서 일어나는 사건들은 그에게 정식으로 항소되고 심리되어야 합니다. 종교국은 로마에서처럼 하찮은 선물로 매수되어 정의와 부정을 매매하는 습관을 들여서는 안 될 것입니다. 교황은 그들에게 아무 급료도 지급하지 않고 그들로 하여금 선물로 스스로 배를 채우게 하고 있습니다. 로마에서는 누구도 무엇이 옳고 무엇이 그른가를 염두에 두지 않고 다만 돈이 있는가 없는가에만 관심이 있습니다. 그러나 이 종교국은 초년도 헌상 성직록에서 급료를 받을 수 있을 것이며,[133] 혹은 나보다 더 총명하고 이 방면에 경험이 많은 사람들이 어떤 다른 방법을 강구할 수 있을 것입니다. 나는 다만 독일 민족이 교황의 비참하고 이교적이고 비그리스도교적 통치에서 벗어나 다시금 자유로운 그리스도인이 되도록 돕고자 사람들에게 자극을 주고 생각할 수 있는 계기를 주려는 것입니다.

다섯째, '유보'는 더 이상 통해서는 안 되며 그 소유자가 사망하거나 그 때문에 분쟁이 일어나거나 소유자가 추기경이나 교황의 종이라 할지라도 어떤 봉토도 더 이상 로마에 귀속되어서는 안 됩니다.[134] 그리고 어떤 교황청 궁신이 경건한 사제들을 로마로 소환하여 괴롭히고 타협하게 만들기 위해 어떤 봉토에 대해 분쟁을 일으키는 것을 엄중하게 금하고 방지해야 합니다. 이런 금지로 인해 로마에서 파문이나 종교적 견책이 내려올 경우에는 이를 무시해야 합니다. 이것은 도둑이 그에게 도둑질을 못하게 한다고 해서 그 사람을 파문하는 것이나 다름없습니다. 실로 저들은 자기들의 강도질을 수호하기 위해 파문과 신의 이름을 그처럼 불경스럽게 오용하며, 우리로 하여금 이런 신의 이름에 대한 모

---

132 직위 수여 재판 건을 말한다.

133 B, C : 'Aber disse mocht man besolden'('sondern mocht das thun' 대신).

134 K. Benrath, p. 99, Anm. 48 참조.

독과 그리스도교 권세의 남용을 참고 찬양하며 신 앞에서 저들의 비행에 동참하도록 거짓 날조된 협박으로 우리를 몰아가려 하므로 엄한 처벌을 받아야 합니다. 우리는 신 앞에서 여기에 항거할 의무가 있습니다. 이는 성 바울이 「로마서」 1장[135]에서 그런 인간들을 책망한 것과 같습니다. "그들은 이런 일을 행할 뿐만 아니라 이런 일을 하는데 동의하고 허용하므로 사형을 받아 마땅하다." 그러나 먼저 참을 수 없는 것은 허위적인 '가슴속의 유보'입니다. 그리스도교는 이것 때문에 그처럼 치욕스럽게 공적으로 수치와 조롱을 당합니다. 왜냐하면 그 지휘자가 공공연한 거짓말을 일삼고 가증한 재물 때문에 모든 사람을 파렴치하게 속이고 우롱하기 때문입니다.

여섯째, '유보된 경우'(casus reservati)[136]도 역시 폐기되어야 합니다. 이것으로써 사람들에게 많은 돈을 착취할 뿐만 아니라 광포한 독재자들이 많은 불쌍한 양심들을 얽어매고 혼란시켜 신에 대한 신앙에 참을 수 없는 손상을 주기 때문입니다. 특히 저들이 교서 '주의 만찬'(Bulla Coenae Domini)[137]에서 그렇게도 떠들어대는 가소롭고 유치한 경우들은 일상적 죄라고 부를 만한 가치도 없는 것들이며, 더구나 교황이 어떤

---

135 「로마서」 1 : 32.
136 교황에 의해서만 사면될 수 있는 죄의 경우를 의미한다.
137 이 교서는 이단자에 대한 것으로 "In Coena Domini"라는 말로 시작된다. 이 교서는 본래 13세기 우르바누스 5세에게로 거슬러 올라가며, 매년 세족 목요일에 낭독되었다. 그 내용은 로마 교회의 모든 적들과 로마 교회의 존립을 위협하는 자들에 대한 저주로 되어 있다. 얀 후스(Jan Hus)와 존 위클리프(John Wycliffe)에 뒤이어 1521년 이후에 루터 역시 이단자 명단 속에 포함되었다. K. Benrath, p. 99, Anm. 49 참조. 종교개혁자는 1521년 자신이 여기서 저주받은 이단자들 가운데 포함되었을 때 1522년 다음의 표제로 조롱하는 논평을 붙여 이 교서를 출판했다. "주의 만찬(Bulla Coenae Domini), 이것은 가장 거룩한 군주, 교황의 만찬(Abenfressen)에 대한 교서로서 마르틴 루터에 의해 독일어로 번역되었음." 후텐은 『바디스쿠스』(Hutteni opp. ed. E. Böcking, IV, p. 244)에서 교서를 언급하기는 하지만 논평하지는 않았다.

면죄부로도 사면할 수 없는 그런 큰 죄도 물론 아닙니다. 예를 들어 로마로 가는 도중에 순례자를 방해하는 일, 투르크인에게 무기를 제공하는 일, 또는 교황의 서신을 위조하는 일 등이 그것입니다. 저들은 이와 같이 조야하고 미치광이 같고 서투른 행위로 우리를 우롱합니다. 소돔과 고모라와 또 신의 계명에 거슬러 범해지고 범해질 수 있는 모든 죄들은 유보되는 경우가 아닙니다. 그러나 신이 명령한 것이 아니라 저들 스스로 날조한 것들은 틀림없이 유보되는 경우가 됩니다. 단 아무도 돈을 로마로 가져오는 것을 방해하지 않는 한, 또 저들이 투르크인에 대해 안전하게 환락 속에 살 수 있고 그들의 자의적이고 무익한 교서들과 증서들로써 세상을 자기들의 횡포 아래 속박할 수 있는 한에서 그렇습니다.

모든 사제들은 고소당하지 않은 숨은 죄는 유보된 경우가 아니라는 것과 어떻게 불리든 간에 숨겨져 있는 모든 죄들을 사면할 권한이 모든 사제에게 있다는 것을 알아야 하고 공식적으로 확정해야 합니다. 수도원장이나 주교나 교황도 이런 경우 가운데 하나도 자신에게 유보할 권한이 없습니다. 비록 저들이 유보하려고 할지라도 저들의 유보는 효력도 없고 근거도 없으며, 또한 저들은 아무 권한도 없이 신의 심판에 간섭하고 아무 이유 없이 불쌍하고 무지한 양심들을 속박하고 괴롭히는 자들로서 처벌받아야 합니다. 그러나 공적인 죄나 큰 죄, 특히 신의 계명에 대한 죄를 범한 경우에 실로 유보된 경우를 가질 이유가 됩니다. 그러나 유보된 경우가 너무 많아서는 안 되며 자기 권한으로 아무 이유도 없이 유보해서도 안 됩니다. 왜냐하면 성 베드로가「베드로 전서」5장[138]에서 말한 바와 같이, 그리스도는 그의 교회에 폭군들이 아니라 목자들을 세워 주었기 때문입니다.

일곱째, 로마 교황은 늘려 놓은 직위들을 없애고 로마에 있는 해충 떼의 수를 감소시킴으로써 교황의 호종들을 자신의 재정으로 부양할 수

---

138 「베드로 전서」5:3.

있도록 해야 합니다. 교황은 그 화려한 건물과 막대한 비용이 결코 그리스도교 신앙 문제에 아무런 도움이 되지 않으며, 오히려 이런 것 때문에 연구와 기도를 하지 못하게 되어 마침내 신앙에 대해 전혀 말할 수 없게 된다는 것을 고려할 때 화려함과 비용에서 모든 왕들의 궁정을 능가하는 궁을 짓도록 허용해서는 안 됩니다. 저들은 마지막 로마 공의회[139]에서 이것을 아주 분명히 입증했습니다. 저들은 이 공의회에서 다른 많은 유치하고 경박한 조항들 가운데 인간 영혼이 불멸한다는 것과 모든 사제는 자기 봉토를 상실하지 않으려면 한 달에 한 번씩 반드시 기도드릴 의무가 있다고 규정했습니다. 큰 탐욕과 재물과 세속적 화려함으로 인해 무자비해지고 눈이 멀어 겨우 영혼은 불멸한다는 정도밖에 규정하지 못하는 자들이 어떻게 신앙과 교회에 대한 문제를 결정하겠습니까? 로마에서 신앙을 그렇게도 수치스럽게 다룬다는 것은 모든 그리스도교계에 적지 않은 치욕입니다. 저들이 재물을 보다 적게 가지고 덜 사치한다면 더 잘 기도하고 연구할 수 있을 것이며, 주교이자 왕 중 왕이라도 된 것으로 자랑하지 않던 옛날에 그랬던 것처럼 신앙 문제를 다룰 자격이 있고 능력이 있을 것입니다.

여덟째, 주교들이 부당하게 교황에게 서약을 강요당하고 있으니 엄격하고 두려운 서약은 폐지되어야 합니다. 교회법 중에서도 무가치하고 무식한 장(章)인 '시그니피카스티'(Significasti)[140]가 제멋대로 비이성적으로 규정하고 있는 것과 같이 서약을 통해 주교들은 종들처럼 속박 당

---

139 제5차 라테란 공의회(1512~17)를 의미한다.

140 *Decretalium Gregorii* IX. lib. I, tit. VI, cap. 4 : 당해 주교가 교황에게 충성과 복종의 서약을 하기 전에는 팔리움을 수여받을 수 없다는 내용이다. 후텐은 『바디스쿠스』에서 다음과 같이 말한다. "나는 독일 주교들이 인준을 받을 때 공의회 소집을 요구하지 않을 것임을 서약하도록 강요받는다는 말을 들을 정도로 그들은 공의회에 반대한다."(Concilio in tantum adversantur, ut audiam episcopos Germanos cogi nunc in confirmatione ut iurent nunquam futuros se concilii authores.) *Hutteni opp*. ed. E. Böcking, IV, p. 179 참조.

합니다. 저들은 신앙을 약화시키고 그리스도교를 파멸에 이르게 하는 많은 불합리한 법을 가지고 우리의 육신과 영혼과 재산을 억압하는 것으로 충분하지 않습니까? 저들은 주교들의 신분과 직무와 일들을 장악하고 있으며, 이제는 서임권(Investitur)[141]까지 장악하고 있습니다. 이것은 옛날에 독일 황제들의 권리였으며, 프랑스와 다른 나라에서는 아직도 왕의 권한에 속합니다. 저들은 이 문제로 인해 황제들과 싸움과 분쟁을 했습니다. 결국 저들은 독일인이 지상의 모든 그리스도인에 앞서서 교황과 로마 교황청의 장난감처럼 아무것도 행하지 않고 참지 않을 일을 행하고 참아야 하는 것처럼 뻔뻔스럽게 폭력으로 그 권리를 빼앗아 이제까지 보유했습니다. 이것은 주교들의 정규적 권한을 방해하고 불쌍한 영혼들을 손상하는 전적인 폭력과 강도짓이기 때문에 황제들과 귀족은 이런 횡포를 방지하고 징벌해야 할 의무가 있습니다.

아홉째, 교황은 주교가 왕에게 대관하듯이 제단에서 황제에게 기름을 붓고 대관하는 일 외에는 그에 대해 어떤 권한도 가져서는 안 됩니다. 또한 황제로 하여금 교황의 발에 입 맞추게 하거나 그의 발 아래 앉게 하거나 또는 저들이 주장한 대로 교황이 말을 탈 때에 등자 쇠를 잡게 하거나 말고삐를 강제로 붙잡게 하는 저 사악한 교만은 더 이상 허용해서는 안 될 것입니다.[142] 마치 교황들이 그런 권리라도 소유한 것처럼 이제까지 뻔뻔스럽게 감히 요구해온 바 교황에게 경의를 표하고 성실한 충성을 맹세하게 하는 일은 더구나 해서는 안 될 것입니다. 교황권을 왕권보다 높인 '솔리테'(Solitae)[143] 장(章)은 아무 가치도 없으며, 또한 여기에 근거를 두거나 이것을 두려워하는 사람 누구나 다 그렇습니다. 이것은 내가 한 라틴어 논문[144]에서 보여준 것처럼 신의 거룩한 말

---

141 교황이 신임 주교에게 반지와 주교 홀(笏)과 함께 봉토를 수여하여 가신으로 삼는 일을 의미한다.

142 *Bapsts gepreng etc. Durch Wenceslaum Lincken*, Straßburg, 1539, Bl. Dij^a 참조.

143 *Decretalium Gregorii* IX. lib. I, tit. XXXIII, cap. 6.

씀의 참뜻을 강제로 왜곡하고 인간의 망상에 얽매려고 하는 짓 밖에 되지 않기 때문입니다.

교황의 이런 과도하고 너무나 주제넘고 사악한 행위들은 악마가 조작해낸 것들이었습니다. 그것은 악마가 여기에 편승하여 조만간에 적그리스도를 끌어들이고, 또한 이미 많은 사람들이 행하고 있고 이제까지 행해온 것처럼 교황을 신 위에 올려놓기 위한 것입니다. 설교와 사죄와 같은 영적인 직무 이외에는 교황을 세속 권세보다 높이는 것은 마땅하지 않습니다. 다른 일들에서는 그가 세속 권세의 지배를 받아야 합니다. 이것은 바울과 베드로가 「로마서」 13장과 「베드로 전서」 2장[145]에서 가르치고 또 내가 위에서 말한 것과 같습니다. 교황은 하늘에 있는 그리스도의 대리자가 아니라 지상에서 다니는 그리스도의 대리자입니다. 왜냐하면 하늘 위의 통치자로서 그리스도는 아무런 대리자도 필요로 하지 않고, 앉아서 모든 것을 보고 행하고 알며 또한 모든 일을 할 수 있기 때문입니다. 그러나 지상 위를 다니며 일하고 설교하고 고난당하고 죽은 종으로서 그리스도는 대리자를 필요로 합니다. 그러나 저들은 이것을 뒤엎어서 그리스도에게서 하늘의 통치자의 형상을 빼앗아 교황에게 주고, 종의 형상은 완전히 사장해 두고 있습니다. 교황은 성서에서 '적그리스도'라고 부르는 반(反)그리스도나 거의 마찬가지입니다. 그의 모든 본성과 일과 행위는 그리스도와 적대하고 그리스도의 본성과 일을 소멸하고 파괴하도록 돕기 때문입니다.

교황이 이같이 기만적이고 불합리한 이유로써 교서 '사목'(Pastoralis)[146]

---

144 「교황의 권세에 대한 명제 13에 대한 루터의 해제」, *Resolutio Lutheriana super propositione XIII. de potestate Papae. WA*, 2, 1520, 217ff.

145 「로마서」 13:1; 「베드로 전서」 2:13 이하. A, B, C, *C*: 'i. Petrus iij'.

146 1313년 교황 클레멘스 5세에 의해 선포되었다. Clementinarum lib. II, tit. II, cap. 2: "우리는 제국에 대해 가지고 있음을 의심치 않은 우월성뿐만 아니라 제국 황제위가 공석일 때 우리가 황제를 승계할 수 있는 권한에 의해 …… 우

에서 황제의 후계자가 없을 경우에 자기가 제국의 정당한 상속자가 된다고 자랑하는 것 역시 가소롭고 유치합니다. 도대체 누가 그에게 이런 권리를 주었습니까? "이교 군주들은 백성을 지배하나 너희는 그러지 말라"라고[147] 그리스도가 말할 때 그에게 그것을 주었습니까? 성 베드로가 그에게 이것을 물려주었습니까? 우리가 교회법 가운데서 이와 같이 뻔뻔스럽고 조야하고 미치광이 같은 거짓말을 읽고 배워야 하며, 또한 사악한 거짓말임에도 불구하고 그리스도교 교리로 간주해야 한다는 것은 기분 나쁜 일입니다. '콘스탄티누스의 증여'(De donatione Constantini)[148]에 대한 전대미문의 거짓말 역시 이런 부류의 것입니다. 이성이 있는 수많은 사람들이 이런 거짓말을 받아들이도록 설득당했다는 것은 신의 특별한 천벌임이 틀림없습니다. 이런 거짓말은 너무나도 뚜렷하고 서툴기 때문에 어떤 술 취한 농부라도 이보다는 더 교묘하고 능란하게 속일 수 있으리라고 생각합니다. 어떻게 한 인간이 제국을 통치하고 동시에 설교하고 기도하고 연구하고 가난한 자들을 돌볼 수 있겠습니까? 이런 직무들은 본래 일차적으로 교황에게 속하는 의무이며, 그리스도에 의해 특별히 진지하게 위탁되었습니다. 그리스도가 제자들에게 겉옷이나 돈을 가지고 다니지 말라고 금지한[149] 이유는 가정을 다스려야 할 사람은 이런 직무들을 거의 이행할 수 없기 때문이었습니다. 그런데 교황은 제국을 다스리려고 하며 또한 계속 교황이 되고자 합니

리 형제들의 계획에 대해 선언하는 바이다."(Nos tam ex superioritate, quam ad Imperium non est dubium nos habere, quam ex potestate, in qua vacante Imperio Imperatori succedimus, … de fratrum nostrorum consilio declaramus etc.)

147 「누가복음」22 : 25~26.

148 콘스탄티누스 황제가 로마 주교 실베스테르에게 로마 제국의 절반과 그것에 대한 황제의 권한까지도 양도했다는 것이 교회법 Decretlium Gratiani, pars 1. dist. XCVI. c. 14에 기록되었다. 그러나 이 기록은 15세기에 들어와서 로렌초 발라 (Lorenzo Valla)가 날조된 것임을 입증했다.

149 「마태복음」10 : 10.

다. 이것은 교황의 이름 아래서 세상을 지배하려 하고, 또 파괴되었던 로마 제국을 교황 및 그리스도의 이름으로 회생시키려 하는 악한들이 생각해낸 것입니다.

열째, 교황은 스스로 나폴리와 시칠리아 왕국에 대해 손을 떼고 또한 칭호도 요구하지 말아야 합니다.[150] 교황은 그 왕국에 대해 나와 마찬가지로 아무 권리도 가지고 있지 않습니다. 그런데도 그는 그 왕국의 영주가 되려고 합니다! 이것은 그의 다른 모든 소유물이 거의 그렇듯이 폭력이요 약탈입니다. 그러므로 황제는 교황에게 이런 봉토를 허락해서는 안 됩니다. 그리고 그가 이미 소유했다면 더 이상 그것을 승인하는 대신 그에게 성서와 기도서를 지시해야 합니다. 그래서 교황은 세상 군주들로 하여금 나라와 백성을 다스리게 할 것이요 (아무도 그에게 이런 것을 맡긴 적이 없으니) 자신은 설교하고 기도하게 됩니다.

볼로냐, 이몰라(Imola), 빈첸차(Vincenza), 라벤나(Ravenna), 안코나(Ancona) 변경지대, 로만디올라(Romandiola), 또 이탈리아의 여러 지방에서 교황이 강제로 점유하고 불법 소유하고 있는 모든 것에 대해서도 동일한 생각을 가져야 합니다. 더욱이 교황은 그리스도와 성 바울의 모든 명령을 어기고 이런 일들에 참견해 왔습니다. 성 바울은 이렇게 말합니다. "신의 기사단을 돌보아야 할 사람은 아무도 세상일에 얽매이지 않는다."[151] 그런데 교황은 이 기사단의 우두머리요 제1인자가 되어야 하는데도 어떤 황제나 왕보다도 더 세상일에 참견하고 있습니다. 그러므로 우리는 교황을 그런 세상일에서 벗어나도록 해야 하며, 자신의 기사단을 돌보도록 해야 합니다. 교황이 자신을 그리스도의 대리자라고 자랑하지만 그리스도는 현세적 통치에 관여하지 않았습니다. 그리스도는 자기 형제에 대해 판단을 내려달라고 요구하는 사람에게 말했습

---

150   K. Benrath, p. 100, Anm. 57 참조.
151   「디모데 후서」 2:4.

니다. "누가 나를 너의 재판관으로 세웠느냐?"[152] 그러나 교황은 청함을 받지도 않았음에도 뛰어들어 마치 자기가 신이나 된 것처럼 모든 것을 훼방합니다. 그래서 결국 그는 스스로 그리스도의 대리자인 체하지만 그리스도가 어떤 분인지 알지 못합니다.

열한째, 교황의 발에 입 맞추는 일은 더 이상 계속되어서는 안 됩니다.[153] 한 불쌍한 죄인이 자신보다 백 배나 더 선한 사람으로 하여금 자기 발에 입 맞추게 하는 것은 비그리스도교적인, 아니 반(反)그리스도교적인 본보기입니다. 만일 이것이 교황의 권세에 경의를 표하여 행해진다면 왜 교황은 다른 사람들의 거룩함에 경의를 표하여 이와 같이 행하지 않습니까? 그리스도와 교황 두 사람을 비교해 보십시다! 그리스도는 제자들의 발을 씻고 닦아주었습니다.[154] 그러나 제자들은 그리스도의 발을 씻지 않았습니다. 교황은 자기가 마치 그리스도보다 더 높은 것처럼 사실을 전도하고, 사람들이 자기 발에 입 맞추려 한다면 그런 짓을 행하지 못하게 노력함이 마땅하건만 마치 큰 호의라도 베푸는 것처럼 사람들로 하여금 자기 발에 입 맞추게 합니다. 성 바울과 바나바는 루스드라 사람들에게 자신을 신으로 섬기지 못하게 하고 오히려 "우리도 너희와 같은 사람들이다"라고 말한 바 있습니다.[155] 그러나 우리의 아첨꾼들은 우리에게 한 우상을 만들어주기에 이르러서 아무도 신을 교황

---

152 「누가복음」 12:14.

153 *Bapsts gepreng etc. Durch Wenceslaum Lincken*, Straßburg, 1539, Bl. C^bf. 참조. *Hutteni opp.* ed. E. Böcking, IV, pp. 183, 248; *Epistola ex Urbe*, 1518은 다음과 같은 신랄한 농담으로 말을 맺는다. "레오의 악취나는 발에 입 맞추기 위해 그 많은 비용을 들여 말을 타고 로마로 여행할 만했다."(Dignum erat tanto sumptu, tanto emenso itinere Romam obequitare ad osculandos putridos pedes Leonis.) Karl Joachim Knaake, *Jahrbücher des deutschen Reichs und der deutschen Kirche im Zeitalter der Reformation*, I, Leipzig, 1872, p. 264 참조.

154 「요한복음」 13:1 이하 참조.

155 「사도행전」 14:15 참조.

만큼 두려워하지 않으며, 또한 교황만큼 신을 경배하지 않게 되었습니다. 저들은 이런 것은 참을 수 있습니다. 저들이 참을 수 없는 것은 교황의 당당한 위신을 털끝만큼이라도 상하게 하는 것입니다. 그런데 만일 저들이 그리스도인이고 또 신의 명예를 자기들의 명예보다 더 사랑한다면 교황은 결코 행복하지 못할 것입니다. 교황은 신의 명예가 멸시당하고 그 자신의 명예가 높임을 받는다는 것을 인식한다면 그는 신의 명예가 다시 높여지고 그 자신의 명예보다 더 크게 된 것을 알기 전에는 아무도 자기를 존경하지 못하게 할 것입니다.

[156]교황이 말을 타거나 또는 마차에 타는 것에 만족하지 않고 오히려 강하고 건강함에도 불구하고 들어보지도 못하리만큼 화려하게 우상처럼 사람들에 의해 운반된다고 하는 것은 눈에 거슬리는 교만 중에서도 추악한 일입니다. 이런 악마적인 교만이 어떻게 그리스도의 본보기와 일치하겠습니까? 그리스도와 모든 사도들은 걸어 다녔습니다. 세속적 영광을 경멸하고 도피하려 하는 모든 사람들, 곧 그리스도인의 머리가 되기를 원하는 사람으로서 그처럼 세속적으로 사치스럽게 산 세상 왕이 어디에 있었습니까? 만일 이런 교만에 아첨하고 아무런 분개도 표시하지 않는다면 우리는 마땅히 신의 진노를 두려워해야 합니다. 교황이 이와 같이 날뛰고 어리석은 짓을 행하는 것으로 충분합니다. 그러나 우리까지도 이것을 인정하고 참아야 한다는 것은 지나칩니다.

교황이 성만찬을 받으려 할 때 점잖은 영주처럼 조용히 앉아서 추기경이 무릎을 꿇고 허리를 굽혀서 금관으로 가져다주는 성만찬을 받는 것을[157] 그리스도인이 무슨 즐거운 마음으로 볼 수 있고 보아야 하겠습니까? 가장 거룩한 아버지인 교황보다 훨씬 더 거룩한 다른 모든 그리스도인이 성만찬을 가장 경건한 태도로 받는데, 악취를 풍기는 불쌍한

---

156 A, F, I : 밑줄 친 부분이 없다.

157 *Bapsts gepreng etc. Durch Wenceslaum Lincken*, Straßburg, 1539, Bl. Liiij^a 참조.

죄인인 교황은 성만찬을 신에게 영광을 돌리기 위해 일어설 가치가 없는 것처럼 대합니다. 고위 성직자들이 신에게 이런 불명예를 끼치는 것을 우리가 묵인하고 시인하며, 또한 우리 자신의 침묵이나 아첨으로 이런 저주스러운 교만에 동참하기 때문에 신이 우리 모든 사람에게 재난을 보낸다면 그것이 이상한 일이겠습니까?

교황이 행렬 중에 영성체를 지니고 다니는 때도 동일합니다. 교황은 반드시 운반되어야 하나 영성체는 식탁 위에 놓인 포도주 잔처럼 그의 발 앞에 놓여 있기만 합니다. 요컨대 로마에서 그리스도는 무가치하고 교황만 중요합니다. 그런데도 저들은 우리에게 신에게 거역하고 모든 그리스도교 교리에 거역하는 이런 반(反)그리스도교적 죄들을 시인하고 찬양하고 존경하라고 위협하고 강요합니다. 신이시여! 이제 자유로운 공의회를 도와주셔서 교황도 한 인간이며 그 자신이 감히 되려고 하는 것처럼 신은 아니라는 것을 그에게 가르칠 수 있게 하소서!

열둘째, 로마 순례는 폐지되거나 그렇지 않으면 사제나 시 당국자나 영주가 먼저 순례를 할 만한 정당하고 충분한 이유가 있다는 것을 인식하지 않는 한, 어느 누구에게도 호기심이나 경건심에서 순례하는 것을 허용하지 말아야 합니다. 내가 이렇게 말하는 것은 순례가 나쁘기 때문이 아니라 오늘날에는 타락했기 때문입니다. 사람들은 로마에서 좋은 모범을 보지 못하고 다만 거리끼게 하는 것만을 봅니다. 그리고 저들은 "로마에 가까우면 가까울수록 그리스도인은 더 사악해진다"라는 격언을 스스로 만들어낸 것처럼 사람들은 신과 그의 계명에 대해 경멸하는 마음을 가지고 돌아옵니다. 이런 말이 있습니다. "처음으로 로마에 가는 사람은 악한을 찾으며, 두 번째는 그 악한을 발견하며, 세 번째는 그를 데리고 온다." 그러나 지금 저들은 너무 영리해져서 세 번의 여행을 단번에 행하며, 참으로 이런 나쁜 것들을 가지고 오기 때문에 차라리 로마를 전혀 보지 않거나 모르는 것이 더 나을 정도가 되었습니다.

비록 이런 이유가 아니라고 할지라도 역시 다른 더 중요한 이유가 있습니다. 곧 순박한 사람들이 순례로 인해 신의 계명에 대한 그릇된 망상과 오해에 이르게 되는 것입니다. 왜냐하면 사람들은 이와 같은 순례가 귀한 선행이라고 생각하는데 이것은 옳지 않기 때문입니다. 이것은 사소한 선행이며 때로는 악하고 미혹적인 행위입니다. 신은 이런 것을 명령한 적이 없습니다. 신은 한 인간에게 아내와 자녀들을 돌보고 결혼한 자로서 마땅히 행할 의무에 유의하며 그의 이웃을 섬기고 돕도록 명령했습니다. 지금 어떤 사람이 아무도 명령하지 않았는데 로마 순례를 하고 50굴덴이나 100굴덴 정도의 돈을 소비하며 고향에서는 그의 아내와 자녀들[158] 또는 그의 이웃이 가난에 시달리도록 내버려둡니다. 그런데도 그 어리석은 자는 신의 계명에 대한 이런 불순종과 경멸을 자신의 자의적인 순례로써 (그것이 순전한 호기심이나 악마의 유혹임에도 불구하고) 위장할 수 있다고 생각합니다. 게다가 교황들은 거짓되고 조작되고 어리석은 '황금의 해'[159]로써 이런 것을 조장했습니다. 사람들은 이것 때문에 흥분하여 신의 계명에서 벗어나 저들의 유혹에 이끌리게 되었습니다. 이로써 바로 저들이 금지했어야 할 일을 저질렀습니다. 그러나 이런 일은 돈을 가져오고 거짓된 권세를 강화했습니다. 그래서 순례는 신과 영혼의 구원에 배치됨에도 불구하고 계속되어야 했습니다.

순진한 그리스도인에게서 이런 잘못되고 유혹적인 신앙을 근절하고 선행에 대한 참된 이해를 회복시키기 위해 모든 순례는 폐지해야 합니다. 왜냐하면 순례에는 좋은 것이 아무것도 없고 계명도 복종도 없으며 오히려 죄와 신의 계명에 대한 경멸을 야기할 무수한 기회만 있기 때문입니다. 여기서부터 순례를 통해 무수한 악행을 행하고 궁핍하지도 않

---

158 *Moriae encomium Erasmi Roterodami declamatio*, Argentorat. mense Octobri 1521, Bl. Eiijᵃ 참조.

159 희년(禧年)을 의미한다. 당시에는 25로 나누어지는 해를 희년으로 간주했다 (예를 들어 1500년). 희년에는 로마 순례자에게 완전한 사면이 약속되었다. K. Benrath, p. 101, Anm. 59 참조.

은데 구걸하는 습성을 배우는 많은 거지들이 생기게 됩니다.

그리고 여기서부터 방종과 다른 많은 죄악들도 생깁니다. 나는 지금 이런 것들을 열거하지 않으려 합니다. 이제 어떤 사람이 순례를 행하거나 순례의 서약을 행하려면 먼저 교구 사제나 영주에게 그 이유를 밝혀야 합니다. 만일 그가 선행을 위해 순례하려 하는 것이 드러나면 사제나 영주는 그 서약과 선행을 악마의 유혹물로 간주하여 대담하게 짓밟아버려야 합니다. 그리고 사제나 영주는 순례에 필요한 돈과 노력을 신의 계명을 지키는 일과 또 그 자신의 가정과 가난한 이웃을 위해 사용함이 천 배나 더 좋은 일이라는 것을 그에게 보여야 합니다. 그러나 만일 새로운 나라와 도시들을 보려는 호기심에서 순례를 행하려 한다면 그가 원하는 대로 순례를 행하도록 허용할 수 있습니다. 그러나 만일 그가 병중에 서약을 했다면 이 서약을 금지하고 그만둘 것을 맹세케 하고 신의 계명을 드러내야 합니다. 그래서 앞으로는 그가 세례 때에 행한 서약, 곧 신의 계명을 지킨다고 한 서약으로 만족하도록 합니다. 그러나 그의 양심을 안정시키기 위해 어리석은 서약을 이행하도록 허용할 수는 있습니다. 아무도 신의 계명의 바르고 보편적인 길을 가려고 하지 않습니다. 모든 사람은 신의 계명을 다 완수한 것처럼 스스로 새로운 길과 새로운 서약을 만들어냅니다.

다음으로 우리는 서약은 많이 하고 적게 지키는 저 큰 무리에 대해 이야기하려 합니다. 경애하는 군주들이시여! 노하지 마십시오. 나는 진실로 선한 의도로 말합니다. 탁발 수도원의 건립을 더 이상 허락해서는 안 된다는 것은 쓰고도 달콤한 진리입니다. 신이여, 도와주옵소서! 이미 이러한 탁발 수도원들이 너무나 많습니다. 신이 원한다면 이런 것들을 모조리 치우거나 적어도 2~3개의 수도단으로 모으는 것이 좋을 것입니다. 시골에서 방랑하는 일은 아무 선한 것도 가져오지 못했으며, 또한 더 이상 선한 것을 가져오지 못할 것입니다. 그러므로 수도원 열 개를 또는 필요한 만큼 한 무리로 모아서 그들을 한 수도원으로 만들라고 하는 것이 저의 충고입니다. 그러면 이 수도원은 충분히 양식 공급을 받아서 구걸하지 않아도 될 것입니다. 오, 성 프란체스코, 도미니쿠스, 아우구스티누스[160] 또는 그 밖에 다른 사람이 무엇을 명령했는가보다는 일반인의 복락을 위해 무엇이 필요한가를 고려해야 합니다. 특히 결과가 그들이 기대했던 것처럼 되지 못했기 때문입니다.

탁발 수도사들은 주교, 사제, 교구민 또는 세속 권세의 요청에 의해 부름을 받은 경우 이외에는 설교하고 고해를 듣는 일에서 면제되어야 합니다. 탁발 수도사들의 설교와 고해 사죄에서는 사제와 수도사 사이에 증오와 시기 이외에는 아무것도 생기지 못했으며, 일반인에게는 큰 스캔들과 장애만 일어났습니다. 그러므로 이런 것 없이도 잘 지낼 수 있으니 중지하는 것이 마땅하며 당연합니다. 거룩한 로마 교황청이 이런 큰 무리를 이유 없이 증가시킨 것은 아닌 듯합니다. 곧 이것은 사제들과 주교들이 교황청의 횡포에 싫증을 느끼고 어느 때인가 교황청으로서는 감당할 수 없을 만큼 강해져서 교황 성하께서 감당 못할 개혁을 시작하지 못하게 하기 위해서입니다.

동시에 한 수도회 내의 여러 분파와 차이도 폐지해야 합니다. 이런 분파는 때때로 사소한 이유에서 발단되며, 한층 더 사소한 이유로 자신들을 내세우며 서로 말할 수 없는 증오와 시기심을 가지고 싸우고 있습니다. 그럼에도 불구하고 이런 분열 없이도 잘 존립할 수 있는 그리스도 신앙이 양편에서 다 상실되며, 선한 그리스도인의 삶은 다만 외적인 법칙과 행위와 형식에서만 평가되고 추구됩니다. 이런 것에서부터 모든 사람이 자신의 눈으로 볼 수 있는 바와 같이 위선과 영혼의 파멸만 초래됩니다.

---

160 앞의 두 인물은 탁발 수도회, 곧 프란체스코 수도회와 도미니쿠스 수도회의 창설자이다. 아우구스티누스 은둔자 수도회는 아우구스티누스의 정신을 이어받았다고 자처하는 탁발 수도회를 말한다.

교황이 이런 수도 단체를 더 이상 세우고 인준하는 것 역시 금지되어야 합니다. 아니, 그중 몇몇을 철폐하고 그 수를 줄이도록 교황에게 명령해야 합니다. 왜냐하면 우리의 중심 과제이자 수도회 없이도 존립할 수 있는 그리스도 신앙은 적지 않게 위험을 당하기 때문입니다. 즉 이런 여러 가지 다른 행위와 형식 때문에 사람들이 신앙에 주의를 기울이기보다는 오히려 행위와 형식을 위해 살도록 오도될 수 있습니다. 만일 수도원 가운데서 수도회 규칙보다는 신앙을 설교하고 실천하는 현명한 고위 성직자들이 없으면 그 수도 단체는 다만 행위에만 주의하는 순진한 영혼들을 손상하고 미혹시키지 않을 수 없을 것입니다.

그러나 지금은 신앙이 있었고 수도회들을 설립했던 고위 성직자들이 거의 다 죽고 없습니다. 마치 옛날 이스라엘 자녀들 가운데 신의 업적과 기적을 알던 족장들이 죽었을 때에 그 자녀들이 신의 업적과 신앙을 알지 못했기 때문에 우상을 숭배하고 그 자신들의 인간적 업적을 내세우기 시작한 것처럼, 지금도 유감스럽게도 이와 같이 이런 수도회들은 신의 업적과 신앙에 대해 이해하지 못하기 때문에 자신들의 종규와 법과 형식에 따라 자신들을 불쌍하게 괴롭히고 애쓰며 일하고 있습니다. 그러면서도 그들은 사도가 「디모데 후서」 3장[161]에서 선포한 바와 같이 선한 영적 생활에 대해 올바로 이해하지 못합니다. "영적 생활의 모습은 있으나 그 속에는 아무것도 없으며 그들은 더욱더 배우나 결코 참된 영적 생활의 본질에 대해서는 알지 못한다." 그리스도 신앙에 조예가 깊은 영적인 고위 성직자가 지도하지 않는 곳에는 수도원이 없는 편이 낫습니다. 왜냐하면 그렇지 못한 성직자는 지배를 통해 손상과 파멸을 가져오지 않을 수 없으며, 외적인 행위와 생활이 거룩하고 선하게 보이면 보일수록 더욱더 손상과 파멸을 유발하기 때문입니다.

내 사고방식대로 하면, 특히 오늘날과 같이 위험한 시대에는 처음 사

---

161 「디모데 후서」 3:5, 7.

도 시대와 그 후 오래 기간에서의 모습과 같이 교회 단체와 수도원을 정리해야 할 필요가 있습니다. 옛날에는 이런 단체와 수도원들이 모든 사람에게 개방되었으며, 모든 사람은 자기가 원하는 대로 그곳에 머무를 수 있었습니다. 그런 단체와 수도원들은 성서와 그리스도교적 삶을 가르치고 또 다스리고 설교하는 것을 가르치는 그리스도인의 학교가 아니면 무엇이겠습니까? 성 아그네스(St. Agnes)[162]가 이런 학교에 다닌 것을 우리는 알며, 또한 아직도 크베들린부르크(Quedlinburg)와 다른 곳들에 있는 몇몇 수녀원에서는 이와 같은 예를 봅니다. 사실 모든 수도원과 수도 단체들은 강제에 의해서가 아니라 자유의사로써 신을 섬길 수 있게 자유로워야 합니다.

그러나 후에 저들은 수도원과 교단들을 서약으로 속박해 평생의 감옥으로 만들어버렸습니다. 그래서 이런 서약은 세례 서약보다도 더 중요한 것으로 여겨집니다. 그러나 우리는 이것이 어떤 결과를 가져왔는지 날마다 보고 듣고 읽고 배웁니다. 이런 나의 충고가 매우 어리석다고 여겨지리라 생각합니다. 그러나 지금 그런 것에 대해서는 관심을 두지 않습니다. 나는 내가 좋다고 생각하는 것을 충고합니다. 거부하고 싶은 사람은 거부하시오. 나는 서약, 특히 정절(貞節) 서약이 어떻게 지켜지고 있는지 압니다. 정절 서약은 이런 수도원들에서 매우 보편화되었으나, 그리스도는 그것을 명령한 적이 없습니다. 오히려 그리스도 자신과 성 바울이 말한 것과 같이 이것은 극히 소수에게만 지시되었습니다. "나는 모든 사람이 도움을 받고 또 그리스도인의 영혼이 스스로 고안해 낸 인간적 관습과 법들에 사로잡히기를 원치 않는다."[163]

열넷째, 우리는 사제들이 얼마나 타락했는지 압니다. 또한 처자에 의해 과중한 부담을 지고 있는 많은 사제들이 도움을 받을 수 있음에도

162 그녀는 4세기 초인 디오클레티아누스 박해 때 순교했다.
163 「마태복음」 19:11 이하; 「고린도 전서」 7:7 참조.

불구하고 그들을 돕기 위해 나서는 사람이 하나도 없기 때문에 그 불쌍한 사제들이 얼마나 양심의 괴로움을 당하고 있는지 압니다. 교황과 주교들이 그들을 되는 대로 내버려두고 파멸에 이르게 한다면 나는 내 양심을 구하기 위해 내 입을 자유로이 열 것이며 비록 교황과 주교들이나 어떤 다른 사람들을 불쾌하게 할지라도 나는 이렇게 말하렵니다.

바울이 「디도서」 1장[164]에서 분명히 말하는 바와 같이 그리스도와 사도가 만든 제도에 따라 모든 도시에는 한 명의 사제나 주교를 두어야 합니다. 그리고 이 사제에게 아내 없이 살도록 강요해서는 안 되며 오히려 한 아내를 가질 수 있도록 허용해야 합니다. 이것은 성 바울이 「디모데 전서」 3장과 「디도서」 1장[165]에서 말한 것과 같습니다. "주교는 흠잡을 일이 없는 사람으로서 한 아내의 남편이어야 하며 그의 자녀는 순종하고 단정해야 한다"[166] 등. 왜냐하면 성 히에로니무스가 증언하는 바와 같이 사도 바울에게서 주교와 사제는 동일하기 때문입니다.[167] 그러나 성서는 지금의 주교들에 대해 아무것도 알지 못합니다. 그들은 한 사제가 많은 사제들을 다스린다는 일반 교회법에 의해 임명되어 왔습니다.

그러므로 그리스도교에서 각 도시는 공동체 가운데서 한 박식하고 경건한 시민을 택해 그에게 목회의 직무를 맡기고 공동체의 비용으로 그를 부양하며, 또한 결혼하든지 안하든지 자유로운 선택권을 그에게 주어야 한다는 것을 우리는 사도로부터 분명히 배울 수 있습니다. 이 사람은 역시 자신들이 결정하는 대로 결혼할 수도 있고 하지 않을 수도 있는 사제나 부제(副祭)들을 몇 사람 두어 설교와 성례전으로써 회중을

---

164 「디도서」 1:5.

165 「디모데 전서」 3:2; 「디도서」 1:6 이하.

166 I: 'gehorsam, züchtig und in allen billichen dingen gefoelgnig sein' ('gehorsam unnd zuchtig sein' 대신).

167 히에로니무스의 「디도서」 1:5 주석 참조.

다스림에서 자신을 돕도록 해야 합니다. 이것은 아직도 그리스 교회에서 행해지는 관습과 같습니다. 너무나 많은 박해가 일어나고 이단자들과의 논쟁이 일어난 후대에 이르러서는 자발적으로 결혼 생활을 단념하는 거룩한 교부들이 많았습니다. 이것은 보다 더 연구에 전심하고 아무 때나 죽음이나 논쟁에 대비할 수 있기 위해서입니다.

그런데 로마 교황청은 이 문제에 범죄자처럼 개입하여 사제들의 결혼을 금지하는 보편적인 계율을 만들어냈습니다. 이것은 성 바울이 「디모데 전서」 4장[168]에서 선포한 바와 같이 악마가 그에게 명령한 것입니다. "악마의 가르침을 가지고 와서 결혼을 금하는 교사들이 나타나리라" 등. 여기서 유감스럽게도 헤아릴 수 없이 많은 불행이 생겨나고 이때문에 그리스도 교회가 분열하는 계기가 되었으며, 또한 분열, 죄, 수치 및 추문들이 끝없이 증대되었습니다. 이것은 모두 악마가 시작하고 시키는 대로 하는 것입니다. 여기서 우리는 무엇을 할 것입니까?

나는 결혼을 하고 안하고는 각자의 자유에 맡기도록 하라고 충고합니다.[169] 그러나 이런 경우 재산에 대해 다른 관리 법령이 있어야 할 것이며, 모든 교회법이 폐지되고 많은 봉토들이 로마로 들어가지 못할 것입니다. 나는 탐욕이 야비하고 불순한 정절의 원인이며, 탐욕의 결과로 모든 사람이 중이 되려 하고 또 모두가 자기 아들에게 중 공부를 시키려고 하지 않을까 염려됩니다. 이런 사람은 중이 아니라도 가능한 순결한 삶을 살겠다는 생각은 하지 않고 오히려 노동이나 노력 없이 세상적인 양식으로 부양 받을 것만 생각합니다. 이것은 「창세기」 3장[170]의 "너는 네 얼굴에 땀을 흘림으로 빵을 먹게 되리라"라는 신의 명령에 배치되는 것입니다. 저들은 자신의 노동이 기도를 드리고 미사를 올리는 것

---

168 「디모데 전서」 4:1, 3.

169 *Hutteni opp.* ed. E. Böcking, IV, p. 199 참조.

170 「창세기」 3:19.

인 것처럼 과장해서 말합니다.

　나는 여기서 교황, 주교, 수도원장, 중, 수도사(신은 이런 직위를 제정하지 않았습니다)에 대해서는 언급하지 않겠습니다. 저들이 스스로 무거운 짐을 짊어졌다면 짐을 지도록 놓아둡시다. 나는 신이 제정했고 또 교구민과 더불어 살고 현세적 삶을 살며 설교와 성례전으로 회중을 다스려야 하는 사제직에 대해서 말하려 합니다. 그리스도교 공의회는 이런 교직자들에게 유혹과 죄를 피하게 하기 위해 결혼할 수 있는 자유를 부여해야 합니다. 그것은 신이 그들을 속박하지 않았으므로 아무도 그들을 속박할 수 없고 속박해서도 안 되기 때문입니다. 교황은 물론이고 하늘에서 온 천사라도 그를 속박할 수 없습니다! 그리고 교회법이 사제 혼인을 금지하는 것은 전적으로 우화이며 수다에 지나지 않습니다.

　또한 앞으로는 사제직이나 기타 다른 직위에 서품을 받는 자는 결코 주교에게 순결을 지킬 것을 서약하지 말라고 충고합니다. 오히려 주교는 이런 서약을 요구할 권리가 없으며, 이런 것을 요구하는 것은 악마 자신의 횡포라고 그에게 항의할 것을 충고합니다. 그러나 어떤 사람들이 말하는 것처럼 "인간의 연약함이 허락하는 한"(quantum fragilitas humana permittit)이라고 말할 수밖에 없거나 또는 말하기를 원한다면 모든 사람은 자유로이 이 말이 "나는 순결을 약속하지 않는다"(id est, non promitto castitatem)라는 것으로 부정적으로 해석해도 좋습니다. 이로써 각자는 서약할 필요 없이 자유로운 양심을 보유할 수 있게 됩니다. 왜냐하면 인간의 연약함이 순결한 삶을 허용하는 것이 아니고(fragilitas humana non permittit caste vivere), 다만 천사의 힘과 하늘의 능력(angelica fortitudo et caelestis virtus)만이 이를 허용하기 때문입니다.

　아직 결혼하지 않은 사람이 결혼해야 하는가 또는 독신으로 살아야 하는가 하는 문제에 대해서는 충고하고 싶지도 않고 막고 싶지도 않습니다. 이 문제는 일반적인 그리스도교 질서와 모든 사람의 더 좋은 판단에 맡깁니다. 그러나 지금 자기들의 아내와 자녀들로 인해 수치와 양심의 고뇌를 당하고 있는 저 불쌍한 무리들에 대해서는 성실한 충고를 주저하지 않으며, 그들이 받아야 할 위로를 유보하려 하지 않습니다(사람들은 그런 여자를 '중의 창부', 자녀들을 '중 새끼'라고 욕합니다). 나는 내 광대로서의 권리에 의해 솔직하게 말합니다.

우리는 그들이 연약하여 여자 문제로 수치스럽게 된 것 외에는 아무것도 비방할 것이 없는 경건한 사제들을 많이 봅니다. 물론 그런 사제와 여인은 비록 공공연한 수치를 당해야 할지라도 깨끗한 양심을 가지고 할 수만 있다면 늘 혼인의 신의를 가지고 함께 살기를 충심으로 바라고 있습니다. 이런 두 사람은 신 앞에서 확실히 결혼한 셈입니다! 그리고 그들이 이와 같이 생각하고 따라서 함께 살게 된다면 그들은 대담하게 자기 양심을 구해야 한다고 말하고 싶습니다. 그는 교황이 이것을 원하는지 원하지 않는지, 이것이 영적인 법에 위배되는지 아니면 육적인 법에 위배되는지에 대해서 개의치 말고 그 여자를 혼인한 아내로 취해 부부 관계를 지키며 또 남편으로서 그녀와 성실하게 살아야 합니다. 영혼의 행복이 포악하고 자의적이고 사악한 법보다 더 중요합니다. 이런 법은 구원을 위해 필요한 것도 아니며, 신이 명령한 것도 아닙니다. 당신은 이집트에서 저들이 일해 번 노임을 몰래 가져온 이스라엘 자녀들처럼[171] 되어야 하며, 또는 사악한 주인에게서 자기가 번 노임을 훔치는 종처럼 행동해야 합니다. 이와 같이 당신도 교황에게서 당신의 처자를 훔치시오.

이런 모험을 감행할 만한 신앙이 있는 사람은 담대하게 나를 따르시오. 나는 그를 잘못 인도하지 않을 것입니다. 비록 나에게 교황의 권세는 없으나 모든 죄와 유혹에 맞서 나의 이웃을 충고하고 도울 수 있는 그리스도인으로서의 권세는 있습니다. 그리고 여기에는 그만한 원인과 이유가 있습니다. 첫째, 어떤 사제도 아내 없이 지낼 수 없습니다. 그

---

171 「출애굽기」 12:35 이하 참조.

것은 육신의 연약함으로 인해서만이 아니라 오히려 가정의 필요로 인해서입니다. 그래서 만일 사제가 한 여인을 가질 수 있고 또 교황이 그에게 그런 일을 허락하면서도 그 여자와 혼인하지 못하게 한다면 남녀를 홀로 같이 있게 내버려두면서 그들이 타락해서는 안 된다고 금지하는 것이 아니고 무엇입니까? 이것은 불과 짚을 함께 넣고 연기도 내지 말고 태우라는 명령과 같습니다. 둘째, 교황은 먹고 마시는 것과 자연적 배설이나 살찌는 것을 금지할 권한이 없는 것처럼 이런 것을 금지할 권한도 없습니다. 그러므로 아무도 이 명령을 지킬 의무가 없습니다. 오히려 교황은 이런 법령을 어긴 모든 죄와 그것으로 인해 파멸한 모든 영혼과 그것으로 인해 혼란에 빠지고 괴로워하는 모든 양심에 대해 책임이 있습니다. 그러므로 교황은 오래전에 어떤 사람에 의해 이 세상에서 추방을 당했어야 합니다. 나는 교황이 살아 있는 자들에게 한 것보다는 신이 더 많은 인간들에게 사망시 자비로웠기를 바라지만, 교황은 이 악마의 올가미로 많은 불쌍한 사람들을 교살했습니다. 교황 제도와 그 법에서는 이제까지 좋은 것이 나온 적이 없으며 앞으로도 없을 것입니다. 셋째, 교황의 법령은 혼인을 금할지라도 혼인 생활이 교황의 법을 거슬러 시작되었다면 교황의 법은 이미 끝났으며 더 이상 효력이 없습니다. 왜냐하면 남편과 아내를 떼어놓지 말라고 한 신의 계명은[172] 교황의 법을 훨씬 능가하기 때문입니다. 그리고 비록 많은 미친 법학자들이 교황과 함께 장애물(impedimenta)[173]을 고안해내어 혼인을 방해하고 파괴하고 혼란에 빠지게 함으로써 신의 계명이 전적으로 파괴되었을지라도 신의 계명은 교황의 법령에 의해 찢기고 무시되어서는 안 됩니다. 내가 많이 말할 것이 무엇이겠습니까? 교황의 모든 종교 법 가운데는 경건한 그리스도인에게 교훈이 될 만한 것이 두 줄도 없습니다. 그리고 유감스

---

172 「마태복음」 19:6 참조.

173 혼인상 지장을 주는 조건들, 특히 혼인이 금지되는 친족 간의 촌수 등을 말한다.

럽게도 그릇되고 위험한 법이 너무나 많기 때문에 이것을 불살라버리는 것보다 더 좋은 일이 없을 것입니다.

그러나 만일 이것이 거리낌이 되고, 또 교황이 먼저 특별히 허락해야 한다고 당신이 말한다면, 나는 이렇게 대답할 것입니다. 곧 사제의 혼인에 거리낌이 있게 된 것은 아무런 권리도 없이 신을 거슬러 이런 법을 만든 로마 교황청의 책임입니다. 신과 성서 앞에서는 아무런 거리낌도 없습니다. 더욱이 만일 교황이 돈을 위해 탐욕적이고 독재자다운 법으로 혼인을 특별히 허락할 수 있다면 모든 그리스도인은 신과 영혼의 행복을 위해 같은 법으로 특별히 허락할 수 있습니다. 왜냐하면 특히 인간의 법이 신과 영혼의 행복에 위배될 때 그리스도는 우리를 모든 인간의 법에서 해방시켜주었기 때문입니다. 이것은 성 바울이 「갈라디아서」 5장과 「고린도 전서」 10장[174] [175]에서 가르친 것과 같습니다.

열다섯째, 나는 불쌍한 수도원을 잊지 못합니다. 지금 인간 법으로써 모든 신분들을 혼란에 빠지게 했고 또 견딜 수 없게 만든 악령은 또한 몇몇 수도원장, 수녀원장 및 고위 성직자들을 사로잡았으니, 저들은 자기 수도사들과 수녀들을 다스림으로써 속히 지옥에 이르도록 하고 악마의 모든 희생자들의 운명이 그렇듯이 현재에도 비참한 생을 보내게 합니다. 즉 저들은 고해 때에 그들의 죽을죄의 전부 또는 적어도 일부를 유보해 놓았습니다. (이 죄들은 숨겨져 있는 것이기 때문에 어느 수도사도 그 죄를 파문의 위협과 서약에도 불구하고 사면할 수가 없습니다). 지금은 천사들이 어디에나 늘 있지는 않습니다. 고위 성직자들과 지정된 고해 신부에게 숨겨진 죄를 고백하기보다는 오히려 파문과 위협을 당하는 인간도 있습니다. 그들은 무거운 양심을 가지고 성례전에 임하게 되며, 이로 말미암아 그들은 '반칙자'(irregulares)[176]가 됩니다. 오, 눈먼 목자들이여!

---

174   「갈라디아서」 5:1; 「고린도 전서」 9:4 이하, 10:23 참조.

175   A, B, C, *C*: 'i. Corint. xi'. ('i. Corint. x' 대신).

오, 어리석은 고위 성직자들이여! 오, 탐욕스러운 이리들이여!

　여기서 나는 이렇게 말하고 싶습니다. 죄가 공적으로 드러나거나 알려진 경우 고위 성직자만 그 죄를 벌하는 것이 정당합니다. 그리고 그는 이런 죄들에 대해서만 예외로 하고 유보할 수 있고, 비록 그 죄가 알려져 있고 또 아무 때이고 알려질 수 있는 최악의 죄라고 할지라도 숨겨진 죄에 대해서는 아무 권한이 없습니다. 또한 만일 고위 성직자가 이런 죄들을 예외로 만든다면 그는 폭군입니다. 왜냐하면 그는 이런 권한도 없으면서 신의 심판에 개입하기 때문입니다. 그래서 나는 이런 신도들과 수도사들, 수녀들에게 충고하고 싶습니다. 만일 고위 성직자들이 당신의 숨은 죄를 고백하고 싶은 사람에게 고백하는 것을 허락하지 않는다면 당신 스스로 원하는 수도사나 수녀를 택해 그에게 자기 죄를 고백하고 사죄 선언과 위로를 받은 후 돌아가서 무엇이나 원하고 또 해야 할 일을 행하기 바랍니다. 당신은 사죄를 받았다는 것을 확고히 믿기만 하면 그 이상은 아무것도 필요하지 않습니다. 그리고 파문이나 '반칙'이나 저들이 위협하는 다른 어떤 것에 대해서도 괴롭게 여기지도 말고 당황하지도 말아야 합니다. 이런 것들은 자진해서 고백하려고 하지 않을지라도 공공연히 드러난 죄나 널리 알려진 죄의 경우에만 해당됩니다. 이런 것들은 당신에게는 해당되지 않습니다. 눈먼 고위 성직자여! 왜 당신은 위협으로 숨겨진 죄를 막으려 합니까? 공적으로 입증할 수

176　수도회 규칙을 따르지 않는, 예를 들어 고해 시 죄를 은폐하는 수도승들을 말한다. "반칙은 규칙에서 벗어나는 것이고, 반칙자는 규칙에서 벗어난 자를 의미한다. 반칙은 세 종류의 방식으로 자행된다. 즉 실수에 의해, 육신의 연약함에 의해, 성례전 이탈에 의해서이다. 특정하자면 23개 경우에서 자행된다."(Irregularitas quasi privatio regulae et irregularis privatus regula dicitur. Contrahitur autem irregularitas in genere tribus modis, scilicet ex delicto, ex defectu corporis, ex defectu sacramenti, sed specificando contrahitur in casibus 23.) *Summa summarum quae Silvestrina dicitur*에서 'De irregularitas' 장(章) 참조.

없는 것은 그대로 두어야 합니다. 그래서 신의 심판과 은총이 당신의 아랫사람들 가운데도 역시 이루어지게 하십시오. 신은 그들에게서 완전히 손을 떼고 그들을 당신의 손에 전적으로 맡긴 것은 아닙니다. 아니, 당신이 다스리는 것은 극히 적은 부분에 지나지 않습니다. 당신의 법은 법으로 그치게 하고 그 법을 하늘까지, 신의 심판의 자리까지 올리지는 마십시오.

열여섯째, 모든 기념일과 죽은 자를 위한 미사와 영혼 미사를 폐지하거나 적어도 그 수효라도 줄이는 것이 필요합니다. 왜냐하면 이런 것들은 하나의 비웃음거리에 지나지 않고 신을 몹시 노하게 하며, 또한 그 목적이 돈벌이와 포식 내지 폭음 외에 아무것도 아니라는 것을 우리는 분명히 알기 때문입니다. 초라한 철야기도[177]와 미사에서 그렇게 한심하게 재잘거리며 독서도[178] 기도도 하지 않는 것을 신이 어떻게 기뻐하겠습니까? 기도를 드린다고 해도 자발적인 사랑으로 신에게 드리는 것이 아니고 돈을 위해, 부과된 의무를 이행하기 위해 드리는 것입니다. 자발적인 사랑에서 행해지지 않는 행위는 신을 기쁘게 하지 못하며 신에게서 아무것도 얻지 못합니다. 그러므로 우리가 아는 대로 현재 악용되고 있고 신과 인간을 화해시키기보다는 오히려 더 노하게 하는 모든 것을 폐지하거나 적어도 감소시키는 것이 그리스도교적입니다. 어떤 수도 단체나 교회 또는 수도원이 경건심과 신앙 없이 해마다 몇천 번이고 모든 자선가를 위해 제각기 특별 미사를 올리는 것보다는 차라리 기념 미사와 철야기도를 한데 모아서 하루에 진실한 마음과 경건심과 신앙을 가지고 모든 자선가들을 위해 하나의 참된 철야기도와 미사를 드리는 것을 신은 오히려 더 좋게 여길 것이며 훨씬 더 좋아할 것입니다. 오, 경애하는 그리스도인이여! 신은 많은 기도를 좋아하지 않고 참된 기도

177　K. Benrath, p. 102, Anm. 68 참조.

178　I : 'geschnattert werden, weder gelesen'.

를 좋아합니다. 아니, 신은 많고 긴 기도를 저주하며, 「마태복음」 6장[179]
에서 "저들은 그것으로 더 많은 벌을 받을 뿐"이라고 말합니다. 그러나
신을 신뢰하지 못하는 탐욕스러운 자는 그렇지 않고는 굶어 죽고 말지
나 않을까 염려하여 이런 일들을 행하고 있습니다.

열일곱째, 교회법에 규정되어 있는 일부의 벌금형이나 형벌과 특히
악령이 날조한 것임이 분명한 수찬 정지는 폐지되어야 합니다. 한 가지
죄를 더 큰 많은 죄로써 개선하려고 하는 것은 악마의 처사가 아닙니
까? 그러나 신의 말씀과 예배를 묵살하거나 그만두는 것은, 한 사람의
사제는 말할 것도 없고 20명의 교황을 단번에 죽이는 것 또는 교회 재
산을 유보하는 것보다 훨씬 더 큰 죄입니다. 이것은 교회법에서 가르치
는 우아한 덕행 가운데 하나입니다. 교회법을 영적이라고 부르는 이유
는 이것이 영에서 나온 것이기 때문입니다. 그러나 이것은 성령에서 나
오지 않고 악령에서 나온 것입니다.

파문은 성서가 그 용도를 규정하고 있는 곳 외에서는 사용되어서는
안 됩니다. 곧 참 신앙을 가지지 않은 자들이나 공공연한 죄 가운데 사
는 자들에 대해서만 사용되어야 하나 현세적인 물질을 위하여 사용되
어서는 안 됩니다. 그러나 지금은 이것이 거꾸로 되었습니다. 모든 사람
이 자기 좋을 대로 믿고 삽니다. 사람들은 대부분 다른 사람들을 착취하
고 중상하기 위해 파문을 사용합니다. 그리고 지금 모든 파문은 다만 현
세적인 물질을 위해서만 행해집니다. 우리는 이런 일에 대해 거룩한 교
회법 (그것은 불법입니다) 외에는 감사드릴 곳이 없습니다. 나는 이전의
설교[180]에서 이 문제에 대해 보다 상세히 논했습니다.

다른 징벌과 벌금형, 정직, 반칙, 파문 위협, 파문 집행, 면직, 저주, 영

---

179 「마태복음」 6:7, 23:14.
180 1518년의 『파문의 능력에 대한 설교』(*Sermo de virtute excommunicationis*)를 말
     한다.

원한 벌, 그 외에 이런 날조된 것들은 땅속 깊이 묻어버려야 합니다. 그래서 땅 위에는 그런 이름도 기억도 남지 않도록 해야 합니다. 교회법에 의해 이제까지 풀려난 악령은 거룩한 그리스도교의 천국에 이와 같이 무서운 질병과 고통을 가져왔으며, 그것으로 영혼의 파멸과 장해만을 초래했습니다. 그래서 「마태복음」 23장[181]의 그리스도의 말은 여기에 잘 적용됩니다. "너희 서기관들에게 화가 있을 것이다! 너희는 가르칠 권세를 가지고 오히려 사람들 앞에서 천국 문을 닫는다. 너희 자신도 들어가지 않고 들어가려는 자들도 들여보내지 않는다."

열여덟째, 모든 축제일을 폐지하고 다만 일요일만 보존해야 합니다. 그러나 만일 성모의 축제일과 위대한 성자들의 축제일을 보존하고 싶으면 그 날들을 모두 일요일로 옮기거나 아침 미사 때에만 지키게 해야 합니다. 아침 미사 이후에는 평일과 마찬가지로 일해야 합니다. 그 이유는 이렇습니다. 곧 오늘날의 축제일은 음주, 도박, 태만 등 온갖 형태의 죄에 의해 남용되므로 우리는 거룩한 날에 다른 날보다 더욱 신을 노하게 하고, 또한 모든 것이 완전히 전도되어 거룩한 날은 거룩하지 않고 평일이 거룩하며 또한 많은 거룩한 날에는 신과 그의 성자들에게 예배를 드리지 않을 뿐만 아니라 오히려 큰 치욕거리가 발생하기 때문입니다. 물론 각자가 맹목적인 경건심에 따라 성 오틸리아나 성 바르바라[182]를 위해 축제를 행하면 자기들이 선행을 하는 것으로 생각하는 어리석은 고위 성직자들이 더러 있습니다. 그러나 저들이 성자의 날을 평일로 바꿈으로써 성자를 기념한다면 오히려 훨씬 더 좋은 일을 하는 것이 될 것입니다.

보통 사람은 이런 관례에 의해 영적 손상 외에도 두 가지 물질적인 손

---

181 「마태복음」 23 : 13.
182 가톨릭 교회는 12월 13일을 성(聖) 오틸리아(또는 오딜(Odile)) 축일, 12월 4일을 성(聖) 바르바라의 축일로 지켰으나, 근래에 폐지했다. —옮긴이

상을 받습니다. 곧 자기 일을 등한히 하게 되며, 또한 다른 때보다 더 많이 낭비하고 노동을 할 기력도 없어질 정도로 몸을 축냅니다. 우리는 이런 것을 매일 보지만 개선하려고 하는 사람은 하나도 없습니다. 우리는 교황이 그 축제를 제정했는지 안 했는지 혹은 그것을 생략하려면 특별한 면제와 허가를 받아야 하는지 어떤지에 대해 생각해볼 필요가 없습니다. 만일 신의 뜻에 위배되고 인간의 영혼과 육신에 해로운 일이라면 어떤 공동체나 시의회나 정부일지라도 교황이나 주교가 모르더라도 저들의 의사와는 무관하게 이것을 폐기하고 중단할 권한이 있습니다. 비록 교황이나 주교는 이것을 금지해야 할 제1인자로서 이것을 원치 않을지라도 우리는 우리 영혼의 구원을 위해 이것을 막을 책임이 있습니다.

특히 우리는 교회 헌당식을 완전히 폐기해야 합니다. 왜냐하면 이것은 선술집과 대목장, 노름판밖에 되지 않으며, 또한 신의 불명예를 더하게 하고 영혼의 멸망을 가중할 뿐이기 때문입니다. 그 시초는 좋았고 또 그것이 선행이라는 모든 평계는 아무런 도움도 되지 않습니다. 신은 하늘로부터 내려준 자신의 율법이 전도(顚倒)되고 오용될 때 이것을 파기하지 않았습니까? 그리고 신은 자신이 제정한 것이 이렇게 전도되고 오용됨 때문에 날마다 뒤엎고 또 친히 만든 것을 부수지 않습니까? 신에 대해 「시편」 18장[183]은 이렇게 기록합니다. "당신은 전도된 자에게는 자신의 전도됨을 보여주리라."

열아홉째, 결혼이 금지되는 친족 등급이나 촌수는 변경되어야 합니다.[184] 예를 들어서 대부(代父)나 대모(代母), 삼촌 또는 사촌 등과 같은 것입니다. 만일 로마 교황이 이런 문제에서 수치스러운 돈 거래를 통해 특별히 예외를 허용할 수 있다면 모든 교구 담당 사제도 아무 대가 없

183　「시편」18:27.

184　*Summa summarum quae Silvestrina dicitur*에서 'De matrimonio' 장; K. Benrath, p. 103, Anm. 74 참조.

이 무료로 영혼의 구원을 위해 같은 일을 할 수 있을 것입니다. 신께서 로마에서 사야 하는 모든 것과 돈의 올가미인 교회법을 풀어주어 모든 사제가 돈을 받지 않고도 이 모든 일을 하도록 허락하시기를! 로마에서 파는 것은 면죄부, 면죄증, 버터 식용 허가증, 미사증,[185] 기타 모든 콘페쇼날리아(confessionalia),[186] 부정행위 등과 같은 것이니 가난한 백성은 이런 것들에 의해 기만당하며 돈을 강탈당합니다. 왜냐하면 교황이 그의 돈의 올가미, 종교적 그물(나는 '법'이라고 말해야 합니다)을 대가를 받고 팔 권한이 있다면, 확실히 어떤 사제라도 교황의 그물을 찢고 신을 위해 그 그물을 발로 짓밟을 권한이 더욱 많습니다. 그러나 만일 사제가 이런 권한을 가지고 있지 않다면 교황도 그의 부끄러운 대목장에서 이 것을 팔 권한이 없습니다.

이와 더불어서 복음서가 보여주는 바와 같이[187] 금식은 각자의 자유 의사에 맡겨져야 하며, 또한 모든 종류의 음식물을 자유로이 먹을 수 있도록 해야 합니다. 왜냐하면 로마에 있는 저들 자신은 금식을 조롱하고 우리 외국인들에게는 저들의 구두조차 칠하려 하지 않을 기름을 먹게 합니다. 거룩한 사도는 우리가 복음을 통해 이 모든 것에서 자유를 얻었다고[188] 말함에도 불구하고 저들은 후에 우리에게 버터와 갖가지 다른 모든 것을 먹을 수 있는 자유를 판매합니다. 저들은 자기들의 교회법으로 우리를 속박하고 우리에게서 권리를 훔쳐갔습니다. 그래서 우리는 돈으로 이 권리를 다시 사야 합니다. 이와 같이 저들은 우리의 양심을 너무나 멍청하고 소심하게 만들어놓았기 때문에 이제는 더 이상 이 자유에 대해 올바로 설교하는 것은 불가능해졌습니다. 그것은 보통 사람

---

185 형제들이 값을 지불한 미사의 효능에 대해 각자가 몫을 가짐에 대한 증서를 말한다.

186 K. Benrath, p. 103, Anm. 75 참조.

187 「마태복음」 15 : 11 참조.

188 「고린도 전서」 10 : 25 참조.

이 버터를 먹는 것을 거짓말하고 서약하거나 음행하는 것보다도 더 큰 죄라고 생각하고 그것에 대해 거리낌을 받기 때문입니다. 그러나 인간들이 규정한 것은 인간의 행위입니다. 두고 싶은 곳에 두게 하시오. 거기에서는 결코 좋은 것이 나오지 않습니다.

스물째, 산간 기도처들과 시골 교회들은 완전히 파괴해버려야 합니다. 곧 최근에 순례 목적지로 되어 있는 빌스나크(Wilsnack), 슈테른베르크(Sternberg), 트리어(Trier), 그리멘탈(Grimmental) 그리고 지금의 레겐스부르크(Regensburg)[189]와 그 밖에 여러 곳에 있는 것들을 말합니다. 오, 이런 악마의 계략을 묵인하고 그 이익금을 받는 주교들은 얼마나 어려운 궁색한 답변을 해야 하겠습니까? 저들은 이런 것을 제일 먼저 나서서 금지해야 하는데 오히려 이것을 경건하고 거룩한 일로 생각합니다. 그리고 이것이 탐욕을 강화하고, 거짓되고 조작된 신앙을 일으키고, 교구 교회를 약화시키고, 주막과 매음을 증가시키고, 무익하게 돈과 노력을 낭비하고, 가난한 백성들을 마음대로 휘두르기 위한 악마의 소행이라는 것을 알지 못합니다. 만일 저들이 저주스러운 교회법만큼 성서를 잘 읽었더라면 이런 문제를 잘 다룰 수 있었을 것입니다.

이런 곳에서 기적의 징조가 일어나는 것은 아무런 도움도 되지 않습

---

189 *Hutteni opp.* ed. E. Böcking, IV, p. 233; K. Benrath, p. 104, Anm. 76 참조. 레겐스부르크는 여기서 순례지 'zu der schönen Maria', 즉 파괴된 유대교 회당 자리에 1519년 건축된 목제 예배당을 지시한다. 1522년 시의회에 의해 발간된 인쇄물에 의하면, 1519년 3월 25일 이곳에서 첫 번째 미사가 거행되었고 4월 23일 순례자들에게 2만 7,000개의 표지를 배포했는데, 그 가운데 약 2만 3,000개는 방치되었다. 저자가 밝혀지지 않은 *Historia reformationis ecclesiasticae Ratisbonensis*, 1792, p. 8ff. 참조. 루터는 1518년에 하우프트만 푹스(Hauptmann Fuchs)를 통해 아우크스부르크에서 레겐스부르크의 상황에 대한 보다 정확한 정보를 들었으리라는 벤라트의 추측은 이미 오래전부터 있었던 '거룩한 에머라네의 몸'(Leiber der heiligen Emmerane)으로의 순례에 근거한다. 반면 '지금의 레겐스부르크'란 말은 이를 반증한다.

니다. 왜냐하면 그리스도가 우리에게 「마태복음」 24장[190]에서 선포한 바와 같이 악령도 기적을 행할 수 있기 때문입니다. 만일 저들이 이 문제를 진지하게 다루고 또 이런 일을 금지한다면 기적은 곧 중지될 것입니다. 만일 그 일이 신에게서 온 것이라면 저들이 금지한다고 해도 이것은 저지될 수 없을 것입니다.[191] 그리고 만일 이것이 신에 의한 것이 아니라는 다른 증거가 없다면 사람들이 이성을 잃고 날뛰는 인간처럼 가축 떼와 같이 떼를 지어 돌아다니는 것으로 충분한 증거가 됩니다. 왜냐하면 신에 의해서는 이런 것이 불가능하기 때문입니다. 그러므로 신이 이런 것을 명령하지 않았다면 여기에는 복종도 없고 공적도 없습니다. 그러므로 주교들은 담대하게 개입해 사람들을 저지해야 합니다. 왜냐하면 신이 명령하지 않았음에도 불구하고 신의 명령 이상의 것을 추진하는 것은 분명히 악마 자신이기 때문입니다. 그리고 교구 교회들은 별로 존중받지 못하기 때문에 역시 손상을 입습니다. 요컨대 이런 것들은 사람들에게 있는 큰 불신의 징표입니다. 만일 그들이 참으로 믿는다면 그들은 자신의 교회에서 필요한 모든 것을 다 가지게 될 것입니다. 저들은 교회로 가라고 명령을 받았습니다.

그런데 나는 도대체 무엇이라고 말해야 합니까? 모든 사람이 다만 어떻게 하면 자기 구역 내에 이런 순례 장소를 만들고 보존할 수 있는가 하는 것만을 생각하며, 백성이 어떻게 하면 올바로 믿고 살 수 있는가는 전혀 관심을 두지 않습니다. 통치자들도 백성과 마찬가지입니다. 소경이 다른 소경을 인도합니다. 그리고 순례가 잘 되지 않을 장소에서는 성자들을 치켜세우기 시작합니다. 그러나 이것은 성자들을 존경하기 위한 것이 아니라 군중을 끌어들여 돈을 모으기 위함입니다. 성자들은 성자로 치켜세우지 않더라도 충분히 존경을 받을 것입니다. 이 일을 위해 교

---

190 「마태복음」 24:24.
191 「사도행전」 5:39 참조.

황과 주교는 서로 돕습니다. 여기서는 면죄부를 뿌리고, 저기서는 그 일을 위해 충분한 돈이 있습니다. 그러나 아무도 신이 명령한 것에는 관심을 두지 않고 좇지 않으며 그것을 위해서는 돈이 하나도 없습니다. 아, 우리는 그처럼 맹목적입니다! 우리는 악마로 하여금 그의 계략에 따라 마음대로 하게 할 뿐만 아니라 그의 방자한 태도를 강화시키고 증대시킵니다. 나는 사랑하는 성자들을 평안히 놓아두고 불쌍한 백성을 그릇되게 인도하지 말기를 바랐습니다. 무슨 영이 교황에게 성자들을 숭배할 수 있는 권세를 주었습니까? 누가 교황에게 그들이 성자인지 아닌지 말해줍니까? 그렇지 않아도 지상에는 충분히 죄가 있지 않습니까? 우리 역시 신을 시험하고 그의 심판에 간섭하며, 또한 사랑하는 성자들을 돈의 미끼로 만들어야 합니까?

그러므로 나는 성자들이 스스로 높아지도록 하라고 충고합니다. 그렇습니다, 신만이 그들을 높여야 할 분입니다. 모든 사람은 자기 교구 내에 머물러 있게 합시다. 모든 순례 성소가 하나같을지라도 각 사람은 순례 성소보다는 자기 교구 안에서 더 많은 것을 발견할 것입니다. 우리는 거기서 세례, 성례전, 설교 그리고 우리 이웃을 발견합니다. 이런 것들은 하늘에 있는 모든 성자들보다 더 귀중한 것들입니다. 왜냐하면 그들은 모두 신의 말씀과 성례전에 의해 거룩하게 되었기 때문입니다. 우리가 이와 같이 중요한 것을 경멸하는 한, 신이 진노의 심판을 내리는 것은 옳은 일입니다. 곧 신은 악마로 하여금 우리를 이리저리 끌고 다니게 하고, 순례하게 하고, 교회당과 기도소들을 세우게 하고, 성자들을 숭배하게 하며, 또한 다른 이런 어리석은 일들을 행하게 합니다. 우리는 이런 것들로 인해 참된 신앙에서 새로운 그릇된 미신에 떨어지게 됩니다. 이것은 옛날에 악마가 이스라엘 백성에게 행한 것과 같습니다. 그때 악마는 신의 이름과 거룩함의 그럴듯한 가면을 쓰고 이스라엘 백성을 예루살렘 성전으로부터 다른 수많은 곳으로 유인해갔으며, 모든 예언자들은 여기에 반대하는 설교를 했고 그 때문에 박해를 당했던 것입니다. 그러나 지금은 여기에 반대해 설교하는 사람이 없습니다. 아마도 주교와 교황, 중과 수도사들이 그런 자를 역시 박해할 것입니다. 그러므로 피렌체의 성 안토니누스[192]와 다른 몇몇 사람들이 지금 성자로 숭배되고 있는데, 이것은 그들의 거룩함이 영광과 돈벌이에 이용되기 위해서인 것이 분명합니다. 그렇지 않았던들 그들의 거룩함은 오직 신의 영광과 좋은 모범을 위해 도움이 되었을 것입니다.

비록 옛날에는 성자 숭배가 좋은 일이었는지 모르나 지금은 더 이상 그렇지 못합니다. 이것은 옛날에는 다른 많은 것들이 좋은 일이었으나, 지금은 불명예스럽고 해롭게 된 것과 같습니다. 예를 들면 축제일, 교회 보물, 교회 장식 등과 같은 것들이 그렇습니다. 왜냐하면 성자 숭배에 의해 신의 영광과 그리스도인의 개선을 구하는 것이 아니라 오히려 돈과 명예만을 구하는 것이 분명하기 때문입니다. 또한 한 교회가 이것으로 다른 교회보다 앞서려고 하고 특별한 것을 가지려고 하며, 또한 만일 다른 교회도 동일한 것을 가져 자신의 장점이 공동 소유가 된다면 유감스럽게 생각할 것이 분명합니다. 최근의 사악한 시대에는 현세적인 물질의 이득을 얻기 위해 영적 물질을 오용하게 됨으로써 신 자신까지도 포함해 모든 것이 탐욕을 위해 봉사하게 되었습니다. 그리고 이런 장점

---

192 후텐은 『바디스쿠스』에서 다음과 같이 말한다. "근래 도미니쿠스 수도회 형제들이 수도회의 모(某) 안토니누스를 성자로 세우기를 원했으므로, 막시밀리안 황제로 하여금 레오 10세에게 이 건을 위임하는 서신을 보내도록 청원했다. 그들이 잠시 후에 이 건으로 얼마나 많은 돈을 벌어들일지 밝혀졌다."(Nuper fratres praedicatores Antoninum quendam suum cum vellent divum habere, a Maximiliano petebant literas ad Leonem X., quibus illi commendaret caussam eam, in qua notum est quam pecuniam profuderint paulo post.) *Hutteni opp.* ed. E. Böcking, IV, p. 232f. 참조. 여기에 이렇게 언급된다. "도미니쿠스 수도회 수도사 안토니누스, 피렌체 대주교, 1459년 임종, 1523년 시성됨"(Antoninum, ord. S. Dominici, archiep. Florent. †a. 1459. canonizatum a. 1523"), K. Benrath, p. 105, Anm. 77 참조. 루터는 실베스터 프리에리아스를 통해 그를 상기하게 되었다. WA 6, p. 339 참조.

까지도 다만 불화와 분열, 교만을 위해 이용됨으로써 실로 신의 모든 은사는 모든 교회에 공통적이고 같으며, 또한 일치를 위해 쓰여야 함에도 불구하고 교회들은 서로 비교하고 다른 교회를 경멸해 자신을 다른 교회보다 높이게 되었습니다. 교황은 현재의 정황을 기쁘게 여깁니다. 모든 그리스도인이 같아지고 하나가 되는 일은 교황에게는 괴로운 일일 것입니다.

그 밖에 우리는 교황이 로마의 박피장(剝皮場)에서 파는 특권과 교서 등을 폐기하든지 경멸하든지 또는 모든 교회의 공동의 것으로 만들어야 합니다. 만일 교황이 면허(Indulta), 특권, 면죄부, 은사, 특허, 전권(facultates)[193]을 비텐베르크, 할레, 베네치아 그리고 특히 로마에 팔거나 수여한다면 왜 이런 것들을 모든 교회에 똑같이 수여하지 않습니까? 교황은 모든 그리스도인을 위해 무료로, 또 신을 위해 그가 할 수 있는 모든 것을 행할 의무가 있고, 또한 그들을 위해 피라도 흘려야 할 의무가 있지 않습니까? 그러므로 왜 그는 한 교회에는 주거나 팔거나 하고 다른 교회에는 그렇게 하지 않는지 말해보시오. 혹은 교황 성하의 눈에는 저주받은 돈 때문에 그리스도인을 그렇게 크게 구별할 수밖에 없습니까? 그리스도인은 모두가 똑같이 세례, 말씀, 신앙, 그리스도, 신 그리고 모든 것을 가지고 있습니다.[194] 저들은 우리에게 볼 수 있는 눈이 있는데도 우리를 소경으로 만들고[195] 이성이 있는데도 어리석은 자로 만들어서 우리가 이런 탐욕과 비행과 협잡을 숭배하게 하려는 것입니까? 당신이 돈이 있는 한, 교황은 목자이나 그 외에는 그렇지 않습니다. 그럼에도 불구하고 저들은 교서로써 우리를 이리[196]저리 끌고 다니는 자기

---

193 이것은 고해 신부 혹은 교황 사절을 위한 전권을 의미한다. 그들은 자기 수중에 있는 성직 수여, 특별 사면, 특권을 판매함으로써 그들의 생활비를 충당했다.

194 「에베소서」4:4~5 참조.

195 B, C: 'machen'이 없다.

196 A, C: 'ausz hyn' ('unsz hyn' 대신).

들의 비행에 대해 수치스럽게 여기지 않습니다. 저들의 한 가지 관심사는 그 저주받을 돈이며 다른 것은 없습니다.

그러므로 나는 이렇게 충고합니다. 만일 이런 어리석은 행위를 폐지할 수 없다면 모든 경건한 그리스도인은 눈을 똑바로 뜨고 로마의 교서와 인장, 위선에 현혹되지 말고 자기 교회에 머물러 자기의 세례, 복음, 신앙, 그리스도, 신을 (신은 어디서나 동일한 분입니다) 최선의 것으로 간주하도록 하며, 교황은 소경들의 눈먼 인도자로서 머물러 있게 하시오. 신이 당신의 교구에서 당신에게 주는 것만큼 어떤 천사나 교황도 주지는 못합니다. 오히려 교황은 거저 얻은 신의 은사로부터 당신을 유혹해 돈으로 사야 될 자기 선물로 끌고 가며 금 대신 납을, 고기 대신 가죽을, 주머니 대신 끈을, 꿀 대신 밀랍을, 물질 대신 말을, 영 대신 문자를 당신에게 줍니다. 당신은 바로 자신의 눈앞에서 이런 것을 보면서도 이것을 깨달으려고 하지 않습니다. 당신이 교황의 양피지와 밀랍을 타고 하늘로 가려 한다면 당신의 마차는 곧 산산조각이 나고 당신은 지옥으로 떨어질 것입니다. 당신이 교황에게서 매입해야 하는 것은 좋지도 않고 신에게서 온 것도 아니라는 것을 당신의 확고한 원칙으로 삼으시오. 왜냐하면 신에게서 오는 것, 즉 복음과 경건한 행위는 거저 주어질 뿐만 아니라 이것을 거저 받으려고 하지 않아서 전 세계가 징벌을 받고 정죄를 받기 때문입니다. 우리는 신의 거룩한 말씀과 세례의 은총을 경멸했기 때문에 미혹을 받아 마땅합니다. 이것은 성 바울이 말하는 바와 같습니다. "신은 자신의 구원을 위한 진리를 받아들이지 않은 모든 사람들에게 미혹하게 하는 힘을 보내리라. 이것은 그들로 하여금 거짓과 비행을 믿고 따르게 하기 위한 것이다."[197] 이 미혹은 저들에게 합당합니다.

스물한째, 가장 절실하게 필요한 일 가운데 하나는 전 그리스도교계를 통해 모든 구걸 행위를 없애는 일입니다. 그리스도인은 아무도 구걸

---

197 「데살로니가 후서」 2 : 11 이하 참조.

을 해서는 안 됩니다. 만일 우리에게 용기와 진실한 의도가 있기만 하다면, 어떤 쉬운 법을 제정할 수 있을 것입니다. 즉 각 도시가 자체 내의 가난한 자들에게 필요한 것을 공급하게 해야 하며, 또한 순례자이건 탁발 수도사이건 어떤 이름으로 불리는 사람이건 간에 타지에서 온 거지들은 허용하지 못하게 해야 합니다. 모든 도시는 자체 내의 가난한 자들을 부양할 수 있을 것입니다. 그리고 만일 너무나 작은 도시라면 그 주변에 있는 마을 사람들도 권장해 돕게 해야 합니다. 그렇게 하지 않으면 저들은 탁발 수도사의 가면을 쓰고 있는 그 많은 방랑자와 무뢰한들을 먹여 살려야 할 것입니다. 이렇게 하면 누가 실제로 가난하고 누가 가난하지 않은지도 알 수 있을 것입니다.

모든 가난한 자들을 다 알아서 그들에게 무엇이 필요한가 또는 어떻게 하면 일을 최선으로 처리할 수 있는지를 시의회나 사제에게 알려줄 관리자나 후견자가 있어야 할 것입니다. 내 판단에 따르면 구걸 행위처럼 그렇게 많은 비행과 기만이 행해지는 일은 없으며, 이런 모든 것은 용이하게 추방할 수 있으리라 여겨집니다. 더구나 이와 같이 자유롭고 보편화된 구걸 행위 때문에 일반 서민들은 고통을 당합니다. 대여섯 개의 탁발 수도회가 각각 매년 같은 마을에 예닐곱 차례 이상이나 방문하는 것을 나는 보았습니다. 이외에도 보통 거지들과 '사절' (botschafften),[198] 순례자들이 있습니다. 그래서 각 도시는 1년에 60회 적

---

198 이들은 돈을 받는 대가로 질병과 화재 등에 대한 성자의 수호 부적을 팔았다. 벤라트가 p. 105, Anm. 79에서 '사절'을 '상주자'(stationarii)로 추정한 것은 옳다. *Die beschwerungen des hayligen Roe. Rey*., 1521, Bl. Cᵇ: "상주자들은 국토를 돌아다니며 여기저기서 수집물을 찾으며, 면허를 들고 사람들로부터 많은 돈을 울거낸다. 또한 면죄부를 제공한다. 우리는 그들을 주의하고 그들에게 이런 일을 더 이상 허용하지 않을 필요가 있다고 생각한다. 왜냐하면 그들은 성 안토니우스 그리고 성령, 성 후프레히트, 성 코르넬리우스, 성 발렌틴 등의 사절로 왔다고 주장하고, 이로써 평범한 일반 백성으로부터 돈을 교묘하게 갈취하기 때문이다." 같은 책, Bl. Dᵇ 참조. 벤라트가 이런 '사절들'의 행태에 대해 에르랑

선해야 합니다. 여기서 시 당국이 수수료와 부과금, 세금으로 징수하는 것, 로마 교황청이 그의 상품으로 훔치는 것 그리고 불필요하게 낭비하는 것 등은 계산에 넣지 않았습니다. 따라서 우리가 계속해 생계를 유지해나갈 수 있다는 것을 신의 가장 큰 기적 가운데 하나라고 생각합니다.

물론 어떤 사람들은 이런 방법으로는 가난한 자들이 충분히 지원을 받지 못할 것이며, 또한 큰 석조 집과 수도원들이 그렇게 많이 세워지지 못할 것이라고 생각합니다. 나도 거의 그렇게 믿습니다. 그러나 이런 것은 필요하지 않습니다. 가난하기를 바라는 사람은 부유하게 되어서는 안 됩니다. 그러나 만일 부유하게 되고자 하는 사람은 손에 쟁기를 잡고 땅에서 부를 찾으면 됩니다. 가난한 자들은 적당히 도움을 받아 굶어죽거나 얼어죽지 않는 것으로 충분합니다. 현재의 전도된 악습에 따라서 한 사람이 다른 사람의 노동 덕분에 나태하게 지내거나 또는 다른 사람은 고생하는데 부유하게 편안하게 살려고 하는 것은 옳지 않습니다. 성 바울도 "일하지 않는 자는 먹지도 말라"[199]라고 말하기 때문입니다. 신은 설교하고 다스리는 사제들 이외에는 아무도 다른 사람의 재물로 살 수 없다고 명령했습니다. 사제들은 자기들의 영적 노동 때문에 제외되었습니다. 이것은 성 바울이 「고린도 전서」 9장[200]에서 말한 것, 또 그리스도가 사도들에게 "모든 일군은 자기 삯을 받는 것이 마땅하다"라고 말한 바와 같습니다.[201]

스물둘째, 여러 수도 단체와 수도원에서 드리는 많은 미사는 거의 무익할 뿐만 아니라 신의 큰 진노를 일으킬까 우려해야 합니다. 그러므로 더 이상 미사를 드리지 않을 뿐만 아니라 이미 드린 미사도 폐기하

엔 판에서 인용한 구절은 WA 6, p. 44 참조. 이들에 대한 근래 연구로는 Ernst Schubert, *Fahrendes Volk im Mittelalter*, Darmstadt, 1999, p. 288ff. 참조.

199　「데살로니가 후서」3:10.

200　「고린도 전서」9:14.

201　「누가복음」10:7.

는 것이 유익할 것입니다. 왜냐하면 미사는 세례와 참회와 마찬가지로 다른 사람이 아니라 그것을 받는 사람에게만 유익한 성례전임에도 불구하고 제사와 선행으로만 여겨지기 때문입니다. 그러나 지금은 미사가 산 자와 죽은 자를 위해 드려지고 또 거기에 모든 소망을 두는 관습이 유행하고 있습니다. 그래서 많은 미사 제도가 수립되었으며, 또한 우리가 보는 바와 같은 상황이 생기게 되었습니다. 특히 이런 미사의 중단으로 인해 직업과 생계를 포기해야 할 것을 염려하는 사람들에게는 나의 제언이 너무나 대담하고 전혀 예측 못한 일일지도 모릅니다. 그래서 나는 미사가 무엇이며 미사의 유익한 점이 무엇인가를 다시 올바로 이해하게 될 때까지 이 미사에 대해 더 이상 말하기를 삼가려 합니다. 유감스럽게도 요즈음 여러 해 동안 이 미사가 현세적인 생계를 위한 하나의 직업이 되었습니다. 그래서 앞으로는 미사를 드리는 것이 어떤 것임을 먼저 잘 알지 않는 한, 사제나 수도사보다는 차라리 목자나 다른 어떤 직업인이 되라고 나는 충고하려 했습니다.

그러나 나는 옛 수도원과 주교좌 대성당에 대해 말하는 것이 아닙니다. 확실히 귀족의 자제들이 여기에서 필요한 것을 공급 받고 자유롭게 신을 섬기며 연구하고 학자가 되고, 이것들은 또 학자를 양성하기 위해 설립되었습니다(독일의 관습에 의하면, 귀족의 자제들이 모두 유산 상속자나 통치자가 될 수는 없기 때문입니다). 나는 새로운 수도원에 대해 말합니다. 이것은 다만 기도와 미사를 드리기 위해서만 설립된 것입니다. 이 예를 좇아서 옛 수도원까지도 같은 기도와 미사의 부담을 가지게 되기 때문에 거의 무익하거나 전혀 무익합니다. 물론 당연한 일이지만 그들이 다만 세속적인 보수를 얻고 소비하기 위해 보잘것없는 일, 즉 성가대와 오르간 외침에 맞추어 생기 없고 냉랭한 미사를 드리게 된 것도 신의 은총이기는 합니다. 아! 교황과 주교들과 박사들은 이것을 관찰하고 설명해야 합니다. 그러나 지금은 거기에 가장 열중하는 사람들이 바로 저들입니다. 그들은 돈만 들어오면 모든 것을 방임합니다. 소경이 언제나 다른 소경을 인도합니다. 탐욕과 교회법이 바로 그런 짓을 합니다.

또한 한 사람이 하나 이상의 성당 참사회 위원직과 성직록을 가지는 일은 더 이상 없어야 할 것입니다. 자신의 적당한 신분을 유지하기 위해 한 가지 이상의 직위를 가져야 한다고 말하는 자들의 핑계를 물리칠 수 있기 위해 각자는 자신에 알맞은 신분으로 만족해야 하고 다른 사람 역시 무엇인가를 가질 수 있도록 해야 합니다. '적당한 신분'이란 말은 너무나 광범하게 해석할 수 있으므로 이것을 유지하기 위해서는 나라 전체도 충분치 못할 것입니다! 더욱이 탐욕과 신에 대한 숨은 불신이 여기에 함께하기 때문에 '적당한 신분'을 필요로 한다고 내세우는 것은 때때로 탐욕과 불신에 지나지 않습니다.

스물셋째, 평신도회,[202] 면죄부, 면죄증, 버터 식용 허가증, 미사증, 특별 허가 및 이런 종류의 모든 것들은 물속에 빠트려 멸종시켜 버려야 합니다. 이 가운데는 좋은 것이 하나도 없습니다! 만일 교황이 당신에게 버터를 먹고 미사를 불참해도 좋다는 등 특별 허가를 줄 수 있다면 사제도 이런 권한을 가질 수 있어야 합니다. 교황은 사제들에게서 이 권한을 빼앗을 아무런 권한도 없습니다. 나는 또한 면죄부와 미사와 선행들이 분배되는 평신도회에 대해 말합니다. 경애하는 친구여, 당신은 세례로써 그리스도와 지상에 있는 모든 천사들, 성도들 및 그리스도인과의 친교를 시작했습니다. 이 친교를 견지하고 그것을 만족시키면 당신은 충분히 친교를 가지게 될 것입니다. 다른 것들은 마음대로 번쩍이게 하시오. 그런 것은 굴덴에 비하면 페니히 푼돈에 지나지 않습니다. 그러나 가난한 사람을 먹이고 어떤 다른 방법으로 누군가를 돕기 위해 돈을 걷어주는 평신도회가 있다면 이것은 좋은 모임이며 하늘에서 면죄부와 공적을 쌓는 일을 하는 것입니다. 그러나 지금은 이 모임들이 과식과 과

---

202 *Sermon vom Sakrament des Leichnams Christi und von der Brüderschaften*, WA 2, p. 754ff.; K. Benrath, p. 106, Anm. 80; L. Lemme, p. 53 참조.

욕의 구실이 되었습니다.

먼저 우리는 교황 사절들과 저들의 전권(facultates)[203]을 함께 독일 땅에서 추방해야 합니다. 교황 사절들은 우리에게 이 전권을 거액의 돈을 대가로 팔고 있습니다 — 이것은 순전한 부정행위입니다. 예를 들어 저들은 돈을 대가로 불법 재산을 합법화하고 서약과 맹세와 계약을 해체하며, 서로 약속한 충성과 신뢰를 파괴하고 또 파괴할 것을 가르칩니다. 그리고 저들은 교황이 이런 권한을 가지고 있다고 말합니다. 저들에게 이와 같이 말하게 하는 것은 악령입니다. 그래서 저들은 우리에게 악마의 가르침을 팔며, 또한 우리에게 죄를 가르치고 우리를 지옥에 인도하는 대가로 돈을 빼앗아갑니다.

비록 교황을 진짜 적그리스도로 입증할 만한 다른 나쁜 계책이 없다고 할지라도 이 한 가지는 이것을 입증하기에 충분할 것입니다. 가장 거룩한 자가 아니라 가장 죄가 많은 자 교황이여, 그대는 신이 불원간 하늘로부터 그대의 보좌를 파괴하여 지옥의 나락으로 떨어지게 할 것임을 듣습니까? 누가 그대 자신을 신보다 높이고 신이 명령한 것을 어기고 해제할 수 있는 권한을 그대에게 주었습니까? 그리고 그리스도인, 특히 그의 고귀함과 지조와 성실함으로 인해 모든 역사 가운데서 찬양

203 *Summarium facultatum Reverendissimi D. Cardinalis de Campegio legati de latere per dominum nostrum Clementem Papam Septimum concessaum*에는 교황 클레멘스 7세의 특사 캄페지오 추기경에게 허용된 50가지 전권 가운데 이런 전권이 있다. "누군가에게 나쁜 선례가 되지 않는다면 단순히 행하거나 제외하기 위해서 어떤 서약이든 해제할 수 있는 전권."(Relaxandi iuramenta quaecunque ad effectum agendi ac excipiendi vel simpliciter, si videbitur expedire, dummodo alicui magnun praeiudicium non fiat.) 또한 결론에 가서 이렇게 언급한다. "성찬식에서 낭독되는 교서에 들어 있는 모든 경우를 면제할 수 있는 전권과 종교적 정절 서약을 제외한 모든 서약을 변경할 수 있는 전권이 다른 교서를 통해서 허용된다."(Per aliam bullam conceditur facultas absolvendi ab omnibus casibus contentis in bulla quae in coena Domini legi consuevit et commutandi quaecunque vota exceptis religionis et castitatis votis.) K. Benrath, p. 107, Anm. 83 참조.

을 받는 독일 민족을 지조 없는 자, 위증자, 배신자, 방탕한 자, 불신실한 자로 가르칠 수 있는 권한을 주었습니까? 신은 적과도 서약과 신의를 지키라고 명령했습니다. 그런데 그대는 이 신의 계명을 해제하려고 하고, 또한 그대의 이단적이고 적그리스도적인 교서로써 자신에게 이런 권능이 있다고 규정합니다. 이래서 사악한 사탄은 그대의 목구멍과 그대의 펜을 통해 이전에 결코 없었던 거짓말을 자행합니다. 그대는 자의대로 성서를 억지 해석하고 왜곡합니다. 아! 나의 주 그리스도여, 굽어보시어 당신의 심판의 날을 도래하게 하시고, 로마에 있는 악마의 소굴을 파괴하옵소서! 그 자신을 당신보다 높이고 당신의 교회에 앉아서 자신을 신으로 내세우리라고 바울이 말한 자, 불법자요 저주의 자식이 여기 앉아 있나이다.[204] 교황의 권한은 죄악만을 가르치고 증대하며, 당신의 이름 아래 가면을 쓰고 영혼들을 영원한 멸망에 이르게 하는 것 외에 무엇입니까?

옛날에 이스라엘 자녀들은 알지 못하고 속아서 자기들의 적인 기브온 사람들에게 행한 서약을 지켜야 했습니다.[205] 그런데 시드기야 왕은 바빌론 왕에게 행한 서약을 어겼기 때문에 모든 백성과 함께 비참하게 파멸당했습니다.[206] 우리 가운데에도 100년 전에 헝가리와 폴란드의 훌륭한 왕이었던 블라디슬라우스(Wladislaus)[207]가 교황 사절과 추기경에게 속아 투르크인과 체결한 유익한 조약과 서약을 어겼기 때문에 많은 귀족과 함께 투르크인에 의해 살해되었습니다. 경건한 황제 지기스문트는 콘스탄츠 공의회 이후에 행운이 없었습니다. 그는 이 공의회에서 악한에게, 얀 후스와 히에로니무스[208]에게 부여한 안전 통행권을 무

---

204 「데살로니가 후서」 2:3~4.
205 「여호수아」 9:19 이하 참조.
206 「열왕기 하」 21:20, 25:1 이하 참조.
207 헝가리와 폴란드의 왕 블라디슬라우스 3세(1439~44)를 말한다.
208 프라하의 히에로니무스는 후스의 친구로서 콘스탄츠에서 역시 화형당했다.

시하도록 허락했습니다. 그리고 우리와 보헤미아인 사이의 모든 분규도 그 결과였습니다. 우리 시대에도 교황 율리우스 2세와 막시밀리안 황제와 프랑스 왕 루이 사이에 체결되었다가 이후에 파괴한 서약과 동맹으로 인해 얼마나 많은 그리스도인이 피를 흘렸습니까? 교황들이 그렇게 사악하고 주제넘게 대제후들 사이에 맺은 맹세와 서약을 파괴함으로써 얼마나 큰 고통을 야기했는가를 어떻게 다 말할 수 있겠습니까? 저들은 그 서약들을 웃음거리로 만들고 게다가 돈을 빼앗았습니다. 나는 심판의 날이 임박했기를 바랍니다. 로마 교황청이 추진하는 것보다 더 악한 것은 아무것도 없을 것입니다. 교황은 신의 계명을 짓누르고 자신의 계율을 그 위에 올려놓습니다. 만일 교황이 적그리스도가 아니라면 누가 적그리스도인지 누구든지 말하시오! 그러나 이 일에 대해서는 다른 기회에 더 잘 논하려고 합니다.

스물넷째,[209] 보헤미아인의 문제를 한번 신중하고 공정하게 고찰하고 그들이 우리와, 우리가 그들과 연합함으로써 양편에서의 그 무서운 비방과 증오와 시기를 중지할 수 있는 좋은 기회가 왔습니다. 나는 이 문제를 나보다 더 잘 이해할 수 있는 사람들이 있기는 하지만, 나의 어리석은 생각대로 여기에 대한 내 의견을 처음으로 진술하려고 합니다.

첫째로 우리는 정직하게 진실을 고백하고 자신을 변호하는 일을 중지하고 보헤미아 사람들에게 얀 후스와 프라하의 히에로니무스는 교황과 그리스도교계와 황제가 자유 통행을 약속했음에도 불구하고 콘스탄츠에서 화형을 당했다는 것을 인정해야 합니다. 이래서 신의 계명을 범했고 보헤미아 사람들로 하여금 심히 분개하도록 만들었습니다. 비록 그들은 우리 편에서 자행한 신에 대한 이런 큰 불의와 불순종을 완전히 감수하기는 했지만, 이런 것을 시인하고 이것이 정당한 일이었다고 인정할 의무는 없었습니다. 그들은 오늘도 황제와 교황과 그리스도교계

---

209   A : 'zum xxiij'.

가 자유 통행의 약속을 어기고 불성실하게, 여기에 배치되게 행동한 것이 옳다고 인정하기보다는 오히려 이 때문에 몸과 생명을 버려야 합니다. 따라서 보헤미아 사람들의 조급한 심정이 잘못이기는 하지만, 교황과 그의 추종자들은 저 공의회 이후에 일어난 모든 고통, 오류, 영혼의 타락에 대해 한층더 책임을 져야 합니다.

　나는 여기서 후스의 신앙 조항에 대해 비판하거나 그의 오류를 변호하려는 것이 아닙니다. 물론 내 이성으로는 그에게서 아무런 잘못도 발견하지 못했습니다. 그리고 나는 신의 없는 행동으로 그리스도인의 자유 통행의 약속과 신의 계명을 어긴 자들은 분명히 성령에 의해서가 아니라 악령에 사로잡혀 선한 판단을 내리지도 않았고 공정하게 정죄한 것도 아니었음을 믿고 싶습니다. 성령은 신의 계명에 위배되는 행위를 행하지 않는다는 것을 아무도 의심하지 않을 것입니다. 그리고 자유 통행의 약속과 신의를 어긴 일은 비록 그것이 이단자는 물론이요 악마에게 약속된 것이라 할지라도 신의 계명에 위배된다는 것을 알지 못할 만큼 무지한 사람은 없을 것입니다. 또한 이 자유 통행이 후스와 보헤미아 사람들에게 약속되었으나 지켜지지 않았으며, 후스는 바로 이 때문에 화형을 당했다는 것 역시 공공연한 사실입니다. 나는 후스에게 불법이 가해지고 또 그의 책들과 가르침이 부당하게 정죄당했다는 것을 고백하기는 하지만, 일부 보헤미아인이 행하는 것처럼 후스를 성자나 순교자로 만들고자 하지는 않습니다. 왜냐하면 신의 심판은 은밀하고 무서우며 신 한 분 외에는 아무도 그 판단을 밝히고 드러낼 수 없기 때문입니다. 내가 말하려 하는 것은 이것뿐입니다. 즉 후스는 비록 아무리 사악한 이단자라고 할지라도 신의 계명에 반해 부당하게 화형당했다는 것과, 또한 보헤미아 사람들로 하여금 이것을 인정하도록 강요해서는 안 된다는 것입니다. 만일 그렇지 않으면 우리는 결코 하나가 되지 못할 것입니다. 자기 고집을 부림으로써가 아니라 공공연한 진리만이 우리를 하나가 되게 하여야 합니다. 저들이 당시 이단자에게 준 자유 통행의 약속을 지킬 필요가 없는 것이라고 핑계댔던 것은 아무런 도움도 되지 않습니다. 이것은 신의 계명을 지키기 위해 신의 계명을 지켜서는 안 된다고 말하는 것과 똑같습니다. 악마가 저들을 무모하고 어리석게 만들었기 때문에 저들은 자기들이 무엇을 말하고 행하는지 알지 못했습니다. 신은 자유 통행의 약속을 지켜야 한다고 명령했습니다. 한 이단자를 풀어주는 한이 있더라도, 세계가 무너진다고 할지라도 이 계명을 지켰어야 했습니다. 고대 교부들이 그렇게 했듯이 이단자들은 불로써가 아니라 성서로써 굴복시켜야 할 것입니다. 이단자들을 불로 굴복시키는 것이 하나의 학문이라면 사형 집행관은 세상에서 가장 박식한 박사일 것이고, 우리는 더 이상 연구할 필요도 없을 것이며, 오히려 다른 사람을 무력으로 정복하는 자가 그를 화형에 처할 수 있을 것입니다.

둘째로 황제와 제후들은 보헤미아 사람들에게 경건하고 현명한 주교와 학자들을 몇 사람 보내야 합니다. 그러나 추기경이나 교황 사절이나 종교 재판관은 절대 보내서는 안 됩니다. 왜냐하면 이런 사람들은 그리스도교 문제에 대해 전혀 무지한 자들이며, 다른 영혼의 구원을 추구하는 대신 교황 주변의 모든 아첨꾼들처럼 그들 자신의 권세와 이익과 명예만을 추구합니다. 실로 저들은 콘스탄츠에서 있었던 이 비참한 일의 주동자들이었습니다. 따라서 보헤미아에 파견되는 사람들은 보헤미아 사람들의 신앙 상태가 어떠한지, 또한 보헤미아 사람들의 모든 종파를 하나로 통합할 수 있는지 알아보아야 합니다. 여기서 교황은 보헤미아 사람들의 영혼을 위해 잠시 자기 주권을 포기하고 가장 그리스도교적인 니케아 공의회의 규정에 따라 보헤미아 사람들로 하여금 자기들 가운데서 프라하 대주교를 선출하도록 해야 합니다. 그리고 그는 모라비아 올뮈츠(Olmütz)의 주교나 헝가리 그란(Gran)의 주교나 폴란드 그네센(Gnesen)의 주교나 독일 마그데부르크의 주교에 의해 인준을 받도록해야 합니다. 성 키프리아누스 시대에 있던 관습처럼 그는 이런 주교들 가운데서 한 사람 또는 두 사람의 인준을 받는 것으로 충분합니다. 교황은 이것을 반대할 아무런 권한도 없습니다. 만일 교황이 여기에 반대한다면 그는 이리와 폭군처럼 행동하는 것이므로 아무도 이런 교황을 추종해서는 안 되며, 교황의 파문은 역(逆)파문으로 응수해야 합니다.

그러나 만일 성 베드로 좌(座)를 존중해 교황의 동의를 얻어 이런 일을 하려 한다면 보헤미아 사람들이 이 일로 인해 동전 한푼도 쓰지 않고 또 교황이 신과 법에 거슬러 다른 모든 주교들에게 행하듯이 서약과 의무로써 저들을 자신의 폭정에 예속시키려 하지 않는 한에서, 나도 동의합니다. 만일 교황이 자신의 동의를 구하는 명예로써 만족하지 않는다면 교황의 서약, 권리, 법령 및 폭정에 대해 개의치 말고 그로 하여금 선출에 만족하게 하며 또한 위험에 처한 모든 영혼들의 피로 하여금 그를 규탄하게 하시오. 그것은 아무도 불법에 동의해서는 안 되기 때문입니다. 폭정에 대해 이미 충분히 영광을 돌렸습니다. 만일 달리 할 수 없다면 일반 백성의 선출과 승인도 폭군의 인준과 똑같은 효력을 가질 수 있습니다. 그러나 나는 이런 것이 필요치 않기를 바랍니다. 결국 로마주의자들, 경건한 주교들과 학자들 중에서 누군가가 앞으로 횡포에 눈을 뜨고 저항할 것입니다.

나는 평신도가 두 가지 형태의 성만찬에 참여하는 것을 중지하라고 그들에게 강요하도록 충고하지 않으렵니다. 이 일은 비그리스도교적인 것도 이단적인 것도 아니기 때문에 그들이 원한다면 자신들의 의식을 보존하도록 허용해야 합니다. 그러나 새로운 주교는 성직자들이 평신도들과 다르게 옷을 입고 행동함으로써 분쟁이 발생해서는 안 되는 것처럼 이런 의식으로 인해 불화가 발생하지 않도록 조심하고, 오히려 어떤 의식도 오류가 아니라는 것을 친절히 그들에게 가르쳐주어야 합니다. 이와 마찬가지로 만일 그들이 로마 교회법을 기쁜 마음으로 받아들이려고 하지 않는다면 저들에게 그것을 강요해서는 안 됩니다. 우리는 먼저 저들이 신앙과 성서에 따라 산다는 것을 인지해야 합니다. 왜냐하면 그리스도인의 신앙과 신분은 교황의 참을 수 없는 법령 없이도 잘 존립할 수 있기 때문입니다. 그렇습니다, 이런 로마의 법령이 줄어들거나 사라지지 않는 한, 잘 존립할 수 없습니다. 우리는 세례로 자유롭게 되었으며, 다만 신의 말씀에만 복종하게 됩니다. 왜 어떤 인간이 자신의 말로 우리를 속박해야 합니까? 성 바울이 "너희는 자유롭게 되었으니 사람의 노예가 되지 말라"[210]라고 말한 것은 인간적 법령으로 다스리는 자들의 노예가 되지 말라는 것입니다.

만일 베가르(Beghard) 교도들[211]이 믿는 바와 같이 빵과 포도주가 자연 그대로 존재하나 그리스도의 몸과 피가 그 가운데 참으로 존재한다는 것 외에는 제단의 성례전에 대해 다른 오류가 없음을 안다면 나는 저들을 정죄하지 않고 오히려 프라하의 주교에게 복종하게 할 것입니다. 왜냐하면 빵과 포도주가 본질적으로나 자연적으로 성만찬 가운데 존재하지 않는다는 것은[212] 신앙 조항이 아니며, 성 토마스[213]와 교황의 망상이기 때문입니다.[214] 우리의 신조는 자연적인 빵과 포도주 가운데 참으로 자연 그대로 그리스도의 몸과 피가 존재한다는 것입니다. 따라서 빵이 있다고 믿든지 없다고 믿든지 간에 거기에는 아무런 위험이 없으므로 우리는 양편이 일치할 때까지 그들의 망상을 관용해야 합니다. 왜냐하면 우리는 신앙에 해가 되지 않는 한, 여러 가지 의식과 방법을 감수해야 하기 때문입니다. 반면에 그들이 다른 신앙을 가지고 있다면 나는 오히려 그들을 교회 밖에 있는 자로 보고 저들에게 진리를 가르치고 싶습니다.

보헤미아에서 발견된 더 많은[215] 오류와 분열은, 대주교가 임명되어

210 「고린도 전서」7:23; 「갈라디아서」5:1 참조.
211 13세기경에 출현한 소종파(小宗派) 운동을 말한다.
212 A, B, C(16세기의 모든 개별판에)와 C에는 'wesentlich' 앞에 'nicht'가 없다.
213 토마스 아퀴나스(Thomas Aquinas)를 말한다.
214 K. Benrath, p. 108, Anm. 88 참조.
215 B, C : 'mehr'가 없다.

점차로 하나의 통일된 교리 안에 무리를 다시금 묶어 놓을 때까지 참아 주어야 합니다. 그들은 분명히 폭력으로나 멸시함으로나 서두름으로 다시 모을 수 없을 것입니다. 일치에는 시간과 인내가 필요할 것입니다. 그리스도도 제자들과 오랫동안 함께 있으면서 그들이 자기 부활을 믿을 때까지 그들의 불신을 참지 않았습니까? 만일 보헤미아 사람들이 로마의 횡포 없이 정식 주교를 다시 갖고, 그가 그들을 다스린다면 사태는 곧 개선되리라고 나는 희망합니다.

이전에 교회가 소유했던 세속적 재산의 반환을 너무 엄하게 요구해서는 안 됩니다. 오히려 우리는 그리스도인이고 또 개개인이 다른 사람을 도와야 할 의무가 있으므로 일치를 위해 신과 세상 앞에서 그들에게 주고 위탁할 권한이 있습니다. 왜냐하면 그리스도는 "두 사람이 지상에서 서로 하나가 되면 내가 그들 가운데 있겠다"[216]라고 말하기 때문입니다. 제발 우리가 양편에서 일치를 위해 애쓰고 서로가 형제처럼 겸손한 마음으로 악수의 손을 내밀며 우리의 권세나 권리를 완고하게 주장하지 않기를 바랍니다! 사랑은 로마의 교황제 이상이고 더 필요합니다. 왜냐하면 교황제 없는 사랑은 있을 수 있어도 사랑 없는 교황제는 있을 수 없기 때문이다. 나는 이런 충고로서 내가 할 수 있는 일을 했다고 봅니다. 만일 교황이나 그의 추종자들이 여기에 방해한다면 저들은 신의 사랑을 거슬러 이웃의 유익보다 자신의 유익을 구한 데 대해 답변해야 합니다. 만일 교황이 교황권과 모든 소유물과 명예를 포기함으로써 한 사람의 영혼이라도 구할 수 있다면 그는 마땅히 그렇게 해야 합니다. 그러나 지금은 그가 주제넘은 권력을 조금이라도 양보하기보다는 오히려 세계를 멸망시키려 하며, 그러면서도 그는 가장 거룩한 자라고 주장합니다. 이로써 내 책임은 면했습니다.

스물다섯째, 대학도 철저한 개혁을 필요로 합니다. 나는 이것이 어떤

---

216 「마태복음」 18 : 20.

사람을 괴롭힌다고 할지라도 말하지 않으면 안 됩니다. 교황제가 제정하고 처방한 모든 것은 다만 죄와 오류를 증대하는 방향으로만 기울어져 있습니다. 만일 현재의 상태가 변화 없이 그대로 지속된다면 대학들은 「마카베오서」에 기록되어 있는 바와 같이 "젊은이들의 훈련소요 그리스의 영광"(Gymnasia Epheborum et Grece glorie)[217] 이외에 무엇이겠습니까? 거기서는 해이한 생활이 만연되어 있고 성서와 그리스도교 신앙은 별로 가르치지 않으며, 그리스도보다 눈먼 이교도 스승인 아리스토텔레스만이 지배하고 있습니다. 이래서 나는 이제까지 가장 훌륭한 책으로 여겨온 아리스토텔레스의 『물리학』『형이상학』『영혼론』『윤리학』등을 자연의 문제를 다룬다고 뽐내는 다른 모든 책들과 함께 ―거기서는 자연의 문제나 영의 문제도, 아무것도 배울 것이 없습니다― 완전히 치워 버리라고 충고하고 싶습니다. 더욱이 아무도 이제까지 아리스토텔레스의 견해를 이해하지 못했으며, 또한 많은 사람들이 무익한 노력과 연구로 많은 귀중한 시간을 허비했으며 뭇 영혼들에게 헛되이 부담을 주어왔습니다. 한 도공(陶工)이 이런 책들 가운데 씌어 있는 것보다 자연에 대한 지식을 더 많이 갖고 있다고 나는 감히 말합니다. 이 저주스럽고 오만하고 교활한 이교도가 거짓된 말로 매우 많은 선량한 그리스도인을 미혹하고 우롱한 것에 대해 나는 몹시 마음이 아픕니다. 이처럼 신은 우리의 죄로 인해 그를 통해 우리를 괴롭힙니다. 이 불쌍한 인간은 그의 최우수 작품인 『영혼론』에서 영혼이 육신과 더불어 죽는다고 가르치고 있습니다. 그런데도 마치 우리가 모든 것에 대해 풍족하게 가르침을 받는 성서를 가지고 있지 않은 것처럼 많은 사람들이 무익한 말로 그의 명성을 구하려고 하나 아리스토텔레스는 성서의 모든 가르침에 대해 전혀 맛도 보지 못했습니다. 그런데도 이 죽은 이교도는 살아 있는 신의 성서를 정복하고 저지했으며, 또한 완전히 눌려버렸습니다. 그래

217 「마카베오서 하」 4:9, 12 참조.

서 나는 이 비참한 일을 생각할 때마다 악령이 아리스토텔레스 연구를 가지고 들어왔다고밖에는 생각할 수 없게 되었습니다. 마찬가지로『윤리학』역시 어느 책보다 좋지 못하며 신의 은총과 그리스도인의 덕행을 위배하는 책이지만, 그런데도 이것은 그의 가장 훌륭한 작품들 가운데 하나로 여김을 받습니다. 이런 책들을 모든 그리스도인에게서 치워 버리시오! 아무도 내가 지나치게 말이 많다거나 알지 못하는 것을 정죄한다고 비방하지는 못합니다. 경애하는 친구여, 나는 내가 말하는 것을 잘 알고 있습니다. 나는 아리스토텔레스를 당신이나 당신의 동료들과 마찬가지로 잘 알고 있습니다. 나는 그에 대해 읽었고 그에 대한 강의를 들었으며, 또한 성 토마스나 스코투스[218]가 이해하고 있는 것보다 더 잘 이해하고 있습니다. 나는 이런 것을 가식 없이 말할 수 있으며 또한 필요하다면 입증할 수도 있습니다. 매우 많은 위대한 지성인들이 수백 년 동안 아리스토텔레스 연구에 지쳤다는 것을 개의하지 않습니다. 이런 항변은 과거에 한때 나를 교란한 것처럼 나를 당황케 만들지 못합니다. 왜냐하면 수많은 오류들이 수백 년 동안 세계와 대학 안에 있었다는 것이 분명하기 때문입니다.

나는『논리학』『수사학』『시학』에 대한 아리스토텔레스의 책들이 요약되어 보존되는 것을 감수할 용의가 있습니다. 이런 것들은 웅변이나 설교에 대해 젊은 사람들을 훈련하는 데 유익하게 사용될 수 있습니다. 그러나 주석서들과 주해서들은 폐기해야 합니다. 그리고 키케로의『수사학』이 주석서나 주해서 없이 읽히는 것과 같이 아리스토텔레스의『논리학』도 이런 방대한 주석 없이 그대로 읽혀야 합니다. 그러나 지금은 여기서 연설도 설교도 배우지 않습니다. 이것은 논쟁과 육신적 피로만을 초래했습니다. 그 밖에도 만일 우리가 진지하게 개혁을 추진하려고 하면 라틴어와 그리스어 및 히브리어 등 어학과 수학, 역사의 훈련이 필

---

218   둔스 스코투스(Duns Scotus)를 말한다.

요합니다. 그러나 이 모든 문제는 전문가에게 넘기면 그 해결책이 강구될 것입니다. 실로 개혁에서는 이 문제가 중요합니다! 왜냐하면 전 그리스도교계의 장래가 달려 있는 그리스도인 청년과 우리 고귀한 국민은 대학에서 교육받고 훈련받아야 하기 때문입니다. 그러므로 교황이나 황제에게는 대학의 철저한 개혁보다 더 가치 있는 일이 없고 개혁되지 않은 대학보다 더 나쁘고 더 사악한 것은 없다고 생각합니다.

의사들 스스로 자신들의 학과를 개혁하도록 맡겨두렵니다. 그리고 나는 법학자들과 신학자들의 일을 다루려 합니다. 첫째로 교회법은 첫 글자부터 마지막 글자까지 완전히 삭제하고, 특히 교령집은 그렇게 하는 것이 더 나을 것이라고 말하고 싶습니다. 성서에는 우리의 모든 생에 대한 지침이 너무나 충분히 기록되어 있습니다. 그러므로 교회법 연구는 성서에 장애가 될 뿐입니다. 더욱이 이런 연구는 대부분 탐욕과 교만의 냄새만을 풍겨줍니다. 비록 그 가운데는 좋은 것도 많기는 하지만 차라리 없애버리는 것이 좋겠습니다. 왜냐하면 교황이 모든 교회법을 '자기 마음의 상자' 속에 감금해두고 있어 앞으로의 교회법 연구는 무익하고 기만밖에 되지 않기 때문입니다. 현재 교회법은 책 속에 들어 있지 않고 교황과 그의 아첨꾼들의 변덕에 달려 있습니다. 당신의 어떤 권리가 교회법에 완전히 근거를 두고 있을지 모르나 교황은 법 위에 '마음의 상자'(scrinium pectoris)를 가지고 있으며 세상의 모든 권리가 여기에 따라서 좌지우지될 수밖에 없습니다. 지금 이 상자를 다스리는 악한은 곧 악마 자신입니다. 그런데도 그는 이것이 성령에 의해 다스려진다고 자랑합니다. 이와 같이 저들은 그리스도의 불행한 백성을 다루고 있으며, 그리스도의 백성에게 많은 법을 주고도 자신들은 하나도 지키지 않습니다. 그리고 저들은 다른 사람들에게 이런 법령을 지키게 하거나 돈으로 면제를 받도록 강요합니다.

교황과 그의 추종자들은 모든 교회법을 무효로 돌리고 그것을 존중하지도 않으며 자기 멋대로 온 세상 위에 군림하기 때문에 우리는 저들의 본을 좇아서 우리 편에서도 이런 책들을 거부해야 합니다. 왜 우리는 이런 것들을 연구하는 것에 시간을 낭비해야 합니까? 그러면 우리는 교회법이 되어 있는 교황의 모든 자의적인 뜻을 결코 배울 수 없을 것입니다. 악마의 이름으로 세워진 교회법은 신의 이름으로 사라져야 합니다! '교회법 박사'는 더 이상 지상에 존재하지 않고 다만 '교황의 상자 박사', 곧 '교황의 아첨꾼들'만 있도다! 세속적인 통치는 투르크인에게 보다 더 훌륭한 것이 지상 어디에도 없다고 말합니다. 투르크인은 코란 외에는 종교법도 세속법도 없습니다. 반면에 우리에게는 교회법과 세속법이 있음으로 인해 이보다 더 수치스러운 통치는 없다는 것과 어떤 신분도 성령에 의해 살지 않는 것은 물론이요 자연 이성에 따라 살지 않음을 고백할 수밖에 없습니다.

세속법은 얼마나 황폐하게 되었습니까? 허울만 좋고 아무것도 없는 교회법보다는 세속법이 훨씬 더 낫고 더 정교하고 더욱 합리적이지만, 그럼에도 불구하고 이것도 너무나 많아졌습니다. 확실히 성서가 있는 이상 그 옆의 이성적 통치자들은 있으나마나입니다. 이는 성 바울이 「고린도 전서」6장[219]에서 말하는 것과 같습니다. "너희 가운데는 이웃의 사건을 재판할 수 있는 사람이 하나도 없어서 이방 법정 앞에 소송을 제기해야 하느냐?" 마땅히 지방의 법과 관습이 일반 제국의 법보다 우위에 있으며, 또 제국의 법은 필요한 경우에만 사용되어야 합니다. 각 지방은 자신의 풍습과 특성을 가지고 있는 것처럼 역시 그 자신의 간략한 법에 의해 다스려지기를 바랍니다. 과거에 이런 제국의 법이 만들어지기 이전에 그 영토들이 그렇게 다스려졌고, 또 현재도 많은 영토들이 아직도 그런 것 없이 다스려지고 있습니다. 이런 장황하고 부자연스러운 법들은 사람들에게 짐이 될 뿐이며, 또한 일을 돕기보다 오히려 방해할 뿐입니다. 그러나 다른 사람들이 이 문제에 대해 나보다 더 나은 생

---

219 「고린도 전서」6:1. A, B, C: 'Pauel ii. Corint. vi'; C: 'Paul ii. Corint. vi'.

각과 주의를 기울이기 바랍니다.

내 친애하는 신학자들은 성서를 가만히 놓아두고 『명제집』(Sententiae)[220] 을 열심히 읽습니다. 『명제집』은 젊은 신학도들의 입문서가 되어야 하며, 성서는 박사들만 읽어야 한다고 생각했습니다. 그러나 지금은 사태가 뒤바뀌었습니다. 성서가 처음이요 학사가 되면 이것을 치우고 『명제집』을 마지막에 읽습니다. 박사학위 취득과 더불어 『명제집』에서 영원히 손을 떼지 못합니다. 이뿐만 아니라 사제가 아닌 사람은 성서를 읽어도 좋으나 사제는 『명제집』을 읽어야 한다는 신성한 의무가 부과되었습니다. 곧 결혼한 사람이 성서 박사는 될 수 있으나 『명제집』 박사는 될 수 없습니다. 만일 우리가 이와 같이 고집을 부리고 신의 거룩한 말씀인 성서를 이렇게 치워 버린다면 무슨 행운을 바랄 수 있겠습니까? 더욱이 교황은 여러 가지 엄격한 말로 학교와 법정에서 그의 법을 읽고 사용하라고 명령을 내립니다. 그러나 복음에 대해서는 거의 생각하지 않습니다. 그러므로 학교와 법정에서는 복음이 의자 밑 먼지에 한가로이 덮여 있도록 만들었습니다. 따라서 교황의 해로운 법만 홀로 지배하게 되었습니다.

만일 우리가 성서 교사들이라는 칭호로 불리고 있다면 우리는 그 이름대로 성서 이외의 다른 것을 가르쳐서는 안 될 것입니다. 물론 한 인간이 자신이 성서 교사라고 자랑하고 그 영예를 누리는 것이 너무나 오만하고 방자하기는 합니다. 그러나 만일 그 일이 그 이름을 확증해준다면 이것을 허용할 수도 있습니다. 그러나 지금 『명제집』만이 지배하는 한, 신학자들 가운데서는 성서의 거룩하고 확실한 가르침보다는 이교적이고 인간적인 견해만을 발견하게 됩니다. 그러면 우리는 어떻게 해야 합니까? 신께서 우리에게 신학 박사들을 주도록 겸손히 기도드리는 일

---

220 스콜라 신학의 교과서를 말하며, 특히 페트루스 롬바르두스(Petrus Lombardus, 1095~1160)의 『명제집』을 의미한다.

122

외에는 다른 길을 알지 못합니다. 교황과 황제와 대학들은 인문학 박사, 의학 박사, 법학 박사, 『명제집』 박사들을 만들어낼 수는 있을 것입니다. 그러나 성서 박사는 하늘로부터 오는 성령 외에는 아무도 만들지 못하리라는 것은 분명합니다. 이것은 그리스도가 「요한복음」 6장[221]에서 "저들은 다 신 자신의 가르침을 받아야 한다"라고 말한 바와 같습니다. 성령은 붉은색이나 갈색 각모(角帽)[222] 또는 다른 장식품 같은 것에 관심을 갖지도 않으며, 또한 그가 늙었는가 젊었는가, 평신도인가 중인가, 수도사인가 세속인인가, 미혼인가 기혼인가에 대해서도 묻지 않습니다. 아니 성령은 옛날에 나귀를 탄 예언자에게 그 나귀를 통해서도 말했습니다.[223] 제발 우리도 평신도이건 사제이건, 기혼자이건 미혼자이건 간에 진정한 박사를 가질 수 있게 되기를 바랍니다. 실로 교황과 주교들과 박사들 가운데 성령이 계신 징조나 표시가 전혀 없음에도 불구하고 저들은 지금 성령이 그들 가운데 있는 것처럼 보이려고 합니다.

신학[224] 서적의 수도 역시 감축해야 하고 그 가운데서 가장 좋은 것만 선정해야 합니다. 많은 책이나 다독(多讀)이 사람들을 유식하게 하는 것은 아니기 때문입니다. 오히려 아무리 그 수가 적다고 할지라도 좋은 책을 자주 읽은 것이 우리로 하여금 성서에 통달하게 만들고 경건하게 만듭니다. 실로 모든 거룩한 교부들의 글들은 성서로 인도를 받기 위해 잠시 동안만 읽어야 합니다. 그런데 우리는 그것만을 읽고 거기에 열중해서 성서에는 결코 이르지 않습니다. 이로써 우리는 도표만 조사하고 여행을 전혀 하지 않는 사람들과 같게 됩니다. 성서만이 우리가 다 일하고 수고해야 할 포도원이며, 경애하는 교부들도 그들의 글로써 우리를 성서로 인도하려고 했으나 우리는 그들을 통해서 성서에서 벗어납니다.

---

221 「요한복음」 6 : 45.
222 박사들이 쓰는 모자로 그들의 상징이다.
223 「민수기」 22 : 28 참조.
224 A, C : 'Theologische'가 없다.

특히 중등학교나 초등학교에서 가장 중요하고 가장 보편적인 과목은 성서여야 하며 어린 소년들에게는 복음이어야 합니다. 그리고 제발 모든 도시에는 소녀들이 매일 한 시간씩 독일어나 라틴어로 복음을 배울 수 있는 여학교도 있게 되기를 바랍니다. 실로 학교들과 수도원들 및 수녀원들은, 오래전에 우리가 성 아그네스의 이야기와 다른 성자들의 이야기에서 아는 바와 같이 찬양할 만한 그리스도교적 견해에서 시작되었습니다. 그곳에서 성처녀들과 순교자들이 나왔으며 그 당시에 그리스도교는 건전했습니다. 그러나 지금 그곳에서는 기도하고 노래하는 일 외에는 아무 일도 생기지 않습니다. 모든 그리스도인은 9세나 10세 때에 자신의 이름과 삶이 거기에 걸려 있는 모든 거룩한 복음을 마땅히 알아야 되지 않겠습니까? 실 잣는 여인이나 바느질하는 여인은 딸에게 어릴 적부터 그 일을 가르쳐줍니다. 그러나 지금은 위대하고 유식한 고위 성직자들과 주교들 자신도 복음을 모릅니다!

아, 우리는 그들의 지도와 교육을 위탁받았음에도 불구하고 이 불쌍한 젊은 무리들을 얼마나 부당하게 다루고 있습니까! 우리는 저들에게 신의 말씀을 들려주지 않은 데 대해 무서운 책임을 져야 합니다. 저들은 「예레미야 애가」 2장[225]에서 말하는 것처럼 살아갑니다. "내 눈이 눈물로 지치고 내 배가 뒤틀리며 내 간이 땅 위에 쏟아지는 것 같구나. 그것은 내 백성의 딸의 멸망으로 인해 젊은이와 어린이들이 온 성내 거리거리에서 죽어가기 때문이다. 저들은 어머니 품속에서 저들의 어머니에게 떡과 포도주가 어디 있느냐고 묻고 성내 거리에서 부상당한 자처럼 맥이 빠져 죽었다." 우리는 복음으로 젊은이들을 늘 가르치고 훈련해야 할 텐데, 오늘날 젊은이들이 그리스도교의 한복판에서 복음의 결핍으로 인해 비참하게 맥이 빠져 멸망해갑니다. 그런데도 우리는 이와 같이 비참한 모습을 인식하지 못합니다.

---

225 「예레미야 애가」 2:11~12.

또한 성서 연구에 열중해야 할 대학에서 오늘날처럼 학생 수에만 관심을 두고, 모든 사람이 박사학위를 가지려고 하는 상황에서는 누구나 거기에 보내서는 안 되고, 먼저 초등학교에서 잘 훈련받은 가장 유능한 학생들만 보내야 합니다. 제후나 시의회는 이 일을 감독해 유능한 사람들만 보내도록 허락해야 합니다. 그러나 성서 연구가 중심 과제가 되지 않는 대학에는 아무도 자기 자녀를 보내지 말라고 충고하고 싶습니다. 신의 말씀을 부단히 탐구하지 않은 대학은 만사를 틀림없이 타락시키고 맙니다. 그러므로 우리는 대학에서 어떤 종류의 사람들이 나오는가를 압니다. 이 일에 대해서는 젊은이들의 교육을 담당하고 있는 교황과 주교들과 고위 성직자들 외에는 아무도 책임질 사람이 없습니다. 왜냐하면 대학은 주교나 사제가 될 수 있고 이단자와 악마와 온 세상에 대항해 싸우는데 지도자가 될 수 있는 성서 전문가들만 양성해야 하기 때문입니다. 그러나 당신은 이런 것을 어디서 볼 수 있습니까? 만일 대학이 젊은이들에게 성서를 열심히 가르치지 않고 훈련하지 않는다면 대학은 넓은 지옥문이 되지 않을까 크게 염려됩니다.

[226]스물여섯째, 로마의 무리는 교황이 신성 로마 제국을 그리스 황제에게서 빼앗아 독일 사람들에게 준 것을 앞에 내세우고 크게 자랑하리라는 것을 나는 잘 압니다. 교황은 이 일에 대한 명예와 은덕으로 독일 사람들에게서 복종과 감사와 모든 좋은 것을 마땅히 받고 얻어야 한다고 말합니다.[227] 이런 이유로 저들은 개혁하려는 모든 계획을 무시해

---

226   A : 이 단락부터 아래의 'Zum xxvi' 이전까지 내용이 없다.
227   Äneas Silvius, *Germania Enee Silvij*, Ausgabe von 1515, Bl. Gᵃ : "오 독일이여, 로마 좌가 그대에게 수여한 최대의 가장 특별한 은사가 둘이니, 그 하나는 로마 좌가 그대에게 그리스도를 참된 유일한 신으로 선포한 것이며, 다른 하나는 로마 제국을 그리스인으로부터 그대에게로 이전한 것이다."(Duo et quidem maxima et singularissima sunt beneficia, quae vobis, o Germania, Romana sedes contulit : alterum, quia vobis Christum praedicavit, verum et singularem deum, alterum Romanum imperium ex Graecis ad vos transtulit.) *Decret. Gregor.* lib. I,

버리고 로마 제국의 증여 외에는 아무것도 생각하지 못하게 하는 듯합니다. 이래서 저들은 지금까지 많은 귀한 황제들을 말하기조차 민망할 정도로 마음대로 거만하게 박해하고 억압했습니다. 그리고 이와 똑같은 수법으로 그들은 거룩한 복음에 거슬러 스스로 모든 세속 권력과 정부의 통치자가 되었습니다. 그러므로 나는 여기에 대해서도 말해야 합니다.

예언서들, 「민수기」 24장과 「다니엘서」[228]가 예언한 그 로마 제국은 파괴되고 멸망한 지 이미 오랜 일임이 분명합니다. 이것은 발람이 「민수기」 24장[229]에서 분명히 "로마 사람들이 와서 유대인들을 멸망시킬 것이며, 후에는 저들도 역시 멸망하리라"라고 예언한 것과 같습니다. 로마의 멸망은 고트족에 의해 이루어졌으나, 특히 약 1,000년 전에 투르크 제국이 등장함으로써 이루어졌고 때를 따라 아시아와 아프리카가 몰락했습니다. 그 후 프랑스, 에스파냐 그리고 결국 베네치아가 일어났으며 로마에는 과거의 권세가 더 이상 남지 않았습니다.

교황이 그리스인과 로마 제국의 세습 황제였던 콘스탄티노플 황제를 자신의 오만한 뜻에 굴복시킬 수 없었을 때 그는 제국과 그 칭호를 콘스탄티노플 황제에게서 빼앗을 계책을 고안했습니다. 즉 교황은 당시에 호전적이고 평판이 좋았던 독일 사람들이 로마 제국의 권력을 수중에 넣고 로마 제국의 봉토를 그들 손으로 분배하기 위해 독일인에게 그 제국을 양도한다고 말했습니다. 결과는 그대로 되었습니다. 로마 제국을 콘스탄티노플 황제에게서 탈취해 그 이름과 칭호를 우리 독일 사람들에게 주었습니다. 그래서 우리는 교황의 종들이 되었으며, 또한 교황이 독일 사람들 위에 세운 제2의 로마 제국이 생기게 되었습니다. 왜냐

tit. 6, cap. 34; WA 6, p. 397의 서문 참조.

228 「민수기」 24:17 이하; 「다니엘서」 2:44.

229 「민수기」 24:24.

하면 제1제국이었던 다른 로마 제국은 앞에서 말한 바와 같이 이미 멸망한 지 오래되었기 때문입니다.

그러므로 로마 교황청은 마음대로 로마를 차지하고 독일 황제를 추방했으며, 서약으로써 그를 속박해 로마에 살지 못하도록 했습니다. 그는 로마 황제이면서도 로마를 차지하지 못하게 되었습니다. 그 외에도 황제는 언제나 교황과 그의 추종자들의 변덕에 따라 좌우되어야 했습니다. 그래서 우리는 이름을 가지게 되었고 저들은 땅과 도시들을 가지게 되었습니다. 저들은 언제나 우리의 순박함을 악용해 저들 자신의 거만함과 횡포를 섬기게 했습니다. 그리고 저들은 우리를 자기들 마음대로 농락당하는 어리석은 독일인이라고 부릅니다.

그러나 모든 제국과 공국을 좌지우지하는 것은 주님이신 신께는 사소한 일에 지나지 않습니다. 신은 매우 관대하므로 때로는 사악하고 불신실한 인간들의 변절을 통해, 때로는 상속자를 통해 한동안 경건한 자에게서 나라를 빼앗아 사악한 자에게 주기도 합니다. 우리는 페르시아 왕국과 그리스와 거의 모든 나라에서 이런 역사를 읽게 됩니다. 그리고 「다니엘서」 2장과 4장[230]에 이렇게 기록되어 있습니다. "만물을 다스리는 자는 하늘에 있으며, 또한 나라들을 바꾸고 이리저리 흔들며 세우는 자는 홀로 신뿐이다." 그러므로 특히 그리스도인일 경우 그에게 한 나라가 주어지는 것을 큰 일로 생각할 수 없는 것처럼 우리 독일인 역시 새 로마 제국이 주어졌다고 해서 우쭐댈 수 없습니다. 왜냐하면 이것은 신이 보기에 하나의 보잘것없는 은사에 지나지 않기 때문입니다. 신은 이런 은사를 종종 가장 무가치한 자에게 줍니다. 이것은 「다니엘서」 4장에 기록되어 있는 바와 같습니다. "지상에 거하는 모든 것은 신이 보기에는 아무것도 아니다."[231] 신은 인간의 모든 나라에서 누구나 자신

---

230 「다니엘서」 2:21, 4:14.

231 「다니엘서」 4:32.

이 원하는 자에게 그 나라를 줄 수 있는 권세를 가지고 있습니다.

교황은 확실히 진짜 황제에게서 로마 제국 내지 그 이름을 부당하게 폭력으로 빼앗아 우리 독일인에게 주기는 했지만, 여기서 신은 독일 백성에게 이런 제국을 주고 또 첫 로마 제국이 멸망한 후에 현재의 제2제국을 세우기 위해 교황의 사악함을 이용했다는 것은 분명합니다. 그리고 비록 우리가 이런 교황의 사악함을 유발하지 않았고 또 저들의 거짓된 목적과 뜻을 이해하지 못하기는 했으나, 우리는 이미 우리 제국에 대해 너무나 비싼 대가를 지불했습니다. 즉 우리는 헤아릴 수 없이 많은 피를 흘려야 했고, 우리 자유를 억압당했으며, 모든 우리 재물, 특히 교회와 성직록지를 상실하고 강탈당했으며, 말할 수 없는 기만과 모욕을 감내해야 했습니다. 우리는 제국의 이름만을 가졌을 뿐 교황은 우리 재산, 명예, 몸, 생명, 영혼 및 우리에게 속한 모든 것을 다 가지고 있습니다. 이처럼 저들은 독일 사람들을 기만했으니 기만으로써 기만했습니다. 교황들이 추구한 것은 황제가 되는 것이었습니다. 그리고 그들은 그렇게 할 수 없었으나 어쨌든 황제들 위에 앉았습니다.

제국은 우리의 책임 없이 신의 섭리와 악인의 욕망에 의해 우리에게 주어졌으므로 이것을 포기하라고 충고하고 싶지는 않습니다. 오히려 그것이 신을 기쁘게 하는 한, 성실하게 신을 두려워하는 가운데 다스리라고 충고하고 싶습니다. 왜냐하면 위에서 서술한 바와 같이 신에게는 제국이 어디서 오는가가 문제가 아니기 때문입니다. 제국을 다스려야 한다는 것이 신의 뜻입니다. 비록 교황들이 제국을 부정직하게 다른 사람에게서 빼앗기는 했으나 우리는 그것을 부정직하게 얻지는 않았습니다. 제국은 신의 뜻대로 사악한 자들을 통해 우리에게 주어진 것입니다. 우리는, 제국을 줄 때에 자기들 스스로 황제가 되려고 했으며, 황제 이상이 되려고 했고, 이름만으로 우리를 우롱하려고만 했던 교황들의 그릇된 생각보다는 신의 뜻을 더 존중합니다. 바빌론 왕도 역시 그의 나라를 강탈과 폭력으로 빼앗기는 했으나 이 나라가 거룩한 군주들인 다니엘,

아나니아, 아사리아, 미사엘을 통해 다스려지게 하는 것이 신의 뜻이었습니다.[232] 더구나 이 제국이 독일의 그리스도인 제후들을 통해 다스려지게 하는 것이 신의 뜻입니다. 교황이 이것을 훔쳤거나 강탈했거나 또는 새로이 만들었거나 상관없이 우리가 알기 이전에 일어난 일은 모두가 신의 질서입니다.

그러므로 교황과 그의 추종자들은 이 로마 제국을 수여함으로써 독일 민족에게 큰 호의를 베푼 것처럼 자랑해서는 안 됩니다. 첫째로 저들이 이로써 우리에게 어떤 선을 베푼 것이 아니라 오히려 우리의 순진함을 악용해 콘스탄티노플의 진짜 로마 황제에 대한 횡포에 박차를 가했기 때문입니다. 교황은 그럴 권한도 없이 신과 법에 거슬러 로마 황제로부터 제국을 빼앗았습니다. 둘째로 교황은 이 일을 통해 우리에게 제국을 주려는 것이 아니고 우리의 모든 권력, 자유, 재산, 몸과 영혼을 자기에게 굴복시키고 또 우리를 이용해 (만일 신이 막지 않으면) 전 세계를 정복함으로써 스스로 황제가 되려고 했기 때문입니다. 이것은 교황이 그의 교서들 가운데서 분명히 말했던 것이고, 또한 여러 가지 악한 술책으로 많은 독일 황제들에 대해 이것을 시도한 바와 같습니다. 이처럼 우리 독일 사람들은 멋지게 기만당하도록 배웠습니다. 우리는 군주가 된다고 상상했을 때 가장 교활한 폭군의 노예가 되었고 제국의 이름과 칭호와 문장(紋章)을 가지고 있으나 교황은 그 제국의 보물과 권력과 법과 자유를 가지고 있습니다. 이와 같이 교황은 알맹이를 빼먹고 우리는 빈 껍질만 가지고 놉니다.

이제 폭군들의 술책을 통해 이 제국을 우리에게 주고 우리로 하여금 이것을 다스리도록 위탁한 신이여, 우리가 그 이름과 칭호, 문장대로 살게 하고 우리 자유를 구하도록 도우소서! 그리고 우리가 로마 사람들을 통해 신에게서 받은 것이 무엇인가를 저들이 다시 한 번 보게 하소서!

---

232 「다니엘서」 2:48 이하 참조.

저들은 자기들이 우리에게 제국을 주었다고 자랑하고 있습니다. 그렇다고 해둡시다! 그러나 만일 그것이 사실이라면 교황은 로마 제국으로부터 가져간 모든 것을 내놓아야 합니다! 그의 참을 수 없는 조세와 강탈에서 우리 땅을 해방하고, 또한 우리의 자유, 권위, 재산, 명예, 몸과 영혼을 우리에게 되돌려주시오! 그리고 명실상부한 제국이 되게 하여 그 명칭 그대로 부합하게 하시오!

만일 교황이 이와 같이 행하려고 하지 않는다면 이런 거짓되고 기만적인 말과 술책으로 무슨 수작을 꾸미는 것입니까? 그는 이 고귀한 민족을 수백 년 동안 계속하여 그렇게도 무례하게 강압적으로 다스린 것으로 충분하지 않습니까? 교황이 황제를 대관하거나 왕위에 오르게 하기 때문에 교황이 황제보다 위에 있어야 한다는 법은 없습니다. 예언자 사무엘은 신의 명령으로 사울 왕과 다윗 왕에게 기름을 붓고 대관했으나 그는 그들의 신하였습니다.[233] 그리고 예언자 나단은 솔로몬 왕에게 기름을 부었으나 그 때문에 자신을 솔로몬 위에 두지는 않았습니다.[234] 엘리사 역시 그의 종들 가운데 한 사람으로 하여금 이스라엘의 예후 왕에게 기름을 붓게 했습니다.[235] 그럼에도 불구하고 그들은 예후 왕에게 복종했습니다. 교황의 경우를 제외하고는 전 세계 역사 가운데서 왕을 축성하거나 대관하는 자가 그 왕보다 위에 있는 일은 결코 없었습니다.

교황 자신도 자기 아래에 있는 세 사람의 추기경에 의해 교황으로 대관을 받았음에도 불구하고 그는 그들의 상전인 것입니다. 그렇다면 왜 그는 자기 자신의 본보기와 또 온 세상과 성서의 관습과 가르침에 반해 자신을 세속 권세나 황제 위에 올려놓아야 합니까? 다만 황제를 대관하

---

233 「사무엘 상」10:1, 16:13 참조.
234 「열왕기 상」1:38 참조.
235 「열왕기 하」9:1 참조.

고 축성한다고 해서? 교황이 종교적 일, 즉 설교하고 가르치고 성례전을 집행하는 일에서 황제 위에 있는 것으로 충분합니다. 성 암브로시우스가 테오도시우스 황제보다 상좌에 앉았고[236] 예언자 나단이 다윗 위에 있었으며 사무엘이 사울 위에 있었던 것과 마찬가지로 이런 일에서는 어떤 주교나 사제도 다른 모든 사람 위에 있게 됩니다. 그러므로 독일 황제로 하여금 실제로 자유로이 황제가 되게 하며, 또한 그의 권세나 칼이 로마의 아첨꾼들의 이런 맹목적 주장에 의해 주눅 들지 않게 하시오(그들이 예외적으로 만사에 있어 칼을 지배할 수 있는 것처럼).

스물일곱째,[237] 이로써 성직자들의 결점을 잘 관찰하면 더 많은 것을 발견할 수 있고 또 발견할 것이나 이런 결점에 대해서는 이상으로 충분히 언급했습니다. 이제는 세속적 인간들의 결점에 대해서도 일부 언급하려고 합니다. 첫째로 사치스러운 의복과 과도한 낭비 때문에 매우 많은 귀족과 부호들이 빈곤하게 되므로 이런 일을 금지하는 독일 민족의 일반법과 명령이 긴급히 필요합니다. 신은 다른 나라들에 준 것과 마찬가지로 우리에게도 각 신분에 걸맞은 품위 있는 복장에 적합한 양털, 섬유, 아마와 다른 모든 것을 충분히 주었습니다. 그러므로 우리는 비단과 우단, 귀금속 장신구와 다른 외국 상품들을 위해 그처럼 거액의 돈을 낭비할 필요가 없습니다. 비록 교황이 참을 수 없는 착취로 우리 독일 사람들을 약탈하지 않는다 할지라도 우리에게 이런 국내 강도들, 곧 비단과 벨벳 상인들이 너무나 많다고 봅니다. 우리가 아는 대로 의복 문제에서 모든 사람들이 다른 사람들과 똑같이 되려고 하며, 이 때문에 당연히 우리 가운데 교만과 질투가 일어나 점점 더 심각해지고 있습니다. 만일

---

236 밀라노의 주교였던 암브로시우스(Ambrosius, 339?~97)에 대한 일화를 지시한다. 그는 테오도시우스 황제가 경기장에서 7,000명을 학살한 후에 그가 회개할 때까지 교회당에 발을 들여놓지 못하게 했다. 암브로시우스 주교가 강단에서 황제를 꾸짖는 사건에서 볼 때 '상좌'는 강단을 의미하다.

237 A: 'Zum xxvi'; C: 'Zum xxvi'. (xxvij.)

우리의 호기심이 신이 준 재물로써 감사하고 만족한다면 이런 모든 일과 훨씬 더 많은 고통을 피하게 될 것입니다.

이와 마찬가지로 향료 역시 감축할 필요가 있습니다. 이것은 돈을 독일 땅 밖으로 실어 나르는 또 다른 큰 배 가운데 하나입니다. 신의 은혜로 우리에게는 다른 나라보다 먹고 마실 것이 더 많이 생산되며, 또한 맛좋고 품질도 좋습니다. 아마 내가 내놓은 제안이 어리석고 불가능한 것으로 보이고, 무역업과 상업을 중지하려 한다는 인상을 줄지도 모릅니다. 그러나 나는 내가 할 수 있는 일을 하고 있는 것입니다. 만일 공동체에서 개혁이 일어나지 않으면 개혁을 원하는 자가 스스로 개선하시오. 나는 많은 미풍양속이 무역을 통해 한 나라에 들어온 것을 알지 못합니다. 신은 옛날에 이런 이유 때문에 이스라엘 백성을 바다에서 멀리 떨어져 살게 했으며, 또한 저들을 상업에 종사하지 못하게 했던 것입니다.

그러나 독일 민족의 가장 큰 불행은 확실히 고리대금입니다. 만일 이것이 없다면 많은 사람이 비단, 벨벳, 귀금속 장신구, 향료 그리고 각종 사치품들을 사지 않고도 지냈음이 분명할 것입니다. 이 돈 거래의 역사는 불과 100년밖에 되지 않았는데도 불구하고 벌써 거의 모든 제후, 수도원, 도시, 귀족, 그들의 상속자들은 빈곤과 비참과 파멸에 이르렀습니다. 만일 앞으로 100년만 더 계속된다면 독일은 틀림없이 한푼도 남지 않게 되고, 또한 우리는 확실히 서로를 잡아먹지 않을 수 없게 될 것입니다. 악마는 이런 관습을 착안했으며, 교황은 이것을 인준함으로써 온 세상에 고통을 안겨주었습니다. 그러므로 나는 여기서 빌며 호소합니다. 모든 사람은 그 자신과 자녀들과 상속인들의 파멸을 인지하시오. 이 파멸은 문 앞에 와 있는 것만 아니라 이미 집 안에 출몰하고 있습니다. 그리고 황제, 제후들, 군주들, 도시들은 되도록이면 빨리 이런 거래를 정죄하고, 또 앞으로는 교황이 모든 법 내지 불법으로 여기에 반대하든지 않든지, 봉토들이나 수도원들이 거기에 근거하고 있든지 없든지 간에 이런 거래를 방지하기 위해 맡은 바 임무를 다하기를 바랍니다. 한 도시에는 고리대금에 근거를 두고 있는 100개의 봉토보다는 정직한 세습 재산 또는 지대에 근거한 1개의 봉토가 있는 편이 더 낫습니다. 실로 고리대금에 근거를 두고 있는 한, 봉토는 세습 재산에 근거한 20개의 봉토보다 더 나쁘고 더 가혹합니다. 사실 이런 고리대금 거래는 세상이 그 무거운 죄로 인해 악마에게 팔렸다는 표시와 상징임이 틀림없습니다. 동시에 세속적이고 영적인 물질이 우리를 파산시키려 하는데도 우리는 이것을 전혀 깨닫지 못합니다.

여기서 푸거 가와 이와 유사한 사업에도 재갈을 물려야 할 것입니다. 어떻게 단 한 사람이 사는 동안에 그처럼 큰 재산을 쌓는 일이 합법적으로 신의 뜻에 따라 이루어질 수 있습니까? 나는 산술을 모릅니다. 그러나 어떻게 100굴덴을 가진 사람이 1년 동안에 20굴덴의 이익을 낼 수 있으며, 어떻게 1굴덴으로 다시 1굴덴을 만들 수 있는지 이해할 수 없습니다. 그리고 이 모든 것은 땅에서나 가축으로부터 얻은 것이 아닙니다. 물질은 인간의 재간에 달려 있는 것이 아니라 신의 축복에 달려 있기 때문입니다. 이런 문제는 세상물정을 잘 아는 자들에게 맡깁니다. 나는 신학자로서 그 악하고 거리끼는 겉모습 이외에서는 비난할 아무것도 찾지 못합니다. 여기에 대해 성 바울은 "모든 악의 모양 또는 가식을 피하라"라고 말합니다.[238] 우리가 농업을 증강하고 상업을 축소하는 것이 신을 훨씬 기쁘게 하며, 또한 성서에 따라 땅을 경작하고 거기서 양식을 구하는 사람이 훨씬 낫다는 것을 나는 잘 압니다. 이는 "이 땅이 저주를 받았으니 네가 땅에서 일할 때 땅은 네게 엉겅퀴와 가시를 낼 것이며, 네 얼굴에 땀을 흘림으로써 네가 빵을 먹으리라"[239]라고 아담을 통해 우리와 모든 사람들에게 선포한 바와 같습니다. 아직도 경작되

---

238 「데살로니가 전서」 5:22.
239 「창세기」 3:17~19 참조.

지 않은 땅이 많이 있습니다.

다음으로 우리 독일 사람들의 특별한 악덕으로서 외국에서 우리에게 좋지 못한 평판을 가져다주는 포식과 폭음의 악폐에 대해 말하려 합니다. 이 악습은 너무나 만연되고 유행처럼 되었기 때문에 이것은 설교로도 막을 수 없습니다. 만일 여기에 살인, 간음, 도둑질, 신성모독과 모든 악덕 등 다른 악덕이 뒤따르지 않는다면 이런 악습으로 인해 오는 돈 낭비는 사소한 일에 지나지 않을 것입니다. 세속적 칼은 여기서 이런 것을 어느 정도 막을 수 있을 것입니다. 만일 그렇지 않다면 그리스도가 말한 것처럼 될 것입니다. 곧 저들이 지금처럼 먹고 마시며 결혼하고 사랑하고 세우고 심고 사고 팔 때에 마지막 날이 숨겨진 덫처럼 올 것입니다.[240] 지금 너무나 심각하기 때문에 사람들은 여기에 대해 조금도 생각하고 있지 않으나 나는 종말의 날이 임박하기를 참으로 소망합니다.

마지막으로 우리 그리스도인이 모두 순결의 세례를 받았음에도 불구하고 우리 가운데 공공연하게 천한 창가(娼家)를 유지해야 한다는 것은 통탄할 일이 아닙니까? 어떤 사람들은 여기에 대해 다음과 같이 말하는 것을 나는 매우 잘 압니다. 즉 그것은 한 백성의 관습이 되지는 않았을지라도 그것을 제거하기란 거의 불가능하며, 결혼한 여인이나 처녀나 보다 고귀한 신분을 가진 사람들이 능욕을 당하는 것보다는 이런 집들이 있는 것이 더 낫다는 것입니다.[241] 그러나 그리스도인의 세상의 정

---

240 「누가복음」 21 : 34 참조.

241 Äneas Silvius, *Germania Enee Silvij*, Ausgabe von 1515, Bl. Lª : "법 제안자들은 두 가지 위협하는 악을 구별해 하나는 법으로 금지할 수 있고, 다른 하나는 감당할 수 있다고 보아 더 위험하다고 판단하는 악을 법으로 척결한다. 그러므로 우리는 도시 내에 공창이 형성된 것을 본다. 이것은 음행을 금지할 경우 정욕에 불타는 청년들이 혼인의 합법적인 불꽃을 파괴함으로써 모든 것을 간음으로 뒤죽박죽 만들거나 처녀들에게 폭행을 가하지 않기 위함이다." (Legum latores, dum duo mala imminere concernunt et alteruj posse lege vitari, alterum omnino ferendum esse, id lege auferunt, quod perniciosius animadvertunt.

134

부는 이런 이교적 삶의 방식에 대처해야 한다고 생각하지 않습니까? 만일 이스라엘 백성이 이런 불법 없이도 존속할 수 있었다면 그리스도인은 어째서 그만큼 할 수 없겠습니까? 아니, 어떻게 많은 도시들과 장터, 읍, 마을들에서 이런 집이 없이도 유지될 수 있습니까? 대도시는 왜 이런 집 없이 유지될 수 없습니까?

이로써 나는 그리고 위에서 서술한 다른 문제들을 통해 이 세상 정부가 얼마나 많은 선행을 행할 수 있으며, 또한 모든 정부의 의무가 무엇이어야 하는가를 지적했습니다. 이를 통해 모든 사람이 통치하고 높은 지위에 앉는 것이 얼마나 두려운 일인가를 배우게 하기 위해서입니다. 만일 한 군주가 자신은 성 베드로처럼 거룩하다고 할지라도 무슨 소용이 있겠습니까? 그가 이런 문제들에서 백성을 부지런히 도울 생각을 하지 않는다면, 그의 상관이 그를 정죄할 것입니다. 왜냐하면 위정자는 백성을 위해 최선을 도모할 의무가 있기 때문입니다. 그러나 만일 정부가 어떻게 젊은이들을 결혼시킬 수 있는가를 연구한다면 결혼 생활에 대한 희망이 모든 사람으로 하여금 유혹을 참고 물리치게 하는 데 크게 도움이 될 것입니다. 그러나 지금은 모든 사람이 중 노릇이나 수도승 노릇에 끌리고 있는데, 그들 가운데는 양식을 구하는 일과 결혼 생활에서 생계를 유지할 수 있을까에 대한 회의 외의 어떤 다른 이유를 가진 사람이 백 사람 가운데 하나라도 있는지 의심스럽습니다. 그러므로 그들은 미리 되는대로 방탕한 생활을 하며, 또한 그들이 말하는 것처럼 정욕을 없애려고 합니다. 그러나 오히려 경험이 보여주는 바와 같이 이로써 정욕을 부추깁니다. 나는 절망이 대부분의 수도사와 중을 만든다는 금언이 사실이라고 생각합니다. 그리고 현재의 형편은 우리가 보는 대로

Hinc publica lupanaria in civitatibus constituta videmus, ne iuventus libidinis impatiens legitimas matrimoniorum faces irrumpens adulteriis cuncta permisceat aut virginibus vim inferat, licet fornicatio prohibita sit.)

입니다.

　내가 진심으로 충고하고 싶은 것은 매우 만연되어 있는 많은 죄들을 피하기 위해 소년과 소녀들이 30세 이전에 순결의 서약이나 영적 생활의 서약을 하지 못하게 해야 한다는 것입니다. 성 바울이 말한 것처럼 이것은 특수한 은사입니다.[242] 그러므로 신이 특별히 그렇게 시키지 않는 사람은 성직자가 되고 서약하는 것을 연기하는 것이 좋습니다. 아니, 더 나아가 나는 이렇게 말하고 싶습니다. 즉 당신이 결혼할 경우에 생계를 유지할 수 있을 것인지 의심할 정도로 신을 신뢰하지 못한다면, 또 다만 이런 불신으로 인해서만 성직자가 되려고 한다면 당신의 영혼을 위해 성직자가 되지 말고 오히려 농부나 당신이 원하는 다른 직업인이 되라고 간청하고 싶습니다. 왜냐하면 현세적 양식을 얻기 위해 신에 대한 단순한 신뢰만 있어야 한다면 성직자의 생활을 지속하는 데에는 열 배나 큰 신뢰가 있어야 하기 때문입니다. 만일 신이 당신을 현세적 빵으로 먹이리라는 것을 신뢰하지 않는다면 어떻게 그가 영적으로 당신을 먹일 것이라고 신뢰하겠습니까? 아, 우리가 모든 신분층에서 보는 대로 불신앙과 불신은 모든 것을 망쳐놓고 우리로 하여금 모든 고통에 이르게 합니다. 이런 비참한 문제에 대해서는 말할 것이 많을 것입니다. 젊은이들은 자신을 돌보아줄 사람을 하나도 가지고 있지 않습니다. 그들은 다 하고 싶은 대로 행하며, 정부는 전혀 존재하지 않는 것처럼 그들에게 아무런 도움도 주지 못합니다. 그러므로 이 일은 교황, 주교, 제후들 그리고 공의회의 중요 관심사가 되어야 합니다. 오, 어떤 군주가 신을 위해 교회를 100개 세우고 모든 죽은 자들을 일으킨다고 할지라도 바로 이 일 때문에 천국에 갈 자가 얼마나 희귀하겠습니까!

　이번에는 이것으로 충분합니다. 세속 권세와 귀족이 해야 할 일에 대해서는 소책자 『선행에 대하여』에서 충분히 말했다고 생각합니다.[243]

---

242 「고린도 전서」 7 : 7 참조.

그들의 생활과 통치에는 개선의 여지가 있습니다. 그러나 세속 권세의 남용은 내가 거기서 보여준 것처럼 영적 권세의 남용과 비교해서는 안 됩니다. 나는 고음으로 노래를 불렀고 불가능하게 여겨질 많은 일을 제안했으며, 또한 여러 가지 일을 너무 신랄하게 공격했다고 생각합니다. 그러나 내가 도대체 무슨 일을 할 수 있겠습니까? 나는 말해야 할 의무가 있습니다. 만일 내가 할 수 있다면 이 모든 일을 행하기를 원합니다. 나는 신의 진노보다 세상의 진노를 택합니다. 저들은 내 생명을 빼앗는 일 이상은 하지 못합니다. 나는 이제까지 내 적대자들에게 평화를 여러 번 제의했습니다. 그러나 내가 지금 보는 대로 신은 저들 때문에 나에게 입을 점점 크게 벌리지 않을 수 없게 했으며, 또한 저들이 지나치기 때문에 저들에게 말하고 부르짖고 글을 쓰고 응수하지 않을 수 없게 했습니다. 아, 나는 로마와 저들에 대한 또 다른 작은 노래를 알고 있습니다. 만일 저들의 귀가 듣고 싶어 근질근질하다면, 나는 그 노래 역시 부르겠고 음정을 제일 고음으로 올리겠습니다.[244] 사랑하는 로마여, 내가 말하는 것이 무슨 뜻인지 그대는 이해합니까?

　　나는 내 책들을 심문과 판결을 받기 위해 여러 차례 제출했습니다. 그러나 이 모든 일은 아무런 소용이 없었습니다. 나는 내 주장이 올바르기 때문에 지상에서는 정죄를 받을 수밖에 없고, 다만 그리스도에 의해서만 하늘에서 정당화될 것임을 알고 있습니다. 왜냐하면 그리스도인과 그리스도교계의 일은 홀로 신에 의해서만 심판을 받아야 한다는 것을 모든 성서는 보여주기 때문입니다. 이런 일은 결코 지상에서 사람들에 의해 인정을 받은 적이 없고 언제나 반대가 너무나 크고 강했습니다. 나는 내 주장이 정죄 받지 않고 남아 있을까 하여 가장 염려되고 두렵

243　A, C: 밑줄 친 부분이 없다(C: 서문에서 이 부분을 언급한다).
244　다음 편에 나오는 「교회의 바빌론 포로에 대한 마르틴 루터의 서주」를 암시한다.

습니다. 그럴 경우 이것은 신을 기쁘게 하지 못한다는 것을 확실히 알게 될 것입니다. 그러므로 교황이거나, 주교거나, 중이거나, 수도사거나, 학자들이거나 담대히 나서시오! 저들은 지금까지 항상 그랬던 것처럼 진리를 박해하는 데 합당한 무리입니다. 신이시여, 우리 모든 사람들에게 그리스도교적 이성을 주시고, 특히 독일 그리스도인 귀족에게 불쌍한 교회를 위해 최선을 다할 만한 올바른 영적 용기를 주옵소서. 아멘.

비텐베르크, 1520년[245]

245　A, C: 이 부분이 없다.

교회의 바빌론 포로에 대한
마르틴 루터의 서주 • ••

예수

아우구스티누스회 수사(Augustinianus)[1] 마르틴 루터가
헤르만 툴리히(Hermann Tulich)[2]에게 문안드립니다.

    나는 원하든 원치 않든 간에 날이 갈수록 점점 박식해지도록 강요받
고 있다. 저 유능한 대가들이 계속 내게 압력을 가하고 나로 하여금 생
각하지 않을 수 없게 만들기 때문이다. 약 2년 전에 나는 면죄부에 대해
글을 쓴 적이 있는데, 실은 지금 그 소책자[3]를 발표한 것을 놀랍게도 후

---

1 비텐베르크 판에는 없다.

2 베스트팔렌 지방 파더보른(Paderborn) 부근의 슈타인하임(Steinheim)에서 태어났
    다. 비텐베르크 대학을 졸업(문학사, 1511)하고 라이프치히에 있는 멜키오르 로터
    (Melchior Lotther)의 인쇄소에서 교정자(矯正者)로 일했다. 1519년에 비텐베르크
    로 돌아와 1520년에 박사학위를 받은 뒤, 비텐베르크 대학에서 시가를 가르치는 교
    수가 되었으며, 1525년에는 총장이 되었다. 루터의 열렬한 지지자였으며, 1532년
    부터 1540년에 죽을 때까지 뤼네베르크 학교 교장직을 맡았다.

3 추측컨대 『면죄부의 능력에 대한 해제』(*Resolutiones de indulgentiarum virtute*,
    1518)를 말하는 듯하다.

회하고 있다. 그 당시 나는 아직도 로마의 폭정의 어떤 막강한 미신에 의지해 있었다. 그래서 면죄부에 대해서도 많은 사람들이 일반적으로 받아들이고 있기 때문에 그것을 전적으로 거부해서는 안 된다고 생각했다. 이것은 이상한 것이 아니었으니, 왜냐하면 당시 나는 홀로 이 바위덩어리를 굴리고 있었기 때문이다. 그 뒤 면죄부를 열렬히 보호했던 실베스터(Silvester Prieras)[4]와 다른 수도사들의 은혜 덕분에 나는 이들의 글을 통해 면죄부가 사람들로부터 돈과 하나님에 대한 신앙을 강탈하기 위한 로마 아첨꾼들의 사기극에 불과하다는 것을 알았다. 내가 서적상들과 내 책을 읽은 사람들에게 면죄부에 대한 내 소책자 전부를 없애버리도록 간청하고 설득할 수 있다면! 그리고 내가 이 주제에 대해 쓴 모든 것 대신에 이 명제를 그들이 이해할 수 있다면 …….

면죄부는 로마 아첨꾼들의 허접스러운 것이다

그 뒤 에크(Johannes Eck, 1486~1543)[5]와 엠저(Hieronymus Emser, 1477~1527)[6] 그리고 그들의 공모자들은 교황의 수위권(首位權)에 대해 나를 가르치기 시작했다.[7] 나는 이처럼 유식한 사람들에게도 배은망덕하지 않도록 이들의 수고가 나를 심히 촉진하였다는 것을 고백한다.[8] 즉 당

---

4 더 잘 알려진 이름은 마촐리니(Mazzolini)이다. 그는 도미니쿠스 수도회 수도원장이었으며, 1515년에는 종교 재판관이자 도서 검열관이었다.
5 잉골슈타트 대학 교수.
6 루터가 학생이었을 때 에르푸르트 대학에서 인문학 교수였다가 나중에 게오르크 폰 작센 공작의 비서로 일했다.
7 루터는 두 사람이 라이프치히 논쟁(1519)이 끝난 뒤에 자신을 비판하기 위해 발표한 글들에 대해 언급하는 듯하다.
8 b의 번역은 잘못이다: "bekenne ich, das ich ir schriben (d: ir schel) vast gefürdert hab."

시 나는 교황제의 신적 권위는 부정했지만 인간적 권위는 인정했다. 그러나 이 멋쟁이들(Trossulorum)[9]이 자신들의 우상을 (이 문제에서 내 사고력이 다듬어지지 않은 것은 아닌데) 떠받들기 위해 늘어놓는 기묘한 이론을 듣고 읽은 뒤 나는 이제 교황청이야말로 바빌론 왕국이며 힘센 사냥꾼 니므롯의 권세라는 것을 확실히 알게 되었다.[10] 그러므로 다시 한 번 말한다. 서적상들과 독자들에게 간절히 바라노니, 모든 것이 내 친구들에게 유리하도록 양보하기 위해 이 문제에 대해 내가 발표한 것을 없애고 이 명제를 취할 것이다.

교황청은 로마 주교의 힘센 사냥 집단이다

이것은 에크와 엠저 그리고 라이프치히의 독경자[11]의 주장에 의해 입증된다.

그들은 이종 배찬과 여러 가지 다른 큰 주제들에 대해 나를 가르치려 하고 있기 때문에 나는 이 나의 크라티포스(Cratippos)[12]의 말을 건성으로 듣지 않기 위해 노력한다. 이탈리아 크레모나의 한 형제는 『교황청

---

9 본래 이 말은 트로술룸 시(市)를 정복한 로마의 기사들을 지칭하는 말이었으나, 나중에는 잘난 척하고 권위를 가진 사람인 양 우쭐대는 사람을 가리키는 경멸적인 의미로 사용되었다.

10 「창세기」 10:8~9 참조.

11 프란치스코회 수도사인 아우구스티누스 알펠트(Augustinus Alfeld)를 말한다. 그는 자신의 글 『사도적 지위에 관하여』(*Super apostolica sede*)에서 자신을 가리켜 '라이프치히 수도원의 독경자'(sacri bibliorum canonis publicus lector in conventu Lipsico)라고 칭했다.

12 기원전 1세기의 소요학파 철학자이다. 아테네에서 키케로(Cicero)의 아들을 가르쳤으며, 키케로의 노력으로 로마의 시민권을 얻었다. 그는 아테네의 청년들을 가르쳤으며, 점과 꿈의 해석에 대한 글을 집필하기도 했다.

앞에서 행한 루터의 철회』라는 글을 썼다. 그러나 그가 이 글을 쓴 것은 그가 말하듯이 내가 철회하기 때문이 아니라 그가 나를 도로 부르고 싶기 때문일 것이다. 지금 이탈리아인은 이처럼 라틴어를 말하기 시작했다.

다른 형제가 있는데, 그대가 알듯이 라이프치히의 독일인 성서 독경자는 이종 배찬에 대해 나를 공격하는 글을 쓴 바 있으며,[13] 내가 들은 바로는 이보다 위대하고 놀라운 일을 행하려 하고 있다. 저 이탈리아인은 아마도 토마스 카예탄(Thomas Cajetan)[14]과 실베스터와 같은 꼴을 당할까 두려운 나머지 자기 이름을 조심스럽게 감추었다. 반면에 라이프치히 사람은 드세고 정력적인 독일인에 어울리게 자신의 이름, 생애, 덕망, 학식, 직책, 명성, 명예, 심지어 나막신까지 자랑했다.[15] 그에게서 많은 것을 배울 것이 분명한 것은 그가 하나님의 아들에게 헌정 서신을 쓰고 있기 때문이다.[16] 이 성인들은 하늘에서 다스리는 그리스도와 친근하다! 그리고 세 마리의 까치(picae)[17]가 여기서 나에게 말하는 듯 보이는데, 첫 번째 까치는 멋지게 라틴어로, 두 번째 까치는 더 멋지게 그리스어로, 세 번째 까치는 최상의 히브리어로 말하고 있다.[18] 나의 헤르

---

13 알펠트의 『두 종류의 성찬에 대한 논문』(*Tractatus de communione sub utraque specie*)을 말한다.

14 루터는 1518년 아우구스부르크 청문회에서 면죄부 판매의 후견인이자 종교 재판관인 카예탄과 대결했다. 1521년 4월 21일에 교황의 대사이자 달변가인 알레안더(Aleander)는 루터가 그의 청문 문서를 보름스 제국의회에 공표할까 두렵다고 썼다.

15 알펠트의 논문 표제는 무려 26행으로 되어 있다. '나막신'은 알펠트가 속한 수도회 사람들이 신고 다니는 나무 창 달린 신발을 가리키는 것 같다.

16 알펠트 글의 헌정문 표제를 암시한다. 헌정문 표제는 "Epistola humilis et inculta ad Imperatorem summum Pontificem"이다.

17 B, C, D에서 'atzelen', E에서 'alstern'으로 번역된다.

18 알펠트는 그의 책에서 예수 이름을 특이하게도 라틴어, 그리스어, 히브리어를 조합해 'IHSVH'로 표기했다. 예수의 이름에 세 언어가 뒤섞인 것에 대한 조롱이다.

만, 그러니 내가 어찌 귀를 쫑긋 세우지 않을 수 있겠나? 이 문제는 라이프치히의 성 십자가 엄수파에 의해 다루어지고 있다.[19]

나는 어리석게도 지금까지 평신도들에게 이종 배찬이 허락되도록 공의회에서 결정한다면 좋을 것이라고 생각했다.[20] 그러나 저 가장 유식한 형제는 이런 내 견해를 고치려고 했다.[21] 즉 그리스도나 사도들도 평신도들에게 이종 성만찬을 베풀라고 명령하거나 충고하지 않았다는 것이다. 그러므로 이 문제에서 무엇을 해야 하고 무엇을 해서는 안 되는가를 결정하는 것은 교회의 판단에 위임되었고, 우리는 교회에 순종해야 한다는 것이다. 이것이 그의 주장이다.

그대는 무슨 광기가 이 사람을 자극했는가 또는 그는 누구를 겨냥해 글을 쓰는 것인가 의아해할 것이다. 왜냐하면 나는 한 가지 요소만 사용하는 것을 정죄한 것이 아니라[22] 두 요소 사용에 대한 결정을 교회의 판단에 맡겼기 때문이다.[23] 이것은 그 자신도 주장하고자 하는 바인데, 그것으로 나를 공격하려 한다. 나는 답변한다. 루터에 대항해 글을 쓰는 모든 사람들은 이런 종류의 논쟁에 익숙해 있다. 그래서 그들은 자신들이 공격하는 바로 그것을 주장하거나 공격하고자 하는 것을 조작한다. 실베스터와 에크와 엠저 그리고 쾰른 사람과 루뱅 사람 모두 그러하다. 만약 이 형제가 그들과 성격이 달랐다면 루터를 비판하는 글을 쓰지 않았을 것이다.

---

19 알펠트는 책 표제에서 자신을 가리켜 '프란치스코회 성 십자가 엄수파 정회원'(Franciscanus regularis observantiae sanctae crucis)이라고 칭했다.

20 루터는 이미 1519년에 『참된 그리스도의 몸된 성례전과 형제의 사귐에 관한 설교』(Sermon von dem hochwürdigen Sakrament des heiligen wahren Leichnams Christi und von den Brüderschaften)에서 이런 견해를 말했다. WA II, p. 742 참조.

21 알펠트의 글, Bl. B^{af}., D4^a, G^a, Giij^a 참조.

22 옛 번역에서는 'non'이 간과되었다. b : "so ich doch verworffen hab den bruch, das sacrament under einerley gestalt zů entphahen."

23 WA II, p. 742 참조.

그러나 이 사람에게는 다른 사람들보다 운 좋은 일이 일어났다. 왜냐하면 두 요소의 사용은 그리스도가 명령하거나 권고한 것이 아니라 교회의 판단에 위임되었다는 점을 입증하려고 할 때 그는 그리스도의 명령에 따라 평신도들에게 한 요소 사용이 결정했다는 것을 입증하려고 성경을 인용했기 때문이다. 이 새로운 성경 해석자에 따르면 그리스도는 한 요소의 사용을 명령하지 않았으면서도 동시에 명령했다는 것이 참이다. 라이프치히의 변증론자들이 특별히 이런 종류의 새로운 논쟁술을 사용하고 있음을 그대는 안다. 엠저는 이전의 책에서[24] 자신은 나에 대해 정직하게 말한다고 공언했을지라도 나에 의해 추악하게 질투심 많고 비열한 거짓말쟁이임이 입증되었을 때 나중에 쓴 책[25]에서 나를 반박하기 위해 자신은 사악하면서도 정직한 마음으로 글을 썼다고[26] 분명히 고백하지 않는가? 그대도 알다시피 좋은 남자다!

그러나 저 탁월한 '요소 구별자'(speciosum speciatoren)[27]의 말을 들어보라! 그에게는 교회의 결정과 그리스도의 결정이 똑같은 것이고, 그리스도가 명령한 것과 명령하지 않은 것이 똑같은 것이다. 그는 그리스도의 명령, 즉 교회의 결정에 근거해 평신도들에게는 빵만을 주어야 한다는 것을 아주 교묘하게 입증한다. 그는 굵은 글씨로 '확고한 토대'라고 표시한다.[28] 그리고 나서 그는 「요한복음」 6장을 믿을 수 없는 지혜로써

---

24 엠저가 프라하의 요하네스 자크(Johannes Zack)에게 보낸 공개서한인 『라이프치히 논쟁에 관하여』(De disputatione Lipsicensi, 1519)를 말한다. 이 글에서 엠저는 루터에게 아첨했다.

25 Hieronymus Emser, A venatione Luteriana Aegocerotis Assertio, 1519.

26 Martin Luther, Ad aegocerotem Emserianum M. Lutheri additio, 1519에 대한 서문: WA II, p. 655ff. 참조.

27 이 말놀이에서 루터는 성만찬에서의 요소를 뜻하는 동시에 자신의 주장을 그럴듯하게 보이도록 만들려고 하는 사람을 반어적으로 가리키기 위해 두 번째 단어를 만들었다.

28 알펠트의 글, Bl. B^b.

주석한다. 여기서 그리스도는 하늘의 빵이요 생명의 빵, 곧 자기 자신에 대해 말한다.[29] 그런데 이 박식한 인간은 이 말을 제단의 성례전과 연결할 뿐만 아니라 그리스도는 '나는 살아 있는 빵'[30]이라고 말하지 '나는 살아 있는 잔'이라고 말하지 않으므로 그리스도는 이 구절에서 평신도들에게 오직 한 요소의 성례전을 정해주셨다고 결론짓는다. 그러나 그 다음에 이런 말이 나온다. "내 살은 참된 양식이며 내 피는 참된 음료이다" "만일 너희가 사람의 아들의 살과 피를 먹고 마시지 않으면 너희 안에 생명을 간직하지 못할 것이다."[31] 이 말들은 저 형제의 뇌에 이론의 여지 없이 두 요소 성만찬을 지지하고 한 요소 성만찬에 대항해 싸우는 것으로 보이기 때문에(cum)[32] 아 그가 얼마나 운 좋고 학식 있게 이런 식으로 빠져나가는가! 즉 그리스도는 이 말씀을 통해 한 요소 성만찬을 받는 사람은 누구나 이것으로써 살과 피를 받기를 바랐다! 그는 이것을 거룩하고 천상적인 회칙 엄수파에 합당한(digne)[33] 건물의 '확고한 토대'로 간주한다.

그대는 나와 함께 그의 주장에서 이 점을 배우기를 바란다. 그리스도가 「요한복음」 6장에서 한 요소 성만찬을 행하라고 명령하며, 그리스도가 명령한다는 것은 곧 교회의 판단에 맡기라는 의미라고 한다. 게다가 같은 장에서 그리스도가 평신도들에 대해 말한 것이지 장로들에 대해 말한 것이 아니라고 한다. 그런즉 장로들은 하늘에서 내려온 살아 있는 빵, 곧 한 요소 성만찬과 관계가 없고 아마도 지옥에서 온 죽음의 빵과

---

29 「요한복음」 6:35, 41.

30 「요한복음」 6:51.

31 「요한복음」 6:55, 53.

32 비텐베르크 판에는 없다.

33 에르랑엔 판에서는 부사로 이해했다. 그러나 이것은 형용사로 'structurae'를 수식한다. 번역하면 "Fundament eines der heiligen und himmlischen Observanz so würdigen Baues"이다.

관계가 있을 것이다! 그러나 평신도도 아니고 사제도 아닌 부제(副祭)와 차부제(次副祭)[34]의 경우는[35] 어떻게 되는 것인가? 저 탁월한 저자에 따르면 그들은 한 요소 성만찬도 두 요소 성만찬도 이용해서는 안 된다! 나의 친구 툴리히여, 새로운 "엄수파식 성서 해석 방법을 이해하라!

그러나 또한 이것을 배우라. 그는 그리스도가 「요한복음」 6장에서 성만찬 예전에 대해 말하는 것이라고 한다. 반면에 그리스도는 "하나님께서 보내신 이를 믿는 것이 곧 하나님의 일을 하는 것"이라고 말함으로써[36] 자신은 성육신하신 말씀을 믿는 일에 대해 말한다는 것을 가르친다. 그러나 이 라이프치히의 성경 교수로 하여금 자기가 원하는 것이면 무엇이든 어떠한 성서 구절로부터라도 증명할 수 있게 허락해야 한다. 그는 아낙사고라스[37] 학파 혹은 아리스토텔레스[38] 학파 신학자이니 명사와 동사들을 위치를 바꾸어놓아도 같은 의미를 가지고 그 어떤 것이라도 의미한다고 생각한다. 그는 책 전체를 통해 성경의 증언을 짜깁기해 그리스도는 성례전 안에 있다는 것을 입증하고자 할 경우 "복된 사도 요한의 계시록의 독서"를 감히 시작한다. 그는 이런 말을 훌륭하게 할 수 있는 것처럼 그렇게 모든 주장을 말하며, 이 현명한 인간은 이런 자신의 광기를 온갖 인용구로 장식하려고 생각한다.

이 악취 나는 하수구의 오물에 그대가 질식하지 않기 위해 나머지는 생략한다. 마지막으로[39] 그는 「고린도 전서」 11장[40]을 내세운다. 여기

---

34 이 두 직급은 성직 서열의 단계 중에서 네 번째와 다섯 번째에 해당한다. 그 당시의 일부 가톨릭 신학자들은 부제들이 실제로 서품을 받아야 하는가에 대해 의문을 제기했다. 나중에 트리엔트 공의회에서 부제도 서품을 받아야 한다고 결정했다.

35 b : "Was geschicht dann mit den evangeliern und episteleren?"

36 「요한복음」 6 : 59.

37 그리스 철학자는 눈이 검다는 것을 다음과 같이 입증했다. 즉 눈은 물이다. 물은 검다. 그러므로 눈은 검다.

38 명사와 동사의 순서를 바꾸어놓은 아리스토텔레스의 논리학을 암시한다.

39 Bl. Giijᵃ.

서 바울은 자신이 주님으로부터 빵과 잔 모두를 사용하라는 지시를 받아 고린도 사람들에게 전했다고 말한다. 여기서 다시금 요소 구별자는 평소대로 영리하게 성경을 해석해 바울은 두 요소의 사용을 허락한 것이지 전한 것이 아니라고 가르친다. 그대는 어디에서 입증할 수 있느냐, 라고 물으면 그는 「요한복음」 6장의 경우처럼 자기 머리에서라고 답할 것이다. 이 독경자에게는 자기가 말한 것의 근거를 제시하는 것이 적절치 않다.

그는 모든 것을 자기 환상으로 입증하고 가르치는 자들의 단체에 속하기 때문이다.[41] 그러므로 여기서 우리는 이렇게 배운다. 즉 사도 바울은 이 구절에서 고린도인 전체를 대상으로 쓴 것이 아니라 평신도들만을 대상으로 쓴 것이다. 그렇다면 사도 바울은 그곳의 성직자들에게는 모든 성례전을 '허락'하지 않았고 도리어 박탈한 것이다. 더 나아가 새로운 문법에 따르면 "내가 주님으로부터 받았다"라는 말은 "주님으로부터 허락받았다"와 같은 말이고, "내가 여러분에게 전해주었다"라는 말은 "내가 여러분에게 허락하였다"라는 말과 같은 말이다. 그대는 이 부분을 분명히 표시하기 바란다. 이 선생에 따르면 교회는 물론 어떤 사기꾼이라도 그리스도와 사도들이 행한 모든 보편적 명령과 제정과 제도를 허락으로 바꾸는 것이 가능할 것이다.

그러므로 나는 이 사람이 사탄의 사자에 의해 선동되고 있으며, 그와 공모하는 자들은 나를 통해 루터와 대적하기에 합당한 인물이라는 명성을 세상에서 얻으려고 한다는 것을 알았다. 그러나 그들의 희망이 그들을 기만할 것이니, 나는 그들을 경멸하기 때문에 그들의 이름을 결코 거론하지 않을 것이다. 나는 그들의 모든 책에 대해 이 한 번의 대답으로 만족할 것이다. 그들이 그럴 만한 자격이 있다면 그리스도께서 당신

---

40 「고린도 전서」 11:23.
41 프란치스코회를 가리킨다. 성(聖) 프란치스코는 환상을 보고 수도회를 창립했다.

의 자비로써 저들을 제정신으로 되돌려주기를 기도한다. 그러나 그럴 자격이 없다면 부디 그들이 그러한 책을 쓰는 일을 지체하지 말며, 그래서 진리의 적대자들이 다른 사람의 말을 읽을 자격이 없게 되기를 바란다. 속담에 이런 말이 있는데 참이다.

"나는 이것을 확실한 것으로 안다. 내가 똥과 싸우면 이기든지 지든지 나는 더러워진다."[42]

그다음으로 내가 보기에 그들은 시간도 많고 쓸 종이도 많다는 것을 알았으므로 그들이 글 쓸 거리를 많이 갖도록 노력할 것이다. 즉 그들보다 앞서 나아가, 그들이 내 이단 (그들이 보기에 그럴 것이다) 가운데 하나에 대해 찬란한 승리를 거두었다고 의기양양해하고 있을 동안에, 나는 새로운 이단 사설을 시도할 것이다. 나 역시 이 저명한 전쟁 지휘관들이 많은 명예로 치장하기를 바란다. 그러므로 그들이 내가 두 요소 성만찬을 칭송한다고 수군거리고, 다행스럽게도 이 중요하고 소중한 문제에 정신이 팔려 있는 동안 나는 전진해 평신도들에게 이종 배찬을 거부하는 모든 사람이 불경건한 인간들이라는 것을 보여주려고 한다. 이 일을 좀 더 편리하게 하기 위해 나는 로마 교회의 포로 상태에 대해 서주를 연주할 것이고, 유식한 교황주의자들이 이 책을 정복할 때 나는 적시에 더 많은 글을 내놓을 것이다.

내가 지금 이런 말을 하고 있는 것은 경건한 독자가 내게 친절을 베푼다면 내가 다룬 오물에 기분이 상하지 않을까, 그리고 그 안에서 자신의 능력을 개발하고 계몽하거나 적어도 사고를 개발할 계기를 줄 만한 아무것도 읽지 못하겠다고 당연히 불평하지 않도록 하기 위함이다. 내가 이 사람들이 만든 더러운 이야기들에 시간을 허비하는 데 대해 친구들

---

42 이 속담은 나중에 루터가 이솝 우화에 대한 작은 책 —이 책 안에서 루터는 14가
    지 우화를 번역했다 —에서 나귀와 사자에 대한 우화를 설명할 때도 사용했다.
    Luther's Werke, ed. Arnold E. Berger, III, 113 참조.

이 얼마나 못마땅해하며 참는지 그대는 안다. 그들은 이런 이야기들을 읽음으로써 그것을 충분히 반박할 수 있고, 내가 그들보다 나은 것을 기대하지만 사탄은 이 사람들을 통해 그것을 방해한다고 말한다. 마침내 나는 내 친구들의 충고를 따라서 욕하고 공격하는 일은 저 말벌들에게 맡기기로 결심했다.

저 크레모나의 이탈리아인 수도사에 대해서는 아무런 말도 않겠다. 단순한 인간, 얼간이는 몇 줄의 수사적 문구로 나를 거룩한 사도좌로 소환하려 한다. 나는 아직 사도좌와 결별했다고는 의식하지 않으며, 어느 누구도 내가 결별했다는 증거를 댈 수는 없을 것이다. 그는 우스꽝스러운 글에서[43] 내가 내 수도회와 독일인에게 양도된 제국의 은혜에 감동을 받아야 한다고 주장한다.[44] 그는 나의 철회보다는 프랑스인과 로마 교황을 칭송하는 글을 쓰려고 했던 것 같다. 그는 자신의 소책자를 통해 충성심을 증언하려는 것 같은데, 내버려두어야 한다. 그는 모질게 상대할 만한 가치가 없다. 그는 악의로 그 글을 쓴 것 같지는 않다. 그의 말은 모두 순전히 무식하고 헛소리이기 때문에 학문적으로 반박할 가치가 없다.

먼저 나는 성례전이 일곱 가지라는 것을 부정하고 당분간은 세 가지, 즉 세례, 고해, 빵의 만찬[45]만이 성례전이고, 이 세 가지는 모두 로마 교황청에 의

---

43 Sebastianus Ferarius, *Revocatio Martini Lutheri Augustiniani ad sanctam sedem*, Cremona, 1520, Bl.eiij^b ff. 참조.
44 아마도 800년에 카를 대제 이래 독일 왕들이 교황이 집전하는 대관식을 통해 로마 황제 칭호를 받은 사실을 가리키는 것 같다. 그러나 더 구체적으로 교황이 프랑스 왕을 지원했음에도 불구하고, 1519년 5월 28일에 절반은 독일인인 카를 5세가 로마 황제로 선출된 것을 가리킬 수도 있다. *Luther's Werke für das christliche Haus*, ed. Georg Buchwald et al., Braunschweig, 1890, 386 n. 1.
45 성만찬을 가리키는 말로 흔히 사용되던 이 용어는 평신도들에게는 포도주를 주지 않는 데서 생긴 말이었다.

해 비참한 포로 상태에 빠져 있으며, 교회는 모든(tota)[46] 자유를 상실했다고 주장한다. 그러나 성서의 어법으로 말한다면 성례전은 오직 한 가지이고 성례전의 표적은 세 가지이다. 이에 대해서는 적절한 때에 더 상세하게 다룰 것이다.

무엇보다 먼저 빵의 성례전에 대하여[47]

그러므로 나는 이 성례전 사역에 대해 숙고한 덕분에 많은 성과를 거두었음을 밝힌다. 성만찬에 대한 설교[48]를 출판했을 때만 해도 나는 일반적인 관행을 그대로 따랐고, 교황이 옳은가 그른가 하는 문제는 전혀 관심이 없었다. 그러나 나는 도전을 받고 시달리는 상황에서 강제로 이런 경기장으로 끌려나온 가운데, 교황주의자들이 모두 단합해 웃든지 울든지 간에 자유롭게 내 생각을 밝히려 한다.

먼저 「요한복음」 6장은 완전히 배제되어야 한다. 왜냐하면 그것은 성례전에 대해서는 단 한마디도 언급하고 있지 않으며, 당시는 아직 성례전이 제정되지 않았을 뿐만 아니라 「요한복음」 6장과 그다음 문장들은 명백하게 내가 말한 바와 같이 그리스도가 성육신한 말씀에 대한 믿음에 대해 말한다는 것을 보여주기 때문이다. 그리스도는 말한다. "내 말은 영이며 생명이다."[49] 유대인들은 예수가 육적인 식사에 대해 말하는 것으로 이해하고 예수와 논쟁했을 때 그는 그것을 먹는 자가 생명을 얻게 되는 영적인 식사에 대해 말한다는 것을 보여준다. 그러나 믿음으로 말미암는 것이 아니면 그 어떤 식사도 생명을 줄 수 없다. 왜냐하면 믿

---

46 E에는 없다.

47 독자들이 여기서 순서상 다른 성례전을 기대하기 때문에 이 표제를 넣었다.

48 Martin Luther, *Ein Sermon von dem hochwürdigen Sakrament des heiligen wahren Leichnams Christi und von den Bruderschaften*, 1519. WA II, p. 742ff.

49 「요한복음」 6:63.

음으로 말미암는 것만이 진정으로 영적이고 생명을 주는 식사이기 때문이다. 이것은 아우구스티누스가 말한 바와 같다. "왜 당신은 배와 이〔齒〕를 준비하는가? 믿으라, 그러면 이미 먹은 것이다."[50] 많은 사람들이 아무런 자격 없이 먹기 때문에 성례전은 생명을 주는 것이 아니다. 따라서 이 구절에서 성만찬에 대해 말한 것으로 이해할 수 없다.

어떤 사람들은 이 말들을 성례전 교리에 그릇 사용했다. 교령 '두둠'(Dudum)[51]과 그 밖의 여러 문서들이 그렇다. 성서를 악용하는 것과 성서를 정당하게 이해하는 것은 다른 것이다. 그렇지 않다면 예수가 "만일 너희가 나의 살을 먹고 나의 피를 마시지 않으면 생명을 얻지 못할 것이다"[52]라고 말함으로써 성례전적 식사를 명령했다면 그리스도는 모든 아이들, 병자, 결석자 또는 어떤 식으로든 성례전 식사 참여를 방해받은 모든 사람들을 — 그들이 어떤 믿음을 보인다 하더라도 — 저주한 것이다. 그래서 아우구스티누스는 『율리아누스 반박』(Contra Julianum) 제2권에서[53] 인노켄티우스[54]의 글을 근거로 어린아이들도 성만찬에 참여함이 없이 그리스도의 살을 먹고 피를 마신다는 것을 입증했다. 다시 말해 어린아이들은 교회의 같은 신앙을 통해 그리스도의 살과 피에 참여한다고 했다. 그러므로 이러한 결론이 유효하다. 즉 「요한복음」 6장은 이 문제와 아무런 관계가 없다. 이런 이유로 나는 다른 글에서[55] 보헤미아인이 이종 배찬을 수호하기 위해 신실하게 이 구절에 의존할 수 없다고 주장했다.[56]

---

50 *Sermo* 112, cap. 5. Migne 38, 645.

51 *Decretal Greg.* lib. III. tit. XLI. cap. 17 참조.

52 「요한복음」 6 : 53.

53 *Contra Julianum* ii, cap. 36. Migne 44, 699~700.

54 인노켄티우스 1세는 402~17년에 로마의 주교로서 펠라기우스 및 그의 추종자들을 정죄했다.

55 Martin Luther, *Verklärung etlicher Artikel in einem Sermon vom heiligen Sakrament*, 1520. WA VI, p. 80.

이 문제에 대해 매우 분명하게 다루는 두 구절이 있는데, 주의 만찬에 대한 복음서의 보도들과 「고린도 전서」 11장의 바울의 보도가 그것이다. 이 구절들을 보자. 마태와 마가, 누가는[57] 그리스도께서 모든 제자들에게 성례전 전체를 주었다는 데 일치한다. 바울이 두 요소 성만찬을 전했다는 것은 너무도 확실해서 지금까지 어느 누구도 뻔뻔스럽게 다른 소리를 하지 못했다. 여기에 하나를 추가하자.

마태는 그리스도께서 빵을 가리켜 "모두 다 이것을 먹으라"라고 말하지 않고 잔을 가리키며 "모두 다 마시라"라고 말씀하셨다고 보도한다.[58] 마가도 이와 비슷하게 "그들이 모두 먹었다"라고 하지 않고 "그들은 모두 그것을 마셨다"라고 말한다.[59] 양자가 보편성의 표지를 빵이 아니라 잔과 연관지어(ponens)[60] 말한다. 그리스도가 모든 사람에게 공통적이기를 원했던 잔의 교제를 어떤 자들에게 금지한 이런 분열이 있을 것을 영이 예견했던 것처럼 말이다. 그들이 '모두'라는 단어가 잔과 관련되지 않고 빵과 관련되어 있음을 발견했다면 우리를 향해 얼마나 미친 듯이 날뛸지 생각해보라. 그들은 우리에게 도망갈 구멍을 허락하지 않고, 소리 지르고, 이단자라 단정하고, 분열주의자라고 저주할 것이다. 그러나 성서는 그들에 적대해 우리 편에 서 있기 때문에 그들은 논리에 의해 막히는 것을 허락하지 않고, 하나님의 일에 있어서도 바꾸고 또 바꾸어 모든 것을 혼란스럽게 만들 수 있는 매우 자유로운 의지를 가진 자들이다.

그러나 내가 그들과 맞서서 내 주인 교황주의자들을 심문하는 장면

---

56 예나 판에는 다음 행에 "주의 만찬에 대하여"(DE COENA DOMINI)가 표제로 삽입되어 있다. 에르랑엔 판도 이를 따랐다.
57 「마태복음」 26장; 「마가복음」 14장; 「누가복음」 22장.
58 「마태복음」 26 : 27.
59 「마가복음」 11 : 23.
60 b에서는 'zûschraemend'로 번역한다.

을 상상해보라. 주의 만찬에서 온전한 성례전 또는 이종 배찬은 장로들에게만 허락된 것이든 아니면 평신도들에게도 동시에 허락된 것이다. 만약 그것이 장로들에게만 주어진 것이라면(그들은 이것을 바란다) 빵이든 포도주이든 간에 그것을 평신도들에게 주는 것은 허용될 수 없다. 그리스도께서 처음 제정하실 때 허락하지 않은 사람에게는 함부로 성만찬을 허락해서는 안 되기 때문이다. 그렇지 않고 만약 우리가 그리스도가 제정한 것 가운데 한 가지를 임의로 바꾸는 것을 허용한다면 우리는 그의 모든 율법을 무효화하는 것이다. 그러면 어떤 사람이든 간에 자신은 그리스도의 법이나 제정한 것에 의해서도 구속받지 않는다고 감히 말하게 될 것이다. 하나는 전체를 폐한다. 성서의 경우는 특히 그러하다. 그러나 만약 두 요소 성만찬이 평신도들에게도 주어진 것이라면 그 가운데 어느 하나라도 평신도들에게 주지 말도록 거부해서는 안 된다는 결론이 필연적으로 나온다. 만약 요청하는 자들에게 주기를 거부한다면 그들은 그리스도의 행동과 모범과 제정에 반해 불경스럽게 행동하는 것이다.

고백하건대 나는 극복할 수 없는 논리에 설복당했으니 이것에 대항해 말할 수 있는 것을 읽어본 적도 들어본 적도 발견한 적도 없다. 왜냐하면 여기서 그리스도의 말씀과 모범은 매우 확고하기 때문이다. 그리스도는 "너희는 모두 이 잔을 마셔라"[61]라고 허락으로서가 아니라 명령으로서 말한다. 모든 사람이 잔을 마셔야 한다면, 그리고 그 말씀이 성직자들에게 한 것으로 이해할 수 없다면 청하는 평신도들이 그것을 마시지 못하게 제한하는 것은 불경스런 행위임이 분명하다. 하늘에서 온 천사라 할지라도 그러하다. 저들은 두 요소를 나누어주는 것이 교회의 판단에 맡겨졌다고 말하지만, 이런 주장은 아무런 근거도 없이 말한 것이고 권위도 없이 나온 것이니 입증하기 쉬운 만큼 무시될 수 있다. 또

---

61 「마태복음」 26:27.

한 이것은 그리스도의 말씀과 활동을 우리에게 제시하는 적대자에 대해 무언가를 행할 수 없다. 그러므로 그리스도의 말씀으로 논박해야 하지만, 우리는 그 말씀을 소유하고 있지 않다.

그러나 빵과 포도주 가운데 어느 한 가지든지 평신도에게 거부될 수 있다면 마찬가지로 세례나 회개 역시 교회의 동일한 판단에 따라 평신도들에게는 배제될 수 있다. 그러므로 온전한 세례와 사죄가 베풀어져야 하는 것과 마찬가지로 그들이 원한다면 온전한 빵의 성례전도 모든 평신도들에게 베풀어져야 한다. 그런데 그들은 놀랍게도 장로들이 죽을 죄를 지었다 하더라도 미사에서 결코 한 요소만 받아서는 안 된다고 주장한다. 그 이유는 (그들이 이구동성으로 말하는 대로) 두 요소가 합쳐져야 온전한 성례전이 되고 이들은 결코 나누어질 수 없다는 것이다. 그렇다면 청하건대 그들은 나에게 답변하라. 어째서 평신도들에게는 나누는 것이 허용되고 그들에게만 온전한 성만찬을 베푸는 것이 불가능한가? 그들은 자신들의 증언으로 평신도들에게 두 요소를 모두 주어야 하거나 한 요소만으로 정당한 성례전이 베풀어지지 않는다는 것을 고백하지 않는가? 어떻게 장로들의 경우 한 요소는 온전한 성례전이 아니고, 평신도들의 경우는 온전할 수 있는가? 여기서 교회의 판단과 교황의 권력을 왜 나에게 내세우는가? 이런 것을 통해 하나님의 말씀과 진리의 증언이 폐지될 수 없다.

더 나아가 다음 논리가 나온다. 만약 교회가 평신도들에게 포도주 요소를 제한할 수 있다면 또한 빵의 요소도 제한할 수 있고, 그리하여 평신도들에게 제단의 성례전 전체를 제한할 수 있고 평신도들에 대해 그리스도가 제정한 것을 완전히 제한할 수 있다. 그러나 나는 그들에게 묻는다. 무슨 권위로 그렇게 하는가? 그런데 교회가 빵이나 두 요소 모두를 제한할 수 없다면 포도주도 제한할 수 없고 가질 수도 없다. 이것이 여기서 적대자에게 말할 수 있는 것이다. 왜냐하면 교회의 권능은 두 요소에 대해서든 한 요소에 대해서든 간에 똑같아야 하고, 두 요소에 대해 권능이 없다면 한 요소에 대해서도 마찬가지이기 때문이다. 여기서 로마의 아첨꾼들은 뭐라고 할지 듣고 싶다.

그러나 그리스도는 무엇보다 가장 중요하게 촉구하고 나를 설득하는 말을 했다. "이것은 나의 피, 곧 너희와 많은 사람들의 죄를 사해주려고 흘리는 피다."[62] 이 구절에서 그대는 피가 모든 사람들을 위해 (그들의 죄를 위해 피를 흘린다) 주어졌다는 것을 분명하게 알 수 있다. 누가 감히 평신도들을 위해 피 흘리지 않았다고 말하겠는가? 그리스도가 잔을 주면서 누구를 향해 말하는지 그대는 알지 않는가? 그리스도는 모든 사람에게 주지 않았는가? 모든 사람들을 위해 피를 흘린다고 말하지 않았는가? '너희를 위하여'라는 말이 사제들을 지칭한 것이라고 하자. 그러나 '많은 사람들을 위해'는 결코 사제들을 지칭한 것이 아니다. 그럼에도 불구하고 그리스도는 말한다. "모두 이 잔을 마셔라."[63] 나는 원하면 여기서 나의 수다쟁이[64]가 행한 것처럼 쉽사리 내 언어로 그리스도의 말씀을 가지고 농담하고 조롱할 수 있다. 그러나 성서에 의지해 우리를 반대하는 자들은 성서로써 논박해야 한다.

이런 것이 바로 나로 하여금 보헤미아인을 저주할 수 없게 만든 이유이다. 그들은 사악한 사람들이든 선량한 사람들이든 간에 그들을 옹호하는 그리스도의 말씀과 행동을 확실히 소유하고 있다. 반면에 우리는 인간의 허황된 생각, 곧 "교회가 그렇게 정했다"라는 것 이외에 아무것도 없다. 교회가 아니라 교회의 폭군들이 하나님의 백성인 교회의 합의도 없이 이렇게 정했기 때문이다.

그런데 모든 사람이 평신도들에게 표지 없이 성례전의 본질[65]을 양보

---

62 「마태복음」 26:28.

63 「마태복음」 26:27.

64 알펠트를 지시한다.

65 성례전은 두 부분으로 구성되는데, 표지(signum)와 본질(res), 즉 표지가 지시하는 은총이다.

한다면 평신도들에게 두 요소, 즉 가시적 표지를 제한해야 할 필요, 신앙, 유익은 무엇인가? 더 큰 본질을 양보한다면 어째서 더 작은 표지를 양보하지 않는가? 모든 성례전에서 표지 자체는 표지인 한에서 본질 자체와 비교할 수 없이 작다. 그러므로 무엇 때문에 저들은 더 큰 것은 주면서 더 작은 것은 주는 것을 금하는지 나는 묻는다.

나에게는 진노한 하나님이 교회로 하여금 분열하는 계기를 마련한 것처럼 보이는데, 이것은 마치 어떤 사람들이 사랑은 뒷전에 두고 의식(儀式)을 위해 싸우듯이 우리가 진정한 성례전의 본질을 오래전에 상실한 채 가장 중요하고 유일한 것은 뒷전에 두고 덜 중요한 표지를 위해 다투는 것을 가리킨다. 이 괴물(monstrum)[66]은 우리가 그리스도인의 사랑을 외면하고 세상의 부를 탐하기 시작한 때 시작된 듯하다. 그러므로 신은 이 끔찍한 징조를 통해 우리가 표지가 지시하는 것보다 표지 자체를 더 중요하게 여겼다는 것을 보여주었다. 그대가 세례 받은 사람에게 세례의 신앙은 인정한다면서 이 신앙의 표지, 곧 물을 거부한다면 얼마나 그릇된 일인가?

마지막으로 바울은 「고린도 전서」 11장[67]에서 모든 사람들의 입을 막으며 무적의 승자가 된다. "내가 여러분에게 전해준 것은 주님께로부터 받은 것이다." 그는, 저 형제가[68] 그의 두뇌로 거짓말한 것처럼 "나는 여

66 b: 이곳뿐만 아니라 다른 곳에서도 'misszwunder'로 번역되었다.
67 「고린도 전서」 11:23.
68 알펠트는 그의 글, Bl. Giijᵃ에서 말한다. "고린도인은 세례와 혼인 예전에서 오류를 범한 것처럼 성만찬 예전에서도 오류를 범했다. 그러므로 그(바울)는 그들에게 이종 배찬을 허락하기 전에 '먼저 너희가 교회에 모일 때 분열이 너희 간에 있다고 들었고 부분적으로 믿는다'. …… 나중에 그는 성만찬을 다루면서 특정 교회로서 그들에게 이종 배찬을 허락한 것은 그들의 잘못된 분쟁 때문이다."(Corinthii sicut errarant in sacramento baptismatis et matrimonii, ita et in sacramento Eucharistie erraverunt. Ideo antequam illis sub utraque specie communionem permisit, dixit 'primum quidem convenientibus vobis in ecclesiam audio scissuras

러분에게 허락했습니다"라고 말하지 않았다. 바울이 두 요소를 선사한 것은 고린도인 간의 분쟁 때문이었다는 주장은 옳지 않다. 먼저 본문은 그들의 분쟁이 두 요소와 관련된 것이 아니라 부유한 자와 가난한 자들 간의 멸시와 질투 때문이었음을 보여준다. 본문은 명백히 말한다. "굶주리는 사람이 있는가 하면 술에 만취하는 사람도 있으니 여러분은 가난한 사람들에게 창피를 주려고 그러는 것입니까?"[69] 그다음으로 바울은 자신이 처음으로 전한 것에 대해 말하지 않는다. 그는 "내가 주님으로부터 받는다" "여러분에게 준다"라고 말하지 않고 "주님에게서 받았다" "전했다"라고 말하기 때문이다. 즉 이런 분쟁이 있기 훨씬 전에 처음으로 설교하기 시작할 때 그가 두 요소를 그들에게 전했다는 것을 지시한다. 왜냐하면 그가 다른 곳에서 같은 단어를 사용한 것처럼 "전했다"라는 말은 "명령했다"와 같은 뜻이기 때문이다. 그러므로 저 형제의 안개(fraternalis fumus)[70]가 여기서 성서적 근거도 이유도 없이 '허락'에 대해 뒤죽박죽 만들어놓을 것은 없다. 적대자들은 그가 무슨 꿈을 꾸었는가를 묻지 않고, 그 문제와 관련해 성서가 뭐라고 판단하는가를 묻는다. 그러나 그는 자신의 꿈을 뒷받침해줄 수 있는 것을 성서에서 전혀 이끌어내지 못한다. 반면에 적대자들은 자신들의 신앙을 뒷받침할 큰 천둥소리를 제시할 수 있다.

그러므로 너희 모든 교황의 아첨꾼들아, 모두 일제히 일어서라! 불경건, 폭정, 복음의 권위 손상, 불의한 형제 모독의 비난에 대해 방어하라. 너희들은 그렇게 명백하고 능력 있는 성서에 적대해 순전히 너희 머리에서 나온 꿈을 따르지 않는 자들을 이단자라고 비난한다! 만약 어떤

---

esse inter vos et ex parte credo.' ··· Postea de Eucharistia agit, permittens illis communionem sub duplici specie ut ecclesie particulari propter eorum erroneam contentionem.)

69 「고린도 전서」 11:21.

70 b: 번역은 'der beröucht brûder'(악명 높은 형제)이다.

사람들이 이단자요 분열주의자라면, 그것은 보헤미아인이나 그리스인이 아니다. 왜냐하면 그들은 복음에 의지하기 때문이다. 그러나 이단자요 불경건한 분열주의자는 너희 로마교도들이니, 너희들은 하나님의 명백한 말씀을 위반하고 너희들의 허구에 따라 주장하기 때문이다. 그러므로 인간들아, 이것을 씻어내라!

사도가 일반 교회가 아니라 특정한 교회, 곧 고린도 교회에 쓰고 허락한 것이라고 말하는 것보다 우스꽝스럽고 저 형제의 머리에 어울리는 것이 무엇인가? 그는 어디에서 이것을 입증하겠는가? 그의 창고, 곧 그의 불경건한 머리에서 그럴 것이다. 모든 교회가 이 서신을 사도 바울이 자신들에게 쓴 편지로 받아들이고 읽고 모든 면에서 따르는데, 어째서 이 부분에서는 그렇지 않은가?

만약 바울이 쓴 어떤 서신 또는 그 일부가 일반 교회에 적용되지 않는 것으로 생각한다면 바울의 모든 권위는 사라진다. 고린도인은 바울이 로마인에게 믿음에 대해 가르친 것은 자기들과 상관없다고 말할 것이기 때문이다. 이보다 더 큰 신성모독, 이보다 미친 짓을 생각할 수 있는가! 바울이 쓴 글 가운데 조금이라도 전체 교회가 따르고 지키지 않아도 될 것은 없다! 교부들은 위험한 이 시대에 이르기까지 이렇게 생각하지 않았다. 이와 관련하여 바울은 장차 신성을 모독하고 눈멀고 무정한 사람들이 나타날 것이라고 예언했다.[71] 이 형제야말로 그들 가운데 한 사람이거나 그들 가운데 우두머리일 것이다.

그러나 이 관용할 수 없는 미친 주장을 허용하자. 바울이 특정한 교회에 두 요소 성만찬을 허락했다면 그대 생각에 그리스인과 보헤미아인이 옳게 행한 것이다. 왜냐하면 그들은 특정한 교회이기 때문이다. 그러므로 그들은 적어도 두 요소 성만찬을 허락하는 바울에 어긋나게 행하지 않은 것으로 족하다. 더구나 바울은 그리스도의 제정에 어긋나는 어

---

71 「디모데 후서」 3:2.

느것도 허락할 수 없었다. 그러므로 로마여, 나는 그리스인과 보헤미아 인을 옹호하며 그리스도와 바울의 말씀을 가지고 그대와 그대의 아첨 꾼들에 적대하노라. 너희들은 이 말을 바꿀 수 있는 권능뿐만 아니라 다른 사람들이 너희들의 주제넘은 짓을 무시했기 때문에 이단자로 몰 수 있는 권능이 주어졌다는 것을 결코 입증할 수 없을 것이다. 너는 불경건과 폭정 혐의로 비난받음이 합당하다.

이 점과 관련해 키프리아누스의 글을 읽어보자. 키프리아누스 혼자 모든 로마주의자들을 대적할 능력이 충분하다. 그는 『배교자들에 대한 설교』 제5권에서 평신도들과 어린이들에게도 두 요소, 주님의 몸을 그들의 손에 주는 것이, 많은 사례를 제시한 것처럼 이 교회의 일반적인 관행이었다는 것을 증언한다. 그는 다른 말 가운데 어떤 사람들을 이렇게 책망한다. "신을 두려워하지 않는 사람은 더러운 손으로 주님의 몸을 즉시 받을 수 없거나 더러운 입술로 주님의 피를 마실 수 없기 때문에 사제들에게 화를 낸다." 그는 여기서 사제들로부터 주님의 몸과 피를 받기를 원하지만 신을 모독하는 평신도들에 대해 말하는 것을 본다. 이 불쌍한 아첨꾼들아, 여기서 너는 이 말에 대하여 뭐라고 으르렁거릴 수 있는가? 사도적 영을 받은 교회의 교사이며 거룩한 순교자가 이단자였고 두 요소 성만찬을 특정한 교회에서 허용했다고 말하라.

그곳에서 키프리아누스는 자신이 직접 관찰한 어떤 사건에 대해 말했다. 그는 어떤 부제(副祭)가 어린 소녀에게 잔을 주었는데 주저하는 그녀의 입에 주님의 피를 부었다고 아주 솔직하게 기술했다. 성 도나투스의 이야기에서도 같은 내용을 읽을 수 있는데, 오 불쌍한 아첨꾼이여, 깨어진 잔 이야기를 얼마나 냉담하게(quam frigide)[72] 빠져나갔는가! 그는 말했다. "잔이 깨어졌다는 말은 읽었지만, 피를 주었다는 말을 읽지 못했다."[73] 무엇이 이상한가? 자기 마음대로 성서를 이해하는 자는 이

---

72 b: 'wie laew'로 번역되었다.

런 이야기에서도 자기 마음대로 읽는다. 그러나 이런 식으로 교회의 변덕을 안정시키고 이단자들을 반박할 수 있을까?

이 문제는 이 정도 언급하는 것으로 충분하다! 내가 이 글을 시작한 것은 답변할 가치가 없는 사람에게 대꾸하기 위함이 아니라 진리를 드러내기 위함이다.

그러므로 평신도들에게 두 요소 성만찬을 거부하는 것은 불경건이고 폭정이라고 나는 결론을 내린다. 그 어떤 천사의 손에도 그렇게 할 권한이 없고, 교황이나 그 어떤 공의회라도 마찬가지다. 나는 콘스탄츠 공의회도 개의치 않는다.[74] 콘스탄츠 공의회의 권위가 유효하다면 어째서 바젤 공의회는 유효하지 않은가? 바젤 공의회는 콘스탄츠 공의회와는 반대로 보헤미아인에게 두 요소를 받도록 허용해야 한다고 결정했다. 현존하는 공의회 연대기와 문헌들이 입증하는 것처럼 이 결정은 거기에서 많은 논의를 거친 후에 얻어낸 것이다. 저 무식한 아첨꾼 (adulator)[75]은 이 결정도 자신의 꿈을 뒷받침하기 위해 인용한다.[76] 그는

---

73 알펠트는 그의 글, Bl. Gª에서 깨어진 잔 이야기를 로마의 성만찬 관행에 대한 이의로서 인용했다. 이 이야기는 Gregor. in dial.에 의하면, 「롬바르디아의 역사」 (Lombardica historia)에 들어 있다. "도나투스의 이야기를 하자면 한 부제가 그리스도의 피를 백성에게 집전했다. 불신자와 부딪혀서 유리잔을 떨어뜨려 깨뜨리자 성 도나투스는 그 잔을 고쳐주었다."(Historia Donati habet. Cum diaconus administraret Christi sanguinem populo, impulsum ab infidelibus passus cadens vitreum fregit calicem, quem sanctus Donatus reparavit.) 그는 이것을 반박하기 위해 다음과 같이 덧붙였다. "나는 그레고리우스에게서 잔을 고쳐준 이야기는 읽었으나 피를 집전했다는 이야기는 발견하지 못했다."(Reparationem calicis in Gregorio lego, sed administrationem sanguinis non invenio.)

74 알펠트는 그의 글의 결론에서 『콘스탄츠 공의회 결정』(Decretum Constantiense)을 원용한다. 여기에 평신도의 잔 박탈이 확정되어 있다.

75 b : 'kutzenstricher'로 번역한다. 이전에는 'liebkoßer' 또는 'schmeychler'로 번역했다.

76 알펠트는 바젤 공의회의 기록을 잘못 인용했다. 바젤 공의회 문서에는 후스의 추종자들에게 이종 배찬을 집전해도 좋다는 특별한 권리를 부여하는 '프라하 협정' (Prager Compactata)이 포함되어 있다.

이렇게 지혜롭게 모든 문제를 다룬다.

그러므로 이 성례전의 첫 번째 포로는 그것의 질료 또는 온전성과 관계가 있다. 이것을 로마의 폭군이 우리에게서 빼앗아간 것이다. 그러나 한 요소를 사용하는 사람들이 그리스도를 거슬러 죄를 범한 것이 아니다. 왜냐하면 그리스도는 어떤 것이든 사용하라고 명령한 것이 아니라 그것을 개인의 판단에 맡기면서 이렇게 말했기 때문이다. "너희가 마실 때마다 이것을 행하여 나를 기억하라."[77] 오히려 이런 판단에 따라 사용하기 원하는 사람들에게 두 요소를 주는 것을 금하는 자들이 죄를 범한 것이다. 잘못은 평신도들에게 있는 것이 아니라 사제들에게 있다. 성례전은 사제들의 것이 아니라 모든 사람들의 것이다. 사제는 주인이 아니라 사람들이 원할 때마다 원하는 자들에게 두 요소를 나누어줄 의무가 있는 종이다. 만약 그들이 평신도들로부터 이 권한을 빼앗고 힘으로 거부한다면 그들은 폭군이다. 그러나 평신도는 신앙과 온전한 성만찬에 대한 염원을 품은 채 아무런 잘못 없이 한 요소나 두 요소 모두 받지 못하는 것이다. 사역자들이 원하는 사람에게 (그가 그것을 요구할 권리가 있는 만큼) 세례와 사죄를 수여할 의무가 있는 것처럼 사역자들이 그것을 주지 않는다고 하더라도 구하는 자는 자기 신앙에 대한 충만한 보상을 얻는다. 반면에 그들은 그리스도 앞에서 악한 종으로 고발될 것이다. 이 것은 옛날에 거룩한 교부들이 광야에서 여러 해 동안 어떤 형태의 성례 전에도 참여하지 않았던 것처럼 말이다.

그러므로 우리가 명령에 의해 그것을 반드시 하도록 강요받은 것처럼 억지로 두 요소를 빼앗기게 하려는 것이 아니다. 도리어 자신들의 죄 때문에 성례전에서의 자신의 권리를 강제로 빼앗겼다는 사실을 알면서 로마의 폭정을 참고 견디라고 나는 양심에 훈계한다. 내가 바라는 것은 오직 이것이니, 그 누구도 평신도들에게 한 요소를 금하는 것이 옳은 일

---

77 「고린도 전서」 11 : 21 이하.

인 것처럼 로마의 폭정을 정당화해서는 안 된다. 우리는 오히려 그것을 증오하고 동의하지 말아야 한다. 그럼에도 불구하고 투르크인의 포로가 (그곳에서는 두 요소 가운데 어느 하나도 사용하지 못한다) 된 것처럼 어쩔 수 없이 폭정을 견디는 수밖에 없다. 내가 말한 것은[78] 이것이니, 이러한 포로 상태가 공의회의 결정으로 해소되고, 우리 그리스도인의 자유가 로마의 폭군의 손아귀에서 회복되어 세례와 고해 성사에서 각자의 바라고 사용할 수 있는 의지에 맡겨진 것처럼 각자의 의지가 맡겨진다면 좋을 듯하다. 그러나 그는 현재 매년 같은 독재로 한 요소만 받도록 강요한다. 그리스도가 우리에게 선사한 자유는 완전히 사라졌다. 이것은 우리의 불경스런 배은망덕이 빚어낸 결과이다.

같은 성례전의 두 번째 포로는 양심에 비추어볼 때 더 부드럽기는 하지만, 그것을 정죄하는 것은 말할 것도 없고 그것을 건드리는 것은 모든 것 가운데 가장 위험한 일일 것이다. 여기서 나는 위클리프주의자요 600개의 이름을 가진 이단자가 될 것이다. 그러나 그게 무슨 상관인가? 로마의 주교가 주교이기를 중지하고 폭군이 된 후, 나는 그의 칙령을 결코 두려워하지 않는다. 그에게도, 또한 공의회도 새로운 신조를 만들어낼 수 있는 권한이 없음을 나는 안다.

내가 스콜라주의 신학에 취해 있을 때 캄브라이의 박식한 추기경[79]은 『명제집』 제4권[80]에서 내게 생각할 수 있는 기회를 주었다. 그는, 교회가 상반된 결정을 내리지만 않았다면 제단 위에는 단순한 우유성(偶有性, accidentia)[81]이 아니라 참 빵과 참 포도주가 있다고 보는 것이 훨씬

---

78 WA II, p. 742 참조.

79 피에르 다일리(Pierre d'Ailly, 1350~1420)를 말한다.

80 Pierre d'Ailly, *Questiones quarti libri sententiarum*, quest. 6. P. Tschackert, *Peter von Ailli*, Gotha, 1877, p. 321 참조.

81 형식, 외관, 맛과 같은 외적 표시를 의미한다. 가톨릭 교회 이론에 의하면, 변화가 일어나 빵과 포도주의 질료가 중단되었을지라도 우유성은 보존된다.

개연성이 있고 불필요한 기적의 도움을 덜 받고도 세울 수 있다고 아주 날카롭게 주장했다. 내가 나중에 이러한 결정을 내린 교회가 토마스주의자들, 즉 아리스토텔레스 학파임을 알았을 때 나는 더욱 자신감이 생겼다. 바위와 거룩함 사이에 끼어 있었던(inter saxum et sacrum)[82] 나는 결국 앞의 명제로 내 양심을 안정시켰다. 즉 제단에 참 빵과 참 포도주가 있고, 여기서 그리스도의 참된 살과 참 피는 그들이 그것들의 우유성 아래 있다고 주장하는 것과 다르지 않게 바로 그대로 존재한다는 결론을 내린 것이다. 내가 이렇게 한 것은 토마스주의자들의 의견이 교황에 의해 인정받았든 공의회에 의해 인정받았든 간에 그것은 어디까지나 의견일 뿐이며, 하늘에서 온 천사가 다르게 결정했을지라도 신앙 조항이 될 수 없다고 보았기 때문이다. 성경 또는 입증된 계시의 뒷받침 없이 주장하는 것은 하나의 의견일 수 있지만 반드시 믿을 필요가 있는 것은 아니다. 그러나 토마스의 이 견해는 성경이나 근거도 없이 허황되어 그의 철학이나 변증법을 전혀 알지 못했던 것 같다. 왜냐하면 성 토마스가 우유성과 형상에 대해 말한 내용은 아리스토텔레스가 말한 것과 너무도 달라 내가 보기에 이 위대한 인물에게는 매우 유감스러운 일이다. 그는 신앙의 문제에 대한 견해를 아리스토텔레스에게 가르치려 했을 뿐만 아니라 자신도 이해하지 못한 아리스토텔레스 사상이라는 불행한 기초 위에 불행한 구조를 얹어놓으려고 시도했다.

그러므로 원하는 자는 두 견해 가운데 어느 것이라도 선택하도록 허락한다. 지금 나의 관심은 그 누구도 제단에 참 빵과 참 포도주가 존재함을 믿는다고 해서 자신이 이단자로 몰릴 것을 두려워하지 않고, 구원의 위험 없이 어느 것이든 자유롭게 생각하고 믿을 수 있도록 모든 양

---

82 '삭숨 사크룸'(saxum sacrum)은 레무스가 신탁을 발견한 거룩한 장소를 지시한다. 루터는 '바위'(saxum)와 '거룩하다'(sacrum) 사이에 'et'를 넣어 언어유희를 시도했다. 이로써 궁지에 빠진 자신의 처지를 지시하는 듯하다. —옮긴이

심의 가책(scrupulos)[83]을 제거하는 것이다. 왜냐하면 여기에는 어떤 신앙의 강제가 없기 때문이다. 그럼에도 불구하고 나는 나 자신의 견해를 따르려 한다. 첫째로 나는 이 주장이 위클리프적이다, 후스적이다, 이단적이고 교회의 결정에 위배된다고 떠들어대는 사람들의 말을 듣지 않거나 무시하려 한다. 내가 면죄와 자유의지와 하나님의 은총, 선행과 죄 등에 대해 여러모로 이단적임을 입증한 사람들이 아니고서는 이렇게 할 수 없다. 따라서 위클리프가 이단자였다면 그들은 위클리프보다 열 배는 더 이단자이다. 이단자들과 왜곡된 궤변론자들로부터 비난받고 고발당하는 것은 좋은 일이다. 그들을 즐겁게 한 것이야말로 가장 불경스런 일이다. 그뿐만 아니라 그들은 "이것은 위클리프적이야, 저것은 후스적이야, 저것은 이단적이야!"라고 말하는 것 외에 달리 자신들의 의견을 입증하거나 반대되는 견해를 반박할 수 없다. 이 지루한 말이 언제나 침 튀기며 흘러나온다. 그것밖에 없다. 그대가 성서적 증거를 요구하면 그들은 이렇게 말한다. "우리는 이렇게 생각하고, 교회(즉 우리 자신)가 이렇게 결정했다." 이 정도로 버림받은 인간들은 신앙에 대해 우리가 믿을 수 없는 자신의 환상을 교회의 권위를 내세워 신조라고 주장한다.

그러나 내 견해에는 특별히 중요한 근거가 있으니, 사람이든 천사든 간에 그 무엇도 신의 말에 대해 폭력을 행사할 수 없다는 것이다. 신의 말은 가능한 한 순수한 의미로 보존되어야 한다. 명백한 상황으로 어쩔 수 없는 경우가 아니라면 문법적·본래적 의미를 벗어나 이해해서는 안 된다. 이것은 적대자들에게 성서 전체를 웃음거리로 만드는 계기를 주지 않기 위해서이다. 이런 이유에서 오리게네스가 천국에 대해 나무와 모든 것을, 문법적인 의미를 무시하고 알레고리로 해석함으로써 신이 나무를 창조하지 않았다고 추론할 수 있도록 했기 때문에 옛날에 비판받은 것은 정당하다. 마찬가지로 복음서기자들은 그리스도가 빵을 떼어

---

83 b: 'irrzweyfel'.

축사하셨다고 단순하게 기록하고 있고,[84] 「사도행전」과 사도 바울은 차례로 빵이라고 부르고 있는데,[85] 우리는 참된 잔을 생각하듯이 참 빵과 참 포도주를 생각해야 한다(그들 자신도 잔은 화체〔化體〕되지 않는다고 말하기 때문이다). 그러나 신적 능력에 의해 화체가 일어난다고 생각할 필요가 없기 때문에 이것은 인간의 머리에서 나온 허구로 간주해야 한다. 앞으로 살펴보겠지만 화체설은 성경적 근거도, 이성적 근거도 없는 것이다.

그러므로 빵을 빵의 형상 또는 우유성으로 의미하고 포도주를 포도주의 형상 또는 우유성으로 이해하는 것은 터무니없고, 새로운 말장난이다. 그들은 어째서 다른 모든 것을 형상과 우유성으로 이해하지 않을까? 다른 모든 것에 대해 그렇게 하는 것이 유효할지라도 이런 식으로 신의 말을 약화하고 그 의미를 제거함으로써 그토록 큰 해악을 끼치는 것은 허용될 수 없다.

그런데 교회는 1,200년 이상 동안 옳게 믿었고,[86] 아리스토텔레스의 위장된 철학이 지난 300년 전부터 교회에 침투하기 시작할 때까지 거룩한 교부들은 언제 어느 곳에서도 저 화체(ista transsubstantiatio,[87] 즉 기괴한 말과 환상)에 대해 언급한 적이 없었다. 이 기간 동안 많은 것들이 잘못 정의되었으니, 가령 신적 본질은 낳아질 수도 없고 낳지도 못 한다 또는 영혼은 인간 육신의 본질적 형상이다 등 유사한 것들이 그러한 예이다. 이런 결정이 캄브라이의 추기경 자신이 인정하듯이 아무런 근거나 이유가 없이 이루어졌다.

---

84 「마태복음」 26 : 26; 「마가복음」 14 : 22; 「누가복음」 22 : 19.

85 「사도행전」 2 : 46; 「고린도 전서」 11 : 23.

86 인노켄티우스 3세 치하의 제4차 라테란 공의회(1215)는 화체설을 결정했다. 이 술어는 스테판 드 오툉(Stephan de Autun)(†1139)에게서 발견되며, 이 개념은 암브로시우스로 소급될 수 있다.

87 b : 'semliche verendrung'으로 번역되었다.

아마도 우상숭배의 위험 때문에 어쩔 수 없이 빵과 포도주가 참으로 존재하지 않는다고 그들은 말해야 할 것이다. 얼마나 우스꽝스러운 일인가! 평신도들은 본질과 우유성에 대한 정교한 철학을 알지도 못하며, 설령 그들을 가르친다고 해도 결코 이해할 수 없을 것이다. 또한 그들이 보지 못하는 본질뿐만 아니라 그들이 보는 우유성에도 같은 위험이 있다. 그들이 우유성을 숭배하는 것이 아니라 그 아래 감추어진 그리스도를 숭배하는 것이라면 어째서 볼 수 없는 빵을 숭배해야 하는가?

그리스도가 어째서 자신의 몸을 우유성에 포함시키듯이 빵의 본질 안에는 포함시킬 수 없는가? 보라, 불과 쇠는 불타는 쇠로 뒤섞여서 모든 부분이 쇠인 동시에 불이다. 그렇다면 더구나 그리스도의 영광스러운 몸은 모든 부분에서 빵의 본질일 수 있지 않은가?

그들은 뭐라고 할 것인가? 그리스도는 어머니의 모태에서 ─그녀의 몸이 상하지 않고 ─ 태어난 것으로 믿는다. 그들은 여기서도 동정녀 마리아의 육신이 그 사이에 소멸되었거나, 더 적절하게 말하기 원하는 대로 본질이 변화되었고, 그래서 그리스도가 우유성에 싸인 후 마침내 우유성을 통해 나왔다고 말할 것이다. 그리스도는 닫힌 문과 닫힌 무덤 입구를 손상시키지 않고도 그것들을 통해(per)[88] 안으로 들어가고 나갔다는데, 여기에 대해 똑같이 말해야 할 것이다. 이로부터 본질과 구별된 연속적인 양에 대한 저 철학의 바빌론(Babylonia)[89]이 태어났으니, 마침내 그들 자신도 무엇이 본질이고 무엇이 우유성인지 모르는 지경에 빠졌다. 도대체 누가 열, 색깔, 차가움, 빛, 무게 또는 형상을 우유성이라고 확실하게 입증했는가? 결국 그들은 제단에 있는 우유성에 새로운 본질이 하나님에 의해 창조된다고 생각하지 않을 수 없었는데, 이것은 아리스토텔레스 때문이다. 아리스토텔레스는 "우유성이 존재함은 내재함

---

88 비텐베르크 판에는 없다.
89 언어의 혼란을 지시. 「창세기」 11:9 참조. ─ 옮긴이

이다"라든가 끊임없이 기괴한 말을 했다. 그들이 단순하게 제단의 빵이 참 빵이라고 허락하면 그들은 모든 이런 이론에서 자유로울 것이다. 적어도 백성에게는 성례전에 대한 단순한 믿음이 남아 있는 것을 나는 기쁘게 생각한다.

그들은 거기에 본질 없이(sine)[90] 우유성이 존재할 수 있는지 없는지 이해하지 못하고 논쟁하지도 않고 단순한 믿음으로 그리스도의 몸과 피가 진실로 거기에 내재한다고 믿으면서, 그것들이 어디에 포함되어 있는지에 대한 논쟁은 한가한 사람들에게 맡긴다.

그러나 그들은 아마도 아리스토텔레스에게서 긍정적 명제에서 주어와 술어가 같은 것을 대신해야 함을 배웠다고 말할 것이다. 또는 (『형이상학』 제6권에 기록된 짐승 자신의 말을 인용하면) "긍정적 명제를 위해 주어와 술어의 일치가 요구된다." 그들은 주어와 술어의 일치를 동일한 것을 대신함으로 해석한다. 그렇기 때문에 내가 "이것은 내 몸이다"라고 말하면 주어는 빵이 아니라 그리스도의 몸을 대신한다고 생각한다.

우리가 아리스토텔레스와 인간적 교리를 그처럼 숭고하고 신적인 문제의 판정관으로 삼는다면 뭐라고 말해야 하는가? 우리는 어째서 그런 호기심을 물리치고 그리스도의 말씀에 단순하게 붙잡혀 거기서 무엇이 일어나든 간에 알려고 하지 않고, 그리스도의 참된 몸이 말씀의 힘에 현존하는 것에 만족하지 않는가? 신의 역사 방식을 완전히 이해해야만 하는 것일까?

그러나 아리스토텔레스가 본질을 제1주어가 되기를 바라지만 우유성의 모든 술어에 주어를 부여한다면 그들은 뭐라고 말할 것인가? 그러므로 아리스토텔레스에게서 '이 흰 것' '이 큰 것' '이 무엇'은 뭔가가 서술되는 주어들이다. 만약 이것이 참되다면 나는 묻는다. 즉 그리스도의 몸

---

90 'sive'로 읽어야 한다. 그러나 모든 판본은 'sine'로 했다. L. Lemme, p. 98에서는 'oder'로 번역했다.

이 빵과 구별해서 입증되지 않기 위해 '본질 변화'(transsubstantiatio)가 가정되어야 한다면 어째서 그리스도의 몸이 또한 우유성과 구별해서 긍정적으로 진술되지 않기 위해 '우유성 변화'(transaccidentatio)를 가정해서는 안 되는가? 만약 우리가 "이 흰 것, 이 둥근 것이 나의 몸이다"를 주어로 이해한다고 해도 똑같은 위험이 존재한다. '본질 변화'를 가정하는 것과 같은 이유로, 명제의 주어와 술어가 동일한 것을 대신하기 위해 '우유성 변화'를 가정하지 않을 수 없는 것이다.

그러나 그대가 지성으로 초월해 우유성을 제거하고 "이것은 나의 몸이다"라고 말할 때 주어를 우유성으로 대치하려 하지 않는다면 어째서 역시 용이하게 빵의 본질을 초월해 이것을 주어로 이해하려 하지 않는가? 그러므로 '이 나의 몸'은 빵의 우유성뿐만 아니라 본질 안에도 있지 않게 된다. 특히 이것은 전능한 능력에 의한 신적 역사이기 때문이다. 하나님의 능력은 우유성 안에서 역사할 수 있는 만큼 본질 안에서도 역사할 수 있는 것이다.

그러나 이제 지나치게 철학하는 것은 그만두자. 그리스도는 포도주에 대해 'Hoc est sanguis meus'라고 하지 않고 'Hic est sanguis meus'(이것은 내 피다)라고 말함으로써 이런 호기심에 훌륭하게 대응한 것으로 보이지 않는가? 그는 "이 잔은 내 피로 세우는 새 언약이다"[91]라고 말할 때 '잔'이라는 말을 섞음으로써 더 분명하게 대응했다. 그리스도는 자신의 피가 잔에 있음을 믿도록 하기 위해 우리가 단순한 신앙 안에 있기를 원했던 것으로 보이지 않는가? 나는 어떻게 빵이 그리스도의 몸인지 알 수는 없다 하더라도 내 이성을 사로잡아 그리스도께 복종케 하고, 그의 말씀을 단순하게 붙잡고 그리스도의 몸이 빵 속에 있을 뿐만 아니라 빵이 그리스도의 몸이라고 굳게 믿는다. 왜냐하면 "주님은 빵을 받아서 감사를 드린 다음 떼시고 말씀하셨습니다. '받아먹어라, 이것(즉 그가 받

---

91 「고린도 전서」 11:25.

아서 뗀 이 빵)은 나의 몸"이라고 말할 때[92] 이 말이 나를 지킬 것이기 때문이다. 그리고 바울은 이렇게 말한다. "우리가 떼는 빵은 그리스도의 몸에 참여함이 아닙니까?"[93] 그는 "빵 안에는 ……이 있다"라고 말하지 않고, "빵 자체가 그리스도의 몸에 참여함이다"라고 말한다. 철학이 이것을 이해하지 못한다고 해서 무슨 상관인가? 성령이 아리스토텔레스보다 더 위대하다. 그들 스스로 여기서 모든 철학이 무너지는 것을 인정하는데, 철학이 그들의 화체설을 이해한다고?

그리스어와 라틴어에서 대명사 'hoc'(이것)이 몸을 지시하는 것은 성의 유사성 때문이다. 그러나 중성이 없는 히브리어에서 '이것'은 빵을 가리킨다. 그러므로 나는 'hic est corpus meum'이라고 말할 수 있는 것이다. 실제로 이 언어의 용법과 상식은 그리스도가 "이것은 나의 몸이다"[94]라고 말할 때 주어 '이것'은 빵을 가리키는 것이지 몸을 가리키는 것이 아니라는 점을 입증해준다. 이 말은 "이 빵은 내 몸이다"라고 말하는 것과 같다.

그러므로 그리스도에게 참된 것은 성례전에도 참이다. 신성이 육신적으로 거하기 위해서는 인간성이 신성으로 변화되어야 하는 것이지 신성이 인간적 본성의 우연 아래 들어가야 할 필요는 없다. 완전한 두 본성을 놓고 "이 인간은 신이고, 이 신은 사람이다"라고 참으로 말할 수 있는 것이다. 철학은 이 말을 이해할 수 없으나 신앙은 이해한다. 그리고 신의 말씀의 권위는 우리의 지적 능력보다 크다.

그러므로 성례전에 참 몸과 참 피가 있기 위해 빵과 포도주의 본질이 변화해 그리스도가 그것들의 우유성 아래 들어갈 필요는 없다. 오히려 "이 빵은 내 몸이고, 이 포도주는 내 피다"라고 진실로 말하는 순간 빵

---

92 「고린도 전서」 11:23~24.

93 「고린도 전서」 10:16.

94 「마태복음」 26:26.

과 포도주는 그대로 남아 있다. 순서를 바꿔도 마찬가지다. 그러므로 나는 신의 거룩한 말씀의 영광을 위해 이 견해를 견지하고자 하며, 신의 말씀이 인간적 논리에 의해 훼손되는 것과 다른 의미로 왜곡되는 것을 용납하지 않을 것이다. 그럼에도 불구하고 나는 다른 사람들에게 교서 '확고하게'(Firmiter)에서 결정된 다른 의견[95]을 따르는 것을 허용한다. 다만 그들도 (내가 말한 바와 같이) 자신들의 견해를 우리가 신앙 조항으로 받아들이도록 강요하지 말기를 바란다.

같은 성례전의 세 번째 포로는 지금까지 있었던 것 가운데 가장 사악한 오용이다. 그 결과 오늘날 교회에서 미사가 선행이요 제사라는 견해가 그 어떠한 것보다도 널리 수용되었고 설득력을 가지게 되었다. 그리고 이 오용은 한없는 남용의 홍수를 초래해 성례전 신앙은 완전히 소멸되고 신적 성례전을 단순한 시장과 선술집 그리고 돈벌이 거래로 만들었다. 그래서 참여,[96] 형제회,[97] 대도(代禱), 공적, 기일,[98] 추도 그리고 이들과 유사한 상품들을 사고, 팔고, 거래하고, 교환하는 일들이 교회에서 행해지고 있고, 사제들과 수도사들의 모든 생계가 이러한 일들에 의존하고 있다.

나는 지금 아주 어려운 문제에 접근하고 있다. 이 문제는 오랜 세월의

---

95 *Firmiter*, *Decretalium Gregorii IX*, lib.i, tit I; *De summa trinitate et fide catholica*, cap. 1, sec. 3. *Corpus Iuris Canonici*, *op. cit.*, II col. 5. 이 교서는 인노켄티우스 3세에 의해 제4차 라테란 공의회에서 공표되었고 성례전 문제를 다루고 있다. 이로써 교회는 그리스도의 몸과 피가 "제단의 성례전에서 빵의 형상 아래"(in sacramento altaris sub speciebus panis et vini) 내포되어 있다는 것을 확정했다.

96 실제로는 참석하지 않아도 미사에 영적으로 '참여'했다고 인정받을 수 있는 방법이 있었는데, 가령 수도원에서 미사문을 읽는 것이 그렇다.

97 이러한 평신도회는 자신들을 위해 미사를 드려달라는 명목으로 돈을 냈고, 공적을 쌓기 위해 경건 활동에 참여했다. 이러한 단체에 회원으로 가입한 사람은 다른 모든 회원들의 '공적'(기도와 미사 참여)에서 생기는 은총을 누리게 된다.

98 매년 기일(忌日)에는 죽은 자들을 위한 미사를 드린다.

관행과 모든 사람들의 합의를 통해 인정받고 확고해져 그것을 뿌리 뽑는 일은 어쩌면 불가능할지 모른다. 그래서 현재 지배하고 있는 대부분의 책들을 폐기하고, 교회의 거의 모든 면모를 바꾸고, 전혀 다른 종류의 의식들을 도입하거나 재도입할 필요가 있다. 그러나 나의 그리스도는 살아 있다. 우리는 인간이나 천사들의 온갖 사상보다는 신의 말씀을 염려하고 지켜야 한다. 나는 내가 맡은 의무를 수행할 것이며, 사실 자체를 빛에 드러낼 것이다. 나는 진리를 거저 받은 것처럼 사심 없이 공유할 것이다. 사람들은 각자가 자신의 구원에 책임져야 할 것이다. 심판자 그리스도 앞에서 그 어떤 사람도 자신들의 불신앙과 진리를 모르는 데에 대한 책임을 나에게 전가하지 못하도록 나는 신실하게 노력할 것이다.[99]

우선 이 성례전에 대한 참되고 자유로운 지식에 안전하고도 운 좋게 도달하기 위해 우리는 원래 단순하게 제정된 것에 사람들의 열성과 신심 때문에 덧붙여진 것 ─복장, 장식, 성가, 기도, 오르간, 초, 그 밖에 모든 외적인 허식들─ 을 제쳐놓고 눈과 마음을 오직 그리스도가 제정한 것에 집중하고 그리스도의 말씀 이외에 다른 것을 우리 앞에 두어서는 안 된다. 그리스도께서는 바로 이 말씀으로 성례전을 제정했고, 완전케 했고, 우리에게 그것을 위임했다. 다른 곳이 아니라 오직 이 말씀에 미사의 능력과 본성, 본질이 거한다. 그 밖의 모든 것은 그리스도의 말씀에 덧붙여진 인간의 노력이니, 그것들 없이도 미사를 훌륭하게 드리고 유지할 수 있다. 그런데 그리스도가 성만찬을 제정할 때 한 말씀은 이것이다.

"그들이 먹고 있을 때, 예수께서 빵을 들어 축복하신 다음 떼어서 자기(suis)[100] 제자들에게 주시고 말씀하셨다. '받아먹어라. 이것은 너희를

---

99 예나 판과 에르랑엔 판에는 이 행과 다음 단락 사이에 "제단의 성례전에 대하여"
(DE SACRAMENTO ALTARIS)라는 표제가 있다.

위해 주는 내 몸이다.' 또 잔을 들어서 감사를 드린 다음 그들에게 주시며 말씀하셨다. '모두 이 잔을 마셔라. 이 잔은 너희들과 많은 사람들의 죄를 사하여 주려고 흘리는 나의 피, 곧 새 언약의 피다. 나를 기념해 이것을 행하라.'"[101]

사도도 「고린도 전서」 11장에서 이 말씀을 전하면서 좀 더 상세하게 설명한다. 우리는 지금까지 진리를 배반하는 사람들의 불경건한 교훈에 이리저리 밀려다녔던 것처럼 온갖 교훈의 풍조에 밀려다니지 않으려면 이 말씀에 의지하고, 이 말씀을 기초로 삼아야 한다. 이 말씀에는 이 성례전의 완전성, 용도, 열매와 관계되는 것은 빠진 것이 없고, 그 안에는 불필요하거나 우리가 알 필요가 없는 것은 전혀 없다. 이 말씀을 제쳐 놓고 미사를 생각하고 가르치는 사람은 이 성례전을 작위적 행위(opus operatum)[102] 및 제사로 만든 자들에 의해 이루어진 것과 같은 불경건의 괴물을 가르치게 될 것이다.

그러므로 우리가 첫 번째로 틀림없이 확립해야 하는 것, 즉 미사 또는 제단의 성례전은 그리스도가 죽으면서 자신을 믿는 자들에게 분배하라고 남긴 그리스도의 유언(내지 언약)이라는 것이다. 그의 말씀은 바로 이것이다. "이 잔은 내 피로 세우는 새 언약이다."[103] 이 진리는 그 위에 우리가 말해야 할 모든 것을 세우는 움직일 수 없는 토대로서 서야 한다. 우리는 매우 귀중한 이 성례전에 스며든 모든 인간적 불경건을 폐기하는 것을 볼 것이다. 진실한 그리스도는 이것이 우리를 위해 흘리는 당신의 피로 세우는 새 언약이라고 참으로 말했다. 내가 이 점을 역설하는 것은 이유가 없지 않다. 이것은 결코 사소한 문제가 아니니, 이 문제를

---

100   F에는 없다.

101   「누가복음」 22:19~20; 「고린도 전서」 11:23~25.

102   가톨릭 교회는 미사를 단순히 수행함을 통해 은혜를 얻는다고 믿으므로 온전히 수행된 미사는 은혜를 중계하는 행위가 된다.

103   「누가복음」 22:20.

마음속 깊이 새겨야 한다.

그러므로 만약 우리가 유언(내지 언약)이 무엇이냐고 묻는다면 우리는 그와 동시에 미사가 무엇인지, 미사의 용법과 미사의 열매가 무엇인지, 미사의 오용이 어떤 것인지 알게 될 것이다.

유언이란 곧 죽을 사람이 하는 약속이다. 그 약속을 통해 그는 자기 유산을 선포하고 상속자를 정한다. 그러므로 언약은 먼저 유언자의 죽음을 포함하고, 그다음은 유산의 약속과 상속자의 지명을 포함한다. 그래서 바울은 「로마서」 4장, 「갈라디아서」 3장과 4장, 그리고 「히브리서」 9장에서 언약을 장황하게 논한다. 우리는 똑같은 내용을 그리스도의 말씀에서도 분명하게 발견한다. 그리스도는 당신의 죽음을 정언하면서 이렇게 말한다. "이것은 내어주는 내 몸이며, 이것은 흘리는 내 피다."[104] 그는 "죄의 용서를 위해"라고 말함으로써 자신의 유산을 선포한다. 그러나 그는 "너희와 많은 사람들을 위해"라고 말함으로써 상속자를 지명한다. 즉 상속자는 '유언자의 약속을 받아들이고 믿는 사람들'이다. 우리가 보게 될 것처럼 여기서 상속자를 결정하는 것은 믿음이다.

그러므로 이른바 미사라는 것은 신이 우리에게 행한 죄 사함의 약속인데, 이 약속은 신의 아들이 죽음을 통해 확정되었다는 것을 그대는 안다. 약속과 유언의 차이점은 유언은 약속하는 사람의 죽음을 포함한다는 것 외에 약속과 윤언(綸言)은 차이가 없다. 유언자는 곧 죽을 약속자인 반면, 약속자는 여전히 살아 있을 유언자이다. 그리스도의 유언은 세상 창조 때부터 신의 모든 약속 안에 예시되어 있었다. 모든 옛 약속의 모든 능력은 전적으로 그리스도 안에서 이루어지게 될 새 약속에서 효력을 얻게 될 것이고 거기에 근거한다. 그러므로 '협약' '계약' 그리고 '주의 유언'이라는 말이 성서에 매우 일반적이다. 이러한 말들을 통해 신은 언젠가 죽으리라는 것이 지시되었다. "유언이 있는 곳에서는 유언

---

104   「누가복음」 22:19~20.

자가 필연적으로 죽어야 한다.”(「히브리서」9장[105])[106] 그런데 신이 유언하셨다. 그러므로 그는 죽어야 했다. 그러나 신이 인간이 되지 않고서는 죽을 수 없었다. 그러므로 그리스도의 성육신과 죽음은 모두 '유언'이라는 이 한 단어 속에 아주 간결하게 포함되어 있다.

이상으로부터 미사의 용법과 오용이 무엇인가, 그리고 적합한 준비와 부적합한 준비가 무엇인가를 곧 알 수 있을 것이다. 앞에서 말한 대로 미사가 약속이라면 어떤 행위나 능력 또는 공적을 통해서가 아니라 오직 믿음으로 미사에 접근해야 한다.

약속하는 신의 말씀이 있는 곳에 반드시 그것을 받아들이는 사람의 믿음이 있어야 한다. 그러므로 약속하는 하나님의 말씀, 곧 인간의 노력과 관계없이 값없이 거저 베푸시는 긍휼로써 우리를 앞서며 약속의 말씀을 제공하는 하나님의 말씀에 의지하는 신앙이 우리 구원의 분명한 출발이다. “그가 말씀을 보내시고, 이로써 저들을 고치셨다.”[107] 그러나 그가 우리의 공적을 용납하고, 이로써 우리를 고친 것이 아니다. 신의 말씀이 무엇보다 먼저다. 이 말씀을 믿음이 따르고, 믿음에 사랑이 뒤따른다. 그리고 사랑은 모든 선한 일을 행한다. 사랑은 악을 행하지 않고 율법의 완성이기 때문이다. 인간은 믿음을 통하지 않고 다른 길로 신과 관계하거나 그와 함께 행할 수 없다. 다시 말해 인간이 자신의 공적을 통해 구원의 주(autor salutis)[108]가 되는 것이 아니라 신이 약속을 통해 구원의 주가 된다. 그러므로 모든 것은 그의 능력의 말씀에 근거하고 그것에 의해 지탱되고 보존되니, 바로 그 능력을 통해 신은 우리를 피조물 가운데 첫 열매가 되도록 낳았다.

---

105 「히브리서」9:16.

106 A, B, C, E: Heb.x; 비텐베르크 판: Ebr. 9; 에르랑엔 판: Ebrae. 9. 우리는 옛 판본의 실수를 수정했다.

107 「시편」107:20.

108 b : 'ein urhab seins heyls'.

176

그러므로 신은 아담이 타락한 후에 뱀에게 "내가 너로 여자와 원수가 되게 하고 너의 후손도 여자의 후손과 원수가 되게 하리니, 여자의 후손은 네 머리를 상하게 할 것이요 너는 그의 발꿈치를 상하게 할 것이다"라고 말함으로써 그를 일으키면서 이 약속을 주었다.[109] 이 약속의 말씀에서 아담은 자기 후손들과 더불어 하나님의 품으로 옮겨졌고, 신이 약속한 대로 뱀의 머리를 짓밟을 여자를 인내함으로 기다리면서 이 말씀에 대한 믿음으로 보존되었다. 그리고 그는 이 믿음과 기대 속에서 그 여자가 언제일지, 어떠할지 알지 못하면서 그럼에도 불구하고 그 여자가 올 것(qualis esset futura, futuram)[110]을 의심치 않고 죽었다. 그 약속은 신의 진리이기 때문에 그것을 믿고 기다리는 사람들을 지옥에서라도 지켜준다. 이 약속에 이어 다른 약속이 주어졌으니, 그것은 노아에게 행한 약속으로서 아브라함 때까지 계속되었다. 신은 계약의 징표로 구름 속 무지개를 주셨는데,[111] 노아와 그의 후손들은 이 약속을 믿음으로써 하나님의 자비를 발견했다.[112] 이 사건 뒤에 신은 아브라함에게 그의 씨로 말미암아 모든 종족에 대한 축복을 약속하셨다. 그리고 이것이 바로 아브라함의 품이니, 그의 후손들은 아브라함의 품속에 들어가게 되었다. 그러고 나서 신은 모세와 이스라엘 자녀들에게, 특히 다윗에게[113] 그리스도에 대한 가장 분명한 약속을 주셨고, 마침내 옛사람들에게 행한 약속이 어떤 것인지를 드러냈다.

그리고 마침내 가장 완전한 약속에 이르게 되었으니, 그것은 『신약성서』의 약속이다. 『신약성서』에는 분명한 말로 생명과 구원이 값없이(gratuito)[114] 약속되고, 그 약속을 믿는 자들에게는 선사된다. 그리고 그

---

109 「창세기」 3:15.
110 비텐베르크 판: 'quale esset futurum, futurum'; 예나 판: 'quale esset futura, futuram'.
111 「창세기」 9:12~17.
112 「창세기」 12:3.
113 「신명기」 18:18; 「사무엘 하」 7:12~16.

는 '새 언약'[115]이라고 부름으로써 옛 언약과 구분한다. 모세를 통해 주어진 옛 언약은 죄 사함이나 영원한 것에 대한 약속이 아니라 일시적인 것, 곧 가나안 땅의 약속이다. 이것을 통해 아무도 영적으로 새롭게 되어서 하늘의 유산을 얻을 수 없었다. 그러므로 그리스도의 상징으로 비이성적인 짐승이 죽임을 당해야 했는데 그 피로 똑같은 언약이 확증되었으니, 피는 언약과 상응하고 희생 짐승은 약속과 상응한다. 그리고 여기서 그리스도는 '내 피로 세우는 새 언약', 곧 다른 사람의 피가 아닌 자기 자신의 피로 세우는 언약을 말했는데, 이것으로 말미암아 성령을 통해 죄 사함의 은총을 약속했으니, 이것은 유산을 얻도록 하기 위함이다.

그러므로 미사는 그 본질에서 전술한 그리스도의 말씀, 곧 "받아먹어라……"[116] 외에 다른 것이 아니다. 이것은 이렇게 말하는 것과 같다. "오 죄인이고 정죄된 사람아, 순수하고 값없이 주는 사랑으로(ex mera gratuitaque charitate)[117] 내가 사랑한다. 그리고 자비의 아버지가 바라는 것처럼 나는 네 모든 공적이나 소원에 앞서 이 말로써 너에게 모든 죄의 용서와 영원한 생명을 약속한다. 또한 네가 나의 이 철회할 수 없는 약속을 절대적으로 신뢰하도록 나는 내 몸을 주고 내 피를 흘릴 것이며 나의 죽음으로써 이 약속을 확증할 것이고 이 약속의 표와 기억으로서 몸과 피를 맡길(tibi … relicturus)[118] 것이다. 내 몸과 피를 나눌 때마다 나를 기억하고 너를 향한 내 사랑과 자비를 선포하고 찬양하며 감사하라."

위의 말에서 그대는 미사에 합당하게 갖기 위해 오로지 이 약속을 신실하게 의지하고 그리스도가 그의 말씀에서 진실하다는 것을 믿으며,

---

114 b : 'urbüttlich'.

115 「누가복음」 22 : 20.

116 「고린도 전서」 11 : 24.

117 b : 'uß gantzer urbüttlicher liebe'.

118 b : '(ich will) dir zu leße laßen'.

자신에게 무한한 축복이 선사되었다는(donata)[119] 것을 의심하지 않는 신앙 외에 다른 것이 필요하지 않다는 것을 알게 된다.

이 신앙 다음에 저절로 가슴의 달콤한 마음이 뒤따르며, 이로써 인간의 영은 넓어지고 기름질 것이니(이것은 성령이 그리스도를 믿는 믿음을 통해 선사하는 사랑이다), 이로써 우리는 관대하고 자비로운 유언자 그리스도에게 이끌리게 되고 전적으로 다른 새로운 인간으로 변화된다. 흔들리지 않는 신앙으로 측량할 수 없는 약속이 자신에게 주어졌다고 믿는다면 누가 달콤하게 눈물을 흘리고 그리스도 안에서 기쁨으로 거의 숨이 막히지 않을 수 있는가?[120] 아무런 자격도 없고 벌 받아 마땅한 사람에게 그토록 큰 부와 이 영원한 유산을 미리 제공하고 약속하고 선사하는 이런 큰 은인을 어떻게 사랑하지 않을 수 있겠는가?

그러므로 우리가 많은 미사를 드리면서 아무도 또는 소수만이 우리에게 주어진 이 약속과 풍성함을 인식하고 숙고하고 이해한다는 것은 우리의 유일한 불행이다. 실제로 미사를 드리는 동안 우리는 이 회상 행위를 통해 우리의 믿음을 훈련하고, 양육하고, 증진하고, 강화하기 위해 진실로 미사 자체인 이 말씀, 그리스도의 이 약속을 더 큰 열성으로 주목하고 명상하고 반추하는 것 이외에 그 어떠한 것도 해서는 안 된다. 이것은 그리스도가 명령하며 말씀한 것이다. "너희가 이것을 행하여 나를 기념하라."[121] 복음을 선포하는 자는 백성에게 이 약속을 충실히 새기고, 그것을 드높이고, 그들의 신앙을 촉구하기 위해 이것을 행해야 한다.

그러나 오늘 몇 퍼센트의 사람들이 미사가 그리스도의 약속이라는 것을 알까? 나는 이 위대한 약속 대신 인간의 전통을 가르치는 저 불경

---

119 b : 'frey gegobt'. 후에 'donare'는 'gaben'으로 번역된다.
120 b : "Wer wolt aber nit inniglich weynen, jo vor freüden schier in Christum sich versupffen."
121 「누가복음」 22 : 19; 「고린도 전서」 11 : 24~25.

건한 우화 설교자들에 대해 아무런 말도 하고 싶지 않다. 그들이 그리스도의 이 말씀을 가르친다고 하더라도 그들은 그것을 약속 또는 유언의 이름으로 가르치지 않고, 따라서 이것을 통해 믿음에 도달하도록 가르치지도 않는다.

우리가 개탄하는 것은 이러한 포로 상태 속에서, 이 그리스도의 말씀을 아무에게나 전하기에는 너무나 거룩한(sacratiora)[122] 것처럼 평신도들이 이 말씀을 듣지 못하도록 열성적으로 경계한다는 것이다. 우리 사제들은 정신이 나가서 이른바 축성의 말씀이 우리 자신에게만 은밀스럽게 말해져야 하는 것처럼 주장한다. 그럼에도 불구하고 그 말씀은 우리에게 아무런 유익을 주지 못한다. 왜냐하면 우리 자신도 이 말씀을 약속 또는 언약으로 여겨 믿음을 양육하지 않기 때문이다. 도리어 이것을 믿기보다는 차라리 어떤 미신과 불경건한 견해로 이것을 경배하는지 나는 모른다. 우리의 이 비참함을 통해 사탄은 교회에서 미사의 흔적도 남지 않게 하고 세상 구석구석에 미사들, 즉 신의 유언을 남용하고 조롱하는 행위가 가득하게 만들고, 우상숭배의 무거운 죄로 세상을 더욱 힘겹게 만들고 점차로 더 큰 저주에 떨어지게 만드는 일 외에 다른 무엇을 우리 안에 행하는가? 하나님의 약속을 왜곡된 견해로 남용하고 그것에 대한 믿음을 소홀히 하거나 그것을 꺼뜨리는 것보다 더 무거운 우상숭배의 죄가 무엇일 수 있겠는가?

내가 말한 바와 같이 신은 예나 지금이나 약속의 말씀을 통해서가 아니라 다르게 인간과 관계하지 않았고 또한 관계하지 않는다. 거꾸로 우리는 신의 약속의 말씀을 믿는 믿음을 통해서가 아닌 다른 방법으로는 신과 관계를 맺을 수 없다. 신은 행위를 염려하지도 않고 그것을 필요로 하지도 않는다. 우리는 행위로써 사람들을 향해, 사람들과 더불어, 우리 자신과 더불어 행한다. 그러나 신은 우리가 그의 약속에서 신실하신 분

---

122   b : 'heymwürdiger'.

으로 간주하고 이런 분으로 인내를 가지고 기다리고 믿음과 소망과 사랑으로 자신을 섬기는 것을 필요로 한다. 그러므로 우리가 달림으로써가 아니고 신 자신이 긍휼히 여기고 약속하시고 선사함으로써 우리가 모든 은총을 받고 가지게 됨으로써 신은 우리 가운데서 자기 영광을 얻는다(ut gloriam suam in nobis obtineat).[123] 보라, 이것이 우리가 미사에서 마땅히 행해야 할 참된 신에 대한 경배요 섬김이다. 그러나 만약 약속의 말씀이 전해지지 않는다면 어떻게 믿음이 생길 수 있겠는가? 그리고 믿음이 없다면 누가 소망하고 사랑하겠는가? 믿음과 소망과 사랑이 없다면 어떻게 하나님을 섬기는 것이 가능하겠는가? 그러므로 의심할 여지 없이 오늘날 모든 사제들과 수도사들 그리고 그들의 주교들과 모든 상급자들과 더불어 미사나 성만찬 또는 하나님의 약속에 대한 무지와 남용과 조롱 때문에 매우 위험한 상태에서 행하는 우상숭배자들이다.

어떤 사람이라도 이 두 가지, 곧 약속과 믿음은 동시에 필요하다는 것을 쉽사리 이해할 수 있다. 약속이 없다면 어떤 것도 믿을 수 없게 되고, 반면에 믿음이 없다면 그 약속은 아무런 소용이 없다. 왜냐하면 약속은 믿음을 통해 확립되고 성취되기 때문이다. 여기서 미사는 다름 아닌 약속이기 때문에 오직 믿음으로 미사에 접근하고 참여해야 한다는 것을 누구나 쉽게 알 수 있을 것이다. 이 믿음 없이는 사제가 어떠한 기도, 준비, 행위, 신호, 몸짓을 행할지라도 그것은 경건의 직무라기보다는 불경건을 도발하는 동기가 된다. 이런 식으로 준비한 사람들은 자신들이 제단에 합법적으로 접근한다고 생각한다. 그러나 실제로는 그들이 초래하는 불신앙 때문에 어느 때라도, 어떤 행위도 하기에 적합하지 않다. 복장을 적절하지 않게 입었다든지, 손을 씻지 않았다든지, 기도 중에 말을 더듬는다든지(inter precandum titubantes)[124] 하는 사소한 실수를 하면 자

---

123 b : 'das er sein eer und glory in uns erhapt'.

124 b : 'in dem gebet verstatzgend'.

신을 중한 범죄를 지은 비참한 죄인으로 만드는 사제들을 그대는 매일 얼마나 많이 보는가? 그러나 그들은 미사 자체, 다시 말해 하나님의 약속을 주목하지도 믿지도 않고, 손톱만큼도 양심의 가책을 느끼지 않는다. 오, 모든 시대 가운데 가장 불경건하고 감사할 줄 모르는 우리 시대의 무가치한 종교여!

그러므로 합당한 준비와 합법적인 용법은 오직 믿음이니 우리는 믿음에 의해 미사, 즉 하나님의 약속을 믿는다. 그러므로 누구든지 제단이나 성례전에 다가가고자 하는 자는 주 신의 면전에서 빈손으로 나타나지 않도록 조심해야 한다. 그러나 미사나 이 새 언약에 대한 믿음이 없다면 그는 빈손으로 오는 자이다. 이러한 불신앙보다 하나님의 진리에 반해 행하는 중한 불경건이 무엇인가? 그런 한에서 이것은 신을 거짓말쟁이요 식언을 일삼는 자로 만드는 것이다. 그러므로 가장 안전한 길은 어떤 다른 하나님의 약속을 듣기 위해 다가가는 때와 같은 마음으로 미사에 참여하는 것, 즉 많은 것을 행하거나 바칠 준비를 하지 말고 사제의 봉사를 통해 그대에게 약속된 것 또는 선포된 것을 모두 믿고 받아들이려는 준비를 갖추는 것이다. 그대가 이런 마음으로 오지 않는다면 참여하는 것을 조심하라. 그대는 의심할 여지 없이 심판에 다가가는 것이다.

그러므로 내가 미사의 모든 능력은 그리스도의 말씀, 곧 그들을 위해 자기 몸을 내주고 그들을 위해 자기 피를 흘린 것을 믿는 모든 사람들에게 죄 사함을 선사한다고 증언하는 말씀에 있다고 말한 것은 옳다. 바로 그렇기 때문에 미사를 들으러 가는 사람들에게는 이 말씀을 열심히 온전한 믿음으로 명상하는 것보다 더 필요한 일은 없다. 그렇게 하지 않으면 모든 다른 행위는 공허한 것이 된다. 이것은 진리이니, 신은 자신의 모든 약속에서 그것을 기억할 수 있는 어떤 표지나 표징을 제시함으로써 그의 약속이 더욱 신실하게 보존되고 더욱 효과적으로 훈계되도록 한다. 그래서 신이 노아에게 다시 홍수로 세상을 멸망시키지 않을 것을 약속할 때 자신의 계약을 기억할 것임을 알리기 위해 구름 속에 무지개를 보여주었다.[125] 그리고 신은 아브라함에게 그의 씨를 통한 상속을 약속한 다음 믿음으로 말미암는 의를 표시하기 위해 할례를 주었다.[126] 그러므로 신은 기드온에게 미디안 사람들을 정복하는 것에 대한 자신의 약속을 확증하기 위해 마른 양털과 이슬에 젖은 양털을 주었다.[127] 그리고 신은 이사야를 통해 아하스에게 시리아와 사마리아의 왕을 정복하는 것에 대한 자신의 약속에 대한 믿음을 확고하게 만들기 위해 표징을 주었다.[128] 그 밖에도 우리는 성경에서 신의 약속에 대한 표징을 많이 읽는다.

그러므로 그가 "이것을 행하여 나를 기념하라"[129]라고 말한 것처럼 모든 약속 가운데 가장 중요한 약속인 미사에서도 신은 그러한 위대한 약속을 기억하기 위한 표징으로서 빵과 포도주에서 그 자신의 몸과 피를 제공했다. 이처럼 세례에서도 약속의 말씀에 침례의 표징을 부가했다. 이런 사실에서 우리는 하나님의 어떤 약속이든 간에 두 가지, 곧 말씀과 표징이 제시된다는 것을 알 수 있으니 우리는 말씀을 유언(내지 언약)으로 이해해야 하고, 표징을 성례전으로 이해해야 한다. 그러므로 미사에서 그리스도의 말씀은 유언이고, 빵과 포도주는 성례전이다. 또한 표징보다는 말씀에 더 큰 능력이 있는 것처럼 성례전보다는 언약에 더 큰 능력이 있다. 왜냐하면 사람은 표징 또는 성례전 없이도 말씀 또는 언약을 갖고 사용할 수 있기 때문이다. 그러므로 아우구스티누스는 "믿으라, 그러면 이미 먹은 것이다"라고 말했다. 그런데 약속한 자의 말씀이 아니면 무엇을 믿는가? 그러므로 나는 매일, 매 시간 미사를 가질 수

---

125 「창세기」9:15.
126 「창세기」17:10 이하.
127 「사사기」6:36~40.
128 「이사야서」7:10~17.
129 「고린도 전서」11:24~25.

있으니, 내가 원할 때마다 그리스도의 말씀을 내게 제시할 수 있고 그 말씀으로 내 믿음을 양육하고 견고하게 할 수 있다. 이것이야말로 진실로 영적으로 먹고 마심이다.

그대는 이제 『명제집』의 신학자들이 이 문제와 관련해 무엇을, 얼마나 많은 일을 했는가를 안다. 첫째로 그들 가운데 누구도 가장 으뜸이고 중요한 것, 즉 언약과 약속의 말씀을 다루지 않고 있다. 그리하여 그들은 믿음과 미사의 온전한 능력을 우리에게서 잊어버리게 했다. 뿐만 아니라 그들은 미사의 다른 부분, 즉 표징 또는 성례전만을 다루고 있는데 그들은 여기서 믿음을 가르치지 않고 미사 준비와 작위적 행위(opera operata), 참여와 미사의 열매에 대해서만 가르친다. 그리고 나서 그들은 밑바닥까지 내려가 성체 변화와 다른 한없는 형이상학적 헛소리를 지껄이고, 믿음과 더불어 성례전과 언약에 대한 지식과 참된 용법을 파괴하고, 결국 그리스도의 백성이 예언자가 말한 것처럼 헤아릴 수 없는 날 동안 자기 신을 망각하도록 만들었다.[130] 그대는 다른 자들로 하여금 미사를 듣는 것의 여러 가지 열매를 헤아리도록 허락하고, 그대 마음을 집중해 그대의 신앙을 먹이고 풍요해지도록 신은 그대를 괴롭히는 원수에 대적해 그대 면전에 식탁을 준비했다는 것을 예언자와 더불어 말하고 믿어야 한다.[131] 그러나 우리의 신앙은 오직 신의 약속의 말씀을 통해서만 양육된다. 왜냐하면 사람은 떡으로만 살 것이 아니요 오직 하나님의 입에서 나오는 모든 말씀으로 살 것이기 때문이다.[132] 그러므로 미사에서 우리는 무엇보다 약속의 말씀을 가장 풍성한 잔치, 목초지, 거룩한 안식처럼 조심스럽게 준수하는 자가 되어야 하고, 그러므로 이 점을 무엇보다 중요시하고, 죽음과 모든 죄악을 통해서도 그것을 신뢰하

---

130 「예레미야서」2:32.
131 「시편」23:5.
132 「신명기」8:3;「마태복음」4:4.

고 그것을 확고하게 붙들어야 한다. 그대가 이렇게 하면 우리는 어떤 사람들이 미신적으로 고안한 바 몇 방울과 몇 조각의 미사 열매를 얻을 뿐만 아니라 거기서 모든 복이 흘러나오는 생명의 원천 자체, 말씀에 대한 신앙을 얻게 될 것이니, 이것은 「요한복음」 4장[133]에 기록된 바와 같다. "나를 믿는 자는 그 배에서 생수의 강이 흘러나리라."[134] 또한 기록되기를 "내가 주는 물을 먹는 자는 영원히 목마르지 아니하리니, 내가 주는 물은 그 속에서 영생하도록 솟아나는 샘물이 되리라."[135]

우리가 미사의 열매들을 얻지 못하게 우리를 끊임없이 유혹하는 것이 두 가지 있다. 첫째, 우리가 죄인이며 너무나 무가치해서 이런 큰 것들을 받을 자격이 없다는 것이다. 둘째, 설령 우리가 받을 자격이 있다 하더라도 이것들은 너무도 위대한 것이어서 소심한 자연은 이것들을 구하거나 기대해서도 안 된다는 것이다. 그것들을 통해 오는 큰 축복, 곧 신을 아버지로 소유하고 그의 아들이 되어 모든 축복의 상속자가 되는 것을 적절하게 고려한다면 누가 죄를 사함받고 영원한 생명을 바라는 대신 외경심을 갖지 않겠는가! 이러한 이중적 소심함에 대항해 그리스도의 말씀을 붙들어야 하고, 그대 자신이 약하다는 생각보다는 그리스도의 말씀에 더욱 강하게 관심을 집중해야 한다. 주의 행위가 위대하니, 우리가 구하거나 이해하는 것 이상으로 줄 수 있는 분의 모든 뜻을 탐구했다(exquisita).[136] 주의 행위가 우리의 가치, 우리의 이해력, 우리의 생각을 초월하지 않는다면 그것은 신적이지 않을 것이다. 그러므로 그리스도도 "적은 무리여, 무서워 말라. 너희의 아버지께서 그 나라를 너희에게 주시기를 기뻐하시느니라"[137]라고 말함으로써 우리를 격려한다

133　루터는 다음 인용구를 염두에 두면서 여기에 「요한복음」 7장 대신 「요한복음」 4장을 넣은 듯하다.

134　「요한복음」 7:38.

135　「요한복음」 4:14.

136　b : 'durchgründet'.

(Christus nos animat).[138] 우리가 무엇보다도 신을 열렬히 사랑하고 큰 확신을 가지고 그에게로 나아가며, 다른 모든 것을 멸시하고 그를 위해 모든 고난을 감당할 각오가 되도록 만드는 것이야말로 그리스도를 통해 우리에게 부어지는 신의 측량할 수 없는 넘치는 선물이다. 그러므로 이 성례전을 사랑의 샘이라고 부르는 것은 옳다.

이것을 인간의 경험에서 예를 들어보자. 어떤 부유한 주인이 어떤 거지나 자격 없는 악한 종에게 금화 1,000개를 유증한다면 확실히 그는 당당하게 그것을 요구하고 받을 것이며, 자신의 무자격함이나 유언의 막대함을 개의치 않을 것이다. 어떤 사람이 그에게 이의를 제기하면서 그의 무자격함과 유언의 막대함을 이유로 내세운다면 그 사람은 뭐라고 말한다고 생각하는가? 아마도 그는 이렇게 말할 것이다. "당신이 무슨 상관입니까? 나는 내 자신의 공로나 무슨 권리로 내가 받는 것을 받는 것이 아닙니다. 나는 자격이 없고 내 분수 이상의 것을 받는다는 것을 압니다. 나는 거꾸로 벌을 받아야 할 사람입니다. 그러나 나는 유언과 다른 사람의 선함에 근거하여 요구한 바를 요구합니다. 그가 자격 없는 사람에게 그처럼 엄청난 유산을 물려주는 것이 합당하지 않은 것이 아니었다면 나는 어째서 자격 없다는 이유 때문에 받기를 거부해야 합니까? 내가 그럴 자격이 없는 사람이라는 바로 그 이유 때문에 더욱 더 값없이 주는 다른 분의 은총을 받습니다." 모든 사람은 모든 양심의 가책과 주저함(morus)[139]을 버리고 양심을 이와 똑같은 생각으로 무장해야 한다. 그리하여 주저하지 않는 믿음으로 이 그리스도의 약속을 획득하기 위해 고백이나 기도, 준비를 신뢰하지 말고 오히려 약속하는 그리스도에 대한 오만한 신뢰 속에 모든 것을 단념하면서 나가도록 노력해

---

137 「누가복음」 12:32.

138 b: "Also behertzet uns Christus."

139 b: 'widerbissz'.

야 한다. 충분히 이야기한 대로 약속의 말씀은 순수한 믿음 안에서만 지배해야 한다. 이런 믿음이 유일하고도 충분한 준비다.

이상의 사실에서 우리는 신의 진노가 얼마나 컸기에 불경건한 교사들이 이 언약의 말씀을 감추고 이를 통해 우리 안의 믿음을 소멸하도록 만들었는지 안다. 소멸된 믿음에는 행위에 대한 불경스러운 미신이 필연적으로 뒤따른다는 것을 쉽사리 알 수 있다. 믿음이 죽고 믿음의 말씀이 침묵하고 있는 곳에서, 즉 행위와 행위에 대한 전통이 그 자리에 올라온다. 그리하여 우리는 우리의 모든 귀중한 재산을 빼앗긴 채 우리 땅에서 옮겨져 바빌론의 포로와 같은 상태에 처해 있다. 이것이 미사의 운명이 되어버렸다. 미사는 불경건한 자들의 가르침 때문에 행위로 바뀌었다. 그들은 그것을 '작위적 행위'(opus operatum)라 부르고, 이 행위에 의해 스스로 신에게 모든 것을 할 수 있다고 주장한다. 여기에서 그들은 광기의 극치로 진전해 미사는 행해진 행위의 능력으로 말미암아 효력을 발휘한다고 거짓말을 하기 때문에 불경건한 사제들에게는 해로울지라도 다른 사람들에게는 유익하다고 다른 거짓말을 추가한다. 또한 그들은 자신의 횡령, 참여, 형제회, 기념일 그리고 돈벌이가 되는 이런 종류의 허다한 사업[140]의 토대를 이 모래 위에 세웠다.

이런 악령들은 강력하고 많고 깊이 뿌리를 내리고 있어 끊임없이 조심하면서 미사가 무엇인지 주목해야 한다. 아울러 위에서 말한 내용을 염두에 두지 않으면 이 악령에 대항해 버티는 것이 거의 불가능하다. 그대는 미사가 그리스도의 몸과 피의 성례전에 위임된 하나님의 약속 또는 그리스도의 언약에 불과하다는 것을 들었다. 이것이 참이라면 성례전은 결코 행위일 수가 없다는 것과 이것은 스스로 무엇이 될 수 없다는 것 그리고 성례전은 오직 믿음을 통해서가 아니라 다른 노력으로는 다룰 수 없다는 것을 이해할 것이다. 그런데 믿음은 행위가 아니라 모든

---

140 b: 'gewinn und gesûchig händel'.

행위의 스승이요 생명이다. 누가 자신이 받은 약속이나 선사받은 언약을 선행이라고 부를 정도로 미칠 수 있겠는가? 어떤 상속자가 유언장과 유증된 재산을 받아들이면서 유언자 아버지에게 선행을 베푼다고 생각하겠는가? 그러므로 우리가 신의 유언을 받으러 와서 신을 위해 선행을 행한다고 말한다면 얼마나 불경건하고 뻔뻔스러운가! 언약에 대한 이러한 무지, 그토록 큰 성례전의 포로 상태는 모두 눈물을 흘려야 할 현실이 아닌가? 받은 은혜에 감사해야 함에도 불구하고 우리는 우리가 받아야 할 것을 거만하게 주려고 하며, 전대미문의 삐뚤어진 마음으로 우리가 선물로 받은 것을 우리의 행위로 선사함으로써 선사하는 자의 긍휼을 조롱하는데, 그래서 유언자는 이미 자신의 축복을 베푸는 자가 아니라 우리 자신의 행위를 받는 자가 된다. 이런 불경건에 화 있을진저!

어떤 미친 사람이[141] 세례를 선행으로 여기며 또는 세례 지원자가 자신과 다른 사람을 위해 신께 바치고 함께하는 행위를 행한다고 생각하겠는가? 그러므로 어떤 성례전과 언약에서 다른 사람과 함께 나눌 수 있는 선행이 없다면 미사에도 없을 것이니, 왜냐하면 미사 자체는 언약이자 성례전에 불과하기 때문이다. 그러므로 죄를 위해, 보속을 위해, 죽은 자들을 위해 또는 자신이나 다른 사람의 필요에 의해 미사를 바치거나 적용하는 것은 명백하고 불경건한 오류이다. 미사가 자신의 믿음으로 믿는 사람을 제외하고 그 어떤 사람에게도 유익을 주지 못하고 적용될 수 없으며 위임되거나 공유될 수 없는 신의 약속이라는 것을 확고하게 믿는다면 우리는 이것이 아주 명백한 진리임을 쉽게 알 수 있다. 신의 약속은 한 사람 한 사람의 신앙을 요구하는데, 누가 다른 사람을 대신해 그것을 받고 적용할 수 있는가? 내가 믿지 않는 다른 사람에게 하나님의 약속을 줄 수 있는가? 내가 다른 사람을 대신해 믿거나 다른 사람으로 하여금 믿게 할 수 있는가? 그러나 내가 다른 사람들에게 미

---

141   b : "Wer ist aber ye also wanwitz gewesen."

사를 적용하고 전달할 수 있다면 이것이 이루어져야 한다. 미사에는 오직 두 가지 요소가 있으니, 하나는 하나님의 약속이고 다른 하나는 인간의 믿음이다. 후자는 전자가 약속한 것을 받아들이는 것이기 때문이다. 이것이 진실이라면 나는 다른 사람을 대신해 복음을 듣고 믿을 수 있으며, 다른 사람 대신 세례 받을 수 있으며, 다른 사람을 대신해 죄 사함을 받을 수 있으며, 다른 사람을 대신해 제단의 성례전에 참여할 수 있다. 또한 그들의 성례전을 열거하자면, 다른 사람을 대신해 결혼할 수 있으며, 다른 사람을 대신해 사제가 될 수 있으며, 다른 사람을 대신해 견신례를 받을 수 있으며, 다른 사람을 대신해 종부 성사를 받을 수 있을 것이다.

　결국, 아브라함은 왜 모든 유대인을 대신해 믿지 않았는가? 어째서 아브라함이 믿었던 것과 같은 약속에 대한 믿음이 모든 유대인 각자에게 요구되었는가? 그러므로 논박할 수 없는 진리는 확고하다. 즉 신의 약속이 있는 곳에서는 누구나 스스로 서야 하고, 자기 믿음이 요구된다. 그는 스스로를 책임져야 하고, 「마가복음」 마지막 장에 기록된 것처럼 각자 자신의 짐을 져야 한다. "믿고 세례를 받는 사람은 구원을 얻을 것이요, 믿지 않는 사람은 정죄를 받으리라."[142] 그러므로 우리는 각자의 신앙에 의해서만 미사를 자신에게 유익하게 만들 수 있고, 다른 사람을 대신해 성례전을 받을 수 없다. 이것은 사제가 다른 사람을 대리하는 어떤 사람에게 성례전을 베풀 수 없고 각자에게 별도로 베푸는 것과 같다. 사제는 축성하고 미사를 집전함을 통해 우리의 종이니, 우리는 그들을 통해 선행을 바치거나 능동적으로 성례전을 나누는 것이 아니라 그들을 통해 약속과 표징을 받고 수동적으로 성례전을 함께하는 것이다. 이것이 오늘날까지 평신도들 사이에 견지되어온 것이다. 그들은 무슨 선을 행하는 것이 아니라 그것을 받는 존재라고 말해진다. 그런데 성직자

142　「마가복음」 16 : 16.

들은 언약과 성례전을 자기 선행으로 바꿈으로써 불경건에 빠졌다. 그들은 선한 것으로 받아들여야 할 성례전과 신의 언약을 공유하고 신께 바치기 때문이다.

그러나 그대는 말할 것이다. "무엇이라고? 모든 교회와 수도원들이 이런 관행과 견해로 지난 수세기 동안 번성했으며, 기념일, 대도(代禱), 횡령, 공유 등 매우 풍요로운 돈벌이가 미사 위에 세워졌는데, 그대가 이것을 뒤엎으려 하는가?" 나는 답변한다. 이러한 현실이 나로 하여금 교회의 포로 상태에 대해 글을 쓰도록 강요했다. 이렇게 신의 경외스러운 언약은 불경건한 자들의 견해와 전통들을 통해 매우 불경건한 거래를 위해 봉사하도록 강요되었다. 그들은 신의 말씀을 외면하고 자신들의 마음 생각을 우리에게 내놓고 온 세상을 미혹시켰다. 그러나 오류를 범한 사람들의 수효가 얼마가 되든 그들이 얼마나 크든 간에 나와 무슨 상관인가? 진리는 그들 모두보다 강하기 때문이다. 만약 그대가 미사는 언약이며 성례전이라고 가르친 그리스도를 부정할 수 있다면 나는 그들을 정당하다고 인정하고 싶다. 그다음으로 그대가 언약의 은총을 받거나 그러한 목적으로 이 약속의 성례전을 사용하는 사람은 선행을 행하는 것이라고 말할 수 있다면 나는 기꺼이 나의 주장을 저주할 것이다. 그러나 그대가 어느 것도 할 수가 없다면 그대는 어째서 악한 길로 가고 있는 사람들을 경멸하고, 신께 영광을 돌리며, 그의 진리를 고백하고,[143] 미사를 행위로 여기고, 이 행위로써 자신들과 다른 사람들의 — 죽은 자들이나 산 자들이나 — 궁핍을 도우려고 하는 오늘의 모든 사제들은 잘못된 판단 속에 있다는 것을 인정하기를 주저하는가? 나는 들어본 적이 없는 경악스러운 사실을 말하지만 그대가 미사가 무엇인지 직시한다면 내 말이 진실임을 깨닫게 될 것이다. 지나친 안일감 때문에 우

---

143   b : "Was zweifflestu, und verachtest nit die schar die zů boeßem laufft, und erkennest got in seiner worheit, und verjihest die selbig?"

190

리는 우리 자신을 향해 쏟아지는 하나님의 진노를 깨닫지 못했으니, 이 안일감이 이런 사태를 만들었다.

그러나 나는 우리가 미사에 참여하기 위해 모인 자들 앞에서 신께 바치는 기도가 서로에게 나누어주고 적용하고 함께할 수 있으며, 서로를 위해 바치는 선행 또는 공로라는 것을 쉽사리 인정한다. 이것은 야고보가 우리에게 서로를 위해 병이 낫도록 기도하라고 가르쳤고, 바울이 「디모데 전서」 2장에서 모든 사람을 위해 간구와 기도와 감사를 하되 왕들과 높은 지위에 있는 모든 사람을 위해 하라고 명령한 것과 같다.[144] 그럼에도 불구하고 마음과 입술로 드리는 기도를 행위라고 불러야 한다면 이러한 일은 미사가 아니라 미사 행위다. 왜냐하면 이것은 성례전에서 파악되거나 증가된 믿음에서 이루어지는 것이기 때문이다. 미사 또는 하나님의 약속은 기도 때문이 아니라 믿음 때문에 성취된다. 그런데 우리는 믿는 자로서 기도하고 모든 선한 행위를 한다. 그러나 어떤 사제가 이 이름으로 제사를 드리면서 오직 기도만 바친다고 생각하는가? 그들은 모두 자신들이 아버지 신께 그리스도 자신을 완전한 희생 제물처럼 바치고, 자신들이 도움을 베풀고자 하는 사람들을 위해 선행을 한다고 생각한다. 그들은 작위적 행위(opere operati)[145]를 신뢰하기 때문인데, 기도는 행위로 인정하지 않는다. 이런 식으로 오류가 점차 커져[146] 그들은 기도에 속한 것을 성례전으로 돌리고, 그들이 은혜로 받아야 할 것을 신께 바치게 되었다.

그러므로 우리는 언약 및 성례전 자체와 우리가 동시에 드리는 기도를 명확히 구분해야 한다. 뿐만 아니라 우리는 언약이 믿음 가운데 받아들여지지 않으면 기도는 그것을 드리는 사람에게나 기도를 받는 사람

---

144 「야고보서」 5:16; 「디모데 전서」 2:1~2.

145 비텐베르크 판 (1551): 'opere operato'.

146 b: "Also mit sittlichem uffwachsen diß irrsals."

에게나 아무런 유익이 없다는 것을 명심해야 한다. 야고보가 가르친 것처럼[147] 오직 믿음으로 기도함으로써 기도가 청허(聽許)된다. 따라서 기도는 미사와 전혀 다르다. 나는 기도를 내가 원하는 대로 많은 사람에게 확장할 수 있다. 그러나 스스로 믿는 자만이 미사를 받고, 그가 믿는 만큼만 받는 것이다. 또한 그것은 신이나 인간들에게 드릴 수도 없다. 반면 오직 신만이 사제의 사역을 통해 사람들에게 이것을 주며, 사람들은 어떤 행위나 공로 없이 오직 믿음으로 이것을 받는다. 아무도 가난한 자와 거지가 부자의 손에서 선물을 받아올 때 그가 착한 일을 하는 것이라고 말할 정도로 미치는 경우는 없을 것이다. 앞에서 말한 것처럼 미사는 사제의 손을 통해 모든 사람에게 보이는 신의 약속된 선물이다.

그러므로 미사는 다른 사람들과 함께 나눌 수 있는 행위가 아니라 이미 말한 바와 같이 각자가 양육하고 강화해야 할 믿음의 대상임이 확실하다.

이제 또 다른 걸림돌을 제거해야 하는데(amovendum),[148] 훨씬 더 크고 매우 두드러지는 것이다. 그것은 종종 미사를 신께 바치는 제사로 믿는 것이다. 봉헌 기도문(canon)[149]조차도 이러한 견해에 맞춰 드리는 것 같다. 거기에는 '이 은사, 이 선물, 이 거룩한 제물'이라는 말이 있고, 나중에 '이 제사'라는 말도 있다. 이 제물이 아벨 등의 제물처럼 받아들여지기를 분명히 요청한다. 그러므로 그리스도는 '제단의 희생 제물'이라 말해진다. 그 밖에 교부들의 발언들과 수많은 사례, 전 세계적으로 끊임없이 목격되고 있는 관습들이 추가된다.

그러나 우리는 깊이 뿌리박고 있는 이 모든 것에 한결같이 그리스도의 말씀과 모범을 대립시켜야 한다. 그의 말씀이 명백하게 말하는 대로

---

147 「야고보서」 1:6.

148 b: "Hye ist noch ein struch stein dannen zů thun."

149 성체 축성 전후에 행해지는 기도를 말한다.

미사가 그리스도의 약속 내지 유언이라는 입장을 견지하지 않으면 우리는 복음 전체와 그것이 주는 위로를 잃어버리게 될 것이다. 하늘로부터 온 천사가 다르게 가르친다고 할지라도 우리는 무엇이라도 이 말씀에 반해 우선하도록 허용하지 말자. 그리스도의 말씀에는 행위나 제물에 대한 어떤 내용도 포함되지 않기 때문이다. 그다음으로 그리스도의 모범이 우리를 지지하고 있다. 그리스도가 최후의 만찬에서 이 성례전을 제정하고 유언을 세웠을 때 그는 아버지 신께 자신을 제물로 바치지 않았을 뿐만 아니라 다른 사람들을 위해 선행을 행하지도 않았다. 도리어 그는 식탁에 앉아 각 사람 앞에서 같은 언약을 제시했고 표징을 주었다. 미사는 그리스도가 최후의 만찬에서 행한 최초의 미사와 더 가깝고 더 닮을수록 더욱 그리스도교적인 것이 될 것이다. 그러나 그리스도의 미사는 복장, 몸짓, 성가, 그 밖의 예식의 화려함이 없는 지극히 단순한 것이었다. 미사를 제사로 드릴 필요가 있었다면 그리스도는 미사를 제정하지 않았을 것이다.

아무도 다른 많은 의식으로 미사를 장식하고 풍성하게 한 보편적 교회를 비난해서는 안 될 것이다. 그러나 의식의 외양 때문에 현혹당하고, 수많은 화려함에 얽매여 미사 자체의 단순성을 상실하고, 미사의 단순한 본질을 놓치고 화려하고 다양한 우유성에 집착한다면 진실로 어떤 질료 변화를 섬기는 것이다.

그리스도의 말씀과 모범 외에 추가된 것은 무엇이든 미사의 우유적 사물이며, 우리는 그것을 이른바 성체 현시대(顯示臺)와 성체가 싸인 제단 포와는 다른 것으로 높여서는 안 된다. 그러므로 언약을 베푸는 것 내지 약속을 받는 것이 제물을 드리는 것과 대립하는 것처럼 미사가 제사라는 것은 모순이다. 왜냐하면 전자는 받는 것이고, 후자는 주는 것이기 때문이다. 똑같은 것을 동시에 받기도 하고 바칠 수는 없으며, 똑같은 사람이 동시에 주고받을 수는 없다. 마찬가지로 기도가 간구하는 것과 같은 것이 될 수는 없으며, 기도하는 것이 간구하는 대상을 받는 것과 같은 것이 될 수는 없다.

그러므로 우리는 봉헌 기도문과 교부들의 권위에 대해 뭐라고 말해야 할까? 나는 먼저 이렇게 대답하고 싶다. 즉 그들에 대해 말할 것이 전혀 없다고 하더라도 우리가 그리스도의 말씀을 부정하고 미사와 동시에 믿음을 파괴하지 않기 위해서 미사를 행위나 제사라고 인정하기보다는 모든 것을 거부하는 편이 더 안전하다.

그럼에도 불구하고 그것들을 보전하기 위해 사도 바울이 「고린도 전서」 11장에서 가르친 대로[150] 그리스도인이 미사를 위해 모일 때 그들은 음식과 마실 것을 가져오는 것이 관습이었다는 것을 말하고 싶다. 그들은 이것을 '헌물'이라고 불렀고, 사도들의 예를 따라 궁핍한 자들에게 그것을 나누어주었다.[151] 그리고 그 가운데서 취한 빵과 포도주를 성례전을 위해 축성하였다. 그리고 이 모든 음식물은 우리가 모세에서 읽는 것처럼[152] 높이 들어 올려지는 히브리인의 의식에 따라 말씀과 기도로 성화되었기 때문에 음식물을 가져오고 모으고 바치고 올리는 관습은 이미 오래전부터 폐지되기는 했지만, 말씀과 올리거나 바치는 관습은 남아 있다. 그러므로 히스기야는 「이사야」 37장에서 남은 자들을 위해 신 앞에서 기도를 올리라고 명령했다.[153] 또한 「시편」에는 이런 말이 있다. "성소를 향해 너의 손을 들라." 또한 이런 말도 있다. "주를 향해 내 손을 들리이다."[154] 그리고 「디모데 전서」 2장에는 이런 말이 있다. "각처에서 손을 들어 기도하기를 원하노라."[155] 그러므로 '제사'(sacrificium) 내지 '거양'(擧揚, oblatio)이라는 말은 성례전과 언약과 연관

---

150 「고린도 전서」 11 : 20~21.
151 「사도행전」 4 : 34~35.
152 「레위기」 8 : 27.
153 「이사야서」 37 : 4.
154 「시편」 134 : 2, 63 : 5.
155 「디모데 전서」 2 : 8.

되는 말이 아니라 수집된 음식물과 연관되는 말로 이해되어야 한다. 그러므로 '집도'(集禱, collectae)라는 말이 미사에서 드리는 기도를 대신하는 말로 남아 있다.

사제가 빵과 포도주를 축성한 직후 그것을 들어올리는 것도 자신이 신께 무엇을 바친다는 것을 보여주기 위함은 아니다. 왜냐하면 그는 이때 어떤 말로도 희생 제물 또는 거양을 언급하지 않기 때문이다. 그러나 성체 거양은 감사 행위와 함께 신께 받은 것에 대한 응답으로 들어올리던 히브리인의 의식의 잔재이거나 사제가 그리스도의 말씀으로 보여준 이 언약에 대한 신앙을 고취하기 위해 우리를 훈계하는 것이다. 이것은 사제가 이것의 표징을 보여줌과 동시에 빵의 거양이 본래 이 지시어, 즉 "이것은 내 몸이다"에 응답하기 위함이며 사제는 그 표징을 통해 주위에 서 있는 우리에게 말한다. 또한 이렇게 잔의 거양은 본래 이 지시어, 즉 "이 잔은 새 언약이다 ……"에 응답하기 위함이다. 그러므로 사제는 이런 거양 의식을 통해 우리 안의 믿음을 일깨워야 한다. 사제가 우리 눈에 분명히 표징 내지 성례전을 들어올리는 것처럼 동시에 더 효과적으로 믿음을 일깨우기 위해 우리 귀에 크고 분명한 목소리로 말씀 내지 언약을 어떤 언어든 간에 백성의 언어로 선포한다면! 어째서 그리스어와 라틴어, 히브리어로 미사를 드리는 것은 괜찮고 독일어나 다른 언어로 드려서는 안 되는가?

그러므로 제사를 드리는 사제들은 이 부패하고 지극히 절망적이고 위험한 시대에 우선 분명히 지나치게 제사 냄새가 나는 대소 봉헌 기도문들과 집도문을 성례전과 관련시키지 말고 축성해야 할 빵과 포도주 또는 그들 자신의 기도와 관련시키도록 주의하라. 왜냐하면 빵과 포도주가 말씀과 기도를 통해 성화되기 위해서는 먼저 그것을 바쳐서 축복을 받아야 한다. 그러나 이것이 축복되고 축성된 후, 그것은 더 이상 바쳐지는 것이 아니고 신으로부터 오는 선물로 받는다. 이 의식 속에서 사제는 사람들이 고안한 모든 미사 봉헌과 집도들보다 복음을 우선시해야 함을 생각해야 한다. 즉 앞에서 그대가 들은 것처럼 복음은 미사가 제사가 되는 것을 허용하지 않는다.

그다음으로 공적으로 미사를 집전하는 자는 미사를 통해 자신과 다른 사람들이 함께 나누는 것 이외에 다른 것을 하려고 해서는 안 된다. 그럼에도 불구하고 동시에 그는 자신과 다른 사람들을 위해 기도를 드리되, 자신이 미사를 바친다고 생각하지 않도록 주의해야 한다. 사적으로 미사를 준비하는 자는 자신과 함께 나눈다는 것을 생각해야 한다. 사적 미사는 기도 및 사제가 자기 자신을 위해 축성하고 집전한다는 것을 제외하고는 평신도가 사제의 손을 통해 받는 단순한 성찬식과 전혀 다르지 않고 더 많은 것을 이루는 것도 아니다. 미사와 성례전의 문제에서 우리는 성직자나 평신도나 모두 동등하다.

만약 사제가 다른 사람으로부터 이른바 서원 미사를 집전하라는 부탁을 받았다면 미사에 대한 대가를 받거나 주제넘게 자신이 무슨 서원 제물을 바친다고 생각하지 말고 오히려 이 모든 것을 그가 죽은 자들이나 산 자들을 위해 드리는 기도와 관련시키도록 노력해야 한다. 그러면서 이렇게 생각할 것이다. "보라, 나는 가서 오직 자신만을 위해 성례전을 받을 것이며, 받는 동안에 이 사람과 저 사람을 위해 기도할 것이다." 그러므로 그는 미사가 아니라 기도에 대한 대가를 받아야 하니, 이것은 양식과 옷을 얻기 위한 대가이다. 온 세상이 정반대 생각과 관습을 가졌더라도 흔들려서는 안 된다.

우리는 절대로 확실한 복음을 가졌으니, 그것에 의지함으로써 사람들의 믿음과 견해들을 쉽사리 무시할 수 있다. 그대가 나를 무시하고 기도만 드리지 않고 미사를 바치기를 고집한다면 나는 신실하게 그대에게 경고했으니 심판의 날에 책임을 면한다는 것을 알아야 한다. 그대는 자신의 죄를 책임져야 할 것이다. 나는 형제 대 형제로서 그대의 구원을 위해 책임 있는 말을 했다. 즉 내 말을 지키면 그대에게 유익할 것이고, 이것을 소홀히 하면 해로울 것이다. 어떤 사람들이 내 말을 비난한다면 나는 바울의 말로 대답하겠다. "악한 사람들과 속이는 자들은 더욱 악해져서 속이기도 하고 속기도 한다."[156]

이상에서 누구나 아주 일상적으로 그레고리우스에게서 인용된 말을 쉽게 이해할 수 있다. "사악한 사제가 집전한 미사라고 해서 선한 사제가 집전한 미사보다 가치가 떨어진다고 생각해서는 안 된다. 성 베드로와 배반자 유다가 미사를 드렸다면 베드로의 미사가 유다의 미사보다 더 나은 것은 아니다."[157] 어떤 사람들은 이 덮개로 자신들의 불경건을 은폐했고, 그 때문에 그들은 자신은 악하게 생활하고 그럼에도 불구하고 다른 사람들에게는 선을 베푼다고 내세우기 위해 작위적 행위(opus operatum)와 행위자의 일(opus operantis)[158]의 구별을 고안했다. 그레고리우스의 말은 옳으나, 그들은 그의 말을 곡해하고 있다. 가장 거룩한 사제를 통하는 것 못지않게 가장 사악한 사제들을 통해 언약과 성례전을 주고받는다는 것은 아주 확실하다. 복음이 불경건한 자들에 의해 설교된다는 것을 누가 의심하는가? 미사는 복음의 일부, 아니 복음의 요체요 집약이다. 모든 복음이 죄 사함에 대한 기쁜 소식 말고 무엇인가? 그런데 신의 죄 사함과 자비에 대해 가장 넓고 거창하게 말할 수 있는 것은 무엇이든 간에 이 언약의 말씀 안에 간결하게 요약되어 있다. 그러므로 대중 설교는 미사 해설, 즉 이 언약에 대한 하나님의 약속에 대한 선언 말고 다른 것이 되어서는 안 된다. 이것은 믿음을 가르치고 진실로 교회를 세우는 것이다. 그러나 오늘 미사를 해설하는 자들은 인간이 만든 의식의 알레고리로 우롱하고 있다.

그러므로 사악한 사제가 세례를 줄 수 있는 것처럼, 즉 세례 받을 사

---

156 「디모데 후서」 3:13.

157 루터 시대에는 그레고리우스 1세의 이름으로 된 위작(僞作)들이 많았다. 그러므로 여기서 어느 글을 지시하는지는 분명하지 않다.

158 작위적 행위는 정상적으로 집행된 미사 의식을 지시하며, 행위자의 일은 미사를 집례하거나 받는 자의 내적 경향, 즉 믿음을 지시한다.

람에게 약속의 말씀과 물의 표지를 줄 수 있는 것처럼 그는 성만찬에 참여하는 사람들에게 이 성례전의 약속을 보여주고 그 성찬을 먹는 자에게 성례전을 베푸는 동시에 배신자 유다가 주의 만찬에서 한 것처럼 사제 자신도 먹을 수 있다. 그럼에도 불구하고 말씀과 표지는 언제나 같은 언약이요 성례전이니, 그것은 믿는 자에게는 자기 일을 행하지만 믿지 않는 자에게는 낯선 작용을 행한다. 그러나 제사를 드리는 것은 전혀 다른 행위이다. 왜냐하면 신께 바치는 것이 미사가 아니라 기도이기 때문에 사악한 사제의 희생 제물은 아무런 소용이 없는 것은 명백하다. 그러나 그레고리우스가 말한 것처럼 중재하기에 합당하지 않은 사람을 보내면 재판관의 마음만 도발해 사태가 악화된다. 그러므로 우리는 이 두 가지, 즉 미사와 기도, 성례전과 행위, 언약과 제사를 결코 혼동해서는 안 된다. 전자는 사제의 사역을 통해 신으로부터 우리에게 오고 믿음을 요구하지만, 후자는 우리 믿음으로부터 사제를 통해 신께 이르고 청허를 필요로 한다. 전자는 내려오고, 후자는 올라간다. 그러므로 전자는 반드시 자격이 있고 경건한 사역자를 필요로 하지 않지만, 후자는 그러한 사람을 필요로 한다. 왜냐하면 악한 사람들을 통해 선을 행할 수 있지만, 악한 사람의 행위를 용납하지 않는 신은 죄인의 말에 귀 기울이지 않기 때문이다. 이것은 카인의 사건에서 보여준 바와 같고, "불경건한 자의 제물은 주님께 가증스러운 것이라"라는 「잠언」 15장 말씀과 "믿음으로 나오지 않은 모든 것이 죄"라는 「로마서」 14장의 말씀과 같다.[159]

그러나 내 의견에 반대하는 사람이 나타난다면 나머지 문제를 속행하기로 하고, 내 주장의 첫 번째 부분을 끝내고자 한다. 지금까지 말한 모든 것으로부터 우리는 미사가 함께 나눌 자격이 있는 자들, 즉 슬프고, 고통받고, 당혹해 있고, 곤경에 처하고, 불확실한 양심을 가진 사람들만을 위해 준비되는 것이라는 결론을 내린다. 이 성례전에서 신의 약

---

159 「잠언」 15:8; 「로마서」 14:23.

속의 말씀은 죄인의 용서를 천명하기 때문에 자기 죄에 대한 가책 때문이든 죄의 유혹 때문이든 간에 자기 죄로 불안한 사람은 누구든지 두려움 없이 미사에 참여할 수 있다. 그리스도의 이 언약은 그대가 흔들리지 않는 믿음으로 그것을 붙들고 언약의 말씀이 선포하는 것이 그대에게 값없이 주어진 것이라고 믿는다면 과거와 현재와 미래의 모든 죄에 대한 유일한 치유책이기 때문이다. 그러나 이것을 믿지 않으면 어떤 행위나 어떤 노력으로도 양심의 평안을 얻을 수 없다. 오직 신앙만이 양심의 평화이지만, 불신앙은 양심의 혼란뿐이기 때문이다.

세례의 성례전에 대하여

신이며 우리 주 예수 그리스도의 아버지는 축복받으소서. 그는 자비의 풍성함에 따라 그의 교회 안에서 오직 이 성례전만을 사람들의 법령에 의해 손상되지 않고 오염되지 않도록 보전했고, 모든 민족과 모든 인간들의 법으로부터 자유롭게 만들었고, 추한 거래와 불경건한 미신의 괴물에 억눌리는 것을 허락하지 않았다. 그는 이 예식을 통해 탐욕과 미신에 사로잡힐(capaces)[160] 수 없는 어린아이들에게 그의 말씀이 단순한 믿음으로 받아들여지고 성화되기를 바랐으니, 오늘날 세례는 그들에게 가장 큰 유익을 준다. 이 성례전이 성인과 노인들에게 선사되어야 했다면 우리에게서 신적 축복을 앗아버린 탐욕과 미신의 횡포 앞에서 신의 능력과 영광은 관철될 수 없었을 것 같다. 여기서 의심의 여지 없이 육신의 지혜는 준비 절차, 품위, 그다음으로 유보 조항, 제한 조처 등 돈그물 비슷한 것을 고안했으니, 이런 것을 통해 물은 양피지 못지않게 비싸게 매매된다.

---

160 b: 'verfencklich'.

그러나 사탄이 어린아이들의 경우 세례의 능력을 소멸시킬 수 없었지만, 모든 성인의 경우 우선권을 쥐고 그것을 소멸시켰다. 그 결과 죄를 경감받고 천국에 갈 수 있는 방법이 많이 고안되었으므로 오늘 자신이 세례 받았다는 것을 기억하고 그것을 영광스럽게 생각하는 사람은 거의 없다. 성 히에로니무스의 저 위험한 말이 이런 견해에 계기를 제공했는데,[161] 이 말은 잘못 표현되었거나 잘못 이해되었다. 그는 세례는 회개가 아닌 것처럼 회개를 '난파 뒤의 두 번째 널빤지'라고 칭했다. 그러므로 사람들이 죄에 빠지면 첫 번째 널빤지 내지 즉 배를 잃은 것처럼 절망하고, 두 번째 널빤지, 즉 회개에 의지하고 신뢰하기 시작한다. 여기서부터 서약, 경건, 행위, 보속, 순례, 면죄부, 소종파 등의 끊임없는 짐이 태어났고, 여기로부터 온 세상이 더 이상 이해할 수 없는 온갖 책, 질문, 견해 그리고 인간적 전통들이 생겨났다. 그러므로 이 횡포는 유대인의 회당이나 하늘 아래 있는 어떤 다른 민족이 당한 것과도 비교할 수 없을 만큼 신의 교회를 괴롭힌다.

그런데 이 모든 악을 제거하고 그리스도인으로 하여금 세례의 순수성으로 돌아오도록 모든 노력을 기울임으로써 세례가 무엇이며 그리스도인은 무엇을 행해야 하는가를 알도록 하는 것이 주교들의 의무였다. 그러나 그들의 유일한 직무는 사람들을 가능한 한 세례로부터 멀어지게 이끌고 모든 사람을 자신들 폭정의 홍수에 빠지도록 하며, 예언자의 말대로 그리스도의 백성으로 하여금 주를 영원히 잊어버리게 만드는 것이다.[162]

오, 오늘날 주교의 이름으로 거명되는 모든 불행한 자들이여! 그들은 주교직에 어울리는 일을 알지도 못하고 행하지도 않는다. 그들은 자기들이 무엇을 알아야 하는지, 무엇을 해야 하는지를 도무지 알지 못한다.

161   Jerome, *Epistola* 130, par. 9. Migne 22, 1115를 지시한다.
162   「예레미야서」 2:32.

그들은 「이사야」 56장의 말을 성취한 자들이다. 즉 그의 파수꾼은 소경이요 모두 무지하고, 그 목자들은 지식을 알지 못했고, 모두 자기 길을 벗어났으며, 각 사람이 자기 탐욕을 도모하며 등.[163]

그러므로 세례에서 제일 먼저 주목해야 할 것은 믿고 세례를 받는 사람은 구원을 얻을 것이라는 신의 약속이다.[164] 이 약속은 모든 행위, 서약, 경건, 인간이 도입한 그 어떤 것과 비교할 수 없이(incomparabiliter)[165] 우선시되어야 한다. 모든 구원은 이 약속에 달려 있기 때문이다. 세례를 받은 후 구원을 받았다는 것을 결코 의심하지 않고, 이 약속 안에서 믿음을 실천해야 한다. 이 믿음이 없거나 생기지 않는 한, 세례는 아무런 유익을 주지 못할 것이다. 그것은 세례를 받는 순간뿐만 아니라 우리 생애 전체를 통해 장애물이 된다. 이러한 불신앙은 신의 약속을 거짓말이라고 비난하게 되니, 이것은 모든 죄 가운데 가장 크다. 우리가 믿음의 훈련을 시작했다면 우리는 신의 약속을 믿는 것이 얼마나 어려운가를 금방 깨닫게 될 것이다. 자신의 죄를 의식하는 인간의 연약함 때문에 인간은 자신이 구원을 받았거나 구원을 받아야 한다는 것을 믿기가 가장 어렵다. 그럼에도 불구하고 이 사실을 믿지 않으면 구원을 받을 수 없다. 왜냐하면 인간적 약함은 구원을 약속하는 하나님의 진리를 믿지 않기 때문이다.

이것은 백성에게 부지런히 선포되어야 하고, 이 약속은 반복적으로 울려야 하고, 세례는 항상 상기되어야 하고, 믿음은 지속적으로 일깨우고 북돋아주어야 한다. 우리에게 한 번 선포된 이 신적인 약속에 의해 그의 진리가 죽을 때까지 계속되는 것처럼 그것을 믿는 믿음도 중단되어서는 안 되고, 세례에서 우리에게 주어진 이 약속을 지속적으로 기억

---

163 「이사야서」 56:10.
164 「마가복음」 16:16.
165 b: 'unzŭgemessen'.

함으로써 죽을 때까지 양육되고 강화되어야 한다. 그러므로 우리가 죄에서 다시 일어나거나 회개함으로써 다만 우리가 거기서 멀어졌던 세례의 능력과 믿음으로 돌아가며, 우리가 죄를 범함으로써 저버렸던 당시의 약속으로 돌아갈 뿐이다. 일단 맺어진 약속의 진리는 언제나 변함없고, 팔을 벌려 돌아온 우리를 받아줄 것이다. 또한 내가 틀리지 않았다면 세례는 모든 성례전 가운데 첫 번째요, 이것 없이는 다른 것을 얻을 수 없다고 모호하게 말하는 자들이 말하고자 하는 것이 바로 이것이다.

그러므로 회개하는 자가 있어 무엇보다도 자신의 세례를 기억하고 자신이 저버린 신의 약속을 확신 있게 기억하면서 자신은 지금까지 구원의 요새 안에 있음과 자신의 불경건한 배은망덕을 증오하면서 세례 받았음과 자신이 믿음과 진리에서 이탈했음을 기뻐하고 주의 약속을 시인한다면(eandem confiteatur domino)[166] 적지 않게 도움이 될 것이다. 자신을 향한 신의 약속은 속일 수도 없고 아직 완전하고 변하지 않았을 뿐만 아니라 바울이 「디모데 후서」 2장에서 "우리가 믿음이 없을지라도, 주는 언제나 신실하시니 자기를 부인하실 수 없다"라고 말한 대로[167] 그의 약속은 죄 때문에 변할 수 있는 것도 아니라는 사실을 고려한다면 회개하는 자의 마음은 놀라운 위로를 받을 것이고 신의 자비에 대한 희망으로 용기를 얻을 것이다(animabitur).[168] 신의 진리가 그를 지켜줄 것이니, 다른 모든 것이 무너질지라도 이것을 믿으면 그를 버리지 않을 것이다. 이 진리를 통해 그는 조롱하는 원수의 공격에 대항하고, 양심을 흔들어놓는 죄에 맞서고, 죽음과 심판의 공포에 대한 응답하는 무기를 가지며, 마지막으로 그에게 이 유일한 진리는 모든 유혹 속에서

---

166   b : 'die selbig got verjehe'.
167   「디모데 후서」 2 : 13.
168   b : 'würt wider erhertzet'.

위로가 될 것이다. 즉 "하나님은 그의 약속에서 진실하시니, 나는 세례에서 약속의 징표를 받았다. 만일 하나님이 우리를 위하시면 누가 우리를 대적하리요?"

이스라엘의 자녀들은 참회하고자 할 때 무엇보다도 먼저 자신들이 이집트에서 탈출한 사건을 기억했고 이 기억을 가지고 그들을 구출한 신께 돌아갔다면, 모세는 항상 이 기억과 이 보루를 그들 마음에 새겼고 훗날 다윗도 이 기억을 반복했다면 우리가 더욱 더 우리의 이집트로부터의 탈출 사건을 기억하고 새로운 거듭남의 씻음을 통해 우리를 인도하시는 그분에게로 돌아가야 한다. 이 거듭남을 위해 우리에게 이 사건을 기억하도록 권고되었다. 빵과 포도주를 나누는 성례전에서 이것을 가장 적절하게 할 수 있다. 과거에 이 세 가지 성례전, 곧 회개, 세례, 빵의 성례전을 같은 예배에서 동시에 거행했으며, 각각 서로를 보완했다. 그러므로 우리는 어느 거룩한 처녀에 대한 글을 읽었는데, 그녀는 시험당할 때마다 "나는 그리스도인이다"라고 간단하게 말하면서 자신이 세례 받은 사실을 가지고 싸웠다. 원수는 즉각 세례의 능력과 약속하는 신의 진리에 의지하는 믿음의 힘을 깨닫고 그녀에게서 도망쳤다.

그러므로 그대는 그리스도인 내지 세례 받은 자가 얼마나 큰 부자인가를 알 것이다! 그는 믿기를 바라는 한, 아무리 큰 죄를 지었어도, 구원을 잃기 원한다고 하더라도 구원을 잃어버릴 수 없다. 다만 불신앙 외에는 그 어떠한 죄도 그를 정죄할 수 없다. 즉 세례 받은 자에게 주어진 신의 약속에 대한 믿음이 남아 있는 한, 모든 다른 죄는 같은 믿음을 통해 또는 신의 진리를 통해 일순간에 삼켜진다. 그대가 그를 고백하고 약속하는 자를 신실하게 의지한다면 그는 자신을 부인할 수 없기 때문이다. 그러나 그대가 신의 진리를 망각하고 통회, 죄의 고백, 보속[169] 그리고 인간이 고안한 온갖 노력들에 몰두한다면 이것들이 돌연 그대를 실망

---

169 가톨릭 교회의 고해 성사는 통회, 죄의 고백, 보속, 사죄의 단계로 이루어진다.

시키고 더 불행하게 만들 것이다. 신의 진리에 대한 믿음 없이 수고하는 모든 것은 헛되고 헛된 것이며, 영의 고통이기 때문이다.

그대는 회개를 '난파 뒤의 두 번째 널빤지'라고 생각하는 것이 얼마나 위험한지, 그리고 죄로 인해 세례의 능력이 소멸되었고 이 배가 손상되었다고 생각하는 것이 얼마나 치명적인 오류인지 알 것이다. 이 유일한 배는 늘 견고하고 파괴되지 않은 채로 있다. 구원의 항구로 향하는 모든 사람을 실어 나르는 배는 결코 널빤지들로(in ullas tabulas)[170] 해체되지 않는다. 이 항구는 성례전에서 약속하는 신의 진리다. 물론 많은 사람들이 부주의해 갑판 위에서 바다로 뛰어내려 멸망하기도 한다. 이들은 약속에 대한 믿음을 저버리고 죄 가운데로 뛰어드는 사람들이다. 그러나 배는 손상되지 않고 제 항로로 이동한다. 어떤 사람이 어떤 은혜로 배로 돌아올 수 있다 하더라도 그는 널빤지에 의해서가 아니라(nulla tabula)[171] 견고한 배에 실려 생명으로 옮겨진다. 이 사람들은 믿음을 통해 확고하고 영원한 신의 약속으로 돌아오는 자들이다. 그러므로 베드로는「베드로 후서」1장에서 죄를 범하는 사람들이 그들의 옛 악행에서 정화된 것을 잊어버리고 자신들이 받은 세례에 대해 배은망덕한 태도와 그들의 불신실한 불신앙을 질책했다.[172]

그렇다면 세례에 대해서는 그토록 많은 글을 쓰고 약속에 대한 믿음을 가르치지 않는 것이 무슨 유익이 있는가? 모든 성례전은 믿음을 키우기 위해 제정되었다. 또한 불경건한 인간들은 이 사실을 건드리지 않으며, 심지어 인간은 죄의 용서나 성례전의 은총에 대해 확신해서는 안 된다고 주장한다. 그러한 불경건으로써 그들은 온 세상을 기만하고(dementant),[173] 우리 양심의 첫 번째 영광이 거하는 세례의 성례전

---

170   b : 'in dyllenstück'.

171   b : 'mit keiem dyelenstuck'.

172 「베드로 후서」1 : 9.

173   b : 'sye beunsinnen'.

을 포박하는 것은 물론이고 철저히 파괴한다. 그동안 그들은 통회, 불안한 고해, 상황, 보속, 행위, 그 밖에 무한히 많고 비슷한 무익한 것들로 가련한 영혼들을 향해 광분한다. 그러므로 『명제집』 교사(Magistri sententiarum)[174]를 지혜롭게 읽되 『명제집』 제4권에서 성례전의 '질료'와 '형상'에 대해서만 서술할 뿐, 즉 성례전의 죽은 문자와 살해하는 문자들에 대해 다룰 뿐 영과 생명과 용도, 곧 신의 약속과 우리의 신앙에 대한 진리를 전혀 건드리지 않고 내버려둔 교사와 그의 주석가들을 경멸하는 자가 될 것이다.

그러므로 그대는 하나님의 진리와 그대의 믿음을 훼손하지 않도록, 화려한 행위와 인간적 전통들의 속임수가 그대를 속이지 못하도록 주의하라. 그대가 구원받기를 원한다면 어떤 행위 없이 성례전에 대한 신앙으로 시작해야 한다. 그런데 행위는 믿음을 따라가는 것이니, 그대는 믿음을 가볍게 생각하지 말라. 그것은 모든 행위 가운데 가장 탁월하고도 어려운 행위이다. 다른 아무런 공로 없이 지낼 수밖에 없는 경우일지라도 그대는 믿음만으로 구원을 받을 것이다. 바울이 가르친 대로 믿음은 사람의 행위가 아니라 하나님의 행위이기 때문이다.[175] 다른 행위는 우리와 함께 우리를 통해 일하지만, 믿음만은 우리 안에서 우리의 도움 없이 일한다.

이로부터 우리는 세례를 베풂에서 일꾼인 인간과 주이신 신의 차이를 명백하게 알 수 있다. 인간은 세례를 주면서도 주지 못한다. 즉 그는 세례 받을 사람을 물에 담금으로써 행위를 완수함으로 세례를 베푼다. 그러나 그는 세례 행위에서 자신의 권위에 의해서가 아니고 신을 대행하기 때문에 세례를 주는 것이 아니다. 그러므로 우리는 마치 그리스

---

174   b: 당시 독일어 책에서 종종 페트루스 롬바르두스를 표현한 것처럼 '고상한 견해를 가진 페트루스 선생'(meyster Peeters von hohen sinnen)이라 했다.

175   「에베소서」 2:8.

도 자신, 즉 하나님 자신이 자신의 손으로 우리에게 세례를 주는 것처럼 믿고 인간의 손에서 세례를 받아야 한다. 우리가 다른 사람의 손을 통해 우리가 사용하는 다른 피조물이 오로지 신의 것이듯이 우리가 사람의 손을 통해 받는 세례는 인간의 세례가 아니라 그리스도와 신의 세례이다. 그러므로 그대는 외적인 것은 인간에게, 내적인 것은 하나님께 귀속시킴으로써 세례를 구별하지 않도록 유의하라. 두 가지 모두 오직 신께 귀속시키고, 수여하는 인간을 하나님을 대신하는 도구로서만 받아들여라. 하늘에 앉아 계신 주님께서 이 도구를 통해 자신의 손으로 우리를 물에 집어넣고 죄 사함을 약속하며, 지상에서 자기 일꾼의 입을 통해 인간의 목소리로 그대에게 말한다.

사제가 그대에게 "내가 내 이름으로 세례를 주노라, 아멘"이라고 하지 않고 "내가 성부와 성자와 성령의 이름으로 세례를 주노라, 아멘"이라고 말할 때 이 말은 이렇게 말하는 것과 같다. "내가 하는 것을 나는 내 자신의 권위로 하지 않고 신 대신, 즉 신의 이름으로 하는 것이니 그대는 우리 주께서 친히 가시적인 방법으로 세례를 베풀었다고 여겨야 한다. 주인과 일꾼은 다르지만 양자의 일은 같다. 아니, 그것은 내 사역을 통해 홀로 주인이 행하는 일이다." 나는 "……의 이름으로"라는 말을 주인의 인격을 지칭하는 것으로 생각하기 때문에 행위에 있어서 주님의 이름을 내세우거나 불러서는 안 될 뿐만 아니라 다른 분의 행위를 다른 분의 이름으로 그 대신 이행해야 한다. 이런 취지로 그리스도는 「마태복음」 24장에서 "많은 사람이 내 이름으로 올 것이다"라고 말했고, 「로마서」 1장에서는 "그로 말미암아 우리가 은혜와 사도의 직분을 받아 그 이름을 위해 모든 족속들 중에서 믿어 순종케 한다"라고 말했다.[176]

내가 이 견해를 기꺼이 지지하는 것은 우리가 사람에게서가 아니라

---

176 「마태복음」 24:5; 「로마서」 1:5.

삼위일체의 신으로부터, 그의 이름으로 우리 가운데서 수행하는 사람을 통해 세례 받았다는 사실을 아는 것이 큰 위로가 되고 믿음에 큰 도움이 되기 때문이다. 이 점을 알면 세례의 형식에 (그들은 이것을 말 자체라고 칭한다) 대해 다투는 무익한 논쟁은 종식될 것이다. 그리스인은 "그리스도의 종이 세례 받게 하소서"라고 말하지만,[177] 라틴 사람들은 "나는 세례를 준다"라고 말한다. 또 다른 수다쟁이들은 아주 완고하게 "예수 그리스도의 이름으로 그대에게 세례를 주노라"라고 말하는 것을 비난한다. 그러나 우리가 「사도행전」에서 읽을 수 있는 것처럼 사도들은 이런 식으로 세례를 베푼 것이 분명하다.[178] 사도들은 "성부와 성자와 성령의 이름으로 세례를 주노라, 아멘"이라는 말 외에 다른 것이 계속(deinceps)[179] 통용되기를 바라지 않을 것이다. 그러나 그들이 주장하는 것은 무익하다. 그들은 입증하지 못하고, 기껏해야 자신들의 몽상을 주장한다. 세례는 사람의 이름으로가 아니라 주님의 이름으로 주어진다면 어떠한 방식으로 베풀어지든 간에 진실로 구원을 얻게 만든다. 불경건한 일꾼이 주님의 이름으로 세례를 주지 않을지라도 어떤 사람이 주님의 이름으로 세례 받는다면 그는 진실로 주님의 이름으로 세례 받은 것을 나는 의심하지 않을 것이다. 세례의 능력은 그것을 주는 사람의 믿음이나 용도에 달린 것이 아니고, 그것을 받는 사람의 그것에 달려 있기 때문이다. 그런 예를 장난으로 세례 받은 어떤 희극 배우의 이야기에서 읽을 수 있다.[180][181] 믿음을 중시하지 않고 행위와 의식에 모든 의미를

---

177 그리스 교회의 세례 양식은 에우게니우스 4세, 식스투스 4세, 알렉산드르 6세에 의해서 유효한 것으로 선포되었다.

178 「사도행전」 10 : 48.

179 b: 'hynfurtbaß'.

180 『95개 명제 해제』(*Resolutiones disputationum de indulgentiarum virtute*)에도 언급되어 있는 이 사건은 「마태복음」 18장에 대한 설교에(*WA* 47, 302~303) 더 상세하게 설명되어 있다. 한 로마 황제의 어릿광대는 그리스도교 의식을 조롱하기 위해 사람들이 보는 앞에서 물속에 들어갔다. 그러나 구경꾼들이 깔깔대며

부여하는 사람들은 우리에게 이와 유사한 논쟁과 질문을 제기한다. 그러나 우리는 모든 것을 오직 믿음으로 돌릴 뿐 결코 의식으로 돌려서는 안 된다. 믿음은 모든 양심의 가책과 견해로부터 우리의 영을 자유롭게 한다.

세례와 관계되는 두 번째 부분은 침수의 표지 내지 성례전인데, 세례라는 말은 바로 여기서 비롯되었다. 그리스어로 밥티소(baptiso), 라틴어로 메르고(mergo) 그리고 밥티스마(baptisma), 라틴어로 메르시오 (mersio)다. 말한 바와 같이 신의 약속에 따라 말씀이 지시하는 것 또는 그들이 근래에 말하는 대로 성례전이 효과적으로 나타내는 것을 형상화한 표징이 또한 주어진다고 말했다. 이것이 얼마만큼 그런지를 보게 될 것이다.

많은 사람들이 말씀과 물속에는 수세자(受洗者)의 영혼에 신의 은혜를 일으키는 어떤 영적 능력이 감추어져 있다고 생각했다. 다른 사람들은 이러한 견해에 반대하면서 성례전에는 아무런 능력도 있지 않고, 오직 계약에 따라 자신이 제정한 성례전에 현존하는 신에 의해 은총이 주어지는 것이라고 주장한다. 그러나 모든 사람들이 성례전은 은총의 효과적 표징이라는 데 동의하는데 그들은 이 한 가지 주장, 즉 새 법의 성례전이 다만 뭔가를 의미한다면 그것들이 옛 법의 성례전보다 낫다고 볼 수 있는 다른 근거가 없다는 이 한 가지 논리로써 이런 견해에 도달했다. 그러므로 그들은 새 법의 성례전에 큰 능력을 부여하지 않을 수 없었으니, 그것들이 죽을죄에 빠진 사람들에게도 유익하고, 믿음도 은총도 필요 없고, 방해하지 않는 것, 즉 다시 죄를 지으려는 현실적인 생

웃고 있을 때 천사가 나타나 「에베소서」 4:5~6에 쓰인 책을 보여주자, 그 어리석은 자가 회심했다. 그는 그리스도교를 조롱하기 위한 그 세례의 효력을 인정하고, 그리스도에 대한 신앙을 고백한 뒤 순교당했다.

181 b : "Als do ein exempel gelesen würt von einem juffs buben, der mit schimpff getaufft ward."

각을 갖지 않는 것으로 충분하다고 주장했다.

그러나 이러한 견해들은 불경건하고 불신앙적이며, 믿음과 성례전의 본성과 충돌하기 때문에 부지런히 경계하고 피해야 한다. 표징의 효과 면에서 새 법의 성례전이 옛 법의 성례전과 다르다고 생각하는 것은 잘못이다. 즉 양자는 똑같이 지시한다. 세례와 빵으로 우리를 구원하는 하나님은 똑같이 제물로 아벨을 구원했고, 무지개로 노아를 구원했으며, 할례로 아브라함을 구원했고, 그의 표징으로 다른 모든 사람을 구원했다. 그러므로 율법 시대에 신이 족장들과 다른 조상들 가운데서 행한 것을 모두 옛 법이라고 부른다면 의미에 관한 한, 옛 법의 성례전과 새 법의 성례전은 차이가 없다. 그러나 족장들과 조상들 가운데 이루어진 표징들은 모세가 율법에서 제정한 법적 모범들 — 이것은 의복, 그릇, 음식, 집 같은 것들에서 사제들의 관습이다 — 과 구분해야 한다. 이것들은 새 법의 성례전들과 다를 뿐만 아니라 신께서 율법 안에 살고 있던 조상들에게 가끔씩 준 표징들 — 예를 들어 기드온의 양털, 마노아의 제물, 이사야가 아하스에게 준 것 등 — 과도 구별되어야 한다.[182] 이 표징들의 경우 신에 대한 믿음을 요구하기 위해 어떤 것이 약속되었기 때문이다.

그러므로 이 점에서 법적 모범들의 새 표징 및 옛 표징의 차이는 율법으로 규정된 모범이 믿음을 필요로 하는 약속의 말씀과 결부되어 있지 않다는 점이다. 그렇기 때문에 그것들은 칭의(稱義, Justificatio)의 표징이 아니다. 그것들은 오로지 의롭게 하는 믿음의 성례전이 아니라 행위의 성례전에 불과하다. 그것들의 능력과 본질은 행위이고 믿음이 아니기 때문이다. 그것들을 행한 사람은 믿음이 없이 행하면서도 그것을 이행한 것이다. 그러나 우리와 족장들의 표징 내지 성례전은 믿음을 필요로 하고, 다른 어떤 행위로도 이행될 수 없는 약속의 말씀과 결부된 것이

---

182 「사사기」 6:36 이하, 13:19 이하; 「이사야서」 7:10 이하.

다. 그러므로 그것들은 칭의의 표징 또는 성례전이다. 그것들은 행위의
성례전이 아니라 의롭게 하는 믿음의 성례전이기 때문이다. 그러므로
이 성례전의 전체적 효력은 믿음 자체이지 행위의 완수가 아니다. 이 성
례전을 믿는 사람은 아무런 행위를 하지 않더라도 할 일을 하는 것이다.
여기서부터 "성례전이 아니라 성례전의 믿음이 의롭게 한다"라는 격언
이 있다. 그러므로 할례가 아브라함과 그의 씨를 의롭게 한 것이 아니
니, 사도 바울은 그것을 믿음의 의의 인침이라고 부른다.[183] 약속에 대
한 믿음에 할례가 더해진 것이며, 약속에 대한 믿음이 의롭게 하고 할례
가 지시하는 것을 성취하기 때문이다. 믿음은 영으로 마음의 포피에 가
해진 할례이니, 육체의 할례는 문자로 이것을 형상화한다. 아벨의 제사
가 아니라 믿음이 그를 의롭게 한 것이다. 그는 믿음으로 하나님께 자신
을 온전히 바쳤으니, 외적 제물은 믿음을 형상화했다.

　그러므로 세례가 아니라 약속의 말씀을 믿는 믿음이 어떤 사람을 의
롭게 하고 유익을 주는 것이다. 세례는 그것에 부가된다. 이 믿음이 그
를 의롭게 하고 세례가 지시하는 것을 성취한다. 믿음은 옛사람의 수장
이고 새사람의 나타남이다. 그러므로 새 성례전은 옛 성례전과 다를 수
가 없다. 새 성례전은 유일하고 가장 효과적인 구별 수단(medium)[184]인
약속의 말씀으로 말미암아 옛 성례전과는 비교할 수 없이 다르지만, 양
자는 똑같이 신의 약속과 같은 믿음의 영을 가진다. 예복, 장소, 음식, 그
밖에 수많은 의식들의 화려함이 의심할 여지 없이 영으로 성취되어야
할 탁월한 것을 표현할지라도 이것들은 신의 약속의 말씀에 의거하지
않기 때문에 세례와 빵의 표징과는 비교될 수 없는 것이다. 그것들은 사
람을 의롭게 하지 못하고 도움을 주지 못한다. 이것들의 성취는 신앙 없
이 사용함이거나 성취함이기 때문이다. 사도 바울이 「골로새서」 2장에

183　「로마서」4:11.
184　b : 'mitteil'.

서 말하는 바와 같이 이루거나 행함으로써 성취되는 것이다. "모든 것이 사람의 명령과 가르침을 좇아 쓰는 대로 멸망한다."[185] 그러나 성례전은 행함으로써 성취되는 것이 아니라 믿음으로써 성취되는 것이다.

그러므로 성례전에 칭의의 효과적 능력이 있다거나 그 표징이 은총의 작용이라는 말은 참될 수 없다. 확실한 믿음이 존재한다면 이 성례전이 확실히 효과적으로 은총을 부여한다고 말하지 않는 한, 이 모든 말은 신의 약속에 대한 무지에서 비롯된 것으로 믿음을 손상시킬 것이다. 그러나 이 주장은 성례전에 어떤 효력을 부여하지 않는 것을 입증한다(probat).[186] 왜냐하면 성례전은 모든 사람들, 심지어 불경건한 자와 불신자들에게도 마치 그들의 불신앙 자체가 모든 것 가운데 가장 완고하고 가장 적대적인 은총의 장애물이 아닌 것처럼 장애를 주지 않는 한, 유익이 된다고 그들은 말하기 때문이다. 그렇게 주장할 만큼 그들은 성례전을 명령으로, 믿음을 행위로 만들고자 했다. 성례전을 내가 받기 때문에 그것이 내게 은총을 준다면 나는 진실로 믿음으로가 아니라 내 행위로 은총을 받는 것이다. 또한 나는 성례전에서 약속을 붙잡는 것이 아니라 신이 제정하고 명령한 표징만 얻는 것이다. 이로써 그대는 『명제집』의 신학자들이 성례전을 전혀 이해하지 못했음을 분명히 알게 되었다. 그들은 성례전에서 신앙도 약속도 고려하지 않았고, 다만 표징과 표징의 사용에 집착하고 우리를 믿음에서 행위로, 말씀에서 표징으로 이탈하게 만들기 때문이다. 그러므로 앞에서 말한 대로 그들은 성례전을 포로로 만들었을 뿐만 아니라 그것 안에 있는 것을 철저히 파괴했다.

그러므로 우리는 눈을 뜨고 표징보다는 말씀에, 행위 또는 표징의 사용보다는 믿음에 주목하는 것을 배우도록 하자. 하나님의 약속이 있는 곳은 어디든지 믿음이 요청된다는 것과 이 두 가지는 필수적이므로 어

185　「골로새서」2:22.

186　에르랑엔 판에는 'probant'로 되어 있다.

느 것도 다른 것 없이는 효력을 발휘할 수 없다는 것을 안다. 약속이 없으면 믿는 것이 불가능하고, 믿지 않으면 약속은 확립되지 않는다. 이 두 가지가 서로 도우면 성례전에 참되고 확실한 효력을 만든다. 그러므로 약속과 믿음을 떠나 성례전의 효력을 구하는 것은 헛되이 애쓰는 것이고 저주를 받을 것이다. 그러므로 그리스도는 이렇게 말했다. "믿고 세례를 받는 사람은 구원을 얻을 것이요, 믿지 않는 사람은 정죄를 받을 것이다."[187] 이 말에서 그리스도는 믿음이 성례전 없이도 구원할 수 있을 만큼 성례전에서 필요하다는 사실을 보여준다. 그러므로 그는 "믿지 않는 사람은 세례를 받지 않는다"라는 말을 붙이기를 바라지 않았다.

그러므로 세례는 두 가지를 의미하는데 죽음과 부활, 곧 충분하고 완전한 칭의다. 사제가 아이를 물에 집어넣는 것은 죽음을 의미하고, 다시 꺼내는(educit)[188] 것은 생명을 의미한다. 바울은 「로마서」 6장에서 이렇게 설명했다. "그러므로 우리가 그의 죽으심과 합하여 세례를 받음으로 그와 함께 매장되었나니, 이는 아버지의 영광으로 말미암아 그리스도를 죽은 자 가운데서 살리심과 같이 우리로 또한 새 생명 가운데서 행하게 하려 함이니라."[189] 우리는 이 죽음과 부활을 새 창조물, 중생, 영적 탄생이라고 부른다. 많은 사람들이 그렇게 하듯이 우리는 이것을 다만 알레고리적으로 죄의 죽음과 은혜의 삶에 대해서만이 아니라 참 죽음과 부활의 의미로 해석해야 한다. 세례는 거짓 표징이 아니기 때문이다. 사도가 같은 구절에서 말하듯이[190] 우리가 이 삶에서 입은 죄의 몸이 멸할 때까지 죄도 죽지 않고, 은혜도 완전히 일어나지 않는다. 우리가 육체 안에 있는 한, 육체의 욕구가 동요하고 동요되기 때문이다. 이런 이유로 우리가 믿기 시작함과 동시에 이 세상에 대해 죽기 시작하고 하나님에

---

187 「마가복음」 16:16.
188 b: 'ußhar nimpt'.
189 「로마서」 6:4.
190 「로마서」 6:6.

대해서는 미래의 생명 안에서 살기 시작한다. 그러므로 믿음은 진실로 죽음이요 부활이니, 즉 우리가 그 안으로 잠겼다가 다시 일어서는 영적 세례이다.

그러므로 세례에 죄로부터 씻음의 능력이 진실로 부여되기는 하지만, 이 의미는 차라리 죽음과 부활의 상징인 세례를 표현하는 것보다는 유하고 약하다. 이런 이유에서 나는 세례 받으려는 사람들을, 문자가 말하는 대로 그리고 그 신비가 가리키는 대로 물속에 완전히 집어넣기를 바란다. 이것이 꼭 필요하다고 생각해서가 아니라 의심할 여지 없이 그리스도에 의해 제정된 것처럼 완전하고 분명한 사실에 또한 완전하고 분명한 표징을 부여하는 것이 좋다고 생각하기 때문이다. 죄인이 온전하게 다른 피조물로 새로워지고 그리스도의 죽음과 부활에 응답하기 위해 씻음을 받는 것보다는 차라리 죽어야 한다. 그는 세례를 통해 그리스도와 함께 죽고 함께 부활해야 하기 때문이다. 그리스도는 죽었다 부활함으로써 사멸성에서 씻음을 받았다고 말할 수 있겠지만, 그리스도는 완전히 변화되고 새로워졌다고 말하는 것보다는 약하게 말하는 것이다. 마찬가지로 세례를 통해 우리가 죄 씻음을 받았다는 것보다는 철저히 죽고 영원한 생명으로 부활한다는 것을 의미하는 것으로 이해하는 편이 훨씬 강하다.

여기서 그대는 다시 세례의 성례전이 그 표징에 대해서도 순간적인 것이 아니라 영원한 무엇이라는 것을 알 수 있다. 그 의식 자체는 갑자기 사라질지라도 그것이 의미하는 본질은 죽을 때까지, 아니 최후의 날에 부활할 때까지 계속된다. 우리가 살아 있는 동안 우리는 끊임없이 세례가 의미하는 것을 행한다. 다시 말해 우리는 죽고 부활한다. 우리는 이 세상의 죄와 허영을 거부하기 위해 정신적으로나 영적으로 죽을 뿐만 아니라 진실로 이 육적인 삶을 떠나 미래의 삶을 붙잡기 시작한다. 그래서 사람들이 말하는 것처럼 이 세상으로부터 벗어나 아버지에게로 육신적으로나 실제적으로 옮겨가게 될 것이다.

그러므로 우리는 세례의 능력을 그처럼 약화시키고 축소해 세례를 통해 은총이 부어지지만 이후 죄를 통해 고갈되기 때문에 그때 세례가 완전히 철저히 무효가 된 것처럼 다른 길로 천국에 가야 한다고 말하는 자들을 경계해야 한다. 그대는 이렇게 생각할 것이 아니라 세례를 통해 죽고 다시 사는 것이 바로 세례의 의미라는 것을 이해해야 한다. 그러므로 그대는 회개를 통해서든 또는 다른 어떤 방법을 통해서든 간에 세례가 의미한 바를 행하기 위해 세례를 받았으므로 세례가 의미하는 바를 다시 행하지 않는 한, 세례의 능력으로 돌아갈 수 없다. 그대가 절망하여 구원으로 돌아가기를 거부하기까지 세례는 결코 무효가 되지 않는다. 그대는 잠시 그 표징으로부터 떠나 방황할 수 있지만, 그 상징은 무효한 것은 아니다. 그러므로 그대가 성례전을 통해 한 번 세례를 받으면 우리는 언제나 믿음으로 세례를 받으며 언제나 죽고 언제나 살 필요가 있다. 세례는 우리의 온몸을 삼켰다가 다시 내놓았다. 또한 세례의 본질이 의미하는 것은 그대의 온 생명을 몸과 영혼과 함께 삼켰다가 마지막 날에 영광과 불멸의 옷을 입혀 그것을 돌려주는[191] 것이어야 한다. 그러므로 우리는 언제나 세례의 표징뿐만 아니라 그 본질 자체 없이는 있지 않으니, 진실로 우리는 마지막 날에 완전하게 그 표징을 실현할 때까지 언제나 거듭해 세례를 받을 필요가 있다.

그러므로 그대는 우리가 이 삶에서 행하는 모든 것, 육을 살해하고 영을 살림에 대한 모든 것이 세례와 관계 있다는 것을 이해할 것이다. 우리가 더 빨리 생명에 의해 삼켜질수록 더 빨리 우리의 세례를 성취하는 것이고, 우리가 더 가혹하게 고난을 받을수록 보다 행복하게 우리의 세례에 응답할 수 있다. 그러므로 순교자가 매일 죽임을 당하고 도살당할

---

191   b : "Der Tauff hat den gantzen leyb an sich gezucket und ingesupffet, und wider ußhar geben, also sol auch die krafft des Tauffs dein gantz leben mit leyb und seel versupffen unnd wider ußhar geben."

양처럼 취급당하던 때 교회가 가장 행복했다. 즉 그때 세례의 능력이 교회에서 온전한 권능으로 지배했다. 오늘 우리는 무수한 인간의 행위와 교리들 때문에 이 능력을 알지 못한다. 우리가 어떻게 살든 간에 모든 삶이 세례가 되어야 하고 세례의 상징 또는 성례전을 성취해야 한다. 왜냐하면 우리는 다른 모든 것으로부터 해방되어 오직 세례에, 다시 말해 죽음과 부활로 넘겨졌기 때문이다.

오늘 우리의 이 영광스런 자유와 세례에 대한 이 지식에 포로가 되었으니, 그 책임을 로마 교황의 폭정 외에 누구에게 묻겠는가?

그는 첫 번째 목자에 걸맞게 바울이 말한 것처럼 다른 누구보다도 이 자유와 교리를 선포하고 주장해야 한다. "누구든지 우리를 그리스도의 일꾼이요, 하나님의 비밀을 맡은 자로 보아야 한다."[192] 그러나 교황은 다만 자신의 명령과 법으로 억압하고 자신의 전제적 권력의 포로로 삼으려고 한다. 도대체 무슨 권리로 교황은 (그가 사악하고 저주받을 만하게 이 신비를 가르치기를 소홀히 하는가는 말하지 않지만) 법을 우리에게 부과하는가? 누가 그에게 세례를 통해 우리에게 부여된 이 자유를 사로잡을 권력을 주었는가? 내가 말한 바와 같이 우리는 삶 전체에서 한 가지 일을 행하도록 지시받았으니 그것은 세례를 받는 것, 즉 그리스도에 대한 믿음을 통해 죽었다가 사는 것이다. 특히 최고의 목자인 교황은 이것을, 이것만을 가르쳐야 했다. 그러나 오늘날 믿음은 침묵하고 있으며, 교회는 행위와 의식에 대한 수많은 법들로 소멸되었다. 또한 세례의 능력과 지식은 박탈당하고 그리스도에 대한 신앙은 방해받고 있다.

그러므로 나는 말한다. 교황도 주교도 그 어떤 다른 사람도 그리스도인에게 그의 동의 없이는 법의 한 음절도 부과할 권리를 가지고 있지 못하다. 이와 다르게 이루어진 것, 즉 기도문, 금식, 증여 그리고 그 밖에 교황이 무수하고 불의한 칙령으로 제정하고 요구하는 모든 것은 폭군

---

192 「고린도 전서」4:1.

적 영으로 이루어진 것이다. 그가 이러한 일을 시도할 때마다 언제나 결코 어떤 권한으로써 요구하거나 제정한 것이 아니요, 교회의 자유에 대해 죄를 범하는 것이다. 그러므로 오늘의 성직자들은 교회의 자유, 다시 말해 목재와 돌, 땅과 임대료의 엄격한 수호자들이 되었다(오늘날 교회의 재화(ecclesiastica)는 영적 재화(spiritualia)와 동일하기 때문이다). 그러나 그들은 같은 날조된 말을 통해 교회의 진정한 자유를 포로로 만들었을 뿐만 아니라 심지어 투르크인보다 더 철저히 파괴하고 있으니, 이것은 "너희는 사람의 종이 되지 말라"[193]라는 사도가 말한 것에 배치된다. 이것은 인간들의 종이 되는 것, 그들이 제정한 독재적 법에 예속되는 것이기 때문이다.

교황의 제자들은 "너희 말을 듣는 자는 곧 내 말을 듣는 자라"[194]라는 그리스도의 말씀을 왜곡하고 비틀어서 이처럼 불경건하고 극악한 폭정을 조장하고 있다. 그리스도는 복음을 선포하기 위해 나가는 사도들에게 이 말씀을 하셨고, 이 말씀은 복음에만 해당됨에도 불구하고 그들은 자신들의 전통을 위해 이 말씀을 크게 부풀린다. 즉 그들은 복음을 제쳐두고 다만 자신들이 만든 우화에 이 말씀을 적용한다. 그리스도는 "내 양은 내 음성을 들으며 나는 저희를 알며 저희는 나를 따르지만, 다른 자의 음성은 듣지 않는다"라고 말했기 때문이다.[195] 그러므로 그리스도는 교황들이 자신의 소리를 내도록 복음을 맡겼다. 그러나 그들은 자신들의 소리를 내면서 양들이 그 음성을 듣기를 바란다. 또한 사도는 자기가 보냄을 받은 것은 세례를 주기 위함이 아니라 복음을 전파하기 위함이라고 말했다.[196] 그러므로 교황이 복음과 그리스도를 가르치지 않으면 그의 전통에 예속되지 않고, 또한 그의 말을 들어서는 안 된다. 그리

---

193 「고린도 전서」 7:23.
194 「누가복음」 10:16.
195 「요한복음」 10:27.
196 「고린도 전서」 1:17.

고 교황은 자유롭게 믿음만을 가르쳐야 한다. 그러나 그리스도가 "너희 말을 듣는 자는 곧 내 말을 듣는 자라"[197]라고 말했는데, 어째서 교황은 다른 사람들의 말을 듣지 않는가? '너희 말을 듣는 자'라는 말은 베드로 한 사람에게만 말한 것이 아니다. 결국 참된 믿음이 있는 곳에 또한 믿음의 말씀도 반드시 있어야 한다. 그러므로 불신실한 교황이 어째서 믿음의 말씀을 소유한 자신의 신실한 종의 말을 때때로 듣지 않는가? 맹목, 맹목이 교황들 가운데 지배한다.

더 후안무치한 다른 자들은 「마태복음」 16장의 "네가 땅에서 무엇이 든지 매면 ……"[198]을 근거로 교황에게 법을 만들 권한이 있다고 주장한다. 여기서 그리스도는 죄를 묻고 용서함에 대해 말하는 것이지, 법으로 온 교회를 포로로 만들고 억압해야 한다고 말한 것이 아니다. 이처럼 교황의 폭정은 신의 말씀을 억지로 비틀고 왜곡함으로써 날조한 말로 모든 것을 행한다. 나는 그리스도의 말씀에 따라 그리스도인이 이 세상의 다른 폭력을 감수해야 하듯이 이 저주받은 폭정을 감수해야 한다는 것을 인정한다. "누구든지 네 오른편 뺨을 치거든 왼편도 돌려대라."[199] 그러나 나는 불경건한 교황들이 이러한 일을 정당하게 행할 수 있다고 자랑하며, 자신들의 바빌론적 행태로 그리스도교를 돕는다고 자부하며 모든 사람을 이런 견해로 설득하는 것이 불만이다. 그들이 불경건하고 폭군적이라는 것을 의식하면서 이런 일들을 행하고 우리가 그들의 폭력에 고통받는다면, 우리는 그 폭력을 이 삶을 죽이고 우리의 세례를 성취하기 위함에 유익한 일 가운데 하나로 생각하고 우리에게 불의가 가해졌음을 자랑할 수 있는 양심이 온전히 남아 있다. 그러나 오늘날 그들은 우리에게서 자유에 대한 의식을 얽어매고자 한다. 이로써 우리로 하

197　「누가복음」 10 : 16.
198　「마태복음」 16 : 19.
199　「마태복음」 5 : 39.

여금 자기들이 행하는 일이 선하며 비난받을 수 없고, 불의하게 행한 일에 대해 불평해서는 안 된다고 생각하게 만든다. 또한 그들은 늑대임에도 불구하고 목자처럼 보이기를 바라고, 적그리스도임에도 불구하고 그리스도로 존경받기를 바란다.

나는 적어도 이 자유와 양심을 위해 목소리를 높이고, 확신을 가지고 외친다. 그들이 원하지 않는 한, 인간의 것이든, 천사의 것이든, 어떤 법이라도 그리스도인에게 부과되는 것은 정당하지 않다. 우리는 모든 법으로부터 자유롭기 때문이다. 우리에게 부과된 것들을 감수해야 한다면 감수하되, 자신에게 불의가 행해지고 있다는 것을 알고 확신하는 자유 의식은 보전되어야 한다. 그러므로 폭군을 정당화하려고 하지도 말고 그의 폭정에 대해 불평하지 않도록 주의하면서 그 불의를 영광스럽게 감수한다. 베드로는 이렇게 말했기 때문이다. "너희가 선을 위해 노력한다면 누가 너희를 해치겠는가?" "선택받은 자들에게는 모든 것이 합력하여 선을 이룬다."[200]

그럼에도 불구하고 이 세례의 영광, 그리스도인의 자유의 행복을 아는 사람이 거의 없고 교황의 폭정 때문에 알 수도 없으므로 나는 결연히 일어나서 교황과 모든 교황주의자들을 탄핵함으로써 내 양심의 자유를 회복하겠다. 즉 그들이 그들의 법과 전통들을 폐기하지 않고, 그리스도의 교회에 자유를 회복시키지 않고, 그것을 가르치게 하지 않는다면 그들은 이 비참한 포로 상태에서 멸망하는 모든 영혼들에 대해 책임져야 한다. 교황청은 진실로 바빌론과 적그리스도의 왕국이다. 자신이 하나님인 것처럼 교회에 앉아 자신의 교리와 법령으로 죄와 영혼의 멸망의 길을 증가시키는 자 말고 누가 죄의 인간이요 멸망의 아들인가? 그런데 수세기 동안 이미 교황의 폭정은 이 모든 말씀을 이루었으니, 믿음을 멸절하고 성례전을 모호하게 만들었다. 또한 복음을 억압했으며,

---

200 「베드로 전서」3:13;「로마서」8:28.

자신의 불경건하고 신성모독적일 뿐만 아니라 야만적이고 무지한 법들을 명령했고 그것을 끝도 없이 확장했다.

그러므로 우리의 비참한 포로 상태를 보라. "슬프다, 이 성이여 본래는 거민이 많더니 이제는 어찌 그리 적막히 앉았는고. 본래는 열국 중에 크던 자가 이제는 과부 같고 본래는 열방 중에 공주 되었던 자가 이제는 조공 드리는 자가 되었도다. 밤새도록 애곡하니 눈물이 뺨에 흐름이여, 사랑하던 자 중에 위로하는 자가 없고 친구도 다 배반하여 원수가 되었도다."[201] 오늘 그리스도인은 너무나 많은 수도회, 많은 의식, 많은 소종파, 많은 서원, 많은 노력, 많은 행위에 사로잡혀 있어 자신들이 받은 세례를 망각했으며, 아무도 무수한 메뚜기, 누리, 황충 때문에 자신이 세례 받았다는 것 또는 세례에서 어떤 결과가 나왔는지를 기억하지 못한다. 우리는 세례 받은 어린아이들과 같아야 함이 합당하다. 세례 받은 어린아이들은 어떤 노력이나 행위에 몰두함이 없이 모든 면에서 자유롭고, 오로지 자신 세례의 영광으로 안전하며 복되다. 우리는 그리스도 안에서 끊임없이 세례 받는 어린아이들이기 때문이다.

아마도 내가 말한 것은 신의 약속을 이해하지 못하고 세례의 신앙도 가질 수 없는 어린아이들에게 세례를 베푸는 것과 대립된다. 그러므로 믿음이 요구되지 않거나 어린아이들에게 세례를 주는 것이 쓸데없을 것이다. 여기서 나는 모든 사람들이 말하는 것을 말하겠다.[202] 즉 다른 사람들, 곧 어린아이들을 바치는 사람들의 신앙에 의해 어린아이들은 도움을 받는다. 신의 말씀이 선포됨으로써 어린아이들 못지않게 둔하고 몰이해하는(incapax)[203] 불경건한 마음조차도 변화시킬 능력이 있다. 그러므로 바치고 믿는 교회의 기도, 모든 것이 가능하게 되는 기도를 통

---

201 「예레미야 애가」 1 : 1~2.

202 이것은 토마스 아퀴나스의 입장으로 아우구스티누스에게로 거슬러 올라간다.
     이 견해는 비엔(Vienne) 공의회에서 클레멘스 5세에 의해 승인되었다.

203 b : 'unverfengklich'.

해 어린아이는 주입된 믿음에 의해 변화되고 정화되며 새로워진다. 또한 복음서에서 다른 사람들의 믿음을 통해 치유된 마비 환자 이야기(de paralytico)[204]에서 읽을 수 있는 것처럼 불경건한 성인일지라도 교회가 기도하고 그를 바칠 때 어떤 성례전을 통해서라도 변화될 수 있다는 것을 나는 의심하지 않는다. 또한 이런 이유에서 새 법의 성례전은 은혜를 받는 데 장애물을 놓지 않는 사람뿐만 아니라 아주 완고하게 장애물을 놓는 사람에게도 은혜를 수여함에 효과적이라는 사실을 나는 기꺼이 인정한다. 스테판이 이 능력으로 사도 바울을 전향케 했던 사실을 믿는다면 교회의 믿음과 믿음의 기도가 무엇인들 제거할 수 없겠는가? 그러나 이때 성례전은 그 자체의 능력이 아니라 믿음의 능력으로 이런 일을 행하는 것이니, 내가 말한 대로[205] 믿음이 없이는 성례전은 아무 일도 할 수 없다.

아직 태어나지 않은 아이가 손이나 발을 모태에서 뻗어 세례를 받을 수 있는가 하는 문제는 여전히 제기된다.[206] 나는 여기서 성급하게 판단하지 않고 나의 무지를 고백하며, 그들 몸의 어느 부분이든 영혼 전체가 있다는 주장을 근거로 삼는 것이 과연 충분한지 알지 못한다. 왜냐하면 외적으로 물로 세례 받는 것은 영혼이 아니라 몸이기 때문이다. 그러나 나는 아직 태어나지 않은 사람이 거듭날 수 없다고 말하는 사람들의 견해에 대해 (비록 이것이 강력하게 주장되지만) 판단하지 못하겠다. 그러므로 나는 이 문제를 영의 가르침에 맡기고, 그동안 모든 사람에게 자기 견해로 충일하도록 허용한다.

나는 여기에 한 가지를 추가하고 싶은데, 모든 사람에게 이것을 설득

---

204 b : 'von dem betrißen'.

205 이 견해는 루터에게 종종 나타난다.

206 토마스 아퀴나스의 이론에 의하면, 출생하면서 생명의 위험이 있을 경우 자궁에서 나온 유아의 머리에 세례를 거행할 수 있으나 그 유아가 살아 남은 경우 정식으로 세례를 다시 거행해야 한다.

할 수 있다면! 즉 모든 서약은 —그것이 종교적 서약이든, 순례 서약이든, 그 무슨 행위에 대한 것이든 간에 —완전히 폐지되고 금지되어야 하며, 우리는 가장 종교적이고 가장 능동적인 세례의 자유 안에 머물러야 한다는 것이다. 서약할 수 있는 자유와 생각 없이 성급하게 서약하는 경향 때문에 매일 늘어나고 있는 그 경악스럽고 무한한 영혼의 위험은 말할 것도 없고, 너무나 악명 높은 서약에 대한 견해가 세례를 얼마나 손상하고 그리스도인의 자유에 대한 지식을 얼마나 흐려놓는가를 말할 수 없다. 오, 가장 불경건한 교황들과 가장 불행한 성직자들이여, 너희들은 태평하게 코를 골고 탐욕 속에 방자하며 이 최악의 위험한 요셉의 짓밟힘에[207] 대해 근심하지 않는다!

서약은 일반 칙령에 의해 폐지되어야 했고, 특히 종신 서약은 폐지되어야 마땅하다. 모든 사람에게는 세례의 서약으로 돌아가게 하거나 성급하게 서약을 하지 말라고 신중하게 경고하고, 어떤 사람에게도 서약하도록 권유해서는 안 된다. 실로 서약하도록 허락하는 것은 아주 어렵고 신중해야 한다. 우리는 세례를 받을 때 우리가 실행할 수 있는 것 이상으로 충분히 서약했기 때문에 이 한 가지 서약만 준수한다면 충분히 할 일을 갖게 될 것이다. 그러나 오늘날 우리는 바다와 육지를 두루 다니면서 수많은 개종자를 만들며, 온 세상을 사제와 수도사, 수녀들로 가득 채우고 그들을 종신 서약에 가두고 있다. 여기서 그대는 서약 안에서 행한 일은 서약 밖에서 서약 없이 행한 일보다 탁월하고, 하늘에서 엄청난 보상으로 다른 행위보다 우대받게 될 것이라고 주장하고 단언하는 자들을 발견한다. 눈멀고 불경건한 바리새인들이여! 그들은 행위의 크기와 양, 또는 행위의 다른 질로 의와 거룩함을 평가한다. 그러나 신은 이것을 오직 믿음으로 평가하고, 신에게는 믿음의 차이가 없는 한, 행위는 아무런 차이가 없다. 불경건한 사람들은 그들이 날조한 인간적 의견

---

207 「아모스서」 6:6.

과 행위를 부풀려서 어리석은 대중을 유혹한다. 그들은 거의 행위의 겉모습에 정신이 팔려 자신들의 믿음을 내버리고 세례를 망각하며 그리스도인의 자유를 훼손한다. 서약은 일종의 법 또는 요구이기 때문이다. 서약이 늘어나면 반드시 법과 행위가 늘어나고, 이것들이 늘어나면 믿음은 사라지고 세례의 자유는 포로가 된다.

다른 사람들은 이 불경건한 감언에 만족하지 아니하고, 수도원 입단은 세례를 새로 받는 것과 마찬가지라고 덧붙인다. 왜냐하면 수도원에 들어가려는 의도가 새로워질 때마다 세례도 새로워질 수 있기 때문이다. 그래서 이 서약주의자들(votarii)[208]은 의와 구원과 영광을 자신들에게 돌렸고, 세례 받은 사람에게는 그것들에 비교될 수 있는 아무것도 남기지 않는다. 모든 미신의 근원이요 원조인 로마 교황은 거창한 교서와 면제를 통해 이러한 생활방식(has vivendi rationes)[209]을 확정하고 승인하고 치장한다. 반면에 아무도 세례를 기억할 가치가 있다고 보지 않는다. 내가 말한 것처럼 그들은 이러한 외적 화려함을 이용해서 따르는 그리스도의 백성을 유혹하여 거짓된 안일감(in quascunque volent symplegades)[210]으로 몰아가고, 그 결과 사람들은 세례에 대해서는 감사할 줄 모르고 다른 사람들이 믿음을 통해서 이룩하는 것보다 자신의 행위를 통해 더 선한 일을 내놓을 수 있다고 착각한다.

그러므로 신은 다시 간교한 자에게는 간교함을 보이고, 서약하는 자들의 배은망덕과 교만을[211] 보복하기 위해 그들이 서약을 지키지 못하

---

208 b : 'gelübdner'.

209 b : 'ein semlichs leben der gelübden'.

210 그리스 신화에 의하면, 야손은 아르고나우테스를 데리고 금으로 된 양털을 찾으러 나섰다. 그들이 안전한 통로를 통과하는 듯했을 때 보스포로스 해협 양편의 절벽이 주저앉으며 지나가려던 모든 것을 뭉개버렸다. 그러므로 심플레가데스(symplegades)는 위장된 안전을 상징한다.

211 b : 'richig der undankbarkeit und hoffart'.

거나 막대한 수고로써 지키게 만들고, 믿음과 세례의 은혜를 알지 못한 채 그 안에 매몰되게 만든다. 그들의 영은 신을 신뢰하지 못하기 때문에 그들은 위선 가운데 영원히 머물러 있고, 언제나 의를 추구하나 의에 결코 이르지 못함으로써 마침내 온 세상의 웃음거리가 되니, 「이사야」 2장의 "그 땅에는 우상이 가득하다"[212]라는 말씀을 이루게 된다.

그렇다고 해서 누군가 사적으로 자의에 의해 서약하기를 바란다면 금지하고 반대하는 것은 아니다. 나는 서약을 전적으로 경멸하거나 정죄하는 것은 아니지만, 공적 삶의 방식이 서약에 의해 결정되고 확인되는 것에 대해서는 전적으로 반대할 것이다. 모든 사람이 사적 자유에 의해 서약하고 위험을 감수하는 것으로 충분하다. 그러나 서약으로 살아야 하는 공적 삶의 방식을 추천하는 것은 교회와 단순한 영혼들에게 지극히 위험하다고 나는 생각한다. 첫째, 그리스도인의 삶은 이것과 위배되기 때문이니, 서약은 일종의 의식 법이고 인간적 전통 내지 기대에 불과하다. 교회는 세례를 통해 그러한 것들에서 해방되었다. 그리스도인은 신의 법 이외의 어떤 법에도 예속되어 있지 않다. 둘째, 성서에는 서약, 특히 종신 순결, 복종, 청빈을 지킨다는 서약의 예가 없기 때문이다. 따라서 성서에 사례가 없는 일은 위험하고 결코 권해서는 안 된다. 물론 스스로 위험을 감수하고 원하는 대로 감행하는 사람에게는 허용해야 할지라도 일반적·공적 삶의 방식을 위해 결정하는 것은 더욱 안 된다. 영의 어떤 행위가 소수의 사람에게서 이루어진다. 그러나 그러한 것들을 절대로 모범이나 삶의 방식으로 삼을 수는 없다.

나는 수도원 서약 아래 두는 삶의 방식이 사도가 예언한 일에 속하는 것인지 심히 두렵다. "위선적 거짓말로 혼인을 금하고 음식을 삼가라고 가르치는 자들이 있을 것이니, 음식은 하나님이 창조하신 것이니 감사함으로 받을 것이다."[213] 어떤 사람도 나에게 베르나르, 프란체스코, 도

---

212 「이사야서」 2:8.

미니쿠스와 유사한 종교인들 내지 수도회 창설자들을 내세워 반대할 수 없다. 사람의 아들들에 대한 신의 계획은 무섭고도 놀랍다. 그는 다니엘, 하나냐, 아사랴, 미사엘을 바빌론 왕국의 지배 속에서 (다시 말해 불경건한 자들 가운데서) 거룩하게 지킬 수 있었다. 신은 다른 사람들에게는 모범(exemplum)[214]이 되는 것을 바라지 않으면서 위험한 생활방식 가운데서 이 사람들을 거룩하게 하거나 성령의 특별한 행위를 통해 다스릴 수 없었겠는가? 또한 그들 가운데 어느 누구도 자신의 서약과 경건(religio)[215]을 통해 구원받은 것이 아니고 오직 믿음으로 구원받은 것이 확실하다. 모든 사람은 믿음에 의해 구원을 받으며, 서약에 예속되는 것은 아름답게 보일지라도 무엇보다도 믿음과 충돌한다.

그러나 누구든지 여기서 자신의 견해를 가져도 좋다. 나는 내가 파악한 것을 추진한다. 나는 지금 교회의 자유와 세례의 영광을 위해 말하면서 영의 지도 아래 깨우친 것을 공개적으로 조언해야 한다. 나는 먼저 교회의 고위 성직자들에게 조언한다. 즉 그들은 이 모든 서약 내지 서약 아래 있는 삶을 폐지하거나 또는 그런 것들을 승인하거나 격려하지 말아야 한다. 그러나 그들이 내 충고를 따르지 않는다면 더 확실하게 구원을 받고자 하는 모든 사람들, 특히 청소년들에게 일체의 서약, 특히 종신 대서약을 자제하라고 조언한다.

내가 이렇게 조언하는 것은 첫째, 이런 삶의 방식이 내가 말한 것처럼 성서적 증언이나 사례도 전혀 없고 인간 교황의 교서들(bulla, 그것은 진실로 거품이다)[216]에 의해 고쳐졌기 때문이다. 둘째, 이러한 삶의 방식

---

213 「디모데 전서」 4:2~3.
214 b: 'ein vorbeyspil'.
215 중세 라틴어에서 수도회의 경건을 지칭하는 용어이다.
216 '거품'을 의미하기도 한다. 중세 당시의 교서에는 교황의 봉인을 찍어 그것이 교황의 인준을 받은 것을 나타냈는데, 그 봉인이 마치 물 위에 떠 있는 거품 같았다.

은 그것의 외모와 특이성 때문에 위선에 빠지는 경향이 있으며, 여기서부터 그리스도인의 일반적 삶에 대한 오만과 경멸이 생길 수 있다. 또한 서약을 폐지해야 할 다른 이유가 없다고 하더라도 그 이유 하나만으로 충분한 무게를 가진다. 서약 때문에 믿음과 세례가 소홀히 취급되고 행위가 과대평가되기 때문이니, 행위가 과대평가될 때 몰락을 초래할 뿐이다. 수도원의 수많은 사람들 가운데 믿음보다 행위를 더 중하게 받아들이지 않는 사람은 거의 없다. 그들은 이 미친 생각에 의해 상호 간에 자신들이 다른 사람보다 이른바 '엄격하다' '해이하다'라고 주장한다.[217]

그러므로 나는 누구에게도 그들이 미리 그것에 대한 지식으로 준비되어 있지 않은 한, 수도회나 사제직에 들어가는 것을 권유하지 않고 전적으로 만류한다. 그들은 수도사와 사제의 행위가 아무리 거룩하고 열성적이라 하더라도 신의 눈에는 들에서 일하는 시골 노동자나 가사를 돌보는 여인의 일과 아무런 차이가 없음을 깨달아야 한다. 모든 행위는 신에게는 오직 믿음에 의해 판단된다. 이것은 「예레미야서」 5장에서 "주여, 주의 눈은 믿음을 주시한다"라고 말했고, 「시락서」 32장에서는 "모든 행위에서 제 영혼의 믿음으로 믿어라. 이것이 신의 계명을 지키는 것이기 때문"이라고 말한 바와 같다.[218] 신은 종종 신앙의 약함 때문에 수도사나 사제의 금식과 다른 행위보다 하녀나 종의 비천한 가사를 더 좋게 여기곤 한다. 그러므로 서약은 오늘 행위를 과시하고 자부하는 데만 효과가 있을 수 있으므로 사제와 수도사, 주교에게서보다 믿음과 교회의 흔적이 없는 곳이 없고 그들이 진실로 이교도이거나 위선자

---

217 수도회들 사이에 또는 특정 수도회 안에서 자신들의 '법규'를 둘러싼 논쟁으로 분열되는 사례가 빈번했다. 가령 프란체스코회의 경우, 초창기에는 젤란티(zelanti)와 렐락스티(relaxti)로 알려진 분파들이 있었고, 나중에는 '엄수회'(嚴修會)가 수도회에서 분열되었다.

218 「예레미야서」 5:3; 「시락서」 32:27.

들일까 두려워해야 한다. 그들은 스스로를 교회 또는 교회의 심장, 영적인 자들, 교회의 지도자라 생각한다. 그들은 전혀 그렇지 않다. 즉 우리는 진실로 바빌론으로 이주한 백성이니, 세례에서 우리에게 거저 선사된 모든 것이 포로가 되었고, 소수의 가난한 '땅의 사람들'[219]이 남았는데, 그들은 결혼한 사람들의 경우처럼[220] 그들의 눈에는 천한 사람으로 보인다.

이상으로부터 우리는 로마 교황의 두 가지 두드러진 오류를 인지하게 된다. 첫째, 그는 서약에서 면제하면서 마치 모든 그리스도인 가운데 자기 자신만이 권한을 가진 것처럼 행동한다. 불경건한 인간들의 뻔뻔함과 대담함이다. 그가 서약에서 면제할 수 있다면 어떤 형제든 자기 이웃이나 자기 자신에게 면제할 수 있기 때문이다. 그러나 이웃 사람이 면제할 수 없다면 교황도 어떤 권한으로도 할 수 없다. 도대체 그는 어디에서 이 권한을 얻었는가? 열쇠에서 얻었는가? 그러나 그 열쇠는 만인에게 속한 것이고, 오직 죄에 대해서만 효력이 있다.[221] 그러나 그들 자신은 서약이 신적 권한에 속한다고 주장한다면 교황은 면제할 수 없는 것을 면제함으로써 왜 불쌍한 영혼을 기만하고 파괴하는가?

그는 "서약과 서약 면제에 대하여"[222]라는 부분에서 옛날 율법에서 나귀의 첫 새끼를 양으로 바꿀 수 있듯이[223] 자신이 서약을 바꿀 권한을

---

219 이 말은 유대인들이 바빌론에 포로로 잡혀간 것을 가리킨다. '포로 상태에 있는 사람들'은 불가타역 성서에서 「시편」 64편(65편)에 대한 라틴어 제목에서 따온 표현이다. 느부갓네살은 주민들 가운데 상층 계급 사람들만을 바빌론에 포로로 끌고 갔다. '땅의 사람들'(암 하레츠[am haarez])이 남아서(「열왕기 하」 24 : 14 ~ 16 참조) 혼혈 사마리아족의 핵심이 되었다.

220 순결 서약을 한 사람들은 결혼한 사람들을 자신들보다 천하다고 생각했다.

221 「마태복음」 18 : 15 ~ 18.

222 *Magnae devotionis*, *Decretalium Cregorii IX*, lib iii, tit. XXXIV : de voto et voti redemptione, cap. 7.

223 「출애굽기」 13 : 13, 34 : 20.

가지고 있다고 허풍을 떤다. 나귀의 첫 새끼와, 언제나 어느 곳에서나 이행할 것을 요구하는 서약이 마치 똑같기나 한 것처럼 말이다.[224] 그러나 주님이 율법에서 양을 나귀로 바꾸라고 정했다면 인간 교황은 자신의 법으로가 아니라 신의 법으로 같은 권한을 가진다. 이 교령을 만든 것은 교황이 아니라 교황으로 바뀐 나귀다.[225] 그것은 너무도 비정상적이고 황당하고 불경건하다.

둘째, 교황은 혼인 관계가 아직 끝나지 않았는데도 한 편이 상대방의 의지에 반해 수도원에 들어가면 혼인 관계는 중단된다고 결정했다. 도대체 어떤 악마가 교황의 마음에 이런 괴물을 집어넣었을까? 신은 약속을 지키고 상호간 진리를 수호하며,[226] 각 사람은 자신의 것으로 선을 행하라고 명령한다. 신은 이사야를 통해 말한 바와 같이 강탈한 번제물(燔祭物)을 미워한다.[227] 그런데 한쪽 배우자는 계약을 통해 상대 배우자에게 약속을 지킬 의무가 있으므로 그는 자신의 것이 아니다. 그는 어떤 권한으로도 약속을 어길 수 없으며, 상대방의 의지에 반해 무엇을 하든 그것은 강도 행위이다. 그러나 다른 사람의 돈으로 압박을 받는 사람이 어째서 자기 빚에서 벗어나고 약속을 부인할 수 있기 위해 이런 규칙에 따라 수도원에 들어가는 것이 받아들여질 수 없는가? 눈먼 사람들이여! 신이 명령한 신의와 사람이 고안하고 선택한 서약 가운데 어느 것이 더 큰가? 교황이여, 당신이 과연 영혼의 목자인가? 이런 것을 가르치는 그대들이 거룩한 신학 박사인가? 무슨 근거로 이렇게 가르치는가? 그대들은 서약을 결혼보다 더 선한 행위로 칭송하기 때문이다. 당신은 모든 것을 홀로 드높이는 믿음을 드높이지 않고, 신 앞에서 아무것

---

224   b : 'ein gelübd, das er so bestendig allenthalben erfordret zů volleysten'.
225   아마도 루터는 1496년 티베르강에서 죽은 채 발견된 한 나귀 모습의 괴물을 염두에 둔 듯하다. 그는 1523년에 이 괴물을 교황청과 관련하여 해석했다.
226   b : 'gegen ein ander die worheit verhüten'.
227   「이사야서」 61 : 8.

도 아니거나 공적에 관한 한, 모두가 같은 행위를 드높인다.

그러므로 어떤 서약이 정당한 것이라면 사람이든 천사든 간에 면제할 수 없다는 것은 의심할 여지가 없다. 그러나 나는 여기서 오늘날 사람들이 서약하는 모든 것이 서약의 범주에 들어가는지에 대해서는 분명히 확신할 수 없다. 부모가 태어나지 않은 자식 또는 갓난아기를 수도회에 바치거나 종신토록 순결하게 살도록 하겠다고 서약하는 것은 얼마나 우습고 어리석은 짓인가! 어쨌든 이런 것은 서약에 들어갈 수 없는 것이 확실하며, 자신의 권한 밖에 있는 것을 서약함으로써 일종의 신성모독처럼 보인다. 나는 수도원 사람들에게 가서 그들의 삼중 서약을 숙고할수록 더욱더 그것을 이해할 수가 없으며, 이러한 서약 요구가 어디서 생겼는지 궁금하다. 더욱 이해하기 어려운 것은 몇 살 때 서약을 하면 합법적이고 유효한 것이 되느냐 하는 것이다. 여기서 그들은 자신의 나이뿐만 아니라 자신이 서약하는 사물에 대해 무지한 대부분의 소년들을 기만하기는 하지만, 사춘기 이전에(ante annos pubertatis)[228] 행한 서약이 무효라는 데 대해서 모든 사람의 견해가 같은 것은 기쁜 일이다. 그들은 소년들을 받아들일 때 사춘기를 지키지 않는다. 즉 그들은 서약한 소년들을 마치 나중에 동의를 받아 서약한 것처럼 불안한 양심의 포로로 만들고 삼킨다. 효력이 없는 서약이 세월이 지나면 효력을 갖게 되기라도 하는 것처럼!

그러나 내가 보건대 자신이 언제 서약할 때를 정하지 못한 사람의 합법적 서약의 시한을 다른 사람들이 결정하는 것은 어리석어 보인다. 어째서 18세 때 행한 서약은 유효하고, 10세나 12세 때 행한 서약은 그렇지 않은지 모르겠다. 사람이 18세 때 자기 육체를 느낀다는 것은 충분치 않다. 그가 20세나 30세 때는 거의 육체적 욕구를 느끼지 않거나, 20세 때보다 30세 때는 더 강하게 느낀다면 어떻게 되나? 그러나 청빈과 복

---

228   b : 'vor den schammjoren'.

종의 시한은 어째서 똑같이 정의하지 않는가? 지극히 영적인 사람들도 이러한 감정을 거의 깨닫지 못하는데, 사람이 탐욕과 교만을 느끼게 될 나이를 어떻게 정할 것인가? 그러므로 우리가 영적으로 되어 서약할 필요가 없을 때까지가 아니라면 어떤 서약도 확실하고 합법적일 수 없다. 그러므로 그대는 서약이 불확실하고 대단히 위험하다는 것을 알게 된다. 여기서 건전한 충고를 한다면 옛날에 그랬던 것처럼 서약에서 자유로운 고매한 생활 방식을 오직 성령께만 맡기고 그러한 생활을 일종의 영원한 생활로 바꾸지 말아야 한다. 그러나 세례와 세례의 자유에 대해서는 당분간 이 정도로 충분하다. 때가 되면 서약에 대해 더 상세히 말할 기회가 올 것이고,[229] 진실로 그래야 할 필요도 절실하게 있다.

고해 성사에 대하여

세 번째로 고해 성사에 대해 논의할 차례이다. 이 주제에 대해 나는 이미 발표한 논설들과 토론들을 통해 많은 사람들을 충분히 불쾌하게 만든 바 있고, 이 문제에서 내 생각을 충분히 피력했다. 이제 빵의 성례 전에 못지않게 여기에서 만연되어 있는 폭정을 폭로하기 위해서는 그 이야기를 간략히 반복해야 한다. 이 두 가지 성례전은 돈벌이의 여지가 있기 때문에 우리가 서약에 대해 살펴본 바와 같이 세례 역시 성인들 가운데서는 비참하게 몰락하여 탐욕의 노예가 되었지만, 목자들의 탐욕은 그리스도의 양 떼에게 믿을 수 없을 만큼 광분하다.

이 성례전의 첫 번째이자 주요한 악은 그들이 이것을 철저히 파괴했기 때문에 성례전의 흔적조차 남아 있지 않다는 것이다. 다른 두 개의

---

229 루터는 1521년 바르트부르크에 머무는 동안 『수도원 서약에 대한 마르틴 루터의 판단』(*De votis monasticis Martini Lutheri indicium*)을 집필했다.

성례전과 마찬가지로 이 성례전은 신의 약속의 말씀과 우리의 믿음으로 성립하는데, 그들은 이 둘을 모두 훼손했다.

그들은 그리스도가 「마태복음」 16장과 18장에서 한 말씀인 "네가 땅에서 무엇이든지 매면……"과 「요한복음」 20장에서 한 말씀인 "너희가 누구의 죄든지 사하면 사하여질 것이요……"를 (이 말씀에 의해 죄 사함을 받기 위해 회개하는 자의 믿음을 촉구한다) 자신들의 폭정에 적용했다 (suae tyrannidi aptaverunt).[230]

그들은 모든 책과 연구, 설교에서 이 말씀을 통해 그리스도인에게 약속되어 있는 것과 그들이 믿어야 할 것, 그리고 얼마나 큰 위로를 얻을 것인가를 가르치는 것이 아니라 권력과 폭력을 통해 얼마나 널리, 멀리, 깊이 폭정을 확장하는가를 가르친다. 그리하여 마침내 그들 가운데 어떤 사람들은 하늘에 있는 천사들에게도 명령하기 시작했고,[231] 믿을 수 없을 만큼 미치듯이 불경건하게 자신들은 이 말씀을 통해 하늘과 땅에서 다스리고 하늘에서조차 맬 권세를 가졌다고 허풍을 떨기에 이르렀

---

230 b : 'haben sye irer tyranney zů geschrämt'.

231 희년인 1300년에 수많은 순례자들이 로마로 향하던 도중 전쟁으로 폐허가 된 롬바르디아를 통과하다가 역병으로 죽게 되자, 1350년부터 교황 클레멘스 6세의 가짜 교서가 널리 유포되었는데 거기에는 이런 말이 씌어 있었다. "우리는 천국의 천사들에게 그들의 영혼(여행 도중에 죽은 순례자들의 영혼)을 연옥에서 완전히 구속해 직접 낙원의 기쁨으로 옮겨가도록 명령한다."『마르틴 루터 박사의 모든 명제들이 로마의 교서를 통해 불법적으로 정리당한 근거와 원인』(Grund und Ursach aller Artikel D. Martin Luthers so durch römische Bulle unrechtlich verdammt sind, 1521)에서 루터는 다음과 같이 말했다. "이것은 얀 후스 당시에 일어난 일이다. 그 당시 교황은 하늘의 천사들에게 로마로 오다 죽은 순례자들의 영혼을 하늘로 인도하라고 명령했다. 후스는 악마적 추측을 넘어서는 이 끔찍한 신성모독에 반대했다. 이 항의로 인해 후스는 목숨을 잃었다. 그러나 후스는 최소한 교황으로 하여금 태도를 바꾸도록 만들었고, 자신의 신성모독 행위에 대해 당혹해하면서 그러한 주장이 전파되는 것을 금지하도록 만들었다."

다. 따라서 그리스도는 권세가 아니라 믿음에 대한 모든 것을 다루었음에도 불구하고, 그들은 백성의 구원하는 믿음에 대해서는 전혀 말하지 않고 교황의 전제적 권능에 대한 모든 것을 떠벌인다.

우리가 사도에게서 배운 것처럼 그리스도는 당신의 교회 안에 지배나 권세, 통치를 세운 것이 아니라 봉사를 세웠다. 사도는 이렇게 말한다. "누구든지 우리를 그리스도의 일꾼이요 신의 비밀을 맡은 자로 보아야 한다."[232] 그러므로 그리스도가 같은 곳에서 "믿고 세례를 받는 사람은 구원을 얻을 것이다"라고 말할 때[233] 그는 세례 받을 사람들이 이 약속의 말씀에 의해 사람이 믿고서 세례를 받으면 자신이 확실히 구원을 얻을 것이라는 믿음을 촉구한 것이다. 그리스도는 이 말씀으로 어떤 권력을 부여한 것이 아니라 기껏해야 세례를 주는 사람들의 사역을 제정했다. 마찬가지로 그가 "네가 땅에서 무엇이든지 매면……"이라고 말할 때도 이 약속의 말씀에 의해 회개하는 자는 믿음으로써 면죄되었다면 진실로 자신의 죄가 하늘에서도 면죄된다는 것을 확신하는 믿음을 가질 것을 촉구하는 것이다. 여기서 그리스도는 권력이 아니고 사면하는 자의 사역을 언급한다. 우리는 저 눈멀고 거만한 자들이 세례의 약속에서 자신들에게 폭정의 권한이 있다고 주장하지 않을지 매우 궁금하다. 또는 세례의 약속에서 이것을 주장하지 못한다면 어째서 회개의 약속에서 이것을 기대할까? 이 두 가지에는 비슷한 사역, 비슷한 약속 그리고 똑같은 성례전의 논리가 있으므로 만약 세례가 베드로에게만 주어진 것이 아니라면 교황의 불경건한 폭정에 의해서만 열쇠 권한을 주제넘게 주장한다는 것을 부정할 수 없기 때문이다.

그러므로 그리스도가 "이것은 너희를 위하는 내 몸이다. 이것은 내 피로 세운 새 언약이다"[234]라고 말할 때 먹는 사람들의 믿음을 촉구했

---

232 「고린도 전서」4:1.

233 「마가복음」16:16.

으니, 그들이 이 말로써 믿음을 통해 양심이 강화되어 자신들은 먹음으로써 죄 사함을 얻게 된다는 것을 확신하게 하려는 것이다. 여기에도 권한에 대해서 말한 것은 없다. 다만 사역을 말했을 뿐이다. 그러므로 세례의 약속은 적어도(utcunque)[235] 유아들에게는 남아 있으나, 빵과 잔의 약속은 파괴되어 탐욕의 노예로 변했고, 믿음에서 행위가 언약에서 제사가 나왔고, 회개의 약속은 가장 폭력적인 폭정으로 변했으니, 세상 제국 이상의 것으로 간주해야 한다.

이 정도에 만족하지 않고 우리의 바빌론 왕국은 이 성례전에서 믿음의 필요성을 뻔뻔하게 부인할 정도로 믿음을 소멸시켰으니, 실로 누군가 믿음이 필수적이라고 주장하면 적그리스도의 불경건함으로 그것을 이단이라고 정의한다. 이 폭정이 더 이상 무엇을 할 수 있었으며, 행하지 않았던가? "우리가 바빌론의 여러 강변 거기 앉아서 시온을 기억하며 울었도다. 그 중의 버드나무에 우리가 우리의 수금을 걸었나니"[236] 주여, 저 강변의 쓸모없는 버드나무를 저주하소서, 아멘!

그러므로 약속과 믿음이 이처럼 망각되고 파괴되어 버렸으니, 그들이 무엇으로 대치했는지 살펴보자. 그들은 고해 성사를 세 부분, 즉 통회(痛悔, contritio), 고백(confessio), 보속(satisfactio)으로 나누었다. 그러나 그들은 각 부분에 선한 것이 있으면 그것을 제거하고, 거기에 자신들의 자의와 폭정을 세워놓았다.

먼저 그들은 약속에 대한 믿음보다 통회를 우선시해 나은 것으로 만들었고, 통회는 믿음의 행위가 아니라 공로라고 가르쳤고, 믿음에 대해서는 언급하지 않는다. 이렇게 그들은 행위에 집착했고, 여러 사람이 통회와 마음의 고통 때문에 용서를 얻은 이야기가 있는 성서의 사례들에

---

234 「고린도 전서」 11:24~25.

235 b: 'wylants'.

236 「시편」 137:1~2.

매달렸을 뿐, 이러한 통회와 마음의 고통을 초래한 믿음에 주목하지 않았다. 이것은 「요나서」 3장에서 니느웨 사람들에 대해 말한 바와 같다. "니느웨 백성이 하나님을 믿고 금식을 선포하고 ……"[237] 그들보다 더욱 대담하고 사악한 사람들은 통오(痛惡, attritio)[238]를 고안했다. 자신들이 알지도 못하는 열쇠의 능력으로 통오가 통회로 바뀐다고 한다. 그들은 이 통오를 불경건하고 믿음이 없는 이들에게 허락함으로써 모든 통회를 폐지한다. 오, 신의 견딜 수 없는 진노를 받아라! 그리스도의 교회에서 그런 것을 가르치다니! 믿음과 그것의 행위가 파괴되었는데 우리는 안이하게 인간의 교리와 의견 가운데 걸어가다가 멸망한다. 통회한 마음은 대단한 것이지만, 그것은 신의 약속과 위협에 대한 열성적인 믿음이 있는 곳에서만 발견할 수 있다. 신의 변치 않는 진리에 집중하는 믿음은 양심을 떨게 하고 무섭게 하며 상하게 하고, 통회한 마음을 다시 일으켜 세우고 위로하며 보호해준다. 그러므로 믿기만 한다면 위협의 진리는 통회의 원인이며, 약속의 진리는 위로의 원인이다. 이 믿음으로 인간은 죄를 용서받을 자격이 있다. 그러므로 믿음을 다른 모든 것에 앞서 가르치고 일깨워야 한다. 그런데 믿음을 얻고 나면 통회와 위로는 불가피하게 저절로 따라오게 된다.

그러므로 (그들이 말하는 대로) 자신의 죄를 열거하고 묵상함으로써 통회를 얻을 수 있다고 가르치는 자들은 전혀 아무것도 가르치지 않은 것은 아니지만, 그들이 무엇보다도 먼저 통회의 원리와 원인을 가르치지 않는 한, 즉 신의 위협과 약속에 대한 불변의 진리로 믿음을 촉발하지 않는다면 그들의 가르침은 위험하고 왜곡된 것이다. 이것은 사람들이

---

237 「요나서」 3 : 5.

238 통회는 신에 대한 사랑 때문에 죄를 미워하고 신의 마음을 상하게 한 것을 후회하는 것을 의미했다. 통오는 그보다는 못한 동기들, 가령 천국 상실이나 지옥에 대한 공포 때문에 죄를 증오하는 것을 의미했다. 이 불완전한 통오는 고해 성사를 통해 완전한 통회로 바뀌기 때문에 은총을 얻기에 충분하다고 여겨졌다.

자신의 수많은 죄보다는 신의 진리를 (그들은 이것에 의해 비천하게 되고 높여지기도 한다) 더 집중적으로 바라보아야 한다는 것을 깨닫기 위함이다. 그들이 죄를 하나님의 진리 없이 바라본다면 죄는 통회를 가져오기보다는 죄의 욕구를 자극하고 증대할 것이다.

나는 여기서 그들이 우리에게 부과한 극복할 수 없는 과도한 짐에 대해서는 침묵하겠다. 즉 우리는 모든 죄에 대한 통회를 산출해야 한다는 것이다. 이것은 불가능하고 우리는 죄의 작은 부분을 알 수 있을 뿐이기 때문이다.

「시편」142편에 따르면 결국 우리의 선행도 죄로 밝혀진다. "주의 종에게 심판을 행치 마소서, 주의 목전에는 의로운 인생이 하나도 없나이다."[239][240] 우리가 지금 양심을 고통스럽게 하고 기억으로 쉽게 인식할 수 있는 죄들에 대해 슬퍼한다면 그것으로 충분하다. 이러한 마음(affectus)[241]을 가지고 있는 사람은 의심할 여지 없이 모든 죄 때문에 슬퍼하고 두려워하며, 미래에 죄가 드러났을 때 슬퍼하고 두려워할 것이다.

그러므로 자신의 통회를 신뢰하거나(in contritionem tuam confidas)[242] 죄의 용서를 자신의 슬픔 때문이라고 생각하지 않도록 조심하라. 신은 우리의 통회 때문이 아니라 그대가 신의 위협과 약속을 믿고 그러한 슬픔을 일으킨 신앙 때문에 그대를 돌아본다. 또한 이것 때문에 회개에서 선한 것은 무엇이든, 열심히 죄를 수집한 때문이 아니고 신의 진리와 우리의 믿음 탓으로 돌려야 한다. 그 밖에 모든 것은 저절로 생겨나는 행위요 산물이며, 이것은 인간을 선하게 만드는 것이 아니라 신의 진리에 대한 믿음을 통해 이미 선하게 된 사람들에게서 나오는 것이다. 「시편」

---

239 「시편」143:2.

240 psal. cxlii. 비텐베르크 판: Psal. 143.

241 b: 'geanmütiget'.

242 b: "Dorumb vertrew mit einer gewarsame dem lüwen."

17편[243]에서[244] 말한 것처럼 "이에 땅이 진동하고 산의 터도 동요하였으니 그의 진노를 인함이로다. 그 코에서 연기가 오르고 입에서 불이 나와 사른다"라는 것을 기억해야 한다. 먼저 불경건한 자들을 불사른다는 위협에 대한 공포가 있고, 믿음이 이것을 받아들이면서 통회의 구름 같은 연기가 오른다.

그럼에도 불구하고 통회는 폭정과 돈벌이에 덜 노출되어 있기는 하지만, 완전히 불경건과 치명적인 가르침에 노출되어 있다(patuit).[245] 그러나 돈벌이와 권력의 탁월한 작업장은 고백과 보속이다.

먼저 고백에 대해 살펴보자.

죄의 고백이 필요하고 신이 명령했다는 것은 의심할 수 없다. 「마태복음」 3장에 "자기들의 죄를 자백하고 요단강에서 요한에게 세례를 받았다"라고, 「요한1서」 1장에는 "만일 우리가 우리 죄를 자백하면 그는 신실하시고 의로우셔서 우리 죄를 용서하시며 모든 불의에서 우리를 깨끗케 해주실 것이오. 만일 우리가 범죄하지 않았다고 말하면 우리는 신을 거짓말쟁이로 만드는 것이며 그의 말씀이 우리 속에 있지 아니하리라"[246]라고 했다. 성도들이 자기들의 죄를 부인하는 것이 적절하지 않을진대, 공공연하고 큰 죄에 사로잡힌 자가 죄를 고백하는 것은 더욱 마땅하지 않은가?(quanto magis)[247] 그러나 고백 제도는 「마태복음」 18장에서 가장 효과적으로 입증된다.[248] 여기서 그리스도는 죄를 범한 형제에 대해 그의 잘못을 고치고 데리고 나와 책망할 것과 그가 듣지 않으

---

243 「시편」 18 : 9.

244 psal. xvii. 비텐베르크 판: Psal. 18.

245 b: 'ist under schleyfft'.

246 「마태복음」 3 : 6; 「요한1서」 1 : 9~10.

247 예나 판을 제외한 모든 판: 'quanto minus'(L. Lemme, p. 142: "wie sollte es da weniger noch thun, daß etc.", 언어적으로 신뢰할 수 없는 번역이다) ─ b가 채택한 위의 독법이 문맥에 맞는다.

248 「마태복음」 18 : 15~18.

면 출교할 것을 가르쳤다. 그러나 그가 자신의 죄를 인정하며 고백하고 권징에 굴복한다면(correptioni caedens)[249] 그는 들은 것이다.

그러나 요즘 거행되는 은밀한 고백은 비록 성서에서 입증될 수는 없지만 놀랍게도 나를 기쁘게 하며, 유익하고 필요하며 나는 그것이 없어지는 것을 바라지 않는다. 나는 그것이 교회에 존재하는 것을 기쁘게 생각한다. 왜냐하면 그것은 고통당하는 양심에는 유일한 치유책이기 때문이다. 우리가 우리 형제에게 양심을 열어놓고 우리 안에 숨어 있는 악을 드러낼 때 형제의 입을 통해 신으로부터 선포되는 위로의 말을 받는다. 우리가 믿음으로 이 말을 받아들임으로써 우리 형제를 통해 우리에게 말하는 신의 자비 안에서 우리 자신을 평온하게 만든다. 내가 증오하는 단 한 가지는 이 고백이 교황들의 폭정과 요구에 예속되었다는 점이다. 그들은 은밀한 죄까지 유보하고,[250] 그것들을 자신들이 지명하는 고백자에게 고하도록 명령함으로써 사람들의 양심을 괴롭히기 때문이다. 그들은 교황의 참된 직무, 즉 복음을 선포하고 가난한 자들을 돌보는 직무는 철저하게 멸시하면서 교황 행세를 할 뿐이다. 저 불경건한 폭군들은 교서 '성찬식에 대하여'(Coena domini)[251]에 들어 있는 저 우스꽝스럽게 날조된 내용처럼 사소한 죄들은 유보하지만 큰 죄들은 사제 무리에게 맡긴다. 그들의 사악성이 더욱 명백하게 나타나기 위해 그들은 신 경배,

---

249 C, E: 'correptioni credens'. 이것에 따라서 b와 루트비히 레메(Ludwig Lemme)는 번역했다. 비텐베르크 판: 'corrpetioni cedens'. 정서법에 있어서만 위의 독법과 차이가 있다.

250 '유보된 경우'에는 교황과 주교만 혹은 그들이 임명한 사람만 용서할 수 있다.

251 교서 '성찬식에 대하여'는 1364년 이래 로마의 라테란 성당에서 성 목요일에 이단에 반대하기 위해 매년 출판되었다. 그러나 이단에 대한 정죄 이외에 교황의 지위를 위태롭게 하거나 손상할 가능성이 있는 것으로 교황이나 그가 위임한 기관만 용서할 수 있는 죄목들이 거기에 추가되었다. 1521년 3월 28일에 처음으로 이 교서에서 루터는 위클리프, 후스와 함께 언급되었다. 1522년에 루터는 교황에게 주는 새해 선물로 이 교서를 독일어로 번역했다.

믿음과 제1계명에 반하는 것 — 예를 들어 순례의 배회 행위, 성자들에 대한 왜곡된 숭배, 성자들에 대한 기만적 전설, 공로와 의식을 신뢰하고 실행하는 갖가지 방식들 — 을 유보하지 않을 뿐만 아니라 그것들을 가르치고 승인한다. 오늘날 이 모든 행위들로써 신에 대한 믿음이 소멸되고 우상숭배가 조장된다. 그 결과 오늘날 우리는 옛날에 여로보암이 단과 브엘세바에서 세운 금송아지를 섬기는 종과 다를 바 없는 사제들을 갖게 되었으니, 이들은 신의 법과 믿음 그리고 그리스도의 양 떼를 먹이는 데 필요한 것은 알지 못하고 오직 공포와 권력으로 백성에게 자신들이 고안한 것만 주입하고 있다.

그리스도가 모든 폭정을 참고 이 독재자들에게 복종해야 한다고 가르치듯이 나는 이러한 유보의 폭력에 대해 참을 것을 권고한다. 하지만 그들이 그러한 유보 권한을 가지고 있다는 것을 부정하며, 그들은 일점일획도 입증할 수 없다고 믿으며, 나는 정반대의 것을 입증한다. 우선 그리스도는 「마태복음」 18장에서 공공연한 죄에 대해 잘못을 고치고 우리말을 듣는다면 형제의 영혼을 얻는(얻을?) 것이고, 말을 듣기를 거부하지 않는 한, 그를 교회 앞에 나오게 할 필요가 없으며 이렇게 형제들 가운데서 죄가 교정될 수 있도록 말한다면[252] 은밀한 죄의 경우 형제가 다른 형제에게 자발적으로 고백하는 것으로 죄가 제거되는 것이 더 참되다. 그러므로 그들이 수다스럽게(garriunt)[253] 해석하는 것처럼 교회, 즉 고위 성직자나 사제에게 나올 필요는 없다.

우리는 이 판단에 대해 그리스도의 또 다른 권위를 가지고 있다. "무엇이든 너희가 땅에서 매면 하늘에서도 매일 것이요, 무엇이든 너희가 땅에서 풀면 하늘에서도 풀리리라." 이것은 모든 그리스도인에게 말한 것이기 때문이다. 그는 같은 곳에서 다시 이렇게 말한다. "진실로 다시

---

252 「마태복음」 18 : 15~18.

253 b : 'sye schwaderen'.

너희에게 이르나니 너희 중에 두 사람이 땅에서 합심하여 무엇이든 구하면 하늘에 계신 내 아버지께서 저희를 위하여 이루게 하시리라."[254] 그러나 형제가 형제에게 자신의 은밀한 죄를 고백하고 용서를 구한다면 진리, 곧 그리스도 안에서 자기 형제와 땅에서 일치한다. 이에 대해 그리스도는 앞에서 말한 것을 더욱 분명하게 확증하며 말한다. "두세 사람이 내 이름으로 모인 곳에는 나도 그들 가운데(in medio eorum)[255] 있다."

그러므로 자발적으로 고백하든 교정을 받고 용서를 구하고 사적으로 형제 앞에서 잘못을 고치는 사람은 누구나 교황이 이것에 대항해 폭력을 휘두른다(quicquid contra haec insanierit pontificum violentia)[256] 할지라도 자신의 은밀한 죄를 용서받는다는 것을 나는 의심하지 않는다. 그리스도는 모든 믿는 사람에게 드러난 죄를 용서하도록 허락했기 때문이다. 사소하지만 이 점을 덧붙여라. 죄를 용서 받지 못해 구원을 받을 수 없도록 은밀한 죄를 유보하는 것이 유효하다면 무엇보다도 내가 위에서 언급한 바 오늘날 우리가 교황으로부터 배우고 있는 선행과 우상숭배가 구원을 가로막는 것이다. 그러나 이러한 중죄들도 구원을 가로막지 못한다면 그보다 더 가벼운 죄를 유보하는 것은 얼마나 어리석은 짓인가! 그러나 목자들의 무지와 맹목이 교회 안에서 이 괴물을 산출한다. 그러므로 나는 저 바빌론의 제후들과 벧아웬[257]의 주교들에게 충고한다. 어떤 경우든 유보하는 것을 삼가고, 더 나아가 모든 형제와 자매에게 은밀한 죄를 고백하고 들을 수 있는 자유로운 기회를 허락해야 한다. 그래서 죄지은 자는 자신이 원하는 사람에게 자기 죄를 드러내고 용

---

254 「마태복음」18:19.

255 b : 'in mittel iren',

256 b : 'was darwider unsinniget der Paepst gewalt'.

257 「호세아서」4:15. 호세아는 베델(하나님의 집)이라는 이름을, 그곳에 세워진 형상 때문에 벧아웬(아무것도 아닌 것 또는 우상의 집)이라고 고쳤다.

서와 위로를 구하도록 할 것이니, 그 용서와 위로는 이웃의 입을 통해 들리는 그리스도의 말씀이다. 그들은 대담하게 약자들의 양심을 이유 없이 얽매고, 그들의 불경건한 폭정을 확립하며, 형제들의 죄와 멸망으로 자신의 탐욕을 양육할 따름이다. 그들은 이로써 영혼의 피로 자기들의 손을 더럽히니, 아들들이 부모에게 삼키우는 꼴이다. 이사야가 말하듯이 에브라임은 입안 가득히 유다를, 시리아가 이스라엘을 삼킨다.[258]

그들은 이러한 악에 '상황',[259] 죄의 어머니, 딸, 자매, 동서, 가지, 열매 등을 추가했으니, 즉 이 약삭빠르면서도 게으른 사람들을 통해 죄의 나무에 일종의 혈족과 인척 관계가 고안되었다. 그들의 불경건과 무지는 그렇게 다산(多産)적이다. 이러한 의도가 아무리 쓸모없다고 하더라도 그것은 다른 많은 것들처럼 공적인 법으로 넘어가기 때문이다. 목자들이 그리스도의 교회를 지킨 결과, 저 아주 어리석고 불경건한 자들은 어떤 미신이나 새로운 행위에 대해 꿈꾸었으면[260] 곧 그것을 가지고 나와 면죄부로 치장하고 칙서로 무장한다. 그들은 하나님의 백성을 위해 진지한 신앙을 실천하거나 자유를 수호하지 않았다. 자유가 바빌론의 폭정과 무슨 관계가 있는가?

나는 어떤 상황이든 간에 철저히 무시하라고 조언하고 싶다. 그리스도인에게서 유일한 상황은 형제가 죄를 범한 것이다. 어떤 사람도 그리스도인 형제와 비교될 수 없다. 장소, 때, 날짜, 사람[261]의 준수 그리고 다른 것을 미신적으로 부풀리는 것은 아무것도 아닌 것을 높여서 모든

---

258 「이사야서」 9 : 20~21.

259 고해자는 사제가 자신의 마음의 상태와 죄의 정도를 결정하는 것을 돕기 위해 그의 범죄에 수반된 상황을 말해야 한다.

260 b : "alles das jhenn, so dißen aller dorechligesten gelübdneren getraumt von aberglauben oder nüwer werck".

261 범죄에 대한 평가는 거룩한 장소에서 범했느냐 그렇지 않으냐, 거룩한 날에 범했느냐 평범한 날에 범했느냐에 따라 달랐다. 성직자의 살인은 평신도의 살인보다 더 무거운 죄였다.

일을 손상할 따름이다. 이것은 그리스도인 형제가 되는 것보다 중요하고 큰 것이 있다는 것과 같다.

그들은 우리를 장소, 날짜, 사람에 얽어맴으로써 형제라는 이름에 대한 생각이 가치를 잃게 되고, 우리는 자유 대신 속박을 섬기게 된다. 우리에게 날짜, 장소, 사람, 그 밖의 모든 외적인 요소들은 모두 똑같은 것인데도 말이다.

그들이 보속을 얼마나 부적절하게 다루었는가에 대해서는 면죄부에 대한 논쟁에서 충분히 말했다.[262] 그들은 그것을 탁월하게 남용함으로써 그리스도인의 몸과 영혼을 파괴했다. 우선 그들은 백성이 생명의 거듭남을 뜻하는 참된 보속을 전혀 이해하지 못하도록 가르쳤다. 그다음으로 그들은 위협하고 보속이 필요하다고 강조함으로써 그리스도에 대한 믿음의 여지를 남겨놓지 않고 양심을 죽음에 이를 때까지 비참하게 고문한다.[263] 그래서 어떤 사람은 로마로 달려가고, 어떤 사람은 이곳으로, 어떤 사람은 저곳으로, 이 사람은 카르투지오회로, 저 사람은 다른 곳으로 달려간다. 어떤 사람은 자신을 채찍질하고, 또 어떤 사람은 금식과 철야로 자기 몸을 살해한다. 모든 사람들이 광적으로 "보라, 그리스도가 여기 있다! 보라 저기 있다!"라고 말하면서 우리 안에 있는 신의 나라가 준수를 통해 임할 것이라고 생각한다. 오, 로마 교황청이여! 우리는 이런 모든 괴물의 책임을 그대와 그대가 만든 살인적 법과 의식에게 돌린다. 그대는 살인적 법과 의식을 가지고 온 세상을 멸망시켰으니, 그들로 하여금 자신들의 행위로 죄에 대해 신을 만족시킬 수 있다고 믿게 했다. 그러나 오직 통회한 마음의 믿음으로 신을 만족시킬 수 있다. 그대는 이 소란으로 이 믿음을 침묵시킬 뿐만 아니라 그것을 억압한다. 이것은 다만 그대의 만족할 줄 모르는 거머리가 "달라, 달라!"라고 말하

---

262 Martin Luther, *Resolutiones disputationum de indulgentiarum virtute*, 1518 참조.

263 b: 'unnd metzigen mit dem zweyffel erbermlich die gewissen der menschen'.

고 죄를 팔 상대를 가지기 위함이다.

그들 가운데 어떤 사람은 한 술 더 떠서 영혼을 절망으로 몰고 갈 계략을 만들었으니, 이것은 고백자가 부과된 보속을 소홀히 했을 경우 모든 죄를 새로이 열거해야 한다고 결정했다. 모든 것을 십중 포로로 만들기 위해 태어난 사람들이 무슨 짓인들 못하겠는가? 더구나 얼마나 많은 사람들이 자신들의 생활방식을 고칠 생각은 전혀 하지 않음에도 불구하고, 사제들이 부과한 기도문을 입으로 중얼거리면 자신들은 구원 상태에 있고 죄에 대해 보속한다는 생각에 사로잡혀 있는가!

그들은 삶이 한순간의 통회와 고백으로 바뀌었으므로 지난 죄에 대해 보속하는 일만 남았다고 생각한다. 다른 것을 배우지 않는 자가 어떻게 달리 지혜를 얻겠는가? 여기서 그들은 육신을 죽이는 것에 대해 생각하지 않고, 그리스도가 보여준 모범은 아무런 효력이 없다. 그리스도께서는 간음한 여인을 풀어주면서 "가서 다시는 죄를 범하지 말라"[264]고 했으니, 즉 그녀에게 육신을 살해하는 십자가를 부과한 것이다. 우리가 보속이 완수되기도 전에 죄인들을 사죄함으로써 그들이 통회보다는 (그들은 통회가 고백하는 사이에 지나가버린 것으로 생각한다) 시간이 걸리는 보속을 이행하는 데 더 관심을 쏟도록 하는 것이 이 왜곡된 현상에 적지 않은 계기를 주었다. 왜냐하면 오히려 사죄 선언은 초대교회에서 그랬던 것처럼 보속이 마무리된 뒤에 오는 것이어야 하고, 그 결과로 고해자들은 행위가 끝난 후 믿음과 새로운 삶에[265] 더 매진하기 때문이다.

그러나 내가 면죄부에 대해 더 상세하게 말한 것을 반복한 것으로 충분할 것이다. 또한 세 가지 성례전에 대해 그 사이에 진술한 것으로 충분할 것이다. 이 문제는 명제와 법에 대한 수많은 유해한 책들에서 다루

---

264 「요한복음」 8:11.

265 b: 'in dem glauben und der nüwere des leben'.

어졌고 또한 다루어지지 않았다. 그것들을 이유 없이 배척하는 것처럼 보이지 않도록 나는 나머지 성례전에 대해서도 뭔가 시도할 것이 남아 있다.

견신례에 대하여

안수와 견신례를 만들 생각이 그들의 머리에 들어갔을까 놀랍다. 이에 대해 우리는 그리스도가 어린아이들을 만졌다는 것과 사도들이 성령을 주었고 장로들을 임명했고 병든 자를 고쳤다는 것을 읽는다.[266] 사도는 디모데에게 이렇게 썼다. "아무에게나 경솔히 안수하지 말라."[267] 그들은 어째서 빵의 성례전에서 견신례를 만들지 않았을까? 왜냐하면 「사도행전」 9장에서 "그는 음식을 먹고 강건해졌다"라고 했고, 「시편」 103편에서는 "빵이 사람의 마음을 강하게 만든다"라고 했기 때문이다.[268] [269] 그러므로 견신례는 이 세 가지의 성례전, 즉 빵, 서품, 견신례 자체를 포괄하는 것이다. 그러나 사도들이 행한 모든 것이 성례전이라면 그들은 왜 설교를 성례전으로 만들지 않았는가?

내가 이 말을 하는 것은 일곱(septem)[270] 성례전을 정죄하기 때문이 아니라 그것들을 성서에서 입증하는 것을 부정하기 때문이다. 우리가 그것을 견신례라고 부르든 치유라고 부르든 간에 사도 시대에 있었던 것 같은 안수가 교회에 있다면! 그러나 지금 주교들이 교회에서 전혀 할 일이 없이 나태하지 않기 위해, 주교들의 직무를 치장하기 위해 우

---

266   「마가복음」 10 : 16; 「사도행전」 8 : 17.

267   「디모데 전서」 5 : 22.

268   「사도행전」 9 : 19; 「시편」 104 : 15.

269   psal. ciii. 비텐베르크 판: Psal. 104.

270   C, E에는 없다.

리 자신이 고안해낸 것 외에는 그런 안수의 흔적은 남아 있지 않다. 그들이 말씀과 결합된 복잡한 성례전은 무가치한 것처럼 (신적으로 제정된 것은 무엇이든 사람들로부터 경멸을 받아야 한다!) 다른 하급 성직자들에게 맡긴 후, 그런 훌륭하고 위대한 사제들에게 번거롭지 않은 일을 쉽게 고안하고 절대로 무가치한 것처럼 하급 성직자에게 맡기지 않는 것이 옳았다. 인간의 지혜로 결정한 것은 무엇이든 사람들에게 존중을 받아야 하기 때문이다. 사제가 어떤 사람이든 간에 그는 걸맞은 사역과 직무가 있다. 복음을 선포하지 않고 영혼을 치유하지 않는 주교, 주교의 이름과 외양만 가지고 있는 사람은 세상의 우상 이외에 무엇인가? 그러나 우리는 이런 것 대신 신에 의해 제정된 성례전을 구하며, 그 가운데 견신례를 포함해야 할 이유를 발견하지 못한다. 성례전이 성립하기 위해서는 무엇보다도 믿음을 실천하는 신적 약속의 말씀이 요구된다. 그러나 그리스도가 많은 사람들을 안수했고 「마가복음」의 마지막 장에서 여러 가지 표적 가운데 안수를 포함시키기는 했지만, 우리는 그리스도가 견신례에 대해 약속했다는 기록을 찾아볼 수 없다. "그들이 병든 사람에게 손을 얹으니, 그들이 나을 것이다."[271] 그러나 이렇게 할 수 없는 것처럼 아무도 이것을 성례전에 적용하지는 않았다.[272]

그러므로 견신례는 물과 다른 것들을 축성하는 여타의 의식과 유사한 교회 의식 또는 성례전적 의식으로 생각하면 충분하다. 말씀과 기도로 다른 모든 피조물을 성화할 수 있다면 같은 수단으로 사람이 성화되는 것은 더욱 가능하지 않겠는가? 그럼에도 불구하고 이러한 것들을 우리는 믿음의 성례전이라고 부를 수 없다. 왜냐하면 이것들은 신적 약속을 가지고 있지 못하기 때문에 믿음의 성례전이라고 말할 수 없다. 또한

---

271 「마가복음」16:18.

272 b: "Das hat niemans ein sacrament zugeschrämpt, als auch niemans zuschrämen mag."

이것들은 구원을 가져올 수 없다. 그런데 성례전은 신적 약속을 믿는 사람을 보존한다.

혼인에 대하여

혼인은 성서적 근거도 없이 성례전으로 간주되고 있을 뿐만 아니라 그것을 성례전이라고 주장하는 전통들에 의해 순전한 조롱거리가 되었다. 이 점에 대해 살펴보자.

우리는 모든 성례전에는 그 표징을 받아들이는 사람이면 누구나 믿어야 할 신적 약속의 말씀이 있고, 표징만은 성례전이 될 수 없다는 것을 이미 말했다. 그런데 여자와 결혼하는 남자가 어떤 신의 은총을 받을 것이라는 말을 우리는 읽을 수 없다. 또한 혼인에는 신이 제정한 표징이 없다. 가시적으로 행해지는 모든 것은 불가시적인 뭔가의 표상 또는 알레고리로 이해될 수 있지만, 그 무엇을 지시하기 위해 하나님이 혼인을 제정했다는 말을 읽을 수 없다. 그러나 표상이나 알레고리는 우리가 성례전에 대해 말하는 성례전이 아니다.

더구나 혼인은 세상이 시작될 때부터 존재해왔고 지금까지 불신자들 가운데서도 지속되고 있기 때문에 그것을 새 법의 성례전 또는 교회만의 성례전이라고 부를 이유는 없다. 조상들의 결혼이 우리의 결혼보다 덜 거룩한 것이 아니며, 불신자들의 결혼이 신자들의 결혼보다 덜 진실한 것도 아니다. 그럼에도 불구하고 그들은 결혼을 성례전으로 간주하지 않는다. 그뿐만 아니라 신자들 가운데도 어떤 이교도보다 악하고 불경건한 부부들이 있다. 그런데 어떻게 신자들의 경우 혼인을 성례전이라고 말해야 하고, 이교도의 경우 성례전이 아니라고 말해야 하는가? 어떤 사람들이 미쳐서 세례와 교회에 대해 세속적 권한이 교회에만 존재한다고 헛소리하는 것처럼 혼인은 교회 안에서만 성례전이라고 말해

244

야 하는가? 이것은 참으로 유치하고 가소로운 이야기다. 이런 말을 통해 우리는 우리의 무지(nostram inscitiam et)[273]와 경솔함을 불신자들에게 드러내어 조롱을 초래한다.

그러나 그들은 말한다. "사도 바울은 「에베소서」 5장[274]에서 '둘이 하나가 될지니, 이것은 위대한 성례전이다.' 그러므로 여러분들은 너무도 명백한 사도 바울의 말씀을 거스르지 말라!" 나는 답변한다. 이러한 주장은 하품 나고 나태하고 경솔한 독서의 논리다. 성서 전체 어느 곳에서도 '사크라멘툼'(sacramentum)이라는 말은 우리가 사용하는 의미를 갖지 않고 전혀 상반된 의미를 가지고 있기 때문이다. 이 단어는 어디에서든 거룩한 것의 표징이 아니라 거룩하고 신비롭고 감추어진 것 자체를 의미한다. 그래서 바울은 「고린도 전서」 4장[275]에서 "사람들은 우리를 그리스도의 일꾼이요 하나님의 '비밀'을 맡은 관리자로 보아야 한다"[276]라고 말했는데, '비밀'은 '사크라멘툼'이다. 라틴어 '사크라멘툼'은 그리스어로 '미스테리온'(μυστήριον)인데, 번역자는 어떤 때는 번역하고 어떤 때는 그리스어를 그대로 두기도 한다. 그러므로 이 구절은 그리스어로 "그들은 하나가 될지니, 이것은 위대한 신비이다"라는 말이 된다. 이 사실은 그들이 혼인을 새 법의 성례전으로 이해하게 된 계기가 되었는데, 그들이 그리스어에서처럼 '미스테리온', 즉 '신비'로 읽었다면 전혀 다른 뜻이 되었을 것이다.

그러므로 「디모데 전서」 3장에서 그리스도 자신을 '사크라멘툼'이라고 말하고 있다. "이 거룩한 '사크라멘툼'(즉 미스테리온[신비])은 참으로 위대하도다. 그는 육신으로 나타나시고 성령으로 의로움을 인정받으시고 천사들에게 보이시고 만국에서 전파되시고 세상이 그를 믿었고 그

---

273   C: 'nostram iustitiam et'; E: 'nostram stulticiam et'.
274   「에베소서」 5:31~32.
275   A, C: 'ii. Corinth'; B, E: 'ii. Corint'.
276   「고린도 전서」 4:1.

는 영광 가운데서 들려 올라가셨느니라."[277] 어째서 그들은 새 법의 여덟 번째 성례전의 근거를 이 문장에서 끌어내지 않았을까? 이 구절은 명백하게 바울의 권위를 가지고 있기 때문이다. 그러나 그들이 성례전을 날조할 수 있는 가능성이 많고 유리한 여기에서 자신을 억제한다면 어째서 다른 구절에서는 그토록 멋대로인가? 그것은 명백하게 말과 사물에 대한 무지가 그들을 기만하기 때문이다. 그들은 단순히 말의 소리에만 매달려 자신의 의견에 집착한다. 그들은 일단 '사크라멘툼'이라는 말을 인간적 자의에 따라 이해했기 때문에 즉시 아무런 판단 없이 주저 없이, 성서에서 이 말을 만날 때마다 '표징'으로 이해했다. 그들은 이런 단어의 새로운 의미, 인간의 관행, 그 밖의 것들을 성서 안에 끌어들였고 이것들을 자신들의 꿈에 따라 변형했으며(transformaverunt),[278] 아무 구절에서나 자기가 원하는 의미를 만들어냈다. 그리하여 그들은 끊임없이 '선행, 악행, 죄, 은혜, 의, 능력' 등과 같이 거의 모든 중요한 주제와 개념들에서 헛소리를 지껄인다. 그들은 인간들의 글에서 취한 자의적 판단에 따라 이 모든 말들을 사용하여 신의 진리와 우리의 구원에 해를 끼친다.

그러므로 바울에게서 '사크라멘툼'과 '미스테리온'은 그가 「고린도전서」 2장에서 말한 것처럼 비밀 가운데 감추어져 있는 영의 지혜, 곧 그리스도다.[279] 이 세상의 통치자들은 그를 알지 못했기 때문에 십자가에 못 박았으니, 그리스도는 여전히 그들에게는 미련한 것이요, 거리끼는 것이요, 걸림돌이며 비난을 받는 표적이다. 바울은 설교자들에 대해 이 신비를 관리하는 자라고 부르는데, 그 이유는 그들이 그리스도와 신적 능력과 지혜를 설교하되, 그대가 그것을 믿지 않으면 이해할 수 없기

---

277 「디모데 전서」 3:16.
278 b: 'sye haben vergstaltet'.
279 「고린도 전서」 2:7.

246

때문이다. 그러므로 '사크라멘툼'은 말로 지시되지만 마음의 믿음에 의해 받아들여지는 신비 혹은 은밀한 것이다. 현재의 본문에서 "둘이 하나가 될지니라. 이것이 큰 사크라멘툼"[280]이라고 말한 것이 이런 것이다. 그런데 그들은 이것이 결혼에 대해 말한 것이라고 생각한다. 그러나 바울 자신은 이 말을 그리스도와 교회에 대해 적용했으며, "내가 그리스도와 교회에 대하여 말하노라"[281]라고 말함으로써 스스로 분명하게 설명했다. 바울과 이 사람들이 얼마나 일치하는지 잘 보라! 바울은 자신이 그리스도와 교회 안에 있는 위대한 신비를 선포한다고 말하는데, 그들은 남자와 여자 간의 성례전으로 선포한다. 성서를 이처럼 자유롭게 해석할 수 있다면(libidinari)[282] 성서에서(in ea vel)[283] 심지어 100가지 성례전을 찾아낸다 해도 이상할 것이 없다.

그러므로 그리스도와 교회에 대한 신비는 결혼을 통해 또는 어떤 사실적 알레고리에 의해 상징화될 수 있고, 또한 그렇게 되어야 하는 위대하고 은밀한 것이다. 그러나 그렇다고 해서 결혼을 성례전이라고 말해서는 안 된다. 하늘은 「시편」 18편[284]에서[285] 말하듯이 사도들의 상징이고, 해는 그리스도의 상징이고, 바다는 백성의 상징이다. 그러나 그렇기 때문에 그것들이 성례전은 아니다. 왜냐하면 성례전을 온전하게 하는[286] 신의 제정과 약속이 어디에도 없기 때문이다. 그러므로 바울은 「에베소서」 5장에서 혼인에 대한 「창세기」 2장[287]의 말을 자신의 영으로 그리스도에게 적용하거나 일반적인 견해에 따라 이것에서 그리스

---

280 「에베소서」 5:31~32.

281 「에베소서」 5:32.

282 b: "Soll der massen in den heiligen geschrifften gewolustet werden."

283 루터는 'ea'를 'sacra scriptura'를 지시하는 말로 염두에 둔 듯하다. E: 'in eis vel'.

284 「시편」 19:2.

285 psal. xviii. 비텐베르크 판: Psal. 19.

286 b: 'die ein sacrament gentzen'.

287 「창세기」 2:24.

도의 영적 혼인이 이해된다고 가르치면서 이렇게 말한다. "그리스도께서 교회를 돌보시는 것처럼[288] 우리는 그의 몸, 곧 그의 살과 뼈의 지체(肢體)들이다. '이러므로 사람이 부모를 떠나 그 아내와 합하여 그 둘이 하나가 될지니' 이 비밀(sacramentum)은 위대하다. 내가 그리스도와 교회에 대해 말한다."[289] 바울은 전체 단락을 통해 그리스도에 대해 말하려 하며, 독자에게 이 신비를 결혼에 대한 것이 아니라 그리스도와 교회에 대한 것으로 이해하도록 애쓰라고 훈계한다. [290]나는 옛 법에서 회개의 성례전이 또한 세상 시작부터 있었다는 것을 시인하지만, 새로운 회개의 약속과 열쇠의 선물은 새로운 법에 속한다. 우리가 할례 대신 세례를 가진 것과 같이 다른 회개의 제사나 표적 대신에 지금 열쇠를 가지고 있다. 우리는 위에서 동일한 신이 상이한 때에 죄를 용서하고 인간을 구원하기 위해 상이한 약속과 표적을[291] 주었음에도 불구하고 인간들은 모두 같은 은총을 받았다고 말했다. 이것은 그가 「고린도 후서」 4장에서 다음과 같이 말한 바와 같다. "우리는 그러한 믿음의 영을 지니고 있으므로 우리도 믿고 또한 우리도 말한다." 또한 「고린도 전서」 10장에서 "우리 조상이 모두 똑같은 신령한(spiritalem)[292] 음식을 먹고, 모두 똑같은 신령한(spiritalem)[293] 물을 마셨다. 그들은 동반자인 신령한(spiritali)[294] 바위로부터 물을 마신 것이다. 그 바위는 그리스도였다"라고 말했으며, 「히브리서」 11장에서는 "이 모든 사람들은 죽었고 약속을 받지 못했다. 하나님께서 우리를 위하여 더 좋은 계획을 미리 세워두셨

---

288   b : "Glich als Christus beschurt die kirchen."
289   「에베소서」 5 : 29∼32.
290   이하 단락은 문맥의 흐름을 교란시킨다. 아마도 이것은 인쇄업자의 실수에서
       기인한 듯하다.
291   b : 'anderbarliche verheissungen und zeichen'.
292   C, E, 비텐베르크 판, 에르랑엔 판 : 'spiritualem'.
293   C, E, 비텐베르크 판, 에르랑엔 판 : 'spiritualem'.
294   C, E, 비텐베르크 판, 에르랑엔 판 : 'spirituali'.

기 때문에 그들은 우리 없이는 완성에 이르지 못할 것이다"[295]라고 말했다. 그리스도는 어제도, 오늘도, 영원히 존재하기 때문이다. 그는 세상 시작부터 종말까지 그 교회의 머리다. 그러므로 다양한 표적이 있으나, 모든 사람이 같은 믿음을 가졌다. "믿음이 없이는 하나님을 기쁘시게 할 수 없으니 아벨은 믿음으로 하나님을 기쁘시게 하였다."[296]

그러므로 혼인이 그리스도와 교회의 상징이라 하더라도 하나님이 제정한 성례전이 아니라 교회에서 인간들에 의해 성례전으로 날조된 것이다. 그들은 사물과 말씀에 대한 무지에 의해 오도된 자들이다. 우리가 교회 안에서 믿음과 성서에 방해가 되지 않는 한, 연약함과 무지로말미암은 다른 많은 인간적 노력을 관용하는 것처럼 이 무지는 믿음에 방해가 되지 않는 한에서 우리는 사랑으로 인내할 수 있다. 그러나 우리는 지금 믿음과 성서의 확실성과 순수성을 위해 주장하는 것이니, 이 것은 우리가 어떤 것이 성서와 우리의 신조에 포함되어 있다고 주장했는데, 후에 포함되어 있지 않다는 것이 입증됨으로써 우리의 신앙이 조롱거리가 되지 않기 위함이고, 우리 자신의 문제에 무지함으로써 적들과 연약한 자들에게 걸림돌이 되지 않기 위함이며, 성서의 권위를 약화시키지 않기 위함이다. 신이 성서를 통해 우리에게 전한 것들은 사람들이 ― 그들이 아무리 고상하고 학문적으로 탁월하다고 하더라도 ― 교회에서 만들어낸 것들로부터 분명하게 구별되어야 하기 때문이다.

지금까지는 혼인 자체에 대해 말했다.

그러나 그것 때문에 신이 정한 이러한 생활방식이 올무에 얽히고 이리저리 요동치게 되는 불경건한 인간 법들에 대해서는 뭐라고 말해야할까? 선하신 신이여, 자기들 멋대로 혼인을 무효화하고 다시 강요하는 로마 폭군들의 파렴치함을 주시하는 것이 공포입니다. 제발(obsecro),[297]

---

295 「고린도 후서」 4:13; 「고린도 전서」 10:1~4; 「히브리서」 11:39~40.
296 「히브리서」 11:4.

이 자들은 인류를 조롱하고 온갖 수단을 다해 그들을 악용하기 위해서만, 그리고 부정한 돈을 위해 그들을 마음대로 다루기 위해서만 인간들이 자신들의 탐욕을 위해 주어졌습니까?

적지 않게 평가되는 책이 널리 유포되고 있는데, 이 책은 인간적 전통 또는 하수구에서 마구잡이로 수집하여 섞은 것이다. 그 제목은 『천사의 논총』(*Summa Angelica*)[298]이다. 그것은 차라리 "악마적인 것 이상의 논총"이다.

이 책에는 고해자를 교육하기 위해 만들어진 수많은 괴이한 내용들 가운데서 (그것은 매우 치명적으로 혼란스럽게 만든다) 혼인의 18가지 장애를 열거한다. 그대가 공정하고 자유로운 믿음의 눈으로 이것을 바라본다면 그 내용이 사도 바울이 "후일에 어떤 사람들이 믿음에서 떠나 미혹케 하는 영과 귀신의 가르침을 좇으리라 하셨으니 자기 양심이 화인 맞아 외식함으로 거짓말하는 자들이라. 혼인을 금하고……"[299]라고 예언한 것에 해당한다는 것을 알게 될 것이다. 혼인을 금하는 것은 사람들이 결혼하지 못하도록 온갖 장애물을 만들고 올무를 놓으며, 이미 결혼한 경우에는 결혼을 무효화하는 것이 아니라면 무엇인가? 누가 인간에게 이러한 권한을 주었는가? 그들이 거룩한 사람들이고 경건한 열정

---

297   b : 'ich frag bitlich'.

298   저자 안젤로 카를레티 디 키아바소(Angelo Carletti di Chiavasso, 1411~95)의 이름을 따서 『천사의 논총』(*Summa de Casibus Conscientiae*)으로 통용된다. 고해 성사에 임하는 성직자에게 지침을 제공하기 위해 양심에 대한 모든 가능한 경우를 알파벳 순으로 다루고 있는 결의론에 대한 최고의 안내서이다. '부부 관계'라는 제목 아래 이 책은 혼인에 저해되는 18가지 결격 사유 목록을 제시했다. 이 책은 1476년부터 1520년까지 31판이 발행되었는데, 루터가 1520년 12월 10일에 교황의 교서와 함께 태운 교황청 서적들 가운데 이 책이 들어 있었다. R. Stintzing, *Geschichte der populären Literatur des römisch-katholischen Rechts in Deutschland etc.*, Leipzig, 1867, p. 536ff. 참조.

299   「디모데 전서」 4:1~3.

에 이끌려서 그렇다고 하자. 그러나 다른 사람의 거룩함이 어떻게 내 자유를 흔들 수 있는가? 다른 사람의 열정이 어떻게 나를 포박하는가? 원하는 자는 누구나 그가 원하는 만큼(quantum)[300] 거룩한 자와 열심당이 될 것이다. 그러나 다른 사람에게 해를 끼치지 말 것이고, 내 자유를 빼앗지 말 것이다.

그러나 나는 저 수치스런 율법들이 마침내 영광을 얻게 된 것을 기쁘게 생각한다. 우리 시대의 저 로마교도들은 그것들 덕분에 장사꾼들이 되었기 때문이다. 그들이 파는 것이 무엇인가? 남녀의 음부이니(vendunt? vulvas et veretra),[301] [302] 곧 탐욕과 불경건으로 아주 더럽고 음탕한 저 장사치들에게는 가장 어울리는 상품이다. 왜냐하면 오늘 맘몬이 개입해서 합법화되지 않는 장애는 없기 때문이다. 그러므로 이 인간법들은 저 탐욕스런 사람들과 강도 같은 니므롯을 위한 돈을 낚는 그물이요, 영혼의 올무가 되기 위함 외의 다른 이유로 태어나지 않은 듯하다. 이로써 가증한 것이 거룩한 장소와 신의 교회에 서게 되었으니, 사람들에게 공공연하게 남녀의 음부 또는(pudibunda seu)[303] (성서에 표현된 것에 따르면) 수치와 모독을 팔고 있다.[304] 그러나 이것은 그들이 전에 자신의 법의 힘을 통해 강탈한 것이다. 오, 우리 교황들에 합당한 돈 거래여! 그들은 탐욕과 야망 때문에 복음 사역을 경멸하고, 그 대신 치욕스럽고(cum dedecore)[305] 추악하게(turpitudine)[306] 사악한 생각에 사로잡

---

300 A : 'quantum │ let' (quantum으로 행을 종결함). B, C, E, 비텐베르크 판 : 'quantum libet', 에르랑엔 판 : 'quantumlibet' (위의 독법은 우리의 추정임).

301 b : "Die schammglieder unnd stinckenden todten leybenn."

302 비텐베르크 판과 예나 판 : vendunt? Ventres et ea quae ventris sunt(그들은 무엇을 파는가? 배와 배에 속한 것들).

303 C, E : 'pudenda seu'.

304 「마태복음」 24 : 15; 「레위기」 18 : 6~18.

305 A, B : 'decore'.

306 에르랑엔 판 : turpidine.

혀 돈 거래에 종사하고 있다.

그러나 내가 뭐라고 말하고 무엇을 하겠는가? 더 상세하게 들어가면 말이 길어질 것이다. 어디서 시작해야 할지, 얼마나 가야 할지, 어디서 서야 할지 알지 못할 만큼 모든 것이 혼란스럽다. [내가 아는 것은 어떤 공적 업무도 법에 의해 성공적으로 관리될 수 없다는 것이다. 현명한 통치자라면 법보다는 자연의 인도에 따라 모든 일을 성공적으로 관리할 것이기 때문이다. 통치자가 지혜롭지 못하면 법으로써 악을 조장할 뿐이다. 왜냐하면 그는 법을 사용할 줄 모르고 상황에 따라 법을 제어할 줄 모르기 때문이다. 그러므로 공적 업무에서 법을 운용하는 것보다는 선량하고 지혜로운 사람들이 선도하도록 배려해야 한다. 그들 자신이 최선의 법이고, 살아 있는 공의로써 모든 다양한 사건을 판단할 것이기 때문이다. 신의 법에 대한 지식이 자연적 지혜와 결합되어 있다면 성문법을 갖는 것은 분명히 불필요하고 유해하다. 그러나 무엇보다도 사랑은 어떤 법도 필요로 하지 않는다.][307]

그럼에도 불구하고 나는 내가 할 수 있는 것을 말하고 행하려 한다. 나는 모든 사제들과 수도사들에게 어떤 장애를 보았거든 (장애 문제에서 교황이 면제할 수 있다고는 하나, 이것은 성서에 진술되어 있지 않다) 교회법이나 교황청 법(Ecclesiasticas vel pontificias)[308]에 어긋나게 어떤 방식으로든(quoquo modo)[309] 맺어진 모든 혼인을 확인해주라고 충고하고 요구한다.

그러나 그들로 하여금 신의 법, 곧 "하나님이 짝지어 주신 것을 사람이 나누지 못할지니라"[310]라는 말로 무장하게 하라. 남자와 여자의 결합은 신의 법에 속하기 때문이니, 그것이 아무리 인간의 법과 충돌하더

---

307 비텐베르크 판과 예나 판에는 [ ]의 부분이 없다.
308 비텐베르크 판과 예나 판: 'Ecclesiasticas, tyrannicas vel pontificias'.
309 비텐베르크 판과 예나 판에는 없다.
310 「마태복음」 19:6.

라도 구속력이 있다. 인간의 법은 신의 법 앞에서 주저 없이 물러서야 한다. 사람이 자기 부모를 떠나 자신의 아내와 합한다면 그는 아내와 합하기 위해 얼마나 더욱 무가치하고 불의한 인간 법(leges hominum)[311]을 짓밟아야 하겠는가! 교황과 주교 또는 종교법정의 판사가 인간의 법에 위배되게 맺어진 혼인을 무효화한다면 그는 적그리스도요 자연에 폭력을 가하는 자이며, 신적 위엄을 모독하는 죄를 범한 자이다. 왜냐하면 「마태복음」 19장에 "하나님이 짝지어 주신 것을 사람이 나누지 못할지니라"[312]라고 기록되어 있기 때문이다.

그뿐만 아니라 어떤 사람도 그러한 법을 만들 권리를 가지고 있지 않고 그리스도를 통해 사람의 모든 법에 대한 자유가 그리스도인에게 선사되었으니, 특히 「마가복음」 2장에서 "인자는 안식일에도 주인이니라" "안식일은 사람을 위하여 있는 것이요 사람이 안식일을 위하여 있는 것이 아니다"[313]라고 말한 것처럼 신의 법이 이의를 제기할 때 그렇다. 또한 바울도 그러한 법을 정죄했으니, 그는 장차 혼인을 금지할 사람들이 있을 것이라고 예언했다.[314] 그러므로 [영적 친척 또는 법적[315] 친척 또는 혈연 관계의 이유에서] 혼인을 엄격하게 방해하는 것들은 [성서가 허락하는 한] 여기서 물러나야 한다(hic cedere debet).[316] [성서에는 제2의 혈연 등급에 해당하는 혈족과의 혼인만 금지되었다. 「레위기」 18장에 기록된 것처럼 열두 가지 친척 혼인이 금지되었다. 즉 어머니, 계모, 자매, 의붓 자매, 손녀(Neptis),[317] 고모 또는 이모, 며느리, 형제의 아내, 아

311   비텐베르크 판: 'legem papalem'.

312   「마태복음」 19:6.

313   「마가복음」 2:28, 27.

314   「디모데 전서」 4:3.

315   세례 받을 때 대부가 된 관계나 법률적으로 양부가 된 관계를 말한다.

316   비텐베르크 판: 'hic moderari debet'.

317   여기서 'Enkelin'. 「레위기」 18:10 참조.

내의 자매, 의붓딸, 아버지 형제의 아내가 그들이다. 여기서는 제1의 친척 등급과 제2의 혈족 등급만 금지된다. 그럼에도 불구하고 자세히 보는 자에게 분명한 것처럼 보편적으로 금지되지는 않는다. 즉 형제나 자매의 딸 내지 조카(neptis)[318]는 제2의 혈족 등급에 속함에도 불구하고 금지 대상에 포함되지 않았다. 그러므로 혼인이 이런 등급 밖에서 맺어졌다면 신에 의해 금지된 다른 조항이 있지 않은 한, 결코 사람의 법 때문에 무효화되어서는 안 된다. 신에 의해 제정된 혼인 자체는 어떤 법보다 비교할 수 없이 우위에 있는 것이므로 법을 위해 결혼이 파기될 수 없고 오히려 결혼을 위해 법이 파기되어야 마땅하다.][319]

마찬가지로 대(代)부 대모 관계, 대형제 자매 관계, 대자녀 관계에 대한 저 터무니없는 생각도 혼인 계약에서 완전히 삭제되어야 한다. 저 영적 인척 관계를 고안한 것은 인간적 미신이 아니면 무엇인가? 세례를 베푼 사람 또는 세례에 입회한 사람이 세례를 받은 여자(levanti baptisatam)[320] 또는 세례를 위해 입회한 바 있는 여자(levanti … levatam)[321]와 결혼할 수 없다면 어째서 그리스도인 남자가 그리스도인 여자와 결혼할 수 있는가? [성례전의 의식 또는 표징에서 맺어진 인척 관계가 성례전의 본질에서 이루어진 것보다 큰가? 그리스도인 남자는 그리스도인 여자의 형제가 아닌가? 세례 받은 남자는 세례 받은 여자의 영적 형제가 아닌가?][322] 우리는 어째서 어리석은가? 만약 어떤 남자가 자기 아내에게

---

318 여기서 'Nichte'(L. Lemme, p. 154에 반하여).

319 [ ] 부분, 즉 "ex affinitate dirumpi"가 비텐베르크 판과 예나 판에는 없다.

320 B : 'levanti baptisatum'.

321 세례에서 들어 올리는 자는 세례에 입회하는 자, 즉 대부의 다른 표현이며, 세례에서 들어 올려진 여자는 대녀의 다른 표현이다. ─옮긴이

322 B에는 [ ] 부분 대신 다음과 같은 문구가 들어 있다. "seu signa sacramenti frater Christianae sororis? An non baptisatus, baptisatae spirituali, contracta, quam quae ex re ipsa sacramenti? An non Christianus est frater?"(한 행을 옳지 않은 곳에 옮겨 놓음으로써 이렇게 바뀌었다.)

복음과 그리스도 신앙을 가르친다면 그는 진실로 그리스도 안에서는 그녀의 아버지가 되지 않는가? 그녀는 여전히 그의 아내로 있을 수 있지 않은가? 바울은 자신이 그리스도 안에서 고린도 교회 사람 모두를 낳았다고 자랑했는데, 그는 그들 가운데서 소녀와 결혼할 수 없는가? 그러므로 그리스도인의 자유가 인간의 미신적 맹목으로 인해 얼마만큼 억눌림을 당하는지 보라.

[법적 인척 관계란 더욱 터무니없는 것이지만, 그럼에도 불구하고 그들은 그것을 혼인의 신적 법보다 우위에 놓는다.][323] 세례 받지 않은 사람과 혼인하는 것을 단순히 허용하지 않거나 신앙으로 개종한다는 조건 아래서도 허용하지 않기 위해 그들이 종교적 차이라고 부르는 혼인 장애에 나는 동의하지 않을 것이다. 누가 이것을 금지했는가? 신인가, 사람인가? 누가 이렇게 혼인하는 것을 금지할 권한을 사람들에게 주었는가? 바울이 말한 것처럼[324] 위선적으로 거짓말하는 영들이 있다.

그들에 대해 이렇게 말해야 한다. "하나님을 믿지 않는 자들이 내게 주의 법에 어긋나는 허황된 말들을 하였나이다."[325] 이교도 파트리키우스(Patricius)는 그리스도인인 성 아우구스티누스의 어머니 모니카와 혼인하였는데, 어째서 오늘날 같은 일이 허용될 수 없는가? 어떤 남자가 이전에 간음으로 더럽혀진 여인과 결혼하거나 미망인과 결혼하기 위해 다른 사람의 배우자를 죽도록 음모를 꾸몄을 경우와 같은 엄격한 어리석음이나 불경건이 범죄의 장애물이다. 나는 묻는다. 하나님이 요구하지 않았는데, 어디서 인간이 인간에 대해 이렇게 엄격할 수 있는가? 그들은 가장 거룩한 남자 다윗이 이중 범죄로 넘쳐서, 즉 사전에 우리아의 아내 밧세바를 간음으로 더럽혔고 그녀의 남편을 살해하고 그녀와 혼

---

323 비텐베르크 판과 예나 판에는 [ ] 부분이 없다.
324 「디모데 전서」 4:2.
325 「시편」 119:85.

인한 사실을 모른 척할 것인가? 신의 법이 이러했다면 인간 독재자들은 자기 동료의 종들에게 무슨 짓을 행하는가?

³²⁶[또한 어떤 남자가 약혼에 의해 다른 여자와 결합했다면 이른바 결합의 장애"³²⁷라고 간주된다. 여기서 그들은 어떤 남자가 다른 여자와 성관계를 가졌다면 처음 여자와의 약혼은 무효라고 결론을 내린다. 나는 이것을 도무지 이해할 수 없다. 한 여자와 약혼한 남자는 더 이상 자기 권한에 속하지 않고 비록 그 남자가 다른 여자와 성관계를 가졌다고 하더라도 이것을 금지하는 신의 법으로 말미암아 그는 성관계를 갖지 않은 첫 번째 여자에게 책임 있다고 나는 생각한다. 그가 갖지 않은 것을 줄 수 없었기 때문이며, 그 여자를 속이고 진정한 간음을 행한 것이다. 신의 계명에 따르자면 약혼한 남자는 언제나 첫 번째 여자에게 신의를 지켜야 한다. 그러나 그들은 신의 계명보다는 육체적 결합을 더 중요하게 여기기 때문에 이 문제를 다르게 다룬다. 뭔가를 주려는 자는 자기 자신의 것에서 주어야 한다. 신은 무슨 일에서든 자기 형제를 위험에 빠뜨리지 말라고 명한다. 우리는 인간이 만든 모든 전통보다도 이 계명을 준수해야 한다. 그러므로 이런 남자는 건전한 양심을 가지고 다른 여자와 동거할 수 없으며, 이 결합의 장애는 뒤집어져야 한다고 믿는다. 수도원 서약이 사람을 자기 자신으로부터 소외시킨다면 서로 신의(fides data et accepta)³²⁸를 지키기로 맹세한 약혼 역시 어째서 그렇지 아니한가? 결국 신의는 「갈라디아서」 5장에서 말한 것처럼³²⁹ 영의 명령이요 열매 가운데 하나인 반면, 수도원 서약은 인간의 생각에 불과하기 때문이다. 수도원 서약이 방해가 되지 못하므로 아내가 남편을 돌아오도록

---

326 비텐베르크 판과 예나 판에는 이하 [ ] 부분, 즉 "Censetur … nihil sint"가 없다.

327 루터의 입장은 약혼을 성서적 근거에서 이미 혼인으로 이해한다는 데 근거한다.

328 루터는 「갈라디아서」 5:22의 '피데즈'(fides)를 '트루이어'(Treue), 즉 '신의'라고 생각한다. 나중에 그가 번역한 『신약성서』에는 그것을 '믿음'으로 옮겼다.

329 「갈라디아서」 5:22.

요구할 수 있다면 약혼녀는 자기 약혼자가 다른 여자와 성관계를 맺었음에도 불구하고 어째서 그를 돌아오도록 요구할 수가 없는가? 그러나 우리는 앞에서 소녀와 약혼한 사람이 수도 서약을 해서는 안 되며, 그녀에 대한 신의를 지킬 의무가 있으므로 그녀와 결혼해야 할 의무가 있다는 것과, 약속을 지키는 것은 하나님의 명령이기 때문에 인간의 전통에 의해 약속을 저버릴 수 없다고 말한 바 있다. 그가 첫 번째 약혼녀에 대한 신의를 더욱 지켜야 하는 이유는 거짓된 마음으로써가 아니면 다른 여자와 약혼할 수 없기 때문이다. 그럴 경우 그는 약속을 파기할 뿐만 아니라 신의 명령에 거슬러 자신의 이웃을 속이는 것이다. 그러므로 여기에 실수의 장애[330]가 생기는데, 이로써 다른 여자와의 혼인은 무효화된다.]

서품의 장애도 인간의 순전한 생각에 불과하다. 왜냐하면 특히 그들은 자신들의 전통을 하나님의 명령 위에 치켜세우면서 이미 맺은 혼인도 서품에 의해 파기된다고 지껄이고 있기 때문이다. 나는 오늘날의 사제 서품에 대해 판단하지는 않지만, 바울이 감독은 한 아내의 남편이어야 한다고 명령한 것을 안다.[331] 그러므로 비록 우리가 오늘날 가지고 있는 이런 종류의 사제와 서품을 몰랐다고 하더라도 부제, 사제, 주교 또는 어떤 성직자의 혼인을 파기할 수 없다. 그러므로 교회 안에 들어온 저주받은 인간적 전통들은 사라져야 한다. 그것들은 위험과 죄와 악을 불어나게 할 뿐이다! 그러므로 사제와 아내 사이에는 신의 계명으로 인정된 참되고 가를 수 없는 혼인이 존재한다. 불경건한 사람들이 순전한 폭정에 의해 이 혼인을 금지하거나 파기한다면 도대체 어찌된 일인가! 마음대로 하라! 그것이 인간들에게는 불법적일지라도 신 앞에서 합법

---

330 루터는 이 멋진 풍자로써 혼인 장애란 말의 허를 찌른다. 실수란 일반적으로 상대가 어떤 사람인지를 오해했거나 그가 이전에 결혼했는지 여부에 대해 잘못 알았다는 것을 의미한다.

331 「디모데 전서」3:2.

적이니, 신의 계명과 인간의 계명이 갈등으로 충돌한다면 신의 계명이 우선시되어야 한다.

^{332}[똑같이 이미 맺은 혼인을 파기하는 수단으로 공적 품위의 장애가 조작되었다. 그리스도가 행하시고 가르치신 모든 것을 반대하는 불경건에서 적그리스도적인 것을 인식할 정도로, 하나님이 맺어준 것을 멋대로 갈라놓으려 하는 저 파렴치함이 나를 분노케 한다. 나는 묻는다. 죽은 약혼자의 혈족은 제4의 인척 등급에 이르기까지 망자의 약혼자와 결혼할 수 없다고 주장하는 근거는 무엇인가? 이것은 공적 품위의 정의가 아니라 공적 품위에 대한 무지이다. 최선의 법, 신의 법으로 교육받은 이스라엘 백성 가운데서는 어째서 이러한 공적 품위의 정의가 없었고, 오히려 가장 가까운 형제가 자기 형제의 남겨진 아내와 결혼하지 않으면 안 되었는가?^{333} 자유로운 그리스도인 백성이 법적 속박을 받는 백성보다 더욱 엄격한 율법의 짐으로 고통을 받아야 하는가? 장애가 아니라 저 날조된 것들을 끝장내기 위해서 성관계를 가질 수 없는 배우자의 무능, 과거 혼인 사실에 대한 무지, 순결 서약이 아니면 이미 맺은 혼인을 합법적으로 파기할 수 있는 장애가 없다는 것이 나에게는 분명하다. 그럼에도 불구하고 서약과 관련해 나는 오늘까지도 불확실하여 세례의 성례전에 대해 논할 때 언급한 바처럼 어느 시기에 서약이 유효하다고 간주되어야 하는지 잘 모르겠다. 그러므로 이 한 가지 혼인 문제에 대해 교회에서 행해지는 모든 것은 사람이 만든 유해하고 무지하고 불경건한 전통들에 의해 얼마나 참담하고 절망적으로 뒤죽박죽되고, 방해를 받고, 올무에 빠지고, 위험에 떨어졌는지, 그래서 모든 인간의 법을 단번에 파괴하고 자유의 복음을 회복함으로써 그 복음에 따라 모든 것을

---

332 비텐베르크 판과 예나 판에는 [ ] 부분, 즉 "Aeque commentum … regamus. Amen"이 없다.

333 「신명기」 25:5.

판단하고 다스리지 않는다면 치유의 희망이 없다는 것을 배워라, 아멘.]

이제 위험 속에서 고통당하고 있는 영혼들에게 더 쉽게 조언하기 위해 성적 무능을 말해야겠다. 그러나 내가 장애들에 대해 말한 것은 혼인성사 이후에 대해 말한 것임을 전제한다. 이것은 어떤 혼인도 이런 장애들에 의해 파기되지 않도록 하기 위함이다. 그 밖의 혼인 약속에 대해서는 앞에서 말한 내용을 간략하게 반복하고 싶다. 청춘의 사랑이나 어떤 다른 피치 못할 사정 때문에 교황이 사면할 수 있다면 어떤 형제도 다른 형제에 대해 또는 자기 자신에 대해 사면할 수 있으니, 이 충고를 따라 그가 할 수 있는 한, 전제적 법의 손아귀에서 그의 아내를 빼낼 수 있다. 도대체 내 자유가 다른 사람의 미신과 무지에 의해 박탈될 수 있는가? 그러나 교황이 돈 때문에 사면한다면 왜 나는 내 자신의 구원의 유익을 위해 나 자신이나 내 형제에게 사면할 수 없는가? 교황이 법을 만든다고? 만들려면 만들라지. 그러나 내 자유는 건드리지 말고 또는 은밀히 침탈하지 말고.

[그러므로 성적 무능에 대해 보자.

다음 경우를 묻는다. 성적으로 무능한 남자와 결혼한 여자가 법이 요구하는 만큼의 증언이나 소란을 통해 남편의 무능을 입증할 수 없거나 입증하기를 바라지 않지만, 그럼에도 불구하고 아이를 갖고자 하거나 욕망을 억제할 수 없다면, 그리고 내가 그녀와 남편의 양심과 경험이 그의 무능을 입증하는 충분한 증거라는 것으로 만족하고 그녀가 다른 남자와 결혼하기 위해 남편으로부터 이혼을 요구하라고 조언했고, 남편이 거부한다면 그때 나는 더 나아가 그녀에게 이렇게 충고하고 싶다. 즉 그는 이미 남편이 아니고 단순히 이혼한 동거인에 불과하므로, 그 남자의 동의 아래 다른 남자 또는 남편의 형제와 결합하지만, 혼인 관계를 감추고 아이들을 이른바 명목상 아버지의 자식으로 입적시킬 것이다. 이 여자는 구원받았고, 그러면 구원의 상태에 있는가? 나는 그렇다고 답하겠다. 왜냐하면 여기서 남성의 무능에 대한 실수와 무지가 혼인에 장애를 주고, 법의 폭군은 이혼을 허용하지 않기 때문이다. 여자는 하나님의 법을 통해 자유로우며 금욕하도록 강요당할 수 없다. 그러므로 남자는 그녀의 권리를 인정하고 외적으로만 가진 아내를 다른 사람에게 허락해야 한다.

더구나 그녀가 정욕에 불타거나(antequan permitterem eam uri)[334] 간음하는 것을 내가 허용하기 전에 남자가 이혼을 바라지 않거나 동의하지 않는다면 나는 다른 남자와 결혼하고 아무도 모르는 먼 곳으로 도망치라고 조언하고 싶다. 정욕의 위험과 늘 싸우는 사람에게 무슨 다른 충고를 할 수 있겠는가?[335] 그런데 비밀 결혼으로 태어난 아이가 명목상 아버지의 합법적 상속자가 아니라는 사실이 몇 사람 움직인 것을 나는 안다. 그러나 이 일이 남편의 동의를 얻어 이루어진 것이라면 그 아이는 불법적인 상속자가 아닐 것이다. 그러나 이 일이 남편이 모르는 가운데 또는 그가 바라지 않은 가운데 이루어졌다면 두 사람 가운데 누가 더 상대방에게 더 큰 손해를 끼쳤는지는 그리스도인의 자유로운 이성 또는 사랑으로 판단할 것이다. 아내는 유산을 타인의 손에 넘겼으나, 남편은 아내를 속였고 그녀를 온몸과 온 삶에서 철저하게 기만하고 있다. 아내의 몸과 일생을 망치는 남자가 단지 남편의 일시적인 재산을 타인에게 넘겨준 아내보다 더 큰 죄를 저지른 것이 아닌가? 그러므로 그는 이혼을 감수하든가, 아니면 다른 사람의 아이가 상속자가 되는 것을 감수해야 한다. 그는 자기 허물로 인해 죄 없는 소녀를 속였고, 그녀의 삶과 육신의 사용에서 철저히 기만하였을 뿐만 아니라 무엇보다 그녀에게 거의 관용할 수 없는 간음의 계기를 제공했다. 남자와 여자를 공정한 저울에 올려놓아야 한다. 확실히 기만은 기만하는 자에게 돌아가야 함이

---

334 b: "Ee unnd ich sye wolt lossen erbrünsten."
335 b: "Was kan anders geradten werden einem menschen, der stetes in arbeit ist der schädlichen feyge?"

마땅하니, 손해를 끼친 사람은 보상을 해야 한다. 그런 남편은 사실상 다른 남자의 아내를 그의 남편과 함께 억류하고 있는 자와 무엇이 다른 가? 그런 독재자는 아내와 자녀들과 그녀의 남편을 부양하든가, 아니면 그들을 풀어주어야 마땅하지 않은가? 그러므로 여기서도 똑같이 되어 야 하지 않은가? 그러므로 나는 그 남자가 이혼을 허락하든가, 아니면 다른 남자의 상속자를 부양해야 한다고 생각한다. 의심할 여지 없이 사 랑은 이렇게 판단할 것이다. 이 경우에 이미 남편이 아닌 무능한 남자는 병들었거나 다른 불편함으로 시달리는 아내를 막대한 비용을 들여서라 도 간호하는 것과 다르지 않은 심정으로[336] 아내의 상속자를 부양해야 한다. 왜냐하면 그녀는 그녀의 잘못 때문이 아니라 자기 잘못 때문에 그 런 불편함으로 고통당하는 것이기 때문이다. 나는 내 능력껏 포로 상태 에서 고통당하는 형제들을 위로하며 돕기를 바라면서 고통당하는 양심 들을 가르치기 위해 이렇게 말하고자 했다.]

이혼의 허용 문제는 여전히 논쟁거리이다. 나는 이혼을 너무도(ita)[337] 혐오하기 때문에 이혼보다는 차라리 중혼(重婚)이 더 낫다고 생각하지 만[338] 이혼의 허용 여부에 대해 감히 판단할 수 없다.

목자들의 우두머리인 그리스도는 「마태복음」 5장[339]에서 이렇게 말 한다. "누구든지 음행한 연고 없이 아내를 버리면 이는 저로 간음하게 함이요, 또 누구든지 버린 여자에게 장가드는 자도 간음함이니라." 그 러므로 그리스도는 이혼을 기껏해야 음행의 경우에 용인했다. 그러므 로 교황이 다른 경우에 이혼을 용인할 때마다 잘못을 저지르는 것이다.

---

336 b : 'nit mit andrem anmůt'.
337 비텐베르크 판과 에르랑엔 판에는 없다.
338 비텐베르크 판과 예나 판에는 "ut digamiam malim quam divortium"이 없다. b : 'das ich lieber nach der scheidung sich wider zů vermehelen zů lassen wolt, dann das scheiden'.
339 「마태복음」 5 : 32.

그리고 교황의 권위에 의해서가 아니라 경솔함 때문에 실로 면허를 획득한 사람은 자신이 즉시 안전하다고 생각해서는 안 된다. 그러나 나는 그들이 어째서 이혼으로 자기 아내와 갈라선 남자에게 독신으로 살도록 강요하고, 다른 여자와 혼인하는 것을 허락하지 않는가를 더욱 의아스럽게 생각한다. 그리스도가 간음할 경우에 이혼을 용인했고 독신으로 살도록 강요하지 않았다면, 그리고 바울이 정욕에 불타오르기보다 혼인하기를 바랐다면[340] 그리스도는 여자를 내보내는 대신 다른 여자와 결혼하는 것을 허락한 것으로 보인다. 나는 이 주제가 충분히 토론되고 확실하므로 자기 잘못도 없이 오늘날 독신으로 살도록 강요받은 사람들, 그들의 아내나 남편이 도망쳐서 배우자를 버리고 10년 후에 돌아오거나 영영 돌아오지 않을 그런 사람들의 한없는 시련에 대해 조언을 해줄 수 있다면[341] 이런 경우 매일의 사례를 통해 나를 압박하고 불편하게 만드는데, 이것은 사탄의 특별한 사악함 때문에 또는 신의 말씀을 무시함으로써 일어난다(sive … contingit).[342]

실로 나는 홀로 모든 사람에 대항해 이 문제에 대해 어떤 것도 정할 수는 없으나, 적어도 「고린도 전서」 7장의 말이 여기에 적용되기를 희망한다. "믿지 아니하는 자가 갈라서거든 갈라서게 하라. 형제나 자매나 이런 일에 구속받을 것이 없느니라."[343] 여기서 사도는 떠나는 불신자 남편이 이혼하는 것을 용인하고, 여성 신자가 다른 남자를 받아들일 수 있는 자유를 주었다. 믿는 자, 즉 명목상 신자이지만(hoc est nomine fidelis)[344] 실제로는 불신자인 남편이 배우자를 버리고, 특히 결코 돌아

---

340 「고린도 전서」 7:9.

341 b : "Wolt got, das solches gentzlich erkürnt und beschlossen wer, do mit geradten würd unzählicher sorgfäl."

342 b : 'es gschehe joch'.

343 「고린도 전서」 7:15.

344 b : 'er sey joch allein mit dem nammen gläubig'.

오지 않을 경우에 어째서 같은 원칙이 통용되지 않는가? 나는 이 두 경우의 차이를 파악할 수 없다. 그러나 나는 사도 시대에 떠났던 불신자가 돌아와서 신자가 되었거나 믿는 아내와 함께 살기로 약속했다면 이것은 허락되지 않았으나 그에게는 다른 여자와 혼인할 수 있는 권한이 주어졌을 것이라고 생각한다. 그럼에도 불구하고 나는 (앞에서 말한 것처럼) 이 문제에 대해 아무것도 결정하지 않는다. 왜냐하면 오늘날 이것보다 더욱 나와 많은 다른 사람들을 혼란스럽게 만드는 것은 없으므로 어떤 결정이 내려지는 것 이상을 바라지 않는다. 나는 여기서 어떤 것도 오직 교황과 주교들의 권위에 의해 정의되기를 바라지 않는다. 그러나 두 명의 학식 있고 선량한 사람이 그리스도의 이름으로 일치하고 그리스도의 영으로 선포하면 나는 학식과 거룩함은 없고 오로지 숫자와 권위만 내세워 강요하는 공의회의 결정보다 두 사람의 판단을 우선시한다. 그러므로 더 나은 사람이 나와 대화할 때까지 내 악기를 내려놓겠다.

서품에 대하여

그리스도 교회는 이 성례전에 대해 알지 못한다. 이것은 교황 교회가 고안한 것이다. 어떠한 은혜의 약속도 없을 뿐만 아니라 『신약성서』 전체가 그것에 대한 단 한마디의 말도 없기 때문이다. 그러므로 신에 의해 제정되었음을 입증할 수 없는 것을 신의 성례전으로 내세우는 것은 우스꽝스러운 일이다. 나는 수세기 동안 거행된 이 의식을 정죄해야 한다고 생각하지는 않지만 거룩한 일에 인간적 사고가 형성되는 것을 바라지 않고, 하나님이 정하지 않은 것을 하나님이 정하신 것으로 내세우는 것은 옳지 않다. 이것은 우리가 원수들의 웃음거리가 되지 않기 위함이다. 우리가 신조라고 자랑하는 모든 것이 우리에게 확실하고 순수하며 명백한 성서에 근거한 것이 되도록 노력해야 한다. 우리는 현재의 성례전에서는 그러한 근거를 조금도 내세울 수 없다.

어떤 자들이 지껄이는 것처럼(quidam garriunt)[345] 교회는 성령의 인도를 받기 때문에 교회가 정한 것은 무엇이든 신이 정한 것 못지않은 권위를 가지므로 교회는 새로운 신적 은혜의 약속을 정할 권한을 가지는 것이 아니다. 교회는 약속의 말씀에 의해 믿음을 통해 생겨났고, 이 동일한 말씀에 의해 양육되고 보존되는 것이기 때문이다. 즉 교회는 신의 약속을 통해 성립되는 것이지, 하나님의 약속이 교회를 통해 성립되는 것이 아니다. 신의 말씀은 교회에 비교할 수 없이 우월하며, 이 말씀에는 교회가 정하고 명령하고 만들 수 있는 것은 없고, 다만 오히려 피조물처럼 정해지고 명령되고 만들어질 뿐이다. 누가 자기 부모를 낳는가? 누가 자신을 만든 자를 먼저 만들었는가?

이 한 가지는 교회가 할 수 있다. 즉 아우구스티누스가 자신은 이것이 복음이라고 선포한 교회의 권위에 감동해 복음을 믿었다고 고백한 것처럼[346] 우리는 신의 말씀과 인간의 말을 구분할 수 있다. 그러므로 교회는 복음 위에 있을 수 없다. 그렇지 않다면 교회가 복음보다 우위에 있고 신보다 더 우위에 있게 될 것인데, 교회는 그가 신이라고 선포하기 때문에 신을 믿는다. 그러나 아우구스티누스가 다른 곳에서 말한 것처럼 영혼이 진리 자체에 붙잡혀 그것을 통해 모든 일에 대해 아주 확실하게 판단할 수 있으나,[347] 진리를 판단할 수 없고 이것이 진리라고 틀림없이 확실하게 말하지 않을 수 없다. 예를 들면 정신은 7+3=10이라는 것을 틀림없이 확실하게 선포하지만 이것이 어째서 참인지 설명할 수 없으니, 그것이 참이라는 것을 부정할 수 없기 때문이다. 이때 정

---

345   b: 'ettlich schwaderen'.

346   Augustinus, *Contra epistolam Manichaei*, 5,6.

347   Augustinus, *De trinitate*, 9,6,10.

신은 진리에 사로잡히고, 진리의 심판자라기보다는 심판자 진리에 의해 판단을 받는다. 교회에도 그러한 정신이 있어 성령의 조명을 받아 (illustrante spiritu)[348] 교리를 판단하고 승인하는 것이다. 교회는 교리를 입증하지 못하지만 확실하다고 간주한다. 철학자들 가운데 어떤 사람도 공통 개념들에 대해 판단하지 않고 모든 것을 그것에 의해 판단하듯이 우리 가운데 있는 성령도 그러하다. 사도가 말한 것처럼[349] 성령은 모든 것을 판단하나 아무것에 의해서도 판단받지 아니한다. 그러나 이에 대해서는 다음 기회에 말하겠다.

그러므로 확실히 할 것은 교회가 은혜의 약속을 줄 수 없고 (그것은 오직 신만의 권한이기 때문이다) 그러므로 성례전도 제정할 수 없다는 것이다. 설령 교회가 성례전을 제정할 수 있다고 하더라도 곧 서품이 성례전이라는 결론이 나오지는 않는다. 어느 교회가 성령을 소유한 교회인 줄 누가 알겠는가? 교회가 결정을 내릴 때 오직 소수의 주교와 학자들만 참석하기 때문이다. 공의회들이 종종 오류를 범했던 것처럼 결정이 교회의 결정이 아닐 수 있고, 누구나 실수할 가능성이 있다. 특히 콘스탄츠 공의회는 그 어떤 공의회보다도 불의하게 오류를 범했다. 로마 교회만이 아니라 교회 전체의 승인을 받는 것만이 신실하게 입증된 것이다. 그러므로 나는 서품이 교회 교부들이 도입한 많은 다른 것 — 배, 집, 의복, 물, 소금,[350] 양초,[351] 풀[草],[352] 포도주[353] 등을 축성하는 것 같은

---

348 b : 'durch belüchtung des geists'.
349 「고린도 전서」 2:15.
350 세례식에서 사용되었다.
351 성모 정화 축제, 곧 성촉제(聖燭祭)인 2월 2일에 사용되었다.
352 추수의 첫 열매로서, 마리아 승천절(8월 15일)이나 베드로 사슬절(8월 1일)에 사용되었다.
353 성례전의 요소인 포도주를 의미하는 것이 아니라 성 요한의 축일인 12월 27일에 축성된 포도주를 의미한다. 결혼식이나 장례식 때, 그리고 여행을 떠날 때 요한을 기념하기 위해 마셨다.

일 ― 과 마찬가지로 교회의 의식이 되는 것을 허용한다. 그러나 이 모든 것들을 성례전으로 간주할 수는 없다. 그것들에는 어떤 약속도 없다. 마찬가지로 사람의 손에 기름을 바른다든지 정수리를 깎고 다른 부분의 털을 깎는 것은 성례전을 베푸는 것이 아니다. 거기에는 약속이 없기 때문이다. 그것들은 배나 다른 도구처럼 어떤 직무를 수행하기 위해 준비하는 것에 불과하다.

그러나 그대는 물을 것이다. 『교회의 위계질서』(*Ecclesiastica Hierarchia*)에서 여섯 가지 성례전을 열거하고 그 가운데 서품을 포함시킨 디오니시우스(Dionysios Areopagita)[354]에게 그대는 뭐라고 답변하겠소? 나는 이렇게 대답한다. 나는 고대 저자들 가운데 오직 그만이 일곱 가지 성례전의 원조로 (비록 그는 결혼을 생략해 여섯 가지 성례전만[355] 주장했지만) 간주되는 것을 안다. 그러나 우리는 다른 교부들의 글에서 저 성례전들에 대한 그 어떤 내용도 읽을 수 없다. 또한 그들이 이 문제에 대해 언급할 때마다 그것을 성례전의 이름으로 생각한 적이 없다. 성례전을 만든 것은 근래의 일이기 때문이다.[356] 그러나 (내가 더 과감하게 말한다면) 디오니시우스가 어떤 사람이었든 간에 이 사람을 중요하게 생각하는 것이 나는 무척 못마땅하다. 왜냐하면 그에게는 거의 확고한 학문적 토대가 없기 때문이다.[357] 호기심 많고 미신적인 두뇌들이, 그가 이 책에서 언급한 천사들의 천상적 위계질서에 대해 이해하려고 애쓰는데, 나는 묻는다. 도대체 그는 이 책에서 천사들의 천상적 위계질서에 대해 고안한

354 익명의 저자 필명이다. 전승에서는 이 저작들이 「사도행전」 17:34에서 바울이 회심시킨 자와 동일한 인물로 여겨 이 저작들을 높게 평가하고 그 고대적 기원을 인정한 데 반해 루터는 이러한 주장에 의문을 제기한 최초의 인물이었다.

355 디오니시우스는 혼인 성사, 견신례, 고해 성사를 빼고 세례, 성만찬, 도유(塗油), 사제 서품, 수도사 서품, 장례의 여섯 가지 성례전으로 구별했다.

356 일곱 성례전 제도는 페트루스 롬바르두스의 권위에 의해 처음으로 일반화되었다가 1439년 피렌체 공의회에 의해 가톨릭 교리로 채택되었다.

357 b : 'so schier gantz nüt satter leren in im ist'.

것을 무슨 권위로, 어떤 근거를 가지고 입증할 수 있는가? 그대가 자유롭게 읽고 판단한다면 그 책의 모든 내용은 그가 숙고한 것이요, 거의 꿈에 가깝지 않은가? 아주 무식한 신학자들이 그렇게 과찬하는 『신비주의 신학』에서 그는 대단히 위험한 인물이요 그리스도교 철학자라기보다는 플라톤주의자이다. 그래서 나는 믿는 사람이 이 책에 조금이라도 관심을 보이기를 바라지 않는다. 그대는 그 글에서 그리스도를 배우기는커녕 알고 있던 것마저 잃어버리게 될 것이다. 나는 경험자로서 말한다.

예수 그리스도와 십자가에 못 박힌 자를 배우기 위해 바울의 말에[358] 귀를 기울이자. 그는 길이요 생명이요 진리이며, 그리스도가 "나로 말미암지 않고서는 아버지께로 올 자가 없다"[359]라고 말한 것처럼 거쳐서 아버지에게로 가는 사다리이다.

이렇게 그는 『교회의 위계질서』에서 교회 의식을 기술하면서 입증할 수 없는 주장에 대해 알레고리를 가지고 장난하는 것 말고 무엇을 했는가? 이것은 『신적 직무에 관한 논술』(Rationale divinorum)[360]이라고 불리는 책을 펴낸 저자가 우리에게 행한 것과 같다.[361] 저런 알레고리적 연구는 게으른 사람들이 하는 짓이다. 그대는 창조된 것이 어떤 것에서든 알레고리로 장난하는 것이 내게 어렵다고 생각하는가? 보나벤투라는 인문학을 신학에 끌어들여 알레고리적으로 해석하지 않았는가?[362]

---

358 「고린도 전서」 2:2.

359 「요한복음」 14:6.

360 망드(Mende)의 주교 기욤 뒤랑(Guillaume Duran, 1237~96)이 1296년에 집필한 이 책은 13세기 가톨릭의 법률, 의식, 관습, 의복에 대한 규범집이었다.

361 Panzers Annal. typogr. II. (1459), p. 12, Nr. 3에 연대 표기를 갖춘 초판들 가운데 『기욤 뒤랑 신적 직무에 관한 논술 Fol. 1. a, rubro: 신적 직무에 관한 논술이 시작된다』(GVILIELMI DVRANTI Rationale diuinorum officiorum. Fol. 1.a. rubro: Incipit raconale diuinorum officiorum)가 인용된다.

362 보나벤투라(Bonaventura, 1217?~74)는 『학문들의 신학적 환원』(De Reductione Artium ad Theologiam)에서 인간의 모든 지식을 신학과 관련시키려고 시도했다.

장 제르송(Jean Gerson, 1363~1429)은 도나투스(Donatus)의 『아르스 미노르』(*ars minor*)를(Donatum minorem)[363] 신비주의 신학자로 만들어버렸다.[364] 내가 디오니시우스의 글보다 훌륭한 위계질서를 쓰는 것은 어렵지 않을 것이다. 왜냐하면 그는 교황, 추기경, 대주교를 알지 못한 채 주교를 맨 위에 놓았기 때문이다. 누가 알레고리 방식으로 시도할 수 없을 만큼 단순한가? 그러나 나는 성서의 합법적이고 단순한 의미를 완전히 깨달을 때까지 알레고리적 해석에 몰두하기를 바라지 않는다. 그렇지 않을 경우에 오리게네스(Origenes)에게 일어난 것처럼 신학을 연구함에서 위험이 없지 않을 것이다.

그러므로 디오니시우스가 뭔가를 설명했다는 이유로 어떤 것이 즉시 성례전이 되어야 하다는 것은 있을 수 없는 일이다. 그렇지 않다면 어째서 그가 같은 글에서 서술했고, 오늘날까지 지속되는 행렬은 성례전으로 여기지 않는가? 그렇다면 교회에 제의와 의식이 늘어난 만큼 성례전도 늘어날 것이다. 그럼에도 불구하고 그들은 이처럼 박약한 근거에 의지해(nixi)[365] '품격'[366]을 고안했으니, 그것을 자신들의 성례전에 붙이

즉 그는 모든 학문과 과학이 성서 안에 접촉점을 가지고 있음을 발견했으며, 여러 가지 학문 활동을 천상적 과정의 알레고리라고 생각했다.

363 b: 'der kinder Donat'. 도나툼(Donatum)과 '아르템 미노렘'(artem minorem)의 합성어인 듯하다. —옮긴이

364 도나투스(Donatus, 약 350년 사망)는 유명한 라틴어 문법학자였다. 그의 『아르스 미노르』는 가장 인기 있는 중세의 라틴어 문법 교과서였다. 파리 대학 총장인 제르송은 신비주의적 문법 책 『도덕적으로 해석되거나 혹은 알레고리적으로 해석된 도나투스』(*Donatus moralisatus seu per allegoriam traductus*)를 출판했는데, 이 책에서 명사는 인간에게 비유되고, 대명사는 인간의 죄 상태에 비유되었으며, 동사는 사랑하라는 하나님의 명령에 비유되었고, 부사는 하나님의 율법의 성취로 비유되었다.

365 b: 'gestürt'.

366 서품 때의 '지울 수 없는 품격'(character indelibilis)을 가리키는 말로 "한번 사제는 영원한 사제"를 의미한다. '지울 수 없는 품격'은 교서 '찬양하라, 주를'

고 서품 받은 사람들에게 영원히 지울 수 없도록 각인한다. 나는 묻는다. 어디에서 이런 발상이 나왔는가? 무슨 권위로, 무슨 근거를 가지고 이 발상이 확립되었는가? 우리는 그들이 원하는 대로 생각하고 말하며 주장할 자유가 있다는 것을 반대하지 않는다. 그러나 우리 역시 그들이 지금까지 주장한 것처럼 자기들의 생각을 신조로 만들 권리가 있다고 우쭐대지 못하도록 할 수 있는 자유가 있다고 주장한다. 화목을 위해 그들의 의식과 열심에 우리 자신을 적응시키는 것으로 충분하다. 그러나 우리는 구원에 필요하지 않은 것들이 구원에 필요한 것인 양 강요당하기를 바라지 않는다. 그들은 자신들의 독재적 요구를 중단할 것이다. 그러면 우리는 상호 평화롭게 지내기 위해 그들의 뜻에 기꺼이 따를 것이다. 자유로운 그리스도인이 천상적이고 신적인 법과는 다른 전통에 예속되는 것은 수치스럽고 굴욕적이기 때문이다.

이후에 그들은 극도로 힘을 발휘한다. 즉 그리스도께서 최후의 만찬에서 "이를 행하여 나를 기념하라"[367]라고 말했으므로 그들은 "보라, 여기서 그리스도는 사도들을 사제로 임명하셨다"라고 말한다. 이 말에서 그들은 다른 주장들 가운데서 두 요소는 사제들에게만 주어져야 한다는 결론도 이끌어냈다. 결국 그들은 그리스도의 어떤 말씀에서든 자기들이 원하는 것을 주장할 수 있는 자유의지를 가졌음을 내세우기 위해 무엇이든 이 구절에서 *끄집어냈다*.[368] 그러나 이것이 신의 말씀을 해

(Exultate Deo, 1439)에서 선포되었다. 에우게니우스 4세는 피렌체 공의회의 칙령을 요약해 이렇게 말했다. "이 성례전들 가운데 세 가지 ─ 세례, 견신례, 수도사 서품 ─ 는 영혼에 글자, 다시 말해 다른 것들과 구분되는 영적 품격을 각인한다." 트리엔트 공의회(1563)는 여기서 한 걸음 더 나아가 가톨릭 교회의 교리를 이렇게 정의했다. "본 의회는 『신약성서』의 제사장이 일시적인 권한만을 가질 뿐이며, 한때 적법하게 서임된 사람들이라 할지라도 하나님의 말씀 사역을 행하지 않으면 다시 평신도가 될 수 있다고 주장하는 사람들의 의견을 정죄한다."

367 「고린도 전서」11:24~25.

석하는 것인가? 나는 답변을 요구한다. 그리스도는 이 말씀에서 아무런 약속도 하지 않고 다만 이것을 행하여 그를 기념하라고 명령했다. 그들은 어째서 그리스도께서 말씀과 세례의 직무를 그들에게 맡기시면서 "너희는 온 천하에 다니며 모든 피조물에 복음을 전파하고, 성부와 성자와 성령의 이름으로 세례를 주라"[369]라고 말했을 때 사제들이 임명된 것이라는 결론을 내리지 않는가? 선포하고 세례를 주는 것은 사제들의 고유 업무이기 때문이다. 그다음으로 오늘날 성무 공과[370]를 읽는 것이 사제들의 주요한 그리고 (그들의 말대로) 필수불가결한 의무인데, 어째서 그들은 그리스도가 기도하라고 명령하신 곳에서[371] ─여러 곳이 있지만, 특히 동산에서 시험에 빠지지 않도록 기도한 곳에서─ 서품 성례전을 끄집어내지 않았는가? 여기서 그들은 기도하라는 명령을 받지 않았다고 빠져나올 것이다. 즉 성무 공과를 읽는 것으로 충분하기 때문이다. 그러므로 사제 직무는 성서에서 입증될 수 없으며, 기도하는 사제 직무는 신으로부터 나온 것이 아니라는 결론이 나온다. 실제로 그것은 신으로부터 나온 것이 아니다.

그런데 고대 교부들 가운데 누가 이 구절로 사제를 서명했다고 주장했는가? 그러므로 이 새로운 해석은 어디에서 나왔는가? 그들은 이런 기술로 성직자와 평신도가 하늘과 땅보다도 더 크게 구분되도록 화해될 수 없는 불화의 묘판이 생기도록 만듦으로써[372] 세례의 은총을 믿을 수 없게 손상하고 복음적 교제를 혼란에 빠뜨렸다. 여기서부터 평신도들에 대한 성직자들의 저 가증스런 폭정이 시작되었으니, 그들은 자신들의 손을 성별하는 육신적 도유와 삭발 그리고 의복에 의지해 성령

368 「마가복음」16:15; 「마태복음」28:19.

369 b: 'uß den worten Christi allenthalben irē fürnē zůschöpffen'.

370 성무 일과서에 포함된 7개의 기도문을 말한다.

371 「마태복음」26:41.

372 b: 'das er ein unbegütliche zweytracht were'.

의 기름부음을 받은 나머지 평신도들보다 자신을 우대할 뿐만 아니라 자신들과 더불어 교회의 일원으로 간주되는 평신도들을 개처럼 자격이 없는 자들로 여긴다. 그러므로 그들은 자신들이 마음대로 감히 명령하고 요구하고 위협하고 촉구하고 압력을 가한다. 요약하자면 서품의 성례전은 지금까지 교회에서 행해졌고 이루어지고 있는 모든 괴물들을 확립하는 데 가장 좋은 장치였고 장치이다.[373] [여기서 그리스도교적 형제애는 사라졌고, 목자들은 늑대로 좋은 폭군으로 성직자들은 세속적 인간들보다 더 악한 인간들이 되었다.]

그들이 실제로 그런 것처럼 우리가 세례를 받은 이상[374] 우리는 모두 공평하게 사제이며, 그들이 우리의 일반적인 동의를 전제로 해서 단지 직무를 위임받은 것에 불과하다는 것을 인정할 수밖에 없다면 그들은 우리가 자발적으로 인정하지 않는 한, 우리를 다스릴 권한이 없다는 것을 알 것이다. 「베드로 전서」 2장에서 이렇게 말한다. "너희는 택하신 족속이요 왕 같은 제사장들이요 거룩한 나라다."[375] 그러므로 우리는 모두 그리스도인이듯이 모두 사제들이다. 그러나 우리가 사제라고 부르는 자들은 우리 가운데서 선택받은 일꾼들이다. 그들은 우리의 이름으로 모든 일을 행하며, 성직은 봉사에 불과하다. 「고린도 전서」 4장에서는 이렇게 말한다. "사람은 우리를 그리스도의 일꾼이요 하나님의 비밀을 맡은 관리자로 보아야 한다."[376]

이상으로부터 교회를 통해 말씀을 선포하도록 부름을 받았음에도 불구하고 그것을 행하지 않는 자는 결코 성직자가 아니며, 서품 성례전은

---

373 C, E에는 [ ] 부분, 즉 "Hic periit ··· facti sunt"가 없다.

374 비텐베르크 판, 예나 판, 에르랑엔 판: 'baptisati sunt' 다음에 물음표가 있다. (에르랑엔 판은 'Quid si'를 읽지 않았으므로 생각 없이 이 독법을 예나 판에서 수용했다.)

375 「베드로 전서」 2:9.

376 「고린도 전서」 4:1.

교회에서 설교자를 선택하는 의식에 불과하다는 결론이 나온다. 「말라기」 2장에서는 사제를 이렇게 정의하고 있다. "제사장의 입술은 지식을 지켜야 하겠고 사람들이 그 입에서 율법을 구하게 되어야 할 것이다. 제사장은 만군의 주 나의 사자이기 때문이다."[377] 그러므로 이제 그대는 누구든지 만군의 주의 사자가 아닌 사람 또는 그러한 사자 사역을 (그렇게 부를 수 있다면) 위한 것과는 다른 일을 위해 부름 받은 사람은 결코 사제가 아니라고 확신할 수 있다. 「호세아서」 4장에서는 이렇게 말하고 있다. "네가 지식을 버렸으니 나도 너를 버려 내 제사장이 되지 못하게 할 것이다." 그들은 양을 먹여야 하기 때문에, 즉 가르쳐야 하기 때문에 또한 목자라고 불린다. 그러므로 단지 성무 공과만을 읽고 미사만 집전하기 위해 임명된 사람들은 교황의 일꾼이지 그리스도교 사제는 아니다. 왜냐하면 그들은 설교하지 않을 뿐만 아니라 설교하도록 부름 받지도 않았기 때문이다. 그러한 사제직은 설교의 직무와는 다른 것이다. 그러므로 그들은 성무 공과를 읽고 미사를 집전하는 사제,[378] 즉 사제직의 이름을 가진 살아 있는 우상들이다. 그들은 여로보암이 레위 지파가 아니라 천한 백성 가운데서 선출해(de infima fece plebis)[379] 벧아웬에 임명한 제사장들과 같은 자들이다.

그러므로 교회의 영광이 어디로 떠나버렸는가를 보라! 온 땅이 사제, 주교, 추기경, 성직자로 가득 차 있다. 그러나 그들 가운데 어느 누구도 직무에 대해, 성례전적 서품을 넘어서는 다른 소명에 의해 부름 받지 않는 한, 설교하지 않고 읽어야 할 기도문을 공허하게 중얼거리고(emurmuret)[380] 미사를 집전함으로써 자신의 성례전을 만족시키고 있다고 생각한다. 더구나 그는 성무 공과 시간에 기도하지 않고, 기도를 하

377 「말라기서」 2:7.
378 b: "Dorumb sindt sye tagzeit bettische priester und messische pfaffen."
379 b: 'von den undresten drůsan des volcks'.
380 b: 'ußhar mürmelet'.

더라도 자신을 위해 기도한다. 그리고 그는 미사를 마치 제물처럼 드리는데 이것은 사악함의 극치이니, 미사는 성례전 의식이기 때문이다. 그러므로 성례전처럼 이런 종류의 인간을 성직자로 임명하는 서품은 진실로 교회의 일, 사제직, 말씀 사역, 성례전에 대해 아무것도 이해하지 못하는 사람들이 날조한 허구에 불과하다는 것이 자명하다. 따라서 성례전이 그러하듯이 그런 성직자 또한 그렇다. 그들은 더 큰 오류와 맹목에 사로잡혀 자신들을 다른 그리스도인과 (그들이 속인인 것처럼) 구별하기 위해 키벨레의 사제 갈리처럼[381] 스스로를 거세해 위선적 동정(童貞)의 멍에를 짊어졌다.

그들이 이런 위선과 오류를 지속시키기 위해 율법에서 금지되었던 것처럼 (우리는 이것이 이중혼을 의미함을 알기 때문이다) 이중혼, 즉 동시에 두 명의 아내를 두는 것을 금지하는 것으로는 충분치 않았으니, 어떤 남자가 차례로 두 명의 처녀와 결혼했거나 한 번 과부와 결혼하면 그것을 이중혼이라고 해석했다. 이 지극히 거룩한 성례전의 최고의 거룩함을 위해 처녀와 결혼한 자는 아내가 살아 있는 동안에는 사제가 될 수 없다. 또한 거룩함의 최고 경지에 도달하기 위해 그 사정을 모른 채 순전히 불행하게 더럽혀진 처녀와 결혼한 자도 사제직에서 배제된다. 그러나 600명의 매춘부를 범했거나, 어떤 유부녀와 처녀라도 범하였거나 수많은 미동(美童)을 키웠거나(aut etiam Ganymedes multos aluerit)[382] 그가 주교나 추기경이나 교황이 되는 데 아무런 장애가 되지 않았다. 여기서 '주교는 한 아내의 남편'[383]이라는 사도의 말은 '곧 한 교회의 고위 성직자'라는 의미로 해석해야 한다. 그러므로 관대한 교황이 돈이나 선물로 매수되어, 즉 경건한 자비심에 의해 감동되고 교회를 염려하는

---

381   고대 프리기아의 여신 키벨레의 성직자들을 '갈리'(Galli)라고 불렀다. 그들은 소리를 지르고 심벌즈를 치고 칼로 자기 살을 베며 뛰어다녔다.

382   b: 'oder auch vil gatzenculer fûret'.

383   「디모데 전서」 3:2.

마음 때문에 어쩔 수 없이 한 사람에게 3명, 20명, 100명의 아내, 곧 교회 맡기기를 허락하지 않는 한, 성직록 병합 불가는 여전히 남아 있었다 (incompatibilia manarunt).[384] [385]

오 이 경배할 만한 서품 성례전에 어울리는 교황들이여![386] 오, 가톨릭 교회의 머리가 아니라 사탄의 회당과 암흑의 두목들이여! 여기서 이사야처럼 외칠 수 있다면. "예루살렘에 있는 이 백성을 다스리는 너희 오만한 자여."[387] [388] 또한 아모스는 외쳤다. "화 있을진저, 시온에서 안일한 자와 사마리아산에서 마음이 든든한 자, 곧 열국 중 우승하여 유명하므로 이스라엘 족속이 따르는 자들이여!"[389] 오, 신의 교회가 이 괴물 같은 사제들로 인해 어떤 치욕을 당하는가! 설교하는 것은 제쳐두고 복음을 아는 주교와 사제가 어디에 있는가? 그런데 그들은 사제임을 자랑하는가? 그들은 어째서 다른 그리스도인에게 마치 자신들이 평신도들보다(laicis)[390] 거룩하고 우수하고 능력이 있는 것처럼 인정받기를 바라는가? 성무 공과를 읽는 일은 무식한 사람 또는 (사도가 말한 대로) 방언으로 말하는 사람들[391]과는 상관이 없는가? 그러나 성무 일과에 기도하는 것은 수도사, 은둔자 그리고 사인 평신도들에게 해당된다. 사제의 직무는 설교하는 것이다. 그가 설교하지 않으면 그려진 사람이 사람이 아닌 것처럼 그는 사제가 아니다. 그런데 쓸데없는 말을 떠드는

---

384 1215년의 제4차 라테란 공의회는 어느 성직자도 두 개의 성직을 동시에 가질 수 없다는 칙령을 반포했다. 그럼에도 불구하고 교황들은 이러한 법망을 합법적으로 뚫기 위해 교묘한 방법을 이용했다.

385 B : 'incomparabilia manarunt'; C, E : 'incorruptibilia manarunt'.

386 b : "O ir gemässzwürdigen Päpst dißem sacrament der wyhung."

387 「이사야서」 28 : 14.

388 b : "O ir verspöttige männer."

389 「아모스서」 6 : 1.

390 C, E에는 없다.

391 「고린도 전서」 14 : 23.

(battologos)[392] 이런 사제를[393] 임명하면 주교가 되는가? 교회당과 종을 축성하고 아이들에게 견신례를 베풀면 주교가 되는가? 아니다. 어떤 집사, 부제 또는 평신도도 이것을 할 것이다. 말씀의 사역이 사제와 주교를 만든다.

그러므로 내 충고에 따라 안전하게 살고 싶은 사람들은 모두 도피하라. 젊은이들이여, 복음을 선포하기를 원하지 않거나 여러분이 서품 성례전을 통해 평신도보다 더 우월한 존재가 되는 것이 아니라는 것을 믿을 수 있다면 도피하고 이 성례전으로 서품을 받지 말라. 성무 공과를 읽는 것은 아무것도 아니기 때문이다. 미사를 드리는 것은 성례전을 받는 것이다. 그렇다면 평신도들에게 없는 것 가운데 그대들에게 있는 것이 무엇인가? 삭발과 복장인가? 삭발과 성직복으로 이루어진 사제라면 얼마나 비참한가! 그대의 손가락에 기름이 부어졌다고? 그러나 모든 그리스도인은 성령의 기름으로 몸과 영혼이 거룩해졌다. 옛날에 모든 그리스도인은 오늘날 사제들이 하는 것 못지않게 손으로 성례전을 취했다. 그러나 오늘날에는 평신도들이 단순한 잔이나 성체포(corporale)[394]만 건드려도 오늘날 우리의 미신은 그들에게 죄를 씌운다. 거룩한 처녀인 수녀라 할지라도 성체포와 제단의 천을 씻을 수 없다. 이 서품 성례전의 신성함이 얼마나 발전했는가를 보라. 평신도는 돈을 바치지 않으면 제단을 만질 수 없을 것으로 기대된다. 터무니없고 유치한 헛소리로 그리스도교의 자유와 영광을 조롱하고 파괴하는 이 파렴치한들의 불경건한 폭정을 생각할 때 나는 거의 분노로 폭발할 지경이다.

그러므로 자신이 그리스도인이라고 인식하는 모든 사람은 이 점을 확신하고 자신을 알아야 한다. 우리는 모두 똑같은 성직자들이다. 즉 우

---

392 모든 판: 'battalogos'.

393 b: 'solche geschwetzbettende prister'.

394 성만찬 때 성체를 덮는 흰 린넨 포를 말한다. 이것은 아리마대 요셉이 예수를 매장할 때 사용한 아마포를 상징한다고 한다.

리는 말씀과 성례전에 대해 똑같은 권한을 가지고 있다. 그러나 공동체의 합의 없이 또는 상급자의 부름 없이는 이 권한을 사용할 수 없다. (어떤 사람도 부름을 받기까지는 모든 사람의 공동의 것을 특별히 자기 것이라고 주장할 수 없기 때문이다.) 그러므로 이 서품의 성례전은 그것이 무슨 특별한 것이라 하더라도 어떤 사람을 교회 사역으로 부르는 일정한 의식에 불과하다. 그리고 사제직은 본래 말씀의 사역 이외에 아무 것도 아니며, 곧 법의 사역이 아니라 복음의 사역이다. 그리고 집사직 (diaconiam)[395]은 요즘 관행이 된 것처럼 복음서나 서신을 읽는 직분이 아니라 사제들이 세상적인 문제의 짐에서 벗어나 더 자유롭게 기도와 말씀에 전념할 수 있도록 가난한 자들에게 교회의 부를 분배하는 직분이다. 우리는 「사도행전」 5장[396]에서 집사들이 이런 목적으로 세워진 것을 읽을 수 있다. 그러므로 복음을 알지 못하거나 설교하지 않는 사람은 사제나 주교가 아니고, 사제나 주교의 거짓 칭호 아래 또는 양의 가죽을 쓴 채 복음을 억누르고 교회에서 늑대 짓을 하는 교회의 역병 같은 존재이다. 그러므로 오늘날 교회에 가득한 이 사제들과 주교들은 뭔가 다른 방식으로 자신들의 구원을 이루지 않는 한, 즉 자신들이 사제도 주교도 아니라는 사실을 깨닫지 못하는 한, 그 직무를 알지 못하거나 이행할 수도 없는 직위를 행세하는 사실을 슬퍼하지 않는다면, 그리고 기도와 눈물로 자신의 위선의 비참한 운명에 대해 통곡하지 않는다면 그들은 진실로 영원한 멸망의 백성이 될 것이니 「이사야서」 5장의 말씀이 그들에 대해 이루어질 것이다. "이러므로 나의 백성이 무지함으로 인하여 사로잡힐 것이요 그 귀한 자는 주릴 것이요 무리는 목마를 것이며 음부가 그 욕망을 크게 내어 한량없이 그 입을 벌린즉 그들의 호화로움과 그들의 많은 무리와 그들의 떠드는 것과 그중에서 즐거워하는 자가

395 C, E: ‘diaconium’.
396 Act. v. 「사도행전」 6장.

거기에 빠질 것이라."[397] 그리스도인이 그토록 깊은 구덩이에 삼켜진다니(absorbentur)[398] 우리 시대에 얼마나 두려운 말씀인가!

우리가 성서에서 배울 수 있는 한, 사제직이라고 부르는 것은 봉사이므로 나는 어떤 이유에서 한 번 성직자가 된 사람이 다시 평신도가 될 수 없는지 도무지 알 수 없다. 사제와 평신도는 다만 봉사에 있어서만 차이가 있기 때문이다. 그런데 어떤 사람을 사역에서 해임하는 것은 결코 불가능하지 않으므로 어디서나 지금 죄를 지은 사제에게는 일시적으로 직무가 정지되든지 영원히 직무를 박탈당하는 벌이 부과된다. 저 지울 수 없는 품격이라는 허구는 오래전에 웃음거리가 되었다. 교황이 이 품격을 각인하는 것을 나는 용인한다. 그리스도는 이것을 알지 못하므로 오늘날의 현실처럼 이것으로써 성별된 성직자는 그리스도의 종이 아니라 교황의 영원한 종이며 포로이다. 더구나 내가 착각하지 않았다면 이 성례전과 허구가 언젠가 붕괴되어 교황제는 그 품격들과 더불어 거의 존립할 수 없을 것이다. 그러면 즐거운 자유가 우리에게 돌아올 것이고, 우리는 모든 권리에서 평등하다는 것을 깨닫게 될 것이다. 그리고 폭정의 멍에를 벗어던지고 그리스도인은 그리스도를 소유할 것이며, 그리스도를 소유한 사람은 그리스도에게 속한 모든 것을 소유하며 모든 것을 할 수 있다는 것을 알게 될 것이다. 위에서 말한 것이 나의 친구들, 곧 교황주의자들을 기분 상하게 만들었다고 느낄 경우 더 많이, 더 힘차게 이를 말할 것이다.

---

397 「이사야서」 5:13~14.
398 b: 'ersupfft werden'.

최후 도유(塗油)의 성례전에 대하여

병자들에게 기름을 바르는 이 의식에다가 우리 신학자들은 스스로에게 걸맞은 두 가지를 더 추가했다. 첫 번째로 그들은 이것을 성례전이라고 부르고, 두 번째로 마지막 성례전으로 만들었다. 그래서 이제 이것은 최후 도유의 성례전이 되는데, 이것은 오직 삶의 마지막 위험에 처한 사람들에게만 집전되어야 한다. 아마도 변증가들이 주장하는 것처럼 그들은 이 도유를 세례의 첫 번째 도유[399] 및 이어지는 견신례와 서품 때의 두 차례 도유와 관련되는 것으로 본 것 같다. 그러나 여기서 그들은 내 입을 막을 것이 있으니, 즉 사도 야고보의 권위에 근거해 내가 지금까지 주장한 성례전의 구성 요건인 약속과 표징이 여기에 있다고 주장할 것이다. 사도는 이렇게 말했기 때문이다. "너희 중에 병든 자가 있느냐. 저는 교회의 장로들을 청할 것이요 그들은 주의 이름으로 기름을 바르며 그를 위하여 기도할지니라. 믿음의 기도는 병든 자를 구원하리니 주께서 저를 일으키시리라. 혹시 죄를 범하였을지라도 사하심을 얻으리라."[400] 그들은 죄 사함의 약속과 기름의 표징이 여기에 있다고 말한다.

그러나 나는 말한다. 만약 그들이 미쳤다면 특별히 여기서 미쳤다. 저자가 누구이든 간에 이 서신이 관습에 의해 권위를 획득했을지라도 많은 사람들이 이 서신은 사도 야고보가 쓴 것이 아니고 사도적 영에 합당하지도 않다고 상당한 개연성을 가지고 주장하는 것을[401] 간과하

---

399 「사도신경」을 암송한 직후 세례를 줄 차례가 되면 아이의 가슴과 어깨에 기름을 발랐다.

400 「야고보서」 5:14~15.

401 유세비우스(Eusebius, ?~342?)는 「야고보서」를 '안틸레고메나'(antilegomena), 즉 저자가 누군지 의견이 분분한 책들 가운데 하나로 분류했다. 히에로니무스(Hieronymus, 348?~420)에 의하면, 라틴 교회에서는 이 책을 가명에 의한 저작으로 간주했다. 인문주의자 에라스무스와 가톨릭 교회의 카예탄은 모두 「야고보서」의 진정성에 의문을 제기했다.

겠다.

그러나 이것이 사도 야고보의 글이라고 하더라도 사도가 자신의 권위로 성례전을 제정할 권한, 즉 결부된 표징과 더불어 신적 약속을 줄 권한은 없다고 말하고 싶다. 이러한 권한은 오직 그리스도에게 해당되기 때문이다. 그러므로 바울 자신은 주님으로부터 성만찬의 성례전을 받았고, 세례를 베풀기 위해서가 아니라 복음을 전하기 위해 보냄을 받았다고 말한다.[402] 그런데 우리는 최후 도유의 성례전을 복음서 어디에서도 발견하지 못한다. 그러나 [이런 것은 넘어가고 사도의][403] 말을 (혹은 서신의 저자가 누구든지 간에) 살펴보자. 그러면 성례전을 늘린 사람들이 아무것도 아닌 것에 주목했는지 동시에 알게 될 것이다.

먼저 사도가 말한 것이 참되고 준수해야 할 것으로 믿는다면 그들은 무슨 권위로 그것을 바꾸고 거역하는가? 어째서 그들은 사도가 일반적으로 그렇게 되기를 바란 것을 가지고 마지막 특별한 도유로 만드는가? 사도는 그것을 최후의 의식, 오직 죽어가는 사람에게만 베푸는 의식이 되기를 원치 않고 단순히 "병든 자가 있으면"이라고 말했지 "죽는 자가 있으면"이라고 말하지 않았기 때문이다. 나는 디오니시우스의 『교회의 위계질서』가 이 문제에 대해 얼마나 지혜로운지 개의치 않는다. 그와 그들이 똑같이 의존하고 있는 사도의 말은 명백하다. 그러나 그들은 그의 말을 따르지 않았으니, 그들은 아무런 권위 없이 잘못 이해한 사도의 말씀을 근거로 자의적으로 성례전과 최후의 도유를 만든 것이 분명하다. 이것은 다른 병든 사람들에게 손해를 끼쳤다. 그들은 사도에 의해 정해진 바(ab Apostolo statutum)[404] 다른 병든 사람들에게 도유할 수 있는 기회를 억지로 박탈했다.

---

402 「고린도 전서」 11 : 23, 1 : 17.

403 E, 비텐베르크 판, 에르랑엔 판은 [ ] 부분, 즉 'ista'와 'Apostoli' 사이에 부호 ' : '가 없다.

404 C, E : 'ab apostolo institutum'.

그러나 더 중요한 것은 사도의 약속이 명백하게 "믿음의 기도는 병든 자를 구원하리니 주께서 저를 일으키실 것이다"라고 선언한 것이다. 보라, 사도는 이 구절에서 병든 자가 고침을 받고 일어나도록, 즉 그가 죽지 않도록 그러므로 마지막 도유가 되지 않도록 기름을 바르고 기도하라고 명령한다.[405] 이것은 오늘날까지 기름을 바르는 동안 병든 자의 회복을 간구하는 기도문들에 의해 입증이 된다. 그러나 그들은 거꾸로 죽을(decessuris)[406] 자에게만 도유가 베풀어져야 한다고 주장한다. 즉 그들이 고침을 받고 일어나지 못하도록 도유가 베풀어져야 한다는 말이다. 이것이 심각한 문제가 아니라면 사도의 말에 대한 이렇게 아름답고 적절하고 현명한 해석을 듣고 웃음을 참지 않을 사람이 누구인가? 여기에 궤변의 어리석음이 분명히 나타나지 않는가? 즉 다른 많은 곳에서처럼 여기서 성서가 부정하는 것은 긍정하고 성서가 긍정하는 것은 부정한다. 그러므로 우리는 이처럼 탁월한 스승들에게 감사하지 않을 수 있는가? 그러므로 내가 여기서보다 그들의 광증이 보다 두드러진 곳은 없다고 말한 것은 옳다.

더구나 이 도유가 성례전이라면 그것은 의심할 여지 없이 그것이 표시하고 약속하는 것의 (그들이 말하는 대로) 효과적 표징이어야 한다. 물론 그것은 "믿음의 기도는 병든 자를 구원하리니 주께서 저를 일으키시리라"라는 말씀에 분명히 기록되어 있는 것처럼 병든 자에게 건강과 회복을 약속한다. 그러나 이 약속이 소수에게 성취될 뿐 어쨌든 좀처럼 성취되지 않음을 누가 모르겠는가? 1,000명 가운데 거의 한 명이 회복될까말까 하고, 또한 아무도 성례전을 통해 회복된 것이라고 생각하지 않고 자연적으로 또는 약의 덕분이라고 믿는다. 그들은 성례전이 그 반대

---

405 가톨릭 교리에 대한 이와 같은 비난을 동방 신학자들, 예를 들어 테살로니키의 대주교 시메온(?~1430)에게서도 발견할 수 있다.
406 모든 판: 'discessuris' (위의 독법은 우리의 추정이다).

의 힘을 가졌다고 생각한다. 그러므로 우리는 뭐라고 말할 것인가? 사도가 이 약속으로 거짓말했거나 이 도유는 성례전이 아닐 것이다. 왜냐하면 성례전적 약속은 확실한데, 이 약속은 대부분의 경우 기만하기 때문이다. 그런데 우리가 다시 이 신학자들의 약삭빠름과 근면을 깨닫기 위해서 그들은 이것이 최후의 도유가 되기를 바라는데, 이것은 그 약속이 실현되지 않도록 하기 위함, 즉 이 성례전이 성례전이 되지 않기 위함이다. 왜냐하면 이 의식이 최후의 도유라면 이것은 병을 고치는 것이 아니라 질병에 굴복하는 것이기 때문이다. 그러나 이 의식이 병을 고친다면 그것은 최후의 도유가 되어서는 안 된다. 그러므로 이 교사들의 해석을 통해 야고보는 자기 자신의 주장을 반박하고, 성례전을 제정하지 않기 위해 성례전을 제정한 사람으로 이해되었다. 그들은 사도가 제정한바, 병자가 도유를 통해 치유되는 것을 거짓말로 만들기 위해 최후의 도유가 되기를 바란다. 이것이 미친 짓이 아니라면 무엇이 미친 짓인지 나는 묻고 싶다.

「디모데 전서」 1장에 기록된 사도의 말은 이런 사람들에 해당된다. "자기의 말하는 것이나 자기의 확증하는 것도 깨닫지 못하는도다."[407] 이처럼 그들은 모든 것을 판단 없이 읽고 따른다. 그들은 같은 경솔함으로 "너희들은 서로 죄를 고백하며"(Confitemini)[408]라는 사도의 말을 비밀 고해의 근거로 삼았다. 그러나 그들은 사도가 교회 장로들을 청하고 병자들을 위해 기도하라고 명령한 것을 준행하지 않는다.[409] 사도가 장로들, 즉 연장자라고 말할 때 사제를 의미하는 것인지가 불확실하기는 하지만, 사도는 도유 때문이 아니라 기도를 위해 여러 명이 임석하기를 바랐고, 그러므로 그는 "믿음의 기도는 병든 자를 구원하리니"라고 말

---

407 「디모데 전서」 1:7.
408 b: 'Verjehent'.
409 「야고보서」 5:16, 5:14.

했다. 그럼에도 불구하고 오늘날 거의 한 사람의 말단 성직자도 파송하지 않는다. 연장자인 사람이 곧 사제나 사역자는 아니기 때문이다. 사도가 바란 것은 교회 안의 원로이고 중요한 인물이 병든 자를 방문해 자비를 행하고 믿음으로 기도하여 그를 치료하는 것이 아니었을까 추측할 수 있다. 그러나 교회가 과거에는 임명과 축성 없이 나이와 오랜 경험 때문에 선택된 원로들에 의해 다스려졌다는 것은 부정할 수 없다.

그러므로 나는 이 도유가 「마가복음」 6장에서 사도들에 대해 기술한 것과 같은 것이라고 생각한다. "그들은 많은 병자에게 기름을 발라 고치더라."[410] 이것은 초대교회의 관습이었으니, 그리스도가 「마가복음」 마지막 장[411]에서 믿는 자들이 뱀을 제거하고 병자에게 손을 얹는 등의 능력을 준 것처럼 병자에게 기적을 행하는 관습이었으나 오래전에 사라졌다. 그들이 그리스도의 말씀을 가지고 성례전을 만들지 않은 것은 놀라운 일이다. 왜냐하면 이 말씀은 야고보의 말과 같은 능력과 약속을 갖기 때문이다. 그러므로 이 최후의, 즉 거짓된 도유는 성례전이 아니고 원하는 사람은 누구나 이용할 수 있는 야고보의 조언으로서 내가 말한 것처럼 「마가복음」 6장[412]에서 취하여 전해진 것이다.

나는 이 조언이 모든 병자들에게 주어진 것은 아니었다고 생각한다. 왜냐하면 연약함은 교회의 영광이고 죽음은 유익이기 때문이다.[413] 이 말은 조급하고 무지한 믿음으로 자신의 질병을 감당하는 사람들에게 준 권면이다. 주님은 기적과 믿음의 능력이 그들에게서 명백하게 드러나게 하기 위해 그들을 남겨두었다.

야고보는 치유와 죄 사함의 약속을 도유가 아니라 믿음의 기도에 결부시킴으로써 조심스럽게 의도적으로 이것을 대비했다. 그는 이렇게 말

---

410 「마가복음」 6 : 13.
411 「마가복음」 16 : 17~18.
412 「마가복음」 6 : 13.
413 「빌립보서」 1 : 21.

했기 때문이다. "믿음의 기도는 병든 자를 구원하리니 주께서 저를 일
으키시리라. 혹시 죄를 범하였을지라도 용서를 얻을 것이다."[414] 성례전
은 사역자의 기도와 믿음을 요구하지 않는다. 사악한 사람도 기도 없이
세례를 주고 축성할 수 있기 때문이다. 성례전은 오로지 신의 약속과 제
정에 의존하며, 받는 사람의 믿음을 요구한다. 그러나 우리의 오늘날 최
후 도유의 관습에 믿음의 기도가 있는가? 누가 병자가 회복될 것이라는
것을 의심하지 않을 정도의 믿음을 가지고 병자를 위해 기도하는가? 야
고보는 여기서 그런 믿음의 기도에 대해 서술했으니, 편지의 서두에서
이미 이렇게 말한다. "오직 믿음으로 구하고 의심하지 말라." 그리고 그
리스도는 이렇게 말했다. "무엇이든지 기도하고 구하는 것은 받은 줄로
믿어라. 그리하면 너희에게 그대로 되리라."[415]

오늘 이런 기도를 병자를 위해 드린다면, 즉 원로이고 중요하고 거룩
한 사람들이 온전한 믿음으로 이런 기도를 드린다면 우리가 원하는 대
로 사람들이 치유되리라는 것은 의심할 여지가 없다. 믿음이 무슨 일이
든 못하겠는가? 그러나 사도의 권위로 우선적으로 요구한 이 믿음을 소
홀히 하고, 더구나 장로를 모든 사제 무리로 이해하지만, 장로는 나이와
믿음에 있어서 출중한 사람들이다. 그뿐만 아니라 우리는 매일 자유로
이 행할 수 있는 도유를 종부 성사로 만들었고, 결국 우리는 사도가 약
속한 치유의 결과를 얻지 못할 뿐만 아니라 정반대 결과로 약속을 파괴
한다. 그리고 우리는 이 성례전, 아니 우리가 날조한 것이 그것과 천양
지차로(plusquam per bis diapason)[416] 대립하는 사도의 말씀에 의해 확립
되고 입증된다고 우쭐댄다. 오, 신학자들이여!

그러므로 나는 지금 이 최후 도유의 성례전을 정죄하지는 않지만, 그

---

414 「야고보서」 5:15.
415 「야고보서」 1:6; 「마가복음」 11:24.
416 문자적 의미는 두 옥타브(diapason) 이상을 의미한다.

것이 사도 야고보가 규정한 것이라는 것을 한결같이 부정한다. 왜냐하면 그의 형식도 용법도 능력도 목적도 우리의 것과 일치하지 않기 때문이다. 그럼에도 불구하고 우리는 그것을 소금과 물을 성별하고 뿌리는 행위처럼 우리가 정한 성례전 가운데 포함시킬 것이다. 어떤 피조물이든 간에 말씀과 기도로 거룩해짐을 부정할 수 없기 때문이다. 이것은 사도 바울이 가르친 것이다.[417] 그러므로 우리는 최후 도유를 통해 용서[418]와 평안이 주어진다는 것을 부정하지 않는다. 그 이유는 그것이 하나님이 제정하신 성례전이기 때문이 아니라 그것을 받는 사람이 자신에게 이루어진다고 믿기 때문이다. 사역자가 아무리 많은 실수를 한다 할지라도 받는 사람의 믿음은 실수하지 않는다. 장난으로 세례를 베풀고 죄를 사면함으로써, 즉 사면하지 않을지라도 (사역자에 관한 한) 세례를 받을 사람과 사면 받을 사람이 믿는다면 진실로 사면하고 세례를 베푸는 것이라면, 최후의 도유에는 성례전이 없기 때문에 (사역에 관한 한) 진실로 평안을 줄 수 없을지라도 최후로 도유하는 자는 받는 자에게 얼마나 큰 평화를 주겠는가! 왜냐하면 도유를 받은 자의 믿음이 도유하는 자가 줄 수 없거나 바라지 않은 것을 받기 때문이다. 기름부음을 받는 자는 말씀을 듣고 믿으면 그것으로 충분하기 때문이다. 우리가 무엇을 믿든 간에 우리는 믿는 것을 받을 것이요, 사역자가 행하든 행하지 않든, 장난으로 하든 간에 우리는 실제로 받는다. "믿는 자에게는 능히 못할 일이 없느니라"라는 그리스도의 말씀과 "네 믿음대로 될지어다"라는 말씀이 있기 때문이다.[419] 그러나 우리의 궤변가들은 성례전을 다룸에 있어 이 믿음에 대해서는 일언반구도 없고, 성례전 자체의 능력에 대해 온 정열을 쏟아 헛소리를 늘어놓는다. 그들은 항상 배우지만 진리의 지식

417 「디모데 전서」 4:1~2.
418 b: 'verzüg der sünden'.
419 「마가복음」 9:23, 8:13.

에 이르지 못한다.[420]

그럼에도 불구하고 이 도유가 최후의 도유식이 된 것은 유익했다. 왜냐하면 이 덕분에 이 의식은 모든 성례전 가운데서 폭정과 탐욕에 가장 적게 괴롭힘을 당하거나 종속되었고, 오직 이 최후의 자비만이 임종을 앞둔 사람에게 남겨졌기 때문이다. 그래서 그들은 자유로이 고해와 성찬을 받지 않았을지라도 도유를 받을 수 있다. 그것이 일상적 관행으로 지속되었다면, 특히 그것이 죄를 제거하지 않았음에도 병자를 고쳤다면 교황들은 오늘날 얼마나 많은 세상 땅을 가지지 않았을까? 그들은 오직 고해 성사와 열쇠의 권한, 서품 성례전으로 그토록 막강한 황제와 제후들을 능가할 수 있었다. 그러나 그들이 믿음의 기도를 멸시한 것처럼 어떤 병자도 고치지 않고 옛 관행과 새로운 성례전을 날조한 것은 오히려 다행스런 일이다.

이것으로 네 가지 성례전에 대한 논의는 충분할 것이다. 나는 내 주장이 성례전의 숫자와 용법을 성서로부터가 아니라 로마 좌에서 구해야 한다고 생각하는 사람들의 비위를 거스를 것이라는 것을 안다. 로마 좌가 가진 모든 것은 논란의 여지 없이 대학 덕분이지만, 자신이 이 성례전들을 주었고 오히려 대학으로부터 받지 않은 것처럼 행동한다. 대학에서 그토록 많은 내용을 배우지 않았다면 교황청의 폭정은 오늘날과 같은 지경에 이르지는 않았을 것이다. 유명한 주교구들 가운데 로마처럼 학식 있는 주교들이 드문 주교구는 거의 없었기 때문이다. 지금까지 폭력과 음모와 미신에 의해 로마 주교구는 다른 주교구 위에 군림했다. 1,000년 전에 로마 좌에 앉았던 사람들은 그 사이에 권좌에 오른 사람들과는 전혀 달랐으니, 그대는 전자의 집단과 후자의 집단 가운데 하나는 로마 교황이 아니라고 말하지 않을 수 없다.

---

420 「디모데 후서」 3:7.

그 밖에 성례전으로 간주할 수도 있는 몇 가지가 남아 있다. 즉 하나님의 약속으로 주어진 것이 있는데, 기도, 말씀, 십자가가 그런 것들이다. 그리스도는 여러 곳에서 기도하는 사람에게 응답을 받을 것이라고 약속했고, 특히 「누가복음」 11장에서 여러 비유를 통해 우리에게 기도할 것을 권유했으며, 말씀에 대해 이렇게 말했다. "하나님의 말씀을 듣고 지키는 자가 복이 있느니라."[421] 그가 얼마나 자주 고통을 당하고 고난을 받는 자와 천대를 받는 자들에게 도움과 영광을 약속했는지 누가 헤아릴 수 있는가? 하나님의 모든 약속을 다 열거할 수 있겠는가? 성서 전체가 어떤 곳에서는 명령과 위협으로, 어떤 곳에서는 약속과 위로로 권유하면서 우리에게 믿음을 촉구하기 때문이다. 그러나 성서에 기록되어 있는 모든 것이 명령이거나 약속이다. 즉 명령은 그것의 요구를 통해 교만한 자들을 낮추고, 약속은 용서함으로써 비천한 자들을 높인다.

그럼에도 불구하고 부가된 약속을 통해 약속된 것을 성례전으로 부르는 것이 적절한 듯 보인다. 나머지는 표징과 연결되어 있지 않으므로 단순한 약속일 뿐이다. 그러므로 우리가 엄격하게 말하자면 신의 교회에는 세례와 빵의 성례전, 두 가지의 성례전만 있다. 우리는 오직 두 가지에서만 신이 제정한 표징과 죄 용서[422]의 약속을 볼 수 있다. 내가 이두 가지에 추가한 고해 성사는 신이 제정한 가시적 표징이 결여되어 있고, 이것은 세례로 이르는 길과 돌아가는 것에 불과하다고 말했다. 그러나 스콜라 신학자들도 자신들이 성례전에 대해 내린 정의가 고해 성사에 어울린다고는 말할 수 없다. 그들도 성례전에 가시적 표징을 부여할 것이다. 가시적 표징은 성례전이 불가시적으로 작용하는 사물의 의미에 형식을 부가하기 때문이다. 그러나 고해 또는 사면은 이런 표징이 없다. 그러므로 그들도 자신들이 스스로 내린 정의에 의해 회개는 성례전임

---

421 「누가복음」 11 : 28.

422 b : 'verzügk der sünden'.

을 부인함으로써 성례전의 수를 감축하든가, 아니면 성례전에 대한 다른 정의를 내리든가 하지 않을 수 없다.

그런데 우리가 삶 전체에 적용한 세례는 진실로 삶에서 사용해야 하는 모든 성례전을 대신하기에 충분할 것이다. 우리는 빵의 성례전에서 이 세상으로부터 그리스도의 하직을 기억함으로써 그를 닮고자 하는 것이라면 빵은 진실로 죽어가는 자, 곧 떠나가는 자의 성례전이다. 그래서 우리는 이 두 가지 성례전을 다음과 같이 할당할 수 있으니, 세례는 삶의 시작과 삶 전체에 관계되는 반면, 빵의 성례전은 삶의 마지막과 죽음에 관계된다.

그리고 그리스도인은 이 작은 몸 안에 있는 동안 그리스도가 최후의 만찬에서 "너희에게 이르나니 내가 포도나무에서 난 것을 이제부터 내 아버지의 나라에서 새것으로 너희와 마시는 날까지 마시지 아니하리라"[423]라고 말한 대로 세례를 받고 강건해져서 이 세상을 떠나 새로운 영원한 삶으로 태어나고 아버지의 나라에서 그리스도와 함께 마실 때까지 두 가지로 훈련되어야 한다. 그래서 빵의 성례전은 분명히 미래의 삶을 받아들이기 위해 제정된 것으로 보인다. 두 성례전의 본질이 성취될 때 세례와 성만찬은 끝날 것이다.

여기서 나는 이 서주를 마치고자 하며, 이것을 성서를 진지하게 이해하고 성만찬의 올바른 용법을 알고자 하는 모든 경건한 사람들에게 기꺼이 즐겁게 바친다. 「고린도 전서」 2장의 말처럼[424] 우리에게 주어진 것을 알고, 그 주어진 것을 어떤 방식으로 사용해야 하는가를 아는 것은 사소하지 않은 선물이기 때문이다. 우리가 성령의 판단으로 가르침을 받을 때 잘못된 것에 의존하는 실수를 저지르지 않을 것이기 때문이

---

423 「마태복음」 26:29; 「마가복음」 14:25; 「누가복음」 22:18.
424 「고린도 전서」 2:12.

다. 우리 신학자들은 우리에게 이 두 가지를 은폐하려고 애쓴 것처럼 주지 않았다. 나는 그것들을 주지는 못했을지 모르나 확실히 그것들을 은폐하지 않으려고 노력했으며, 다른 사람들에게 뭔가 더 좋은 것을 생각할 수 있는 계기를 주었다. 적어도 나는 그 두 가지 모두를 보여주려고 노력했다. 그럼에도 불구하고 우리 모두가 모든 일을 할 수는 없다. 그러나 완악하게도 독재적으로 신의 가르침 대신 자신들의 주장을 강요하는 불경건한 자들에게 나는 자신 있게 자유로이 주장한다. 나는 그들의 무지한 만용을 개의치 않을 것이다. 물론 나는 그들에게 건전한 이성을 기대하며 그들의 노력을 멸시하지 않지만, 다만 올바르고 참된 그리스도인과 구별하고자 한다.

내가 철회를 강요당하든 이단자로 선언되든 간에 양자택일을 강요하는 새로운 교서와 저주가 결국 준비되고 있다는 소문을 들었다. 이것이 사실이라면 소책자가 내 철회의 일부가 될 것이다. 이것은 그들이 자신들의 폭정이 허사로 돌아갔다고 불평하는 일이 없도록 하려는 것이다. 즉 나머지는 아주 가까운 시일 내에 발표할 것이니, 자비로운 그리스도여, 로마 좌가 지금까지 보지도 듣지도 못한 그런 것이 되게 하여 주옵소서. 나는 내 순종을 충분히 증언할 것이다.[425] 우리 주 예수 그리스도의 이름으로. 아멘.

> [불의한 원수 헤롯이여,
> 어째서 그대는 그리스도가 오는 것을 두려워하는가?
> 그는 사멸할 나라를 취하지 않으시니
> 그는 하늘 나라를 주신다.][426 427]

---

425 루터가 말한 순종의 증언이 바로 「그리스도인의 자유에 대한 논설」이다. 이 '논설'의 부록으로 실린 「교황 레오 10세에게 드리는 루터의 서신」에서 루터는 자신이 순종하고 있다는 증거를 충분히 제시하고 있다.

426 5세기에 씌어진 Coelius Sedulius, *Hymnus acrostichis totam vitam Christi continens*

의 8연. 8, 9, 11, 13연은 주현절 찬송으로 사용되었는데, 루터는 이것을 1541년 12월 12일 "Was fuerchst du, Feind Herodes, sehr"이라는 제목으로 번역했다. Philipp Wackernagel, *Das deutsche Kirchenlied*, Bd. 1, 1867, p. 45ff. 참조.

427 E : 마지막 4행이 없다.

교황 레오 10세에게 드리는 루터의 서신:
그리스도인의 자유에 대한 논설*

• 표제는 A에서 취했다. 이 표제는 특별 판에는 없다. 비텐베르크 판: "EPISTOLA AD
LEONEM X. RO. PONTIFICEM : LIBELLO DE LIBERTATE CHRISTIANA
PRAEFIXA." 예나 판과 요아네스 아우리파버(Joannes Aurifaber, 1519~75)는 이
것을 따른다.

예수

우리 주 그리스도 예수 안에서
로마 교황 레오 10세께, 아멘!

　복되신 아버지, 레오여! 나는 괴물들과 더불어 이미 3년째 분쟁을 벌
여 왔으니, 그 세월 동안 때때로 당신을 바라보고 당신을 기억하지 않을
수 없었습니다. 당신이 이 싸움의 유일한 중심 문제라고 생각하기 때문
에 나는 당신을 부단히 생각하지 않을 수 없습니다. 나는 이유 없이 나
에 대해 흥분한 당신의 불경건한 아첨꾼들 때문에 어쩔 수 없이 당신의
주교좌에서 벗어나, 당신의 전임자 피우스와 율리우스가 어리석은 폭정
으로 공의회 항소를 금지한 헛된 법령을 두려워하지 않고 장래의 공의
회에 호소하기는 했습니다.[1] 그럼에도 불구하고 그동안 내가 온 정성을
다해 당신과 당신의 로마 좌를 위해 언제나 축복을 기원하지 않고 내가
할 수 있는 한, 신께 부지런하고도 간절한 기도로 간구하지 않을 정도

1　루터가 1518년 11월 28일에 자유로운 종교회의에 항소한 것을 지시한다.

로 내 마음이 교황 성하로부터 멀어지지는 않았습니다. 그런데 나는 지금껏 성하의 권위와 이름을 빌려 나를 위협하려고 한 자들을 거의 경멸하고 제압하기 시작했습니다. 그러나 내가 감히 경멸할 수 없는 일이 한 가지 있으니, 그것이 결국 내가 성하께 서신을 쓰는 이유이기도 합니다. 즉 내가 파렴치하게 당신의 인격조차 공격했다는 비난을 받고 큰 책임이 내게로 전가되었다는 것을 깨닫게 된 것입니다.

그러나 나는 분명히 고백합니다만, 당신 개인을 기억할 때마다 언제나 당신에 대해 가장 고결하고 가장 선하게 말했음을 의식하고 있습니다. 만일 내가 그렇지 않았다면 스스로 그것을 결코 승인할 수 없으며, 나에 대한 그들의 판단에 전적으로 동의할 것이며, 다만 보다 기꺼이 나의 이 파렴치함과 사악함에 대한 철회의 노래를 부르렵니다. 나는 당신을 바빌론의 다니엘이라 불렀습니다. 또 당신을 불명예스럽게 만드는 장본인 실베스터[2]에 대항해 내가 당신의 무죄함을 얼마나 열심히 수호했는지, 이것을 읽는 자는 누구나 충분히 이해할 수 있습니다. 온 세상에서 수많은 사람이 글로써 당신의 흠 없는 삶에 대한 견해와 명성을, 어떤 위대한 이름을 가진 자가 어떤 술수로써 감행할 수 있는 것보다 찬란하고 경외롭게(augustior)[3] 칭송했습니다. 나는 누구에게나 칭송 받는 분을 공격할 만큼 어리석지는 않습니다. 나는 공적으로 수치를 당한 자들을 공격하지 않았으며 공격하지 않을 것입니다. 자신의 눈에 대들보가 있음과 간음한 여인에게 첫 번째로 돌을 던질 수는 없음을 의식하는 나는 다른 자의 잘못을 사랑하는 자가 아니기 때문입니다.

나는 일반적으로 불경건한 교리를 신랄하게 공격했으며, 내 적대자

---

2 Silvester Prieras, 1456~1503: 도미니쿠스 수도회 수도사로서 1518년에 루터가 요한 테첼(Johann Tetzel)을 공격한 것에 대해 분노하여 루터의 95개 논제가 교황의 교회 이념에 배치된다는 평가서를 교황에게 제출했으며, 교황은 이 평가서를 근거로 카예탄 추기경으로 하여금 루터를 심문하도록 위탁했다.
3 A: 'angustior'.

들을 사악한 삶 때문이 아니라 그들의 불경건성 때문에 굼뜨지 않게 깨물었으니, 나는 이것을 결코 후회하지 않으며, 타인의 판단을 무시하고, 자신의 적대자들을 열성 때문에 독사의 자식, 위선자, 장님, 악마의 자식이라고 부른 그리스도의 모범에[4] 따라 뜨거운 열정을 지속하려고 마음먹었습니다. 또한 바울은 마구스를 악마의 자식이요 기만과 사악함이 가득한 자라고 비난하고 몇 사람을 가리켜 개, 음흉한 자, 장사치라고 조롱했습니다.[5] 여린 귀를 가진 청중이 있다고 가정하면 바울보다 신랄하고 성급한 사람은 없을 것입니다. 예언자들보다 더 신랄한 자가 누구입니까? 그러나 다수의 미친 아첨꾼들이 우리 시대의 귀를 너무나 여리게(aures ita delicatas)[6] 만들어서 우리가 먼저 인정받지 않으면 비난받는다고 호소합니다. 또 우리는 다른 명분으로는 진리를 배척할 수 없기 때문에 신랄하다, 성급하다, 단정치 못하다는 평계를 통해 회피합니다. 그러나 소금이 짜지 않으면 무슨 유익이 있습니까? 칼날이 베지 않으면 그것이 무엇입니까? 주의 일을 기만적으로 행하는 자는 저주를 받을 것입니다.[7] 그러므로 가장 선하신 레오여, 청컨대 이 서신을 통해 내 변명을 받아들이기를 바라며, 내가 당신의 인격에 대해 어떤 악한 일을 생각하지 않았으며, 오히려 나는 당신에게 언제나 가장 선한 것이 이루어지기를 바라고, 행실에 대해 누군가와 다투지 않고 도리어 오직 진리의 말씀에 대해 다투는 사람이라는 것을 믿어주기 바랍니다. 모든 다른 일에서 나는 누구에게나 양보하려 합니다. 나는 말씀을 버릴 수도 없고 부정할 수도 없고 버리거나 부정하려 하지 않습니다. 누군가가 나에 대해 다른 생각을 한다거나 내 글을 달리 받아들였다면 그는 올바르게 생각하

---

4 「마태복음」 23:33, 13:17; 「요한복음」 8:44.

5 「사도행전」 13:10; 「빌립보서」 3:2; 「고린도 후서」 11:13, 2:17.

6 A, D, De Wette: 'mores ita delicatos'. 우리의 독법은 F와 비텐베르크 판, 예나 판, 아우리파버, 독일어 판에 근거한다.

7 「예레미야서」 48:10.

지 않은 것이고 내 말을 잘못 받아들인 것입니다.

그러나 당신이나 어떤 인간도 로마 교황청이라고 불리는 당신의 자리가 어떤 바빌론과 소돔보다 부패했다는 것을 부인할 수 없을 것입니다. 내가 파악한 한, 그 불경건함은 심히 절망적이고 희망이 없고 함께 탄식할 것입니다. 나는 당신의 이름과 로마 교회의 평계 아래 그리스도의 백성이 부당하게 조롱당하는 것을 저주했습니다. 그래서 내 안에 믿음의 영이 살아 있는 한, 나는 그것에 대해 항거했고 항거할 것입니다. 수많은 분노한 아첨꾼들이 내게 반대하는 가운데 나 홀로의 노력으로 불가능한 일을 시도하거나 저 혼잡한 바빌론에서 어떤 일이 이루어지기를 바란다는 것이 아닙니다. 내 자신이 내 형제들에 빚진 자임을 인정하기 때문에 그들이 조금이라도 로마의 역병에 의해 덜 파괴되도록 하기 위해 그들에게 충고해야 합니다. 여러 해 동안에 걸쳐 로마로부터 온 세상 속으로 사물과 육신, 영혼의 황폐, 즉 모든 악한 행위의 최악의 모범이 흘러 들어갔다는 것을 당신 자신도 모르지 않습니다. 이 사실은 모든 사람에게 빛보다 분명하니(omnibus clariora),[8] 가장 거룩했던 로마 교회가 이제는 가장 파렴치한 강도들의 소굴, 가장 뻔뻔스러운 매음굴이 되었고 모든 죄악과 죽음과 지옥의 왕국이 되었습니다. 그러므로 설령 적그리스도가 온다고 할지라도 더 악한 것이 여기에 더해진다고는 생각할 수 없을 지경입니다.

레오여, 그동안 당신은 늑대들 가운데 양처럼, 사자들 속의 다니엘처럼 앉아 있고, 또 전갈 가운데 에스겔처럼 살고 있습니다.[9] 당신 홀로 이 괴물에 대항해 무슨 일을 행할 수 있습니까? 셋이나(tres)[10] 네 명의 아무리 학식 있고 선한 추기경이 당신을 도울지라도 그들이 이런 무리 가

운데서 무슨 소용이 있습니까? 당신들은 치유에 대해 정하려고 시도하기 전에 독에 의해 망하게 될 것입니다.

로마 교황청은 끝장입니다. 신의 진노가 로마의 끝까지 도달했습니다. 로마는 종교회의를 증오합니다. 로마는 개혁되기를 두려워했습니다. 로마는 자신의 미친 불경건을 저지할 수 없고 어머니 바빌론에 대해 말한 것을 성취했습니다. "우리가 바빌론을 치료하려고 하였으나 낫지 않으니 이제 그녀를 내버려두자."[11] 이런 악을 치유하는 것은 당신과 추기경들의 일일 것입니다. 그러나 손의 통풍은 약을 조롱하며, 마차와 말이[12] 채찍을 아랑곳하지 않습니다. 가장 선하신 레오여, 더 나은 시기에 교황이 됨이 합당한 당신이 이 시대에 교황이 되었다는 것, 바로 이 감정에 흔들려서(tactus)[13] 바로 내게 항상 유감스러웠던 이유입니다. 로마 교황청은 당신이나 당신과 유사한 자들에게 합당치 않으며, 오히려 당신보다는 진실로 바빌론에서 지배하고 있는 사탄에게 합당합니다.

오, 당신의 해로운 적들이 자랑하는 그 영광을 버리고 당신이 개인적 성직록이나 아버지의 유산으로 살 수 있다면! 멸망의 자식, 가룟 유다의 무리(Schariotides)[14] 외에는 아무도 이 영광을 자랑하기에 합당하지 않을 것입니다. 나의 레오여, 어떤 인간이 더 악하고 저주스러울수록 더욱 교황의 칭호와 권위를 이용하여 더 성공적으로 사람들의 재물과 영혼을 해치며, 죄를 더하게 하며, 온 교회와 함께 믿음과 진리를 억압하는 것 외에 도대체 당신은 교황청에서 무엇을 행합니까? 오, 진실로 가장 위험한 보좌에 앉아 있는 가장 불운한 레오여, 나는 당신에게 진리를 말합니다. 나는 당신의 안녕을 원하기 때문입니다. 로마 좌(Romana

---

11 「예레미야서」51 : 9.

12 A, D에는 'equus'가 없다. E, 비텐베르크 판, 예나 판, Aurifaber, De Wette에는 'nec equus'가 없다(문맥과 독일어 판이 위의 독법을 요구한다).

13 Aurifaber, De Wette : 'tractatus'.

14 E : 'Scariotides'; Aurifaber : 'Schariodes'.

sedes)[15]가 당시 아주 부패했을지라도 아직은 개선의 희망을 가지고 명령했으므로 베르나르두스가 그의 에우게니우스(suo Eugenio)[16]와 함께 고통을 받았다면[17] 지난 300년 동안 엄청난 부패와 파괴가 횡행하게 된 것을 우리가 왜 불평할 수 없습니까? 드넓은 하늘 아래서 로마 교황청보다 더 부패하고 더 유해하고 더 가증스러운 것은 아무것도 없다는 것은 사실이 아닙니까? 교황청은 투르크인의 불경건을 비교할 바 없이 능가함으로써 로마가 이전에는 천국의 문이었으나 지금은 지옥의 열린(patens quoddam)[18] 목구멍이라는 것이 사실이 되었습니다. 로마는 임박한 신의 진노 때문에 아무도 닫을 수 없는 목구멍이 되었습니다. 그러므로 비참한 자들을 도울 방법이 남아 있다면, 그것을 우리가 할 수 있다면 몇 사람을 로마의 목구멍에서 돌아오게 만들고 구출하는 것입니다.

보시오, 나의 아버지 레오여, 이것이 내가 그처럼 열심히 이 페스트 같은 주교좌에 대해 광분하는 목적이며 이유입니다. 나는 당신의 인격에 대해 분노를 터뜨릴 생각은 없었습니다. 그러므로 나는 이런 당신의 감옥, 당신의 지옥을 열심히 신랄하게 두드린다면 내가 감사를 받을 것과 당신의 안녕을 위해 서 있게 되기를 바랐습니다. 모든 두뇌가 이 불경건한 교황청(huius Curie)[19]의 무질서에 대항해 시도할 수 있는 모든 저항은 당신과 당신의 안녕을 위해, 그리고 당신과 함께하는 많은 사람들에게 유익할 것이기 때문입니다. 여기에 악을 행하는 자들이 당신의 직무를 행하고 있습니다. 교황청을 온갖 수단으로 저주하는 자들이 그

---

15 Aurifaber에는 없다.

16 A: suo 'Anastasio'.

17 클레르보의 베르나르두스(Bernard de Clairvaux)는 교황 에우게니우스 3세의 스승이었다. 루터는 여기서 베르나르두스가 쓴 『교황 에우게니우스에게 바치는 숙고에 관하여』(De consideratione ad Eugenium papam)를 염두에 두고 있다.

18 Aurifaber: 'potens quoddam'.

19 D, E: 'huius seculi curiae'.

리스도를 영광스럽게 합니다. 간단히 말해 로마주의자가 아닌 사람이 그리스도인입니다.

그러나 나는 계속해서 말합니다. 나는 로마 교황청에 대해 공격하거나 논쟁을 벌이는 것은 전혀 생각한 적도 없습니다. 그것의 건강을 위한 모든 치유가 절망적이라는 것은 깨달았을 때 나는 무시했고 그것에 결별서를 주었으며, "더러운 것은 더러운 채로 있고, 불결한 것은 불결한 채로 있어라"라고 말했습니다. 나는 내 주변에 있는 형제들에게라도 도움을 주기 위해 평화롭게 조용히 성서를 연구하게 되었습니다. 내가 여기서 열매가 없지 않았을 때 사탄이 그의 눈을 떴고, 통제되지 않은 명예욕(libidine)[20]으로 자기의 종인 그리스도와 진리의 특별한 원수 요하네스 에크를 자극했으며, 그래서 그가 내가 우연히 흘린 로마 교회의 수위성에 대한 한 마디를 트집 잡아 나를 원치 않는 경기장에 끌어들였습니다.[21] 그러자 이 영광의 트라소(Thras)[22]는 입에 거품을 물고 이를 갈면서 자신은 신의 영광과 거룩한 사도 좌의 명예를 위해 어떤 일도 감행할 것이라고 허풍을 떨었으며, 당신의 권세를 사용할 수 있음에 우쭐해 오직 승리만을 확실히 기대했습니다. 그는 베드로의 수위성보다는 이 시대 신학자들 가운데 우두머리가 되기를 추구하면서 루터를 이길 수 있다면 적지 않게 도움이 되리라고 생각했습니다. 그것이 이 궤변가에게 불행하게 돌아갔을 때 믿을 수 없는 광증이 이 인간을 분기시켰습니다. 즉 그는 오직 자신의 책임 때문에 로마의 모든 치욕이 나를 통해 생겼다고 생각하기 때문입니다.

가장 선하신 레오여, 나로 하여금 여기서 한 번 당신 앞에서 내 문제를 토론하게 하시며, 당신의 진정한 적들을 고발하도록 허락하십시오.

---

20 A: 'libidines'.
21 라이프치히 논쟁에서 다루어졌던 교황의 권세에 대한 명제를 지시하고 있다.
22 테렌티우스(Terentius)의 희극 「환관」에 등장하는 우쭐대는 군인의 이름이다. ─ 옮긴이

나는 당신의 특사요 무지하고 불행하고 불신실한 추기경 성 식스티[23]가 나를 어떻게 다루었는지 당신도 알고 있다고 생각합니다. 내가 당신의 이름에 대한 경외심 때문에 그의 손에 나의 모든 문제를 맡겼는데, 그는 한마디 말로써 쉽게 평화를 이룰 수 있었음에도 불구하고 이것을 행하지 않았습니다. 왜냐하면 그가 당시 원수들에게도 잠잠하도록 명령했다면 나는 침묵을 약속하고 내 문제를 결말지으려(finem causae me facturum)[24] 했기 때문입니다. 그러나 명예를 좋아하는 인간은 그런 계약에 만족하지 않고 내 적들을 정당화하고, 자유를 개방하기 시작했으며, 나에게는 취소하도록 명령했습니다. 그러나 이것은 그의 임무 속에 전혀 없는 사실입니다. 그러므로 이 사안이 최선의 위치에 있었다면 그의 무모한 폭정 때문에 훨씬 악화되었으니, 그 이후에 벌어진 일은 루터의 책임이 아니라 카예탄의 책임입니다. 그는 내가 침묵하고 잠잠해지도록 감내하지 않았습니다. 나는 당시 온 힘을 다해 이것을 요구했습니다. 내가 더 이상 무엇을 할 수 있었겠습니까?

성하의 사절인 카롤루스 밀티츠가 와서 부지런히 이리저리 왕래하시면서 카예탄이 오만하고 경솔하게 망쳐 놓은 문제를 복구하기 위해 아무것도 간과하지 않았습니다. 마침내 그는 존엄하신 선제후 프리드리히의 도움으로 한 번 그리고 다시금 나와 대화를 하게 되었습니다.[25] 그와의 대화에서 나는 또다시 당신의 이름에 양보해 침묵을 지킬 준비가 되었고, 트리어 대주교나 나움부르크 주교 앞에서 심문을 받는 것에 동의했습니다. 그래서 일이 그대로 되었습니다. 일이 순조로이(haec spe)[26] 진행되고 있을 때 당신의 다른 그리고 더 큰 원수인 요한네스 에

---

23 추기경 카예탄을 가리킨다.

24 D, E, 비텐베르크 판, 예나 판, Aurifaber, De Wette : 'causae meae facturum'.

25 루터는 카롤루스 밀티츠(Carolus Miltitz)와 1519년 1월 4일 혹은 1월 5일에 알텐부르크에서, 1519년 10월 9일에 리벤베르다(Liebenwerda)에서, 1520년 10월 22일에는 리히텐베르크에서 대화를 가졌다.

크가 라이프치히 논쟁을 통해 개입했습니다. 그는 칼슈타트 박사와 논쟁을 벌일 계획이었습니다. 그는 교황의 수위권에 대한 문제를 새로이 트집 잡아 예상치 않게 나를 향해 무기를 겨누었고 이 평화의 계획 (consilium)[27]을 완전히 깨뜨렸습니다. 그동안 밀티츠는 기다렸습니다. 논쟁은 진행되었고 재판관들이 선임되었습니다. 그러나 여기서 아무것도 결정되지 않았습니다. 이것은 놀라운 일이 아닙니다. 왜냐하면 에크의 거짓말과 위선, 공작을 통해 만사가 어디서나 큰 혼란에 빠졌고 악화되었으며 와해되었기 때문입니다. 그러므로 어떤 쪽으로 판결이 나든 간에 더 큰 화재가 났을 것입니다. 그는 진리가 아니라 명예를 추구했기 때문입니다. 여기서 나는 내가 해야 할 일을 등한시하지 않았습니다.

이것을 계기로 로마의 부패상이 적지 않게 드러났다는 것을 나는 고백합니다. 그러나 죄가 있다면 그 책임은 에크에게 있습니다. 그는 자신이 감당 못할 문제를 떠맡았으며, 자신의 영광을 미친 듯이 탐하여 로마의 수치를 온 세상에 드러냈습니다. 나의 레오여, 이 사람은 당신 또는 차라리 로마 교황청의 원수입니다. 이 한 가지 예로부터 우리는 한 사람의 아첨꾼보다 더 해로운 원수는 없다는 것을 배울 수 있습니다. 그가 자신의 아첨으로써 어떤 왕도 가져올 수 없을 그러한 악 외에 무엇을 초래했습니까? 지금 온 세상에서 로마 교황청의 이름이 악취를 풍기고, 교황의 권위가 무기력해지며, 무지에 대한 악소문이 파다합니다. 에크가 밀티츠와 나의 평화 계획을 망쳐 놓지 않았다면 우리는 이런 것에 대해 듣지는 않았을 것입니다. 그 자신도 이것을 확실히 느끼고 있으며 뒤늦게 쓸데없이 나의 출간된 책자들에 대해 흥분하고(indignatus libellorum)[28] 있습니다. 그가 우는 사자처럼 명예를 탐해 미쳐 날뛰고 당

---

26 예나 판: 'hac spe'.

27 D, E: 'concilium'.

28 D, E, Aurifaber, 비텐베르크 판, 예나 판, De Wette: 'indignatus in libellorum'.

신에게 큰 위험을 주면서까지 자신의 것만을 추구할 때 이것을 먼저 생각해야 했습니다. 이 우쭐대는 인간은 내가 당신의 이름을 두려워해 양보하고 침묵하리라고 기대했습니다. 나는 그가 재능과 학식을 자랑했다고 믿지는 않습니다. 이제 그는 내가 지나치게 자신만만하게 노래하는 것을 보고서는 자신의 경솔함에 대해 뒤늦게 후회하게 되었으며, 하늘에는 오만한 자들을 막으시고 우쭐대는 자를 비천하게 만드시는 분이 있다는 것을 깨닫게 되었습니다.

이 논쟁을 통해 우리에게는 로마 사건에 더 큰 혼란만 초래되었을 때 밀티츠는 세 번째로 참사회에 모인 수도회 아버지들을 찾아와 매우 혼잡스럽고 위험한 이 문제를 조정하기 위한 조언을 구했습니다.[29] 그러자 그들 가운데 몇몇 유명한 자들이 내게로 파견되었습니다.[30] 폭력으로 나에 대해 어찌할 수 없다고 생각했기 때문에 그들은 내가 적어도 성하의 인격을 존중할 것과 교황의 아랫사람으로서 겸손한 글로써 당신과 나의 무죄함을 변명하기를 요청했습니다. 그들은 레오 10세께서 타고난 유명한 자비로써 이 문제에 손을 댄다면 사태가 아직은 완전히 절망적인 것이 아니라고 믿었습니다. 여기서 항상 평화를 위해 헌신했고 더 조용하고 더 유익한 연구에 종사하기를 소망했던 나는 기꺼이 양보했을 뿐만 아니라 이것이 우리의 소망을 만족시킬 만하다면 특별한 (gratissimum benefitium)[31] 은총으로 생각하고 기쁨과 감사로 받아들였습니다. 나는 영적으로 너무나 불안하여 나보다 훨씬 열등하다고 생각한 자들을 강하고 충동적인 말과 정신으로 억제해 잠잠하게 만들고자 했을 뿐입니다.

---

29 밀티츠는 1520년 8월 28일에서 30일까지 루터가 속해 있던 아우구스티누스 은둔자 수도회 참사회에 참석했다.

30 그들은 요하네스 폰 슈타우피츠(Johannes von Staupitz)와 벤체슬라우스 링크 (Wenzeslaus Linck)였다.

31 Aurifaber : 'gravissimum beneficium'.

그러므로 복되신 아버지여, 나는 나와서 무릎을 꿇고 간청합니다. 가능하면 평화의 원수이면서 평화를 위장하는 아첨꾼들에게 손을 대시어 재갈을 물려주십시오. 또한 복되신 아버지여, 어느 누구도 사태를 더욱 큰 혼란 속으로 몰아넣으려 하지 않는다면 내가 나의 가르침을 취소하기를 기대하지 않기를 바랍니다. 또한 모든 다른 것으로부터의 자유를 가르치는 신의 말씀은 어느 것에도 속박되어서는 안 되기 때문에 나는 성서를 해석하는 어떤 법도 참을 수 없습니다. 이 두 가지가 보장된다면 내가 기꺼이 행하거나 감당할 수 없는, 행하기를 바라거나 감당하려 하지 않는 어떤 것도 내게는 없습니다. 나는 싸움을 싫어하며, 아무도 도발하지 않을 것입니다. 그러나 나 또한 도발당하기를 바라지 않습니다. 그러나 내가 도발당한다면 내가 침묵하지 않을 것입니다. 성하께서는 간단하고 쉬운 말씀으로써 이 모든 언쟁을 소환하여 중재하시고 침묵과 평화를 명할 수 있기 때문입니다. 이것이야말로 내가 언제나 듣기를 바라던 바입니다.

나의 아버지 레오여, 그러므로 당신을 순수한 인간이 아니라 반신(半神)적 존재로 만들어 무엇이든 명령하고 요구할 수 있다고 말하는 세이렌(Syrenas)[32]의 노래에 귀를 기울이지 마십시오.[33] 그런 일은 있을 수 없고, 또한 당신은 그렇게 할 수도 없습니다. 당신은 종들 중의 종이며, 땅 위의 어떤 인간보다 더 위험하고 비참한 처지에 있습니다. 당신을 세상의 주로 만들고 당신의 권위 없이는 누구도 그리스도인이 되기를 허락하지 않고 당신이 하늘과 지옥과 연옥에도 권세를 가지고 있다고 떠들어대는 자들에게 속지 마십시오. 그들은 당신의 원수이며, 당신의 영혼

---

32 그리스 신화에서 아름다운 노랫소리로 뱃사람을 유혹했다는 바다 요정을 말한다. ──옮긴이

33 이것은 교황의 수장권에 대한 제5차 라테란 공의회의 결정을 암시한다. 당시 코르푸(Korfu)의 대주교이자 공증인이었던 크리스토포로 마르첼로(Christoforo Marcello)는 교황을 지상의 신이라고 칭했다.

을 파멸시키려고 합니다. 이것은 이사야가 말한 바와 같습니다. "내 사랑하는 백성아, 너를 칭찬하고 치켜세우는 자들이 너를 속인다."[34] 당신을 종교회의와 온 교회 위에 올려놓는 자들은 착각하고 있습니다. 성서를 해석할 권한을 오직 당신에게만 부여하는 자들은 착각한 것입니다. 사탄이 당신의 전임자들을 통해 많은 계교를 행했던 것같이 그들은 당신의 이름 아래 교회에서 자신들의 불경건한 뜻을 이루고자 합니다. 간단히 말해 당신을 치켜세우는 자들 대신 당신을 낮추는 자들을 믿으십시오. 이것은 신의 심판이기 때문입니다. "그는 권세가들을 그 권좌에서 끌어내리시고 비천한 자들을 높이셨습니다."[35] 그리스도의 후계자들은 모두가 그의 대리자가 되기를 바라지만, 그리스도와 그의 후계자들이 얼마나 다른가를 보십시오. 나는 그들 대부분이 진실로 그리스도의 대리자인지 염려됩니다. 왜냐하면 대리자는 주인이 부재 중일 때 대리자이기 때문입니다. 만일 교황이 그리스도가 그의 마음속에 거주하지 않는 가운데 통치한다면 그가 과연 진정으로 그리스도의 대리자일까요? 그때 저 교회는 그리스도가 없는 무리 외에 무엇이겠습니까? 또 그런 대리인이 적그리스도요, 우상이 아니고 무엇입니까? 자신을 그들 안에 거하지 않는 그리스도의 대리자가 아니라 부재 중인 그리스도의 종이라고 칭한 사도들이 훨씬 옳았습니다.[36]

나는 아마도 누구나 가르침을 받아야 할 머리를 가르치는 것처럼 뻔뻔스러워 보입니다. 당신의 역병 같은 자들이 주장하는 것처럼 모든 심판하는 왕들이 당신으로부터 판결을 받습니다. 그러나 나는 여기서 성베르나르두스가 에우게니우스에게 바친 숙고에 대한 소책자에서 행한 예를 따르겠습니다. 이 책은 모든 교황들이 숙지해야 할 것입니다. 나는

---

34 「이사야서」 3:12.
35 「누가복음」 1:52.
36 「빌립보서」 1:1.

가르치려는 생각에서가 아니라 순수하게 신실한 염려의 의무감에서 그를 따릅니다. 이 의무감 때문에 우리는 이웃의 모든 안전을 염려하게 됩니다. 우리는 타인의 위험과 안전을 염려하기 때문에 그들의 자격 유무를 고려하지 않습니다. 나는 성하께서 로마에서 어떻게 시달리고 있는지 압니다. 즉 당신은 망망대해에서(summo mari)[37] 도처에서 허다한 위험에 위협을 당하고 비참한 상태 속에서 고생하기 때문에 가장 미천한 그리스도인의 작은 도움이 당신에게는 필요합니다. 나는 사랑의 의무를 수행하는 동안 잠시 성하를 망각하는 것이 불합리하지 않다고 봅니다. 나는 이런 심각하고 위험한 일에서 아첨하고 싶지 않습니다. 이 문제에서 내가 당신의 친구이며 가장 헌신적이라는 것을 사람들이 이해하지 않을지라도 나를 이해하고 판단할 자가 있습니다.

끝으로 내가 성하 앞에 빈손으로 오지 않기 위해 평화를 이룩하려는 조짐, 좋은 희망의 표시로서 당신의 이름 아래 출판된 이 소책자[38]를 가져옵니다. 이 책에서 성하께서는, 그것이 당신의 불경건한 아첨꾼들을 통해 가능하다면, 그리고 지금까지 가능했다면 내가 어떤 노력으로 헌신하고자 하고 더 많은 결실을 거둘 수 있는지를 맛볼 수 있을 것입니다. 부피만을 본다면 이것은 작은 물건입니다. 그러나 성하가 그 내용을 파악한다면 (내가 착각하지 않았다면(nisi fallor)[39]) 그리스도인의 삶의 총체가 요약되어 있습니다. 가난한 나는 바치는 것 외에는 가진 것이 없습니다. 당신은 영적 선물로 증가하는 것 외에 달리 할 수 없을 것입니다. 이 선물로써 내 자신을 아버지 같은 성하께 맡깁니다. 주 예수께서 성하를 영원히 지켜주시기를 바랍니다. 아멘.

비텐베르크에서, 1520년 9월 6일[40]

---

37 E, 비텐베르크 판, 예나 판, Aurifaber, De Wette : 'medio mari'.
38 다음에 나오는 「그리스도인의 자유에 대한 논설」을 의미한다.
39 비텐베르크 판, 예나 판, Aurifaber, De Wette : 'ni fallor'.

⁴¹[그리스도인의 자유에 대한 논설 독일어 판 서문]

진중하고 현명한 츠비카우 시 감독관이며 내 특히 호의적인 친구요 후견인인 히에로니무스 뮐포르트 님께 나 아우구스티누스 수도회의 마르티누스 루터 박사는 기꺼이 섬김과 온갖 복을 전합니다.

명석하고 지혜로운 주이시며 호의적인 친구여, 칭송할 만한 도시의 설교자 마기스터 요한 에그란(Johan Egran)⁴²은 나에게, 그대가 성서에 대해 품은 사랑과 기쁨을 칭송했습니다. 그대 역시 이 사랑과 기쁨을 열심히 고백하고 사람들 앞에서 칭송하기를 중단하지 않았습니다. 그래서 그는 그대를 나에게 소개해 주기를 바랐으며, 나는 기꺼이 즐겁게 설득당했습니다. 신의 진리가 어디에서 사랑받는지를 듣는 것은 나에게 특별한 기쁨이기 때문입니다. 유감스럽게도 신의 진리를 표방하는 많은 자들이 대부분 온갖 폭력과 계교로 그것에 대항합니다. 걸림돌과 표적으로 세워진 그리스도에게 반대해야 하고 많은 사람이 그에게 부딪쳐 쓰러지고 일어나야 하지만 말입니다. 그렇기 때문에 나는 우리의 관계와 우정을 제고하기 위해 내가 교황에게 라틴어로 쓴 이 소논문과 설교를 독일어로 그대에게 바치고자 합니다. 이로써 모든 사람이 교황청에

40 D, E: 'VVITENBERGAE, SEXTA SEPTEMBRIS'; De Wette: 'ANNO M.D.XX. Wittembergae, anno MDXX, sexta Septembris'; 비텐베르크 판, 예나 판: 'Vuitembergae, Anno M.D.XX. VI. Aprilis'; Aurifaber: 'Vuittembaergae, Anno M.D. XX. 6. Aprilis'. 어디에서 '6. April 1520'이 비텐베르크 판에 들어왔는지는 설명할 수 없다.

41 라틴어 판은 레오에게 보낸 서신 다음에 본문이 뒤따른다. 독자의 이해를 돕기 위해서 독일어 판의 헌정문을 제공한다. ─옮긴이

42 요하네스 실비우스 에그라누스(Johannes Sylvius Egranus, 1480?~1535): 본명은 빌데나워(Wildenauer)이며, 루터의 절친한 친구로 츠비카우의 설교자였다. 그의 이름은 출생지인 에게르(Eger, 오늘날의 헤프[Cheb])에서 유래했다. 그는 에크의 강력한 적수였으며, 1520년 로마 교황청의 파문 교서에 루터와 함께 이름이 올랐다. ─옮긴이

관한 내 가르침과 글이 비난받을 만한 것이 아니라는 것을 알게 되기를 희망합니다. 이것으로써 그대와 신의 은총에 내 자신을 맡깁니다.

비텐베르크에서, 1520년[43]

마르틴 루터의 논설
그리스도인의 자유에 대하여[44]

많은 사람에게 그리스도교 신앙은 쉬운 일로 보였다. 또한 적지 않은 사람들이 신앙을 보편적 능력 가운데 하나로 여기는데, 그 이유는 어떤 경험으로도 신앙을 입증할 수 없고 그 능력이 어느 정도인지 알지 못했기 때문이다. 엄습하는 고통 가운데서 신앙의 영을 경험하지 못한 자는 신앙에 대해 잘 서술하거나 올바로 쓴 글을 제대로 이해할 수 없기 때문이다. 그러나 조금이라도 경험한 자는 그것에 대해 충분히 글을 쓰고 말하고 생각하고 들을 수 없다. 즉 그리스도가 「요한복음」 4장에서 말한 것처럼 그것은 영원한 생명을 주는 용솟음치는 생수이기 때문이다.[45] 그러나 나는 그것이 얼마나 부족한지 알지라도 그럼에도 불구하고 크고 다양한 유혹에 시달린 가운데 신앙의 맛을 약간 볼 수 있었으니, 저 학문적이고 섬세한 논쟁가들이 지금까지 자신의 말도 이해하지 못하면서 주장했던 것보다는 신앙에 대해 우아하지는 못할지라도 확실하게 말할 수 있기를 기대한다. 무지한 자들에게 (나는 그들만을 섬기기 때문인데) 더 쉬운 길을 열어주기 위해 영의 자유와 종살이에 대해 두 가지 주

---

43 M: 날짜 표시가 없다. G: 헌정문 전체가 없다.
44 비텐베르크 판과 예나 판의 표제는 'MAR. LVTHERI TRACTATUS' 없이 'DE LIBERTATE CHRISTIANA'로 나온다.
45 「요한복음」 4:14.

제를 전제한다.

> [46]그리스도인은 만물에 대한 자유로운 주이며, 누구에게도 예속되지 않는다.
>
> 그리스도인은 만물에 예속된 종이며, 누구에게나 예속되어 있다.

이 두 가지는 충돌하는 것처럼 보일지라도 짝을 이루고 있을 때 우리에게 훌륭한 교훈을 줄 수 있다. 바울은 「고린도 전서」 9장[47]에서 양자에 대해 다음과 같이 말한다. "나는 만사에 있어서 자유로우나 스스로 모든 사람의 종이 되었느니라."[48] 「로마서」 13장에서는 "너희는 서로 사랑하는 것 외에는 누구에게도 빚을 지지 말라"[49]라고 말했다. 사랑은 본성적으로 섬기며, 사랑하는 것에 순종한다. 그러므로 그리스도는 만물의 주일지라도 여자에게서, 또한 율법 아래 태어났으니, 자유인인 동시에 종이며, 신의 형상과 종의 형상 속에 있다.[50]

더 높고 더 조야한 데서 시작하자. 인간은 두 가지 본성, 즉 영적 본성과 육적 본성으로 이루어졌다.

영혼이라 불리는 영적 본성에서 인간은 영적이고 내적인, 새로운 인간이라 불리며, 살이라 불리는 육적 본성으로는 육적이고 외적인, 낡은 인간이라 불린다. 사도는 이것에 대해 「고린도 후서」 4장에서 다음과 같이 말한다. "우리의 외적 인간이 부패할지라도 내적 인간은 날로 새로워진다."[51] 이 차이 때문에 성서에서 같은 그리스도인에 대해 싸운다

---

46 독일어 판은 여기서부터 시작된다. — 옮긴이

47 A와 다른 특별 판: 1. Cor. 12.

48 「고린도 전서」 9:19.

49 「로마서」 13:8.

50 「갈라디아서」 4:4.

51 「고린도 후서」 4:16.

고 말한다. 「갈라디아서」 5장에서 말한 것처럼 육은 영에 대적하며 영은 육에 대적함으로써[52] 두 인간이 같은 인간 안에서 서로 싸우기 때문이다.

우선 내적 인간이 어떤 근거에서 의롭고 자유로운 참 그리스도인, 즉 영적으로 새로운 내적 인간이 되는지를 파악하자. 또한 어떤 외적 사물도 어떤 이름으로 판단되든 간에 그리스도인의 불의와 부자유뿐만 아니라 자유와 의를 선사함에 아무런 의미를 가지지 못한다는 것은 확실하다. 이 사실은 귀납법을 통해 쉽사리 이해된다. 육신이 건강하고 자유롭고 생생하고 원하는 대로 먹고 마시고 산다면 영혼에 무슨 유익이 되겠는가? 왜냐하면 모든 악한 종들 가운데 가장 불의한 종도 이런 것들로 번창하기 때문이다. 또한 병들거나 속박을 당하거나 굶주리거나 목마르고, 모든 외적 불편함으로 인해 가장 경건하고 순수한 양심으로 가장 자유로운 영혼이 흔들릴지라도 이런 것이 영혼에 무슨 해를 주겠는가? 그 어떤 것도 영혼을 자유롭게 하거나 속박하는 것에 영향을 끼치지는 않는다. 그러므로 육신이 성직자들처럼 거룩한 의복으로 치장하든 또는 거룩한 장소에 있든 또는 거룩한 일에 몰두하든 또는 기도하고 단식하고 어떤 음식을 억제하고 육신을 통해 육신 안에서 이루어질 수 있는 온갖 행위를 행할지라도 영혼에는 아무런 도움이 되지 않는다. 영혼은 의와 자유를 위해 전혀 다른 무엇을 필요로 할 것이다. 왜냐하면 어떤 불경건한 인간이라도 위에서 언급한 모든 것을 행할 수 있고, 위선자가 아닌 한, 누구라도 이런 노력을 피하지 않기 때문이다. 반대로 육신이 거룩하지 못한 의복을 입고 거룩하지 못한 장소에 있고 함부로 먹고 마시고 입으로 기도하지 않고 위에서 언급한 바 위선자들이 행할 수 있는 모든 일들을 간과할지라도 영혼에는 아무런 해를 끼치지 않는다.

모든 것을 제쳐두자. 사변과 명상 그리고 영혼의 노력을 통해 행할 수

---

52 「갈라디아서」 5:17.

있는 어떠한 것도 아무런 유익이 없다. 그리스도인의 삶, 의, 자유를 위해 단 한 가지만 필요하다. 그것은 신의 거룩한 말씀, 그리스도의 복음이다. 이것은 그리스도가 「요한복음」 11장에서 말한 것과 같다. "나는 생명이요 부활이니 나를 믿는 자는 영원히 살 것이니라."[53] 또한 「요한복음」 8장에서 "아들이 너희를 자유롭게 한다면 너희는 진실로 자유로울 것이니라",[54] 「마태복음」 4장에서 "인간은 빵만으로 사는 것이 아니라 신의 입에서 나온 모든 말씀으로 사느니라"[55]라고 말한 바와 같다. 따라서 우리는 영혼이 신의 말씀 외에 다른 것 없이도 살 수 있으며, 신의 말씀이 없이는 어떤 것도 영혼에 도움이 되지 못한다는 것을 확신해야 한다. 그것은 영혼이 말씀을 가짐으로써 부유하고 더 이상 다른 것을 필요로 하지 않으니, 이 말씀은 생명, 진리, 빛, 평화, 정의, 안녕(salus)[56]과 기쁨, 자유, 지혜, 능력, 은총, 영광과 온갖 비할 바 없이 좋은 것의 말씀이기 때문이다. 곧 예언자는 '8절 억양격 시'(octonarium)[57] 전체와 여러 다른 곳에서 탄식과 음성으로 오직 신의 말씀을 갈망하고 부른다. 「아모스서」에서 말한 것처럼 신께서 진노하여 자신의 말씀을 듣지 못하게 하는 기근을 보내는 것보다 더 끔찍한 징벌이 없고,[58] 또한 「시편」

---

53 「요한복음」 11 : 25.

54 「요한복음」 8 : 36.

55 「마태복음」 4 : 4.

56 '살루스'(salus)는 '살부스'(salvus)와 '살베레'(salvere)에서 파생되었다. '살베!'(salve!)는 로마인의 인사말로 '안녕!'이다. '살부스'와 '살베레'는 상처를 입지 않은 온전한, 건강한 상태를 의미한다. 따라서 '살루스'를 '구원'으로 번역하는 것은 원래적 의미를 왜곡할 위험을 안고 있다. 그리스도교의 영향 아래 '살루스'가 죄로부터 구원을 받고 타락 이전의 상태, 즉 원래적 의를 회복함이라는 의미로 발전되었다. 루터의 칭의론에 의하면, 오직 믿음으로 의롭다고 인정받은 인간은 영혼이 건강하다. 이것이 그가 말하는 '살루스'(안녕)이다. ─옮긴이

57 「시편」 119편. 이 장대한 「시편」은 8절씩 나누어진다.

58 「아모스서」 8 : 11~12.

106편[59]에 기록된 것처럼 신께서 그의 말씀을 보내는 것보다 더 큰 은혜가 없다. "신이 그들을 치유하고 그들을 멸망에서 구출하기 위해 그의 말씀을 보냈느니라."[60] 그리스도는 신의 말씀을 선포하는 것 이외에 다른 직무를 위해 온 것이 아니었다. 또한 사도들과 주교들, 사제들과 모든 성직 신분은 오직 말씀 사역을 위해 부름 받았고 세워졌다.

그러나 당신은 다음과 같이 물을 것이다. "신의 말씀은 그렇게 많은데, 그런 큰 은혜를 주는 말씀은 어떤 것이며 내가 그것을 어떻게 사용해야 하는가?" 나는 이렇게 대답한다. "사도가 「로마서」 1장[61] [62]에서 이것을 설명했으니, 곧 신의 복음은 성화하는 영을 통해 화육하고, 고난 받고, 부활하고 영화롭게 된 그리스도에 대한 선포이다. 영혼이 말씀을 믿으면 그리스도는 영혼을 치고, 의롭게 하고, 자유롭게 하고, 건강해졌음을 선포한다." 「로마서」 10장에서 말한 것처럼 믿음만이 신의 말씀을 유익하고 효과적으로 사용하는 것이다. "네가 입으로 예수가 주임을 고백하고 마음으로 신이 그를 죽은 자들 가운데서 일으키셨음을 믿으면 네가 구원을 얻을 것이다."[63] 또한 「로마서」 10장에서 "그리스도는 그를 믿는 자들에게는 모든 계명의 끝마침이요 성취다"[64]라고 말했으며, 「로마서」 1장에서는 "의로운 자는 그의 믿음으로 살 것이다"[65]라고 말했다. 그러므로 분명한 것은 영혼이 생명과 의를 위해 오직 말씀을 필요로 하고, 따라서 행위가 아니라 오직 믿음으로 의롭게 된다는 것이다. 사람이 다른 것으로 의롭게 될 수 있다면 말씀을 필요로 하지 않

---

59 A와 다른 특별 판: ps. 104; 비텐베르크 판과 예나 판: Psal. 107. (우리의 독법은 당시 루터가 확정한 시편의 장수 계산에 따른 추정이다).

60 「시편」 107:20.

61 「로마서」 1:1 이하.

62 비텐베르크 판, 예나 판: Apostolus Paulus Ro. 1.

63 「로마서」 10:9.

64 「로마서」 10:4.

65 「로마서」 1:17.

으며, 말씀이나 믿음을 통해 의롭게 될 수 없기 때문이다. 그러나 이 믿음은 행위와 함께 결코 존립할 수 없으니, 즉 행위를 통해서라면 그것이 어떤 것이든 간에 행위와 더불어 의롭게 된다고 생각할 것이다. 이것은 양다리를 걸치는 것, 바알을 경배하고 손에 입맞춤하는 것이니, 욥이 말한 것처럼 최대의 악이다.[66] 그러므로 당신이 믿기 시작함과 동시에 당신에게 있는 모든 것은 비난받을 죄, 저주받을 것임을 깨닫는다. 이것은 「로마서」 3장[67]에서 말한 바와 같다. "모든 사람이 죄를 범하여 신의 영광에서 멀어졌다." 또한 「로마서」 3장에서 "의인이 없으니, 선을 행하는 사람이 없다. 모두가 곁길로 빠져서 쓸모가 없게 되었다"[68]라고 말한 바와 같다. 당신이 이것을 안다면 당신을 위해 고난을 받고 부활한 그리스도가 당신에게 필요하다는 것을 알게 될 것이다. 그러므로 당신이 그를 믿으면 이 믿음으로 당신의 모든 죄는 용서를 받고 타인, 즉 오직 그리스도의 공로로 의롭게 됨으로써 다른 사람이 될 것이다.

그러므로 「로마서」 10장에서 "마음으로 믿어서 의에 이른다"라고 말한 것처럼[69] 믿음은 속사람 안에서만 지배할 수 있고 오직 믿음만이 의롭게 만들기 때문에 분명한 것은 속사람이 결코 외적 행위나 일로는 의롭게 되거나 자유롭고 완전할 수 없으며 어떤 행위도 속사람과는 무관하다. 반대로 외적인 죄나 행위가 아니라 마음의 불경건과 불신앙으로 죄인이 되고 저주받을 죄의 종이 되는 것이다. 그러므로 어떤 그리스도인이든 간에 그의 첫 번째 관심사는 행위에 대한 생각을 접어놓고 오직 신앙을 점차 굳건하게 하고, 이것을 통해 행위에 대한 지식 안에서가 아니라 그리스도 예수가 자신을 위해 고난을 받고 부활했음을 아는 지식 안에서 성장하는 것이어야 한다. 이것은 베드로가 「베드로 전서」 마지

---

66 「욥기」 31 : 27.
67 A와 다른 특별 판: Ro. 2.
68 「로마서」 3 : 23, 3 : 10~12.
69 「로마서」 10 : 10.

막 장[70]에서 가르친 바와 같으니, 어떤 다른 행위가 그리스도인을 만드는 것이 아니기 때문이다. 유대인들 자신이 신의 일을 행하기 위해 어떤 일을 해야 하는가를 물었을 때 그리스도는 「요한복음」 6장에서 그들이 여러 가지 행위들로 부풀어 있음을 알고 그것들을 부인하면서 그들에게 한 가지를 정해 말했다. "너희가 신이 보낸 자를 믿는 것이 곧 신의 일이다."[71]

그러므로 그리스도에 대한 올바른 신앙은 비할 데 없는 보물이니, 누구나 안녕을 얻으며 모든 악으로부터 지켜준다. 이것은 「마가복음」 마지막 장에서 다음과 같이 말한 바와 같다. "믿고 세례를 받은 자는 복이 있을 것이다. 믿지 않는 자는 저주를 받을 것이다."[72] 「이사야서」 10장에서는 이 보물을 주목해 다음과 같이 말했다. "신께서 땅 위에서 완성을 단축할 것이다. 단축된 완성은 정의를 홍수처럼 부어줄 것이다."[73] 이것은 "모든 율법의 간단하고도 완전한 충만이 되는 믿음은 믿음을 가진 모든 사람들을 넘치도록 의롭게 만들 것이다. 그러므로 그들은 의롭게 되기 위해서 더 이상 아무것도 필요치 않을 것"이라고 말함과 같다. 그러므로 바울은 「로마서」 10장에서 이렇게 말한다. "마음으로 믿어서 의에 이른다."[74]

그러나 당신은 오직 믿음이 어떻게 의롭게 만들고, 행위 없이 그 많은 축복의 보물을 제공할 수 있는지 물을 것이다. 왜냐하면 성서에는 수많은 행위, 종교 의식, 법이 규정되어 있기 때문이다. 나는 다음과 같이 답변한다. 우리가 아래에서 더 분명하게 하겠지만, 오직 믿음만이 행위 없이 의롭고 자유롭고 행복하게 만든다는 것을 무엇보다 먼저 기억하자.

---

70 「베드로 전서」 5:10.
71 「요한복음」 6:28~29.
72 「마가복음」 16:16.
73 「이사야서」 10:22.
74 「로마서」 10:10.

성서 전체가 두 부분으로 나누어진다는 것을 알아야 한다. 즉 계명과 약속이다. 계명은 선한 행위를 규정하고 있으나, 가르친 것이 즉각 실행되지 않는다. 계명은 우리가 행할 바를 가르치지만 행할 힘을 주지는 못한다. 그러므로 계명들은 인간을 보여주니, 인간이 그것을 통해 선에 대한 무능력을 인식하며 자신의 능력에 대해 절망하도록 만들 뿐이다. 그렇기 때문에 계명은 옛 언약이라고 불리며, 모두가 옛 언약에 속한다. 예를 들면 "악한 탐욕을 품지 말라"[75]라는 계명은 우리가 모두 죄인임을 확신케 만든다. 어떤 인간도 의지와 상반되는 것을 탐하지 않을 수 없기 때문이다. 그러므로 사람이 욕망하지 않고 계명을 성취하기 위해서는 자기 자신에 대해 절망하고 다른 곳에서 다른 사람을 통해 자신 안에서 발견할 수 없는 도움을 구하지 않을 수 없다. 이것은 「호세아서」에서 말한 것과 같다. "오 이스라엘아, 네 안에는 멸망 외에는 아무것도 없다. 나에게만 네 도움이 있다."[76] 그런데 이 한 계명에서 이루어지는 것은 모든 계명에서 이루어진다. 즉 모든 것이 우리에게는 똑같이 불가능하기 때문이다.

그런데 인간이 계명을 통해 자신의 무능력을 깨닫고 느껴 어떻게 계명을 만족시킬 것인가라고 두려워하게 된다면(왜냐하면 계명을 만족시켜야 하고 일점일획도 지나쳐서는 안 되니, 그렇지 않으면 희망도 없이 저주받을 것이기 때문에) 그는 진실로 그의 눈에 겸손해지고 무(無)가 되어 자신이 의롭게 되고 안녕을 얻을 아무것도 발견하지 못하게 된다. 여기서 성서의 둘째 부분, 즉 신의 약속이 신의 영광을 선포하라고 말한다. "네가 모든 계명을 이루려면 계명이 요청하는 대로 탐욕을 버려라. 그리고 그리스도를 믿어라. 그 안에서 내가 너에게 은혜, 의, 평화, 자유와 모든 것을 약속한다. 믿으면 얻을 것이고, 믿지 않으면 얻지 못할 것이다." 모든 율

---

75 「출애굽기」 20:17.
76 「호세아서」 13:9.

법 행위로는 당신에게 불가능한 것을, 믿음을 통해서는 쉽고 간단하게 성취할 것이다. 행위는 많지만 아무것도 유용하지 않다. 아버지 하나님은 믿음 안에 모든 것을 포함시켜 놓았으니 믿음을 가진 자는 모든 것을 얻게 될 것이며, 믿음을 가지지 않은 자는 아무것도 얻지 못할 것이다. 「로마서」 11장에서 말한 것처럼 신은 모든 것을 불신앙 아래 가두었으니, 모든 자를 긍휼히 여기시기 위함이다.[77] 그러므로 신의 약속은 계명이 요청하는 것을 주며, 법이 명령하는 것을 완수하여 계명과 그것의 성취, 모든 것이 신의 일이 되게 한다. 신 홀로 명령하며 신 홀로 성취한다. 그러므로 신의 약속은 새 언약에 관계되며, 또한 새 언약이다.

이런 신의 약속은 거룩하고 참되고 의롭고 자유롭고 온화하고 모든 선으로 가득하다. 그러므로 올바른 믿음으로 이 말씀에 매달리는 영혼은 그 말씀과 전적으로 하나가 되고 완전히 흡수되어 말씀의 모든 능력에 참여할 뿐만 아니라 배부르고 취하게 된다. 인간이 그리스도에 사로잡힘으로써 건강해진다면 영이 연약한 자는 더욱 그러하리니, 말씀에 흡수된 영혼은 말씀에 속한 것을 모두 함께 공유할 것이다. 그러므로 「요한복음」 1장에서 말한 것처럼 영혼은 오직 믿음을 통해서 행위 없이 신의 말씀에 의해 의롭고 거룩하고 참되고 온화하고 자유롭게 되고, 모든 선으로 가득하고 진실로 신의 자녀가 된다. "신은 그의 이름을 믿는 모든 자들에게 신의 자녀가 될 수 있는 특권을 주셨다."[78]

여기서 왜 믿음이 그처럼 많은 것을 할 수 있고, 어떤 선행도 온갖 선행도 그것과 견줄 수 없는지 쉽게 깨달을 수 있다. 어떤 선행도 신의 말씀에 매달리지 않으며 또한 영혼 안에 있을 수 없기 때문이다. 오직 믿음과 말씀만이 영혼을 지배한다. 마치 철이 불과 결합될 때 불꽃처럼 빨갛게 되는 것처럼 영혼도 말에 의해서 말씀처럼 된다. 그러므로 그리스

---

77 「로마서」 11 : 32.
78 「요한복음」 1 : 12.

도인에게 믿음은 모든 것을 위해 충분하며, 의롭게 되기 위해 어떠한 행위도 필요하지 않다는 것이 명백하다. 그는 행위를 필요로 하지 않고 율법을 필요로 하지 않는다. 즉 그가 율법을 필요로 하지 않는다면 확실히 모든 율법에서 자유롭다. 또한 "의인에게는 율법이 부과되지 않았다"라는 말은 참이다.[79] 이것이 그리스도인의 자유다. 우리의 믿음은 우리가 아무 일도 하지 않거나 악하게 살도록 만드는 것이 아니라 의와 안녕에 도달하기 위해 어떤 율법도, 행위도 필요치 않게 만든다.

이것이 신앙의 첫 번째 능력이 될 것이다. 두 번째 능력을 보자. 또한 신앙의 과제는 믿는 대상을 아주 경건하고 최고의 헌신으로 섬기는 것이니, 즉 믿는 대상을 진실하고 합당하게 여기는 것이다. 명예는, 우리가 믿는 대상을 존경함에서 그가 진실하고 의롭다고 생각하는 것과 다른 것이 아니고 비슷하다. 우리가 진리와 의와 절대적 선보다 큰 것을 다른 누구에게 돌릴 수 있겠는가? 반면에 우리가 어떤 인간을 믿지 않음으로써 그가 거짓말하고 불의한 인간이라고 소문내고 의심한다면 이것은 최대의 치욕일 것이다. 그러므로 영혼이 약속하는 신을 확고히 믿는다면 영혼은 신을 참되고 의롭다고 간주하는 것이며, 이로써 영혼은 신에게 최상의 것을 부여하는 것이다. 이것이 신에 대한 최고의 경배이니, 그에게 진리와 의 그리고 믿는 자에게 돌려야 할 모든 것을 돌리는 것이다. 이로써 영혼은 신의 모든 의지에 순종할 준비가 되었음을 보이며, 그의 이름을 거룩하게 여기며, 신이 기뻐하는 대로 자신에게 행하도록 감수한다. 영혼은 신의 약속에 매달려 그가 진실하고 의롭고 지혜롭고 모든 일을 가장 선하게 행하고 처리하고 돌볼 것을 의심하지 않는다. 그러나 이런 영혼은 이 믿음으로 매사에 신에게 순종적이지 않겠는가? 그러므로 이런 순종이 충분히 이행할 수 없는 어떤 계명이 남아 있는가? 온전한 순종보다 온전한 완전함이 무엇인가? 행위가 아니라 오

---

79 「디모데 전서」1:9.

직 믿음만이 이것을 보여준다. 거꾸로 약속하는 신을 믿지 않는 것보다 더 큰 반항, 불경건, 치욕이 무엇인가? 이것은 신을 거짓말쟁이로 간주하거나 참됨을 의심하는 것이 아니고 무엇인가? 이것은 자신에게 진리를 돌리고 신에게 거짓과 허황됨을 전가하는 것이니, 이로써 신을 부인하고 마음속에 자신의 우상을 세우는 것이 아닌가? 그러므로 이런 불경건에서 행한 행위가 설령 천사적·사도적 행위일지라도 무슨 소용이 있는가? 그러므로 신이 만물을 진노나 욕망이 아니라 불신앙 속에 가둔 것이 옳으니, 이것은 자신은 율법의 정결하고 유순한 행위로 율법을 성취한다고 (인간적 정치와 덕목의 경우처럼) 생각하는 자가 안녕을 얻을 것을 기대하지 않도록 하기 위함이다. 왜냐하면 불신앙의 죄에 갇힌 자는 자비를 구하거나 아니면 정의로써 저주받을 것이기 때문이다.

그러나 신이 자신에게 진리가 있음을 인정받고 우리 마음의 믿음을 통해 자신에게 합당한 명예로써 경배 받음을 볼 때 신 자신도 우리를 존귀하게 만들고 이 믿음을 통해 우리에게도 진리와 의를 부여한다. 믿음은 신에게 진리와 의를 돌림으로써 우리를 진실하고 의롭게 만들기 때문이다. 그러므로 또한 신은 우리의 의에 영광을 부여한다. 신에게 진리와 의를 부여하고, 그가 진실하고 의롭다는 것을 고백하는 것이 의롭고 진실하기 때문이다. 그러므로 「사무엘서 상」 2장[80]에서 다음과 같이 말한다. "나를 영광스럽게 만드는 자를 나는 누구든지 영광스럽게 만들 것이고, 나를 멸시하는 자는 낮아질 것이다."[81] 그러므로 바울은 「로마서」 4장에서 아브라함의 믿음이 의로 여겨졌다고 말한다.[82] 그는 믿음을 통해 완전히 신께 영광을 돌렸기 때문이다. 그는 같은 이유로 우리가 믿으면 이것이 의로 간주되어야 한다고 말했다.

---

80 1. Reg. 2. 반면 비텐베르크 판과 예나 판: 1.Sam. 2; A와 다른 특별 판: 1. Reg. 5.
81 「사무엘서 상」 2:30.
82 「로마서」 4:3.

믿음의 비할 바 없는 세 번째 은총은 이것이니, 신부가 신랑과 하나가 되듯이 믿음은 영혼을 그리스도와 결합한다. 바울이 가르친 것과 같이 이 신비에서 그리스도와 영혼이 한 몸이 된다.[83] 그들이 한 몸이라면 양자 사이에 참된 혼인, 즉 무엇보다 완전한 혼인이 성립된다면(왜냐하면 인간의 혼인은 이 특별한 표상으로 가득하다) 또한 양자의 모든 것 ─ 선한 것이든 악한 것이든 간에 ─ 이 공동의 것이 되며, 따라서 그리스도가 가진 것을 무엇이든 믿는 영혼이 자기 것처럼 내세우고 자랑할 수 있다. 또한 영혼이 가진 것을 그리스도는 자기 것처럼 주장할 수 있다. 우리는 이것을 비교할 것이고, 이것이 측량할 수 없다는 것을 보게 될 것이다. 그리스도는 은총과 생명, 안녕으로 충만하고, 영혼은 죄와 죽음, 저주로 가득하다. 믿음이 개입함으로써 죄와 죽음, 지옥이 그리스도의 것이 되고, 은총과 생명, 안녕은 영혼의 것이 된다. 그리스도가 신랑이라면 신부가 가진 것을 받아들이고 자신의 것을 신부에게 나누어주어야 한다. 자기 몸과 자기 자신을 신부에게 선사하는 자가 어떻게 자신의 모든 것을 선사하지 않겠는가? 또한 신부의 몸을 받아들이는 자가 어떻게 신부의 모든 것을 받지 않겠는가?

여기에 공유뿐만 아니라 유익한 싸움, 승리, 안녕과 속량의 가장 달콤한 광경이 벌어진다. 그리스도는 같은 인격으로 신이며, 죄를 짓지 않았고 죽지 않고 저주받지 않을 뿐만 아니라 죄를 짓거나 죽거나 저주받을 수 없는 인간이므로 그의 의와 생명, 안녕은 누구도 능가할 수 없고 영원하고 전능하다. 이 인격이 신부의 죄, 죽음, 지옥을 믿음의 반지 때문에 자신과 함께 나누고 자신의 것으로 만들고 마치 그것이 자기 것인 듯이 자신이 죄를 범한 것처럼 고난 받고 죽고 지옥으로 내려감으로써 모든 것을 정복하고 또한 죄와 죽음, 지옥이 그를 삼키지 못하고 오히려 필연적으로 싸움을 통해 그 자신 안에 삼켜졌다. 그의 의는 모든 사람의

---

83 「에베소서」 5:30.

죄보다 탁월하고, 그의 생명은 모든 죽음보다 강하고, 그의 안녕은 모든 지옥보다 월등하기 때문이다. 그러므로 믿는 영혼은 자기 신랑 그리스도에 대한 믿음의 담보를 통해 모든 죄로부터 자유로우며, 죽음에서 안전하고 지옥으로부터 보호받으며, 자기 신랑 그리스도의 영원한 의, 생명, 안녕을 선사 받는다. 이렇게 그리스도는 자기 신부를 생명의 말씀으로 씻음으로써, 즉 말씀과 생명, 의, 안녕의 믿음을 통해 정결하게 만들어 흠도 주름도 없이 영광스럽게 드러낸다. 이렇게 「호세아서」 2장에서 말한 것처럼 그리스도는 믿음, 자비, 긍휼, 의와 지혜 안에서 신부와 약혼한다.[84]

그러므로 누가 이 왕의 혼인을 충분히 평가할 수 있겠는가? 누가 이 은총과 영광의 풍성함을 이해할 수 있겠는가? 이 부유하고 경건한 신랑 그리스도가 이 가난하고 불경건한 창녀와 혼인함으로써 그녀의 모든 악을 속량하고 자신의 모든 선한 것으로 장식한다. 그의 죄가 영혼을 멸망시키는 것은 불가능하기 때문이니, 죄는 이제 그리스도의 손 안에 있고 그 안에서 삼켜졌기 때문이다.

따라서 영혼은 자기 신랑 그리스도 안에서 의를 가지게 되니, 이 의를 자신의 의처럼 주장할 수 있고 자신의 죄와 죽음과 지옥에 대항해 확신을 갖고 맞설 수 있고, "내가 죄를 지었을지라도 내가 믿는 그리스도는 죄를 짓지 않았으므로 그의 모든 것이 내 것이 되고 나의 모든 것이 그의 것"이라고 말할 수 있다. 이것은 「아가서」에서 다음과 같이 말한 것과 같다. "나의 사랑하는 임이 내 것이고 내가 임의 것이다."[85] 여기에 대해 바울은 「고린도 전서」 15장에서 말했다. "우리 주 예수 그리스도로 말미암아 우리에게 이런 승리를 주신 신께 감사를 드린다."[86] 그런데

---

84 「호세아서」 2:19~20.
85 「아가서」 2:16.
86 「고린도 전서」 15:57.

그가 거기서 "죄는 죽음의 가시, 그러나 죄의 권세는 율법"이라고 소개한 것처럼 승리는 죄와 죽음에 대한 승리이다.[87]

여기서 다시금 당신은 어떤 이유에서 믿음에 그처럼 많은 것이 전가됨으로써 믿음이 모든 계명을 성취하고 어떤 행위 없이도 의롭게 만드는지를 깨닫게 된다. 당신은 오직 믿음이 신 한 분만 섬기라는 첫 번째 계명을 성취한다는 것을 안다. 당신 자신이 발바닥부터 정수리까지 오로지 선행일지라도 당신은 의롭지 않고 신을 경배하지 않으며 첫 번째 계명을 이루지 못했다. 마땅히 그렇게 해야 하는 것처럼 신에게 진리와 온갖 선한 것의 영광을 돌리지 않고서는 신을 경배할 수 없기 때문이다. 그러나 행위는 이것을 할 수 없고 오로지 마음의 믿음만이 할 수 있다. 우리는 행함으로써가 아니라 믿음으로써 신을 영광스럽게 하고, 참됨을 고백하는 것이기 때문이다. 그러므로 믿음만이 그리스도인의 의요 모든 계명의 성취이다. 첫 번째 계명을 성취하는 자는 나머지 계명도 쉽게 성취할 수 있기 때문이다. 그러나 행위는 감정이 없는 사물이므로 (믿음이 있다면 신의 영광을 위할 수 있을지라도) 신을 영광스럽게 할 수 없다. 그러나 우리는 여기서 어떤 행위를, 어떻게 행하는가를 묻는 것이 아니라 신을 영광스럽게 하고 행위를 행하는 것이 누군지 묻는다. 이것은 다름 아닌 마음의 믿음이다. 즉 이것이 우리 의의 머리요 본질이다. 그러므로 신의 계명을 행위로써 성취하라고 가르치는 것은 맹목적이고 위험하다. 우리가 듣게 되는 대로 모든 행위에 앞서 계명이 성취되어야 하고 행위가 성취에 뒤따라야 하기 때문이다.

우리의 속사람이 그리스도 안에서 가지는 이 은총을 상세히 보기 위해 신이 옛 언약에서 모든 첫 번째 남성으로 태어난 것을 자신을 위해 성별했다는 것을 알아야 한다. 첫 번째 출산물은 귀중하고 다른 것들에 비해 두 가지 명예인 사제권과 왕권을 가지고 있다.[88] 그러므로 처음 태

---

87 「고린도 전서」 15:56.

어난 자는 다른 형제들의 사제이며 주이다. 예수 그리스도가 이런 비유로써 먼저 예시되었으니, 진실로 유일하게 하나님 아버지와 처녀 마리아로부터 태어난 맏아들이고, 진실로 왕이며 사제이되 육신과 땅에 있어서가 아니다. 그의 나라는 이 세상에 속하지 않기 때문이다. 그 자신은 천상적인 것과 영적인 것에서 다스리고 의와 진리, 지혜, 평화, 안녕 등이 되는 것을 성별한다. 땅과 지옥에 속한 모든 것이 그에게 예속되지 않는 것이 아니라 (그렇지 않다면 어떻게 그가 우리를 그것으로부터 보호하고 구출할 수 있겠는가?) 그의 나라는 그것에 있지 않고 그것들로 이루어진 것은 아니다. 그러므로 그의 사제직은 외적으로 화려한 몸짓이나 복장에 있는 것이 아니라 (이런 인간적인 것은 아론과 오늘날의 교회 사제들에게서 볼 수 있다) 영적인 것에 있다. 그리스도는 하늘에서 보이지 않게 신 앞에 우리를 위해 중재하고, 거기서 자기 자신을 바치고 사제가 해야 할 모든 일을 행한다. 이것은 바울이 「히브리서」에서 그를 멜기세덱에 비유해 서술한 바와 같다.[89] 그는 우리를 위해 간구하고 중재할 뿐만 아니라 또한 우리 영 안에서 그의 영의 살아 있는 교훈으로 우리를 가르친다. 이 둘은 사제의 본래적 직무이다. 이것은 육신적인 사제에게서 가시적 간구와 교훈을 통해 형상화된다.

그리스도가 첫 번째 출생으로 이 이중적 영예를 획득한 것과 같이 앞에서 말한 혼인에 의해 모든 그리스도인과 함께 그 영예를 나누었다. 혼인의 권리에 의해 신랑의 것은 모두 신부의 것이 된다. 따라서 그리스도를 믿는 우리 모두는 그리스도 안에서 사제와 왕이다. 이것은 「베드로전서」 2장에서 다음과 같이 말한 것과 같다. "여러분은 선택된 족속, 획득된 백성, 왕적 사제, 사제적 왕이다. 이것은 여러분을 어둠에서 불러내어 그의 놀라운 빛으로 인도하신 분의 능력을 여러분이 선포하게 하

---

88 「창세기」 49:3.
89 「히브리서」 6~7장.

려는 것이다."[90]

이 두 가지 권세는 다음과 같다. 첫째, 왕직에 대해 모든 그리스도인은 믿음을 통해 만물 위에 존귀하게 됨으로써 영적 권세를 통해 모든 사람의 주가 되었다. 그러므로 어떤 것도 그에게 아무런 해를 끼칠 수 없게 되었고, 만물이 그에게 예속되어 그의 안녕을 위해 도움을 주어야 한다. 이것은 바울이 「로마서」 8장에서 다음과 같이 말한 것과 같다. "선택받은 자들에게는 모든 일이 협력하여 선을 이루어야 한다."[91] 또한 「고린도 전서」 3장에서는 "삶이나 죽음이나, 현재의 일이나 장래의 일이나, 모든 것이 다 여러분의 것이다"[92]라고 말했다. 이것은 그리스도인이 만물 위에 세워짐으로써 육신적으로 소유하거나 사용할 능력이 있다는 것이 아니다. (일부 성직자는 이런 것에 광분하고 있다. 이것은 지상의 왕, 제후, 인간의 일이다.) 우리는 삶의 경험에서 우리 자신이 다른 사람에게 예속되어 많은 고난을 받고 죽는 것을 보기 때문이다. 오히려 처음 태어난 머리 그리스도와 모든 그의 거룩한 형제들에게서 보는 것처럼 각 사람이 그리스도인다울수록 더 많은 악과 고난, 죽음에 굴복한다. 원수들 가운데서 지배하고 육신적인 억압 가운데서 능력 있는 것은 영적인 권세이다. 이것은 능력이 약함 속에서 완성되는 것이고, 십자가와 죽음이 나를 섬기며 안녕을 위해 협력하지 않을 수 없을 정도로 내가 만사에서 안녕을 얻는 것이다. 이것은 힘들고 영예로운 권위이며 진실하고 전능한 권세, 영적인 나라이다. 여기서 어떤 것도 내가 믿는다면 나의 선을 위해 협력해야 하지 않을 정도로 선하거나 악하지 않다. 그럼에도 믿음이 그 능력과 자유의 권능을 발휘하지 않는 한, 나에게 아무것도 필요하지 않으니, 오직 믿음만이 안녕을 위해 족하기 때문이다. 보라 이

---

90 「베드로 전서」 2:9.
91 「로마서」 8:28.
92 「고린도 전서」 3:21.

것이 그리스도인의 한량없는 권세와 자유이다.

우리는 만물의 자유로운 왕일 뿐만 아니라 영원히 사제이니, 왕보다 훨씬 탁월하고 사제직으로 말미암아 신 앞에 나와 다른 자들을 위해 기도하고 우리 서로에게 신에 대한 일을 가르칠 자격이 있기 때문이다. 이것은 믿지 않는 사람에게 결코 양보할 수 없는 사제의 직무이기 때문이다. 그러므로 우리가 그리스도를 믿는다면 그가 우리를 획득함으로써 우리가 그의 형제, 공동 상속자, 공동 왕이 되는 것처럼 또한 공동 사제가 됨으로써 확신을 가지고 믿음의 영을 토하여 신 앞에 감히 나와 '아바 아버지'라고 외칠 수 있고 서로서로 기도하고, 사제들의 가시적·육신적 직무에서 볼 수 있는 모든 일을 할 수 있다. 그러나 그리스도를 믿지 않는 자에게는 어떤 것도 유익하지 않고 선을 위해 협력하지 않으니, 도리어 그는 만물의 종이며 모든 것이 그에게 악으로 돌아오니, 그가 만물을 불경건하게 자기 편의대로 사용하며 신의 영광을 위해 사용하지 않기 때문이다. 그러므로 그는 사제가 아니라 속된 인간이니, 그의 기도는 죄가 되므로 신 앞에 상달되지 않는다. 왜냐하면 신은 죄인의 기도를 듣지 않기 때문이다. 누가 그리스도인의 드높은 권세를 이해할 수 있겠는가? 그는 그의 왕적 권세를 통해 만물과 죽음, 생명, 죄 등을 다스린다. 사제적 영광을 통해 신 곁에서 모든 것을 할 수 있으니, 신은 그가 기도하고 바라는 것을 행하기 때문이다. 이것은 다음과 같이 기록된 바와 같다. "하나님은 자신을 경외하는 자의 뜻을 행하며 그의 기도를 들어주고 그들을 구원한다."[93] 그는 행위를 통해서가 아니라 오직 믿음을 통해서만 이 영광에 도달한다.

여기서 누구든지 명백하게 볼 수 있는 사실은 그리스도인은 모든 사물로부터, 모든 사물 위에서 자유로운 인간이며 의롭고 안녕을 얻기 위해 어떤 행위도 필요로 하지 않고, 오직 믿음이 그에게 모든 것을 넘치

---

93 「시편」 145:19.

도록 가져다준다는 것이다. 그리고 그가 어리석어 선행을 통해 의롭고 자유롭고 건전한 그리스도인이 된다고 생각한다면 즉시 모든 것과 함께 믿음을 잃을 것이다. 이 어리석음은 다음 우화에 아름답게 비유되어 있다. 즉 개가 진짜 고기를 입에 물고 물에 비친 개의 모습에 속아 그 고기를 빼앗으려 물에 뛰어들어 입을 벌리는 순간, 진짜 고기와 개의 모습도 잃었다.

여기서 당신은 물을 것이다. "교회 안에 모든 사람이 사제라면 우리가 사제라고 말하는 자들이 평신도와 어떤 이름으로 구별되는가?" 내 답변은 이것이다. 지금 몹쓸 관행으로 교회인이라고 불리는 자들을 나머지 그리스도인으로부터 구별해 작은 무리로 옮겨놓음으로써 '사제'와 '성직자' '영적인 자' '교회인'이라는 어휘에 불의가 가해졌다. 성서는 가르침을 받았거나 성별된 자를 '일꾼'(minister), '종'(servus), '관리자'(oeconomos)라고 부른 것 외에는 다른 차이를 두지 않는다. 그들은 지금 교황, 주교, 주라고 우쭐대지만 말씀 사역을 통해 그리스도 신앙과 믿는 자의 자유를 가르치기 위해 다른 그리스도인을 섬겨야 한다. 우리가 모두 똑같이 사제라는 것이 사실일지라도 봉사하고 가르칠 수 없으며, 우리가 할 수 있다고 하더라도 모든 사람이 공적으로 봉사하고 가르칠 필요는 없다. 바울은 「고린도 전서」 4장에서 이렇게 말한다. "사람들이 우리를 그리스도의 종이요 신적 신비의 관리인처럼 간주하기를 바란다."[94]

그러나 이제 이 관리직이 어떤 화려한 권세나 두려운 폭정으로 바뀌었으니, 마치 평신도는 그리스도인이 아닌 것처럼 이교도들도, 세속 권력도 사제직과 견줄 만한 것이 없을 지경이다. 이로써 그리스도인의 은총, 신앙, 자유, 그리스도에 대한 지식이 철저히 파괴된 대신 온갖 인간적 법과 행위의 용납할 수 없는 종살이가 뒤따랐다. 「예레미야 애가」에

---

94 「고린도 전서」 4:1.

따르면 우리는 지상에서 가장 쓸모없는 인간들의 종이 되었다.[95] 그들은 우리의 비참함을 악용해 자신의 추하고 부끄러운 뜻을 이룬다.

우리가 시작한 것으로 돌아가서 이것을 통해 그리스도의 행위와 삶, 말씀을 역사적 방식으로 어떤 일어난 사건으로 설교하는 (지금 가장 선한 자들이 설교하는 것처럼 역사적 사건을 삶의 귀감으로 아는 것으로 충분하다) 것으로는 충분하지가 않고 그리스도교적이 아니라는 것이 분명해진다고 생각한다. 하물며 그리스도에 대해 침묵하는 대신 인간적 법과 조상들의 결정을 배우는 것은 당치도 않다. 그리스도를 선포하고 읽음으로써 인간적 감정에 움직여 그리스도에게 동정을 품고 유대인들에 대해 분노하게 만들며, 또한 다른 유치하고 여성스러운 환상을 품게 만드는 사람들이 적지 않다. 그러나 우리는 그리스도에 대한 믿음이 조장되기 위한 목적으로 설교해야 한다. 이것은 그리스도가 존재할 뿐만 아니라 당신과 나를 위해 존재하도록 하려는 것이며, 그리스도에 대해 말하고 그리스도 자신으로 불리는 것이 우리 안에서 작용하기 위함이다. 그러나 그리스도가 왜 왔는지, 그가 무엇을 가져다주었는지, 그것을 어떻게 이용하고 누려야 하는지가 선포될 때 여기서 신앙은 태어나고 유지된다. 우리가 그로부터 얻게 되는 그리스도인의 자유를 올바르게 배울 때 또한 우리 모두가 어떻게 왕과 사제이며, 모든 것에 대해 권세를 가지고 있는지, 그리고 이제껏 말한 대로 우리가 행하는 모든 일이 신 앞에서 좋고 허락 받은 것임을 확신할 때 믿음은 태어나고 유지된다.

누구의 마음이 이것을 들으면서 골수에서부터 기쁘지 않고 위로를 받고 그리스도에 대한 사랑으로 달콤해지지 않겠는가? 율법이나 행위로써는 결코 이런 사랑에 도달할 수가 없다. 누가 이러한 마음에 해를 끼치거나 놀라게 할 수 있으랴? 그는 죄 의식과 죽음의 공포가 엄습할 때 주 안에서 소망을 가질 준비가 되어 있고, 이런 악을 두려워하지 않

---

95 「예레미야 애가」 1:11.

고 동요하지 않고 자기 원수를 멸시한다. 그는 그리스도의 의가 자기 것이 되고 자신의 죄가 결코 자신의 것이 아니라 그리스도의 것이 된다는 것을 믿기 때문이다. 따라서 모든 죄는 그리스도의 의 앞에서, 위에서 언급한 대로 그리스도에 대한 믿음 때문에 사라져야 한다. 우리는 사도에게서 죽음과 죄에 도전해 "죽음아, 네 승리가 어디 있느냐? 죽음아, 네 침이 어디 있느냐? 네 침은 죄이다. 그러나 우리 주 예수 그리스도를 통해 우리에게 승리를 주시는 신께 찬양과 감사를 돌릴지어다"라고 말하는 것을 배운다.[96] 죽음은 그리스도뿐만 아니라 우리의 승리에 삼켜졌으니, 믿음을 통해 그의 승리가 우리의 승리가 되고 그 승리 안에서 우리가 승리하기 때문이다.

이상은 속사람에 대해 율법이나 선행을 필요로 하지 않는 그의 자유, 신앙의 중심적 의에 대해 말한 것이다. 누군가 율법이나 행위를 통해 의로워진다고 생각한다면 그것은 그에게 해로울 것이다.

이제 둘째, 사제직 즉 외적 인간으로 넘어가자. 여기서 우리는 믿음의 말씀과 진술한 것에 분노하고 다음과 같이 말하는 자들에 대해 답변하려고 한다. 그들은 "만일 믿음이 의롭게 만드는 모든 것이고 그것으로도 충분하다면 왜 선행을 명령했는가? 그러므로 우리는 믿음으로 만족하고 게으르게 아무것도 행하지 않으려 한다"라고 말한다. 나는 다음과 같이 답변한다. 불경건한 자들이여, 그렇지 않다. 당신이 완전히 내적이고 전적으로 영적 인간이었다면 그럴지도 모른다. 그러나 그런 일은 죽은 자들이 부활하는 최후의 날까지 일어나지 않을 것이다. 우리가 육신 안에 사는 동안 우리가 시작되고 성장하는 것은 오직 미래의 삶에서 완성될 것이다. 그러므로 사도는 우리가 이 삶에서 가진 것을 영의 첫 열매, 즉 장래에 받을 영의 십일조, 충만이라고 부른다. 위에서 언급한 것이 여기에 속한다. 그리스도인은 섬기는 종이요 누구에게나 예속된다.[97]

---

96 「고린도 전서」 15:55 이하.

그가 자유롭다면 그는 아무것도 행하지 않는다. 즉 그가 종이라면 그는 모든 것을 행한다. 이것이 어떻게 그런지 보기로 하자.

인간이 (내가 말한 것처럼) 내적으로 영혼에 있어 믿음을 통해 충분히 의롭다는 여김을 받고 그가 가져야 할 모든 것을 가질지라도 이 믿음과 부가 미래의 삶에 이르기까지 나날이 성장해야 한다는 것을 제외하면 어쨌든 이 땅에서 죽을 삶 안에 머물러야 하고 자신의 육신을 지배해야 하고 사람들과 교제해야 한다.

여기서 행위가 시작된다. 여기서 그는 게을러서는 안 되고, 여기서 확실히 육신은 단식과 밤샘, 노동과 온갖 적절한 훈련으로 단련을 받도록 해야 하고, 또한 속사람과 믿음에 복종하고 비슷한 형상을 갖도록 영에 굴복해야 하고 저항하거나 방해하지 않아야 한다. (육신은 강요받지 않을 때 이렇게 하는 것이 그의 본성이다). 신과 같은 형상이고 그의 형상으로 창조된 속사람은 그리스도로 인해 즐겁고 유쾌하니, (그리스도 안에서 큰 축복이 자신에게 수여되었다) 그러므로 오로지 자유로운 사랑 안에서 기쁨으로 거저 신을 섬기려 한다.

그가 이렇게 하는 동안 보라, 자신의 육신 안에서 세상을 섬기고 자기 것을 추구하고자 하는 반항적 의지와 봉착한다. 믿음의 영은 이것을 감당할 수 없고 능력이 없으나, 이 의지를 억누르고 억제하기 위해 열성으로 즐겁게 싸운다. 이것은 바울이 「로마서」 7장에서 말한 것과 같다. "나는 내적 인간으로는 신의 법을 즐거워하나 내 지체 안에 다른 법을 보는데 그것이 내 정신의 법과 싸우고 나를 죄에 사로잡히게 만든다."[98] 다른 곳에서는 "나는 내 육신을 길들여서 굴복케 함은 다른 사람을 가르쳐야 할 내가 도리어 버림을 받지 않도록 하기 위함이로다"[99]라고 말

---

97 「로마서」 8 : 23.

98 「로마서」 7 : 22~23.

99 「고린도 전서」 9 : 27.

했다. 「갈라디아서」 5장에서는 "그리스도께 속한 사람은 자기 육신을 악한 욕망과 함께 십자가에 못 박았느니라"[100]라고 말했다.

그러나 이런 행위는 인간이 행위를 통해 신 앞에서 의로워진다는 생각을 가지고서 행해져서는 안 된다. 왜냐하면 오직 신 앞에서 의이며 의여야 하는 믿음은 이 그릇된 생각을 감당할 수 없기 때문이다. 도리어 육신이 복종하게 되고, 모든 악한 욕망을 벗어버리고 눈이 오직 악한 욕망을 감시하여 쫓으려 한다는 생각을 가지고 행위가 행해져야 한다. 영혼이 믿음을 통해 깨끗하게 되고 신을 사랑하기 때문에 만물이 깨끗해지고, 특히 자기 육신이 깨끗해지기를 원하며 모든 사람이 자신처럼 신을 사랑하고 찬양하기를 원한다. 그러므로 인간은 자기 육신을 재촉하기 위해 게으를 수 없고, 이것 때문에 육신을 복종시키기 위해 많은 선행을 하지 않으면 안 된다. 그러나 행위는 인간이 신 앞에서 경건하고 의롭게 되기 위한 정당한 선이 아니다. 인간은 값없는 사랑에서 선행을 행하여 신에게 순종해야 한다. 그러므로 인간은 만사에 신에 기꺼이 순종하고자 하며, 신을 기쁘게 만드는 외에 다른 것을 염두에 두지 않는다.

이런 이유에서 각자는 (사람들이 말하듯이) 어떤 척도나 기준에 의해 자기 육신을 교정해야 하는지를 스스로 터득한다. 즉 그는 그것이 자기 육신의 방종과 욕망을 억제하기에 충분하다는 것을 아는 한, 단식하고 불면하고 노동한다. 그러나 행위로써 의롭게 되기를 기대하는 사람들은 욕망을 죽이는 것에 주목하는 것이 아니라 오히려 행위에만 주목하고, 만일 이런 행위를 많이 그리고 크게 한다면 그것은 잘한 것이고 의롭게 될 것이라고 생각하며, 때로는 그들의 뇌를 해치고 본성을 파괴하고 적어도 무익하게 만든다. 그리스도인이 믿음 없이 행위를 통해 의롭고 안녕을 얻기를 바라는 것은 대단히 우둔한 짓이며, 그리스도인의 삶과 믿

---

100 「갈라디아서」 5:24.

음을 이해하지 못한 것이다.

우리가 말한 것을 더 쉽게 이해하기 위해 비유를 들어 설명해보자. 그의 믿음을 통해 순수하고 값없는 자비로써 의롭다 함을 받고 안녕을 얻은 그리스도인의 행위를 낙원에서의 아담과 이브 그리고 모든 자식들의 (그들이 죄를 짓지 않았다면) 행위와 다른 것으로 간주해서는 안 된다. 그들에 대해 「창세기」 2장에 기록하기를, 신은 자신이 만든 인간을 낙원에 두어 그곳을 경작하고 지키도록 했다고 한다.[101] 아담은 신에 의해 의롭고 선하게 죄 없는 상태로 창조되었다. 따라서 그는 노동하고 지키는 일을 통해 의롭게 되고 올바르게 될 필요는 없었다. 그러나 그가 게으르지 않게 하기 위해 주님은 그에게 낙원을 경작하고 심고 지키도록 만들었다. 이것은 진실로 전적으로 자유로운 행위였으니, 오직 신을 기쁘게 하는 것 외에 다른 목적을 위해 한 것은 아니었고 의를 얻기 위함도 아니었다. 그는 의를 이미 완전히 가지고 있었으니, 우리 모두에게도 선천적으로 주어진 것이었다.

그러므로 자신의 믿음을 통해 다시 낙원에 옮겨지고 새로이 태어난 믿는 인간의 행위는 의로워지기 위해 어떤 행위도 필요치 않다. 도리어 인간이 게으르지 않고 자신의 육신을 단련하고 유지하기 위해 우리가 완전한 믿음과 사랑으로 아직 완전하게 새로 창조된 것이 아닌 한, 오직 신을 기쁘게 하려는 마음에서 그런 자유로운 행위를 행해야 한다. 믿음과 사랑은 성장해야 하되, 행위를 통해서가 아니라 스스로 성장해야 한다.

그 밖에 거룩한 주교는 교회를 봉헌하거나 아이들에게 견신례를 베풀거나 기타 그의 직무를 수행함으로써 주교로 봉헌되는 것이 아니다. 그가 그전에 주교로 서품을 받지 않았다면 어떤 그의 행위도 효력이 없고 어리석고 유치하고 우스꽝스러운 짓이 될 것이다. 그러므로 믿음을

---

101 「창세기」 2:15.

통해 봉헌된 그리스도인은 선행을 행하지만, 이 행위를 통해 더 거룩해 지거나 더 그리스도다운 그리스도인이 되지는 않는다. 즉 이런 행위는 믿음의 행위일 뿐이다. 그가 그전에 믿어서 그리스도인이 되지 않았다면 그의 모든 행위는 아무런 효력이 없고 진실로 불경건하고 저주받을 죄에 지나지 않을 것이다.

그러므로 이 두 가지 말이 참되다. "선한 행위가 선한 인간을 만들지 않는다. 오히려 선한 인간이 선한 행위를 한다. 악한 행위는 악한 인간을 만들지 않는다. 오히려 악한 인간이 악한 행위를 한다." 그러므로 언제나 모든 선한 행위 이전에 본성 내지 인격이 선해야 한다. 그러면 선한 행위가 선한 인격에서 뒤따라 나온다. 이것은 그리스도가 다음과 같이 말한 것과 같다. "악한 나무는 좋은 열매를 맺지 못하고, 선한 나무는 악한 열매를 맺지 못한다."[102] 그런데 분명한 사실은 열매가 나무를 맺는 것이 아니므로 또한 나무가 열매에서 자라는 것이 아니라 거꾸로 나무가 열매를 맺으며 열매가 나무에서 자라는 것이다. 그러므로 나무가 열매보다 먼저 있어야 하고 열매가 나무를 선하거나 악하게 만드는 것이 아니라 반대로 나무가 이런 열매를 만드는 것이 필연적인 것처럼 인간이 선하거나 악한 행위를 하기 전에 인격이 먼저 의롭거나 악하다는 것이 필연적이다. 또 그의 행위가 그를 선하거나 악하게 만드는 것이 아니라 그 자신이 선하거나 악한 행위를 행한다.

유사한 경우를 모든 기술(技術)에서 볼 수 있다. 좋거나 나쁜 집이 좋거나 나쁜 목수를 만드는 것이 아니라 좋거나 나쁜 목수가 좋거나 나쁜 집을 짓는다. 보편적으로 어떤 작품이 장인을 만드는 것이 아니라 장인이 작품을 만든다. 그러므로 인간의 행위에서도 마찬가지다. 인간이 믿음 안에 있느냐 불신앙 안에 있느냐에 따라 그의 행위도 달라진다. 그가 믿음 안에 있다면 선하고, 그가 불신앙 안에 있다면 악할 것이다. 그러

---

102 「마태복음」7:18.

나 거꾸로 행위가 어떠한가에 따라 또한 인간이 신앙 또는 불신앙 안에 있는 것이 아니다. 행위가 인간을 신실하게 만들지 못하듯이 또한 의롭게 만들지도 못한다. 그러나 믿음이 신실하고 의롭게 만드는 것처럼 또한 선한 행위를 만든다. 그러므로 행위가 아무도 의롭게 만들지 못하고, 인간은 선을 행하기 전에 먼저 의로워야 한다면 오직 믿음만이 신의 순수한 자비로써 그리스도를 통해 그의 말씀에서 인간을 합당하게, 충분히 의롭고 건강하게 만드는 것이 분명하다. 어떤 행위나 율법도 그리스도인에게는 안녕을 위해 필요치 않으니, 그는 믿음을 통해 모든 율법으로부터 자유롭고, 순수한 자유에서 거저 모든 일을 행하며, 자신의 유익이나 복을 구하지 않고, 오직 신을 기쁘게 하기 위해 모든 일을 행한다. 그는 이미 자신의 믿음으로 신의 은총에 만족하고 행복하기 때문이다.

믿음이 없는 자에게는 어떤 선한 행위도 의와 안녕에 도움이 되지 못한다. 반대로 어떤 악한 행위도 그를 악하고 저주받게 만들지 못하고, 도리어 인간과 나무를 악하게 만드는 불신앙이 행위를 악하고 저주받게 만든다.

그러므로 인간이 의롭거나 악하게 될 때 이것은 행위에서 시작되는 것이 아니라 믿음 또는 불신앙에서 시작된다. 이것은 지혜로운 사람이 다음과 같이 말한 것과 같다. "모든 죄의 시작은 신을 피하고 그를 신뢰하지 않는 것이다."[103] 또한 바울은 「히브리서」 11장에서 다음과 같이 말한다. "하나님께 나아가는 자는 믿어야 한다."[104] 그리스도도 같은 것을 다음과 같이 가르쳤다. "나무를 좋게 만들면 그 열매도 좋고, 나무를 나쁘게 만들면 그 열매도 나쁘다."[105] 이것은 마치 "좋은 열매를 맺으려는 자는 먼저 나무를 좋게 심어야 한다"라고 말하는 것과 같다. 그러므

---

103 「시락서」 10 : 14~15.

104 「히브리서」 11 : 6.

105 「마태복음」 12 : 33.

로 선행을 행하고자 하는 자는 행위가 아니라 믿음에서 시작해야 한다. 믿음이 인격을 선하게 만든다. 믿음이 아니고는 아무것도 인격을 선하게 만들지 못하고, 불신앙이 아니고는 어느 것도 인격을 악하게 만들지 못하기 때문이다.

행위에 의해 인간이 사람들 앞에서 선하거나 악하게 되는 것은 사실이다. 즉 이렇게 되는 것은 누가 선한지 또는 악한지 드러나고 알려지는 것과 같다. 이것은 그리스도가 「마태복음」 7장에서 다음과 같이 말한 것과 같다. "너희는 그 열매에서 그 나무를 알아야 한다."[106] 그러나 이 모든 것은 외적인 현상에 머무니, 여기서 많은 사람들은 착각한다. 그래서 그들은 우리가 선한 행위에 의해 의로워질 수 있다고 쓰고 가르치지만 그 사이에 믿음에 대해 결코 기억하지 않고, 언제나 자기 길에서 헤매고 착각하고 더욱 나쁜 길로 나가며, 맹목적으로 다른 맹인을 인도하고 많은 행위로써 자신을 피곤하게 하지만 결코 참된 의에 도달하지 못한다. 이것에 대해 바울이 「디모데 후서」 3장에서 말한다. "그들은 겉으로는 경건한 척하지만 그것의 능력을 부정하며 언제나 배우지만 결코 참된 의에 도달하지 못하니라."[107]

그러므로 맹인처럼 착각하지 않으려는 자는 행위나 행위의 계명 또는 가르침을 보기보다는 더 멀리 보아야 하고, 행위로부터 눈을 돌려 인격을 주시하고 어떻게 인격이 의롭게 되는가를 보아야 한다. 인격은 행위나 율법을 통해서가 아니라 신의 말씀과 (즉 신의 은총의 약속) 믿음을 통해 의롭게 되고 안녕을 얻는다. 그러므로 신은 믿는 우리를 우리의 의로운 행위로써가 아니라 자비로 말미암아 그의 은혜로운 말씀을 통해 건강하게 함으로써 신적 주권의 영광이 서게 된다.

이 모든 것에서부터 어떻게 선행을 포기해야 하는지 아니면 수용해

---

106 「마태복음」 7:20.
107 「디모데 후서」 3:5, 7.

야 하는지, 또 어떤 기준에서 행위에 대해 주어진 모든 가르침을 이해해야 하는가를 쉽게 알 수 있다. 행위를 의를 위한 왜곡된 바다 괴물[108]에 비유한다면 우리가 행위를 통해 의롭게 되리라는 그릇된 신념을 가지고 행위가 이루어진다면 행위는 이미 필연성을 강제하고 자유를 신앙과 함께 파괴한다. 그리고 행위는 이 괴물에 의해 이미 선하지 않고 저주스러운 것이 된다. 왜냐하면 그런 행위는 자유롭지 않고, 다만 믿음을 통해 의롭고 건강하게 만드는 신의 은혜를 모독하는 것이기 때문이다. 왜냐하면 행위는 의롭게 만들 수 없으나 불경건한 기대에 의해 우리의 어리석음을 통해 추구하고 신의 은총의 역사와 그 영광에 폭력적으로 간섭한다. 그러므로 우리는 선한 행위를 포기하지 않고 최대한 포용하고 가르쳐야 한다. 즉 행위 자체 때문이 아니라 그것의 불경건한 첨가물과 의를 구하는 왜곡된 생각 때문에 행위를 저주한다. 그러므로 행위는 외형적으로만 선하게 보일 뿐 실제로는 선하지 않으니, 이것에 의해 사람들은 양의 탈을 쓴 사나운 늑대처럼 착각하고 또 다른 사람을 기만한다.

그러나 진지한 믿음이 없는 경우 행위에서 바다 괴물과 왜곡된 생각은 극복할 수 없다. 행위의 파괴자 믿음이 와서 마음을 지배하기까지는 그런 생각은 저 거룩한 행위자들에게서 사라질 수 없다. 자연은 그 생각을 스스로 자기 밖으로 몰아낼 수 없고 인식할 수도 없고, 도리어 그것을 가장 거룩한 의지의 자리로 인도한다. 여기에서 관습이 가담하고 이 왜곡된 자연을 강화한다면 (불경건한 교사들이 행한 것처럼) 그것은 치유 불가능한 악이 되고 수많은 사람을 돌이킬 수 없게 유혹하고 멸망시킨다. 그러므로 회개와 고백, 보속에 대해 쓰고 설교하는 것이 좋은 일일지라도 여기에 머물고 믿음까지 이르게 가르치지 못하면 그런 교훈은 의심의 여지 없이 기만적이고 악마적인 가르침이다. 그래서 그리스도는

---

108   leviathan = additamentum.

요한처럼 "회개하라"라고 말할 뿐만 아니라 믿음의 말씀을 덧붙여 하늘 나라가 가까이 올 것이라고 말했다.[109]

사람은 신의 말씀 가운데 한 가지만 설교해서는 안 되고, 두 가지 모두를 설교해야 한다. 즉 보물에 대한 옛 언약과 새로운 언약, 율법의 음성뿐만 아니라 은총의 말씀이다. 사람들이 두려워하고 자신의 죄를 인식하도록 하기 위해 율법의 음성을 선포하고, 이로써 그들이 회개하고 더 나은 삶으로 전향하게 만들어야 한다. 그러나 여기서 머물러서는 안 된다. 즉 이것은 상처를 입히고 싸매지 않는 것이고, 때리고 치유하지 않는 것이며, 살해하고 살리지 않는 것이고, 지옥으로 인도하고 되돌아오게 하지 않는 것이며, 낮추고 들어 올리지 않는 것이다. 그러므로 은혜의 약속과 죄의 용서를 설교함으로써 믿음을 가르치고 세워야 한다. 믿음 없이는 율법과 통회, 회개, 다른 모든 것을 가르치는 것은 헛된 일이다.

죄의 회개와 은총을 설교하는 설교자들이 있지만, 그들은 다른 사람들이 회개와 은총이 어디서 어떻게 오는지 배울 수 있도록 신의 율법과 약속을 설명하지 않는다.

「로마서」 10장에서 말한 것처럼 회개는 신의 율법에서 나오지만, 믿음 또는 은총은 신의 약속에서 나온다. "믿음은 들음에서 오고, 들음은 그리스도의 말씀을 통해서이다."[110] 그러므로 신의 율법이 주는 위협과 공포 때문에 비천해지고 자기 인식에 도달한 인간은 신의 말씀을 믿음으로써 위로받고 높여진다. 그래서 「시편」 29편은 다음과 같이 말한다. "저녁에 눈물을 흘려도 아침에 기쁨이 넘친다."[111]

이것으로써 행위에 대해 그리고 동시에 그리스도인이 자신의 육신에

---

109 「마태복음」 4:7.

110 「로마서」 10:17.

111 「시편」 30:6. 비텐베르크 판과 예나 판: Psal. 30.

실천해야 할 일에 대해 일반적으로 말했다. 마지막으로 우리는 그리스도인이 자기 이웃에 대해 해야 할 일을 말하려고 한다.

왜냐하면 인간은 자기의 죽을 육신 안에서 홀로 자신을 위해 사는 것이 아니라 땅 위의 모든 인간들과 더불어 살기 때문이다. 그는 다른 인간을 위해 살며 자신을 위해 살 수 없다.

그는 다른 사람에게 더 진지하게, 자유롭게 봉사하기 위해 자신의 육신을 굴복시키기 때문이다. 이것은 바울이 「로마서」 14장에서 다음과 같이 말한 것과 같다. "아무도 자신을 위해 살지 않으며 아무도 자신을 위해 죽지 않는다. 사는 자는 주님을 위해 살며, 죽는 자는 주님을 위해 죽기 때문이다."[112] 그러므로 이 삶에서 게으르게 있을 수 없고, 자기 이웃에 대한 행위가 없을 수 없다. 「바룩서」 3장에서 말한 것처럼 인간의 형상으로 만들어진 그리스도가 인간과 같은 형상을 하고 인간들과 교제한 것처럼[113] 그리스도인은 다른 사람과 더불어 살고 교제할 필요가 있다.

그럼에도 불구하고 의와 안녕을 위해 이런 행위는 필요하지 않다. 그러므로 자신의 모든 행위에서 이웃의 필요와 편의만 목전에 두면서 다른 사람을 섬기고 행하는 모든 일에서 도움이 되어야 한다는 생각과 목적을 가져야 한다. 그래서 바울은 우리가 궁핍한 자에게 베풀기 위해 손수 일하라고 말한다.[114] 그는 우리 자신을 먹이기 위해서라고 말할 수 있었음에도 불구하고 '궁핍한 자에게 베풀기' 위함이라고 말한다. 강한 지체가 약한 지체를 섬기는 것처럼 우리가 육신의 안녕과 편함을 위해 수고하고 궁핍한 자들을 도울 수 있는 일을 찾고 봉사하기 위해 육신을 돌보는 것이 그리스도인다운 것이다. 이로써 우리는 신의 자녀들이 되

---

112 「로마서」 14 : 7~8.
113 「바룩서」 3 : 38.
114 「에베소서」 4 : 28.

고, 서로서로를 위해 배려하고 수고하며 상호 짐을 져주어서 그리스도의 법을 성취한다. 보라, 이것이 참으로 그리스도인의 삶이니, 여기서 진실로 믿음은 사랑을 통해 효과를 갖는다. 즉 사랑과 기쁨으로 자유로운 섬김의 행위로 전진한다. 그리스도인은 이 기쁨을 가지고 다른 사람을 거저 자발적으로 섬기되, 충만하고 부유한 믿음으로 섬긴다.

바울은 빌립보 사람들에게 사람들이 그 안에서 모든 것을 획득한 그리스도에 대한 믿음을 통해 얼마나 부유해졌는지를 가르친 후 계속해서 다음과 같이 말했다. "여러분이 그리스도 안에서 가지는 위로와 여러분이 여러분에 대한 우리의 사랑에서 얻는 위로와 여러분이 모든 영적인 의로운 그리스도인과 가지는 교제가 있거든 여러분은 같은 생각을 품고, 서로가 사랑을 보이고 서로 섬기고 각자가 자기 자신이나 자기 일만을 돌보지 않고 다른 사람을 돌보며 다른 사람에게 필요한 것을 돌봄으로써 내 마음을 충만하게 하라."[115] 여기서 바울은 우리의 모든 행위가 다른 사람의 유익을 위해 조정되어야 하는 규칙을 따르도록 그리스도인의 삶을 규정한 것을 분명히 알 수 있다. 왜냐하면 각자는 믿음으로써 충분하며, 다른 모든 행위와 삶은 자신의 이웃을 자발적인 선의로 섬기고 선행을 베풀기에 넉넉하기 때문이다.

그는 여기서 그리스도를 예로 들어 말한다. "그러므로 여러분은 그리스도에게서 보는 것과 같은 마음을 품으라. 그분은 신의 형상 안에 있었을지라도 자신이 신과 동등함을 이점으로 여기지 아니하시고, 도리어 자신의 모든 것을 비워 종의 형상을 취하셨으며 인간과 같은 모습이 되어 인간처럼 나타나사 죽기까지 복종하셨느니라."[116] 사도의 개념인 '신의 형상'(forma dei), '종의 형상'(forma servi), '모습'(habitus), '인간과 같은 모습'(similitudo hominum)을 전혀 이해하지 못하고 신성과 인간성

---

115 「빌립보서」2:1~4.

116 「빌립보서」2:5~8.

으로 옮긴 자들은 사도의 이 유익한 말을 모호하게 만들었다. 왜냐하면 바울은 그리스도가 신의 형상으로 가득하고 온갖 선한 것으로 충만해서 어떤 행위도, 고난도 필요 없이 의롭고 건강을 얻을 수 (그는 이 모든 것을 처음부터 가지고 있었으므로) 있었음에도 불구하고, 그것들로 우쭐하거나 우리에 대해 교만하거나 (정당하게 주장할 수 있었을지라도) 우리에 대한 어떤 권세를 요구하지 않았다. 도리어 수고하고 일하고 고난 받고 죽음으로써 다른 인간들과 같았으니, 신의 형상을 갖지 않은 것처럼 모습이나 행동에서 다른 인간과 다르게 행하지 않았다. 이 모든 일을 그는 우리를 위해 행했으니, 우리를 섬겼고 이 종의 형상으로 행한 모든 일이 우리를 위한 일이 되었다.

그러므로 그리스도인은 그의 머리인 그리스도처럼 그에 대한 믿음으로 가득하고, 이 믿음이 완성되기까지 (내가 말한 대로) 이 믿음이 성장하지 않는 한, 얻은 믿음을 통해 이 신의 형상으로 만족해야 한다. 그리스도인의 삶과 의, 안녕은 위에서 말한 것처럼 그리스도가 가진 인격을 유지하고, 신이 기뻐할 만하게 만들고(gratam faciens),[117] 모든 것을 베풂에 있다. 이것은 바울이 「갈라디아서」 2장[118]에서 다음과 같이 확언한 것과 같다. "내가 지금 육신 안에 사는 것은 신의 아들 그리스도에 대한 믿음 안에서 사는 것이라."[119] 그는 모든 행위로부터 자유로우나 이 자유 안에서 다시금 자신을 비워 종의 형상을 취하고 다른 인간과 같게 되고 인간과 같은 모습이 되어 신이 그리스도를 통해 자신에게 대하듯 그렇게 봉사하고 돕고 전적으로 자기 이웃을 대해야 한다. 또한 이 모든 것을 거저 행하며, 거기서 신을 기쁘게 하는 것 이외에 아무것도 고려하지 않는다. 그리고 그는 이렇게 생각해야 한다. "나의 신이 나 같은 쓸모

---

117 D, E: 'gratiam faciens'.
118 A와 나머지 특별판, 비텐베르크 판, 예나 판: Gal. 1.
119 「갈라디아서」 2:20.

없고 저주받은 인간에게 아무런 공로도 없이 거저 순전히 자비로써 그리스도를 통해 그 안에서 모든 의와 안녕의 풍성함을 주셨다. 그러므로 나는 더 이상 믿는 것 외에는 아무것도 필요하지 않다. 그러므로 나는 그의 넘치는 호의로써 나에게 선사하시는 그런 아버지를 위하여 자유로이, 기쁘게 그리고 거저 그가 기뻐하는 일을 행할 것이며, 또한 나의 이웃을 위해서도 그리스도가 나에게 그러했듯이 그리스도인이 될 것이다. 나는 내 믿음을 통해 그리스도 안에서 모든 것을 충분히 가졌으므로 이웃에게 필요하고 유익하고 복되다고 생각하는 것 외에는 행하지 않을 것이다."

보라, 그러므로 믿음으로부터 신에 대한 사랑과 기쁨이 흘러나오며, 사랑으로부터 이웃을 위해 자발적으로 봉사하기 위한 기쁘고 유쾌하고 자유로운 마음이 나오기 때문에 감사 또는 배은망덕, 칭찬 또는 질책, 이득 또는 저주를 감안하지 않을 것이다. 그는 다른 사람들로 하여금 자신에게 감사할 의무를 갖도록 만들기 위해 이런 일을 하지 않으며, 친구와 원수를 구별하지도 않고, 감사하는 자와 배은망덕한 자를 추정하지도 않는다. 도리어 아주 자유롭게 기꺼이 자신의 것을 —배은망덕한 자들에게 그것을 상실하거나 보답을 받거나 간에— 나눠준다. 그의 아버지도 모든 사람에게 모든 것을 풍성하게 자유롭게 분배하고, 태양을 선한 자와 악한 자에게 떠오르게 하기 때문이다. 그러므로 자식은 그리스도를 통해 수많은 것을 베푸는 신 안에서 사랑받는 그 기쁨으로 대가 없이 모든 일을 행하며 감수한다.

따라서 우리가 선사받은 것이 가장 크고 소중하다는 것을 안다면 바울이 말한 것처럼[120] 영을 통해 우리 마음에 사랑이 부어짐을 알게 된다. 이 사랑으로 우리는 자유롭고 유쾌하고 전능한 일꾼, 모든 환란의 승리자, 이웃의 종, 그럼에도 불구하고 모든 사람의 주가 된다. 그러나

---

120 「로마서」5:5.

그리스도를 통해 자신에게 주어진 것을 알지 못하는 자에게는 그리스도가 헛되이 태어난 것이니, 그들은 행위를 통해 그런 것의 맛과 느낌에 결코 도달하지 못할 것이다. 그러므로 우리의 이웃이 궁핍을 당하고 우리의 남은 것을 필요로 하는 것과 같이 우리는 신 앞에서 궁핍을 당하며 그의 자비를 필요로 한다. 그러므로 하늘의 아버지가 그리스도를 통해 우리를 거저 도와준 것과 같이 우리도 몸과 행위를 통해 거저 이웃을 돕고 각자는 다른 사람에게 그리스도가 되어야 한다. 이로써 우리는 서로 그리스도가 되고 모든 일에서 그리스도, 즉 참 그리스도인이 된다.

그러므로 누가 그리스도인이 갖는 삶의 부유함과 영광을 알 수 있겠는가? 이 삶은 모든 것을 가질 수 있고 아무것도 궁핍하지 않으며, 죄와 죽음, 지옥의 주인 동시에 그럼에도 불구하고 모든 것의 종이며 순종적이고 도움이 된다. 그러나 이 삶은 유감스럽게도 온 세상에 알려져 있지 않을 뿐만 아니라 더 이상 선포되지도 추구되지도 않는다. 그래서 우리는 우리의 이름조차 알지 못하니, 어째서 우리가 그리스도인이며 그리스도인이라 불리는지 알지 못한다. 분명히 우리는 그리스도에 의해 이렇게 부름을 받았으니, 그는 우리에게서 떠나지 않고 우리 안에 거주하고 있다. 즉 우리가 그를 믿는 한, 그리고 그리스도가 우리에게 행한 것처럼 이웃에게 행함으로써 다른 사람에게 그리스도가 된다. 그러나 지금 인간들의 교훈은 오직 공로와 상급 그리고 우리의 것만을 추구하도록 가르치며, 그리스도를 다만 모세보다 훨씬 엄격한 감독자로 만들었다.

「누가복음」 2장에 기록된 것처럼 축복받은 처녀도 다른 여인들처럼 모세 법에 따라 자신을 정결하게 함으로써 다른 여인들 앞에 이런 신앙의 모범을 보여주었다.[121] 그녀는 이런 법에 구속되지 않았고 그럴 필요도 없었음에도 불구하고 자발적으로 자유로운 사랑으로 율법에 굴복했

---

121 「누가복음」 2:22 이하.

으며, 다른 여인들을 노하게 만들거나 멸시하지 않기 위해 그들과 똑같이 했다. 그러므로 그녀는 이 행위로 의롭게 된 것이 아니라 대가 없이 자유로이 행함이 그녀를 의롭게 만들었다. 즉 우리의 행위는 의롭게 되기 위해 행해져서는 안 된다. 왜냐하면 우리는 먼저 믿음으로 의롭게 되어 다른 사람을 위해 자유롭고 즐겁게 모든 일을 행해야 하기 때문이다.

성 바울은 자기 제자 디모데가 할례를 받도록 했다.[122] 이것은 의를 위해 그에게 할례가 필요했기 때문이 아니라 믿음이 약한 유대인들에게 상처를 주거나 멸시하지 않기 위해서였다. 그들은 아직 믿음의 자유를 이해할 수 없었다.

그러나「갈라디아서」2장에서 보듯이, 반대로 사람들이 신앙의 자유를 멸시하고 의를 위해 할례가 필요하다고 주장했을 때 사도는 반대했고 디도가 할례를 받는 것을 허락하지 않았다.[123]

그는 약한 믿음에 상처를 주거나 멸시하지 않기를 바라 일시적으로 그들의 뜻에 양보한 것처럼 그는 행위적 의를 고집하는 자들에 의해 신앙의 자유가 손상되거나 멸시당하는 것을 바라지 않았다. 그는 중도를 걷고, 임시적으로 약한 자들을 배려하며, 언제나 완고한 자들에게 저항함으로써 모든 사람을 신앙의 자유로 돌아서게 만들었다. 그가「로마서」14장에서 가르친 것처럼 우리는 같은 열성으로 믿음이 약한 자들을 받아들여야 하지만,[124] 행위를 고집하는 교사들에게 강력히 저항해야 한다. 이 문제에 대해서는 아래에서 더 자세히 말할 것이다.

그리스도는「마태복음」17장에서 사람들이 그의 제자들에게 두 드라크마를 요구했을 때 성 베드로와 왕의 자식이 세금을 면제받는 것이 아닌가를 물었다. 베드로가 그렇다고 대답했을 때 그리스도는 그에게 바

---

122 「사도행전」16:3.
123 「갈라디아서」2:3.
124 「로마서」14:1 이하.

다로 가라고 명령하면서 다음과 같이 말했다. "우리가 그들을 불쾌하지 않게 만들기 위해서 가서 내가 잡는 첫 번째 고기를 취하라, 그러면 고기의 입에서 동전 하나를 발견할 것이니 그것을 나와 네 몫으로 내어라."[125] 이것은 이 가르침에 대한 훌륭한 예이다. 왜냐하면 그리스도는 자기 자신과 그의 추종자들은 아무것도 필요로 하지 않으나 기꺼이 굴복하여 섬기고 세금을 내는 왕의 자유로운 자녀들이라고 불렀기 때문이다. 그러므로 이 행위가 그리스도에게 의 또는 안녕을 위해 필요하거나 도움을 주었던 것만큼 그와 모든 그리스도인의 다른 행위는 그들의 의를 위해 효력이 있다. 왜냐하면 모든 행위는 의보다 사후적이고, 다만 다른 사람들에게 복종하기 위한 자유로운 행위이며 타의 모범을 위한 것이기 때문이다.

바울이 「로마서」 13장과 「디도서」 3장에서 명령한 것이 이런 것이니, 사람들이 세상 권세에 굴복하고 모든 선을 행할 준비를 갖추되, 이로써 의롭게 되기 위해서가 아니라 (왜냐하면 그들은 이미 믿음으로 의롭기 때문이다) 영의 자유로써 다른 사람과 권세를 섬기고 대가 없는 사랑으로 그들의 뜻을 따르기 위해 그렇게 할 것을 명령한다.[126] 모든 형제단, 사제들, 수도사들의 행위도 이런 것이야 하니, 각자가 이것을 통해서 의가 아니라 다만 다른 사람의 뜻에 자신의 몸을 굴복시키고, 자신의 몸의 훈육을 필요로 하는 다른 사람에게 모범을 보여주기 위해 자기 소명과 신분의 일을 할 것이다. 그리고 각 사람은 대가 없는 사랑으로 다른 사람의 뜻에 순종하면서 그럼에도 헛된 신념으로 이것을 통해 의로워지거나 보상을 받고 안녕을 얻을 것을 기대하지 않도록 언제나 극도로 주의해야 한다. 내가 종종 말한 것처럼 그런 일은 오직 믿음의 일이기 때문이다.

---

125 「마태복음」 17:24~27.
126 「로마서」 13:1 이하; 「디도서」 3:1.

그러므로 이 지식을 가지는 자는 쉽고도 위험 없이 교황, 주교, 수도원, 교회, 제후, 군주들의 허다한 명령과 법에 순응할 수 있을 것이다. 몇몇 어리석은 목자들은 마치 이것이 의와 안녕을 위해 필요한 것처럼 촉구하며, 이것이 아무것도 아님에도 불구하고 교회법이라고 부른다. 자유로운 그리스도인은 이렇게 말한다. "나는 단식할 것이고 기도할 것이고 명령된 이것저것을 행할 것이지만, 나의 의와 안녕을 위해 필요하기 때문이 아니고 교황, 주교, 공동체, 군주들 또는 내 이웃에게 모범을 보이고 모든 것을 인내하기 위함이다. 이것은 그런 것이 전혀 필요하지 않았던 그리스도 자신이 나를 위해 더 큰 일을 행했고 고난을 당했고, 율법 아래 있지 않음에도 불구하고 나 때문에 율법 아래 태어난 것과 같다." 설령 폭군이 폭력과 불의를 행하여 그런 일을 요구할지라도 그것이 신의 뜻에 거슬리지 않는 한, 내게는 아무런 해를 끼치지 않을 것이다.

이 모든 것에서 각자는 모든 행위와 법에 대해 확실하게 판단하고 신실하게 구별할 수 있을 것이며, 또한 누가 눈멀거나 어리석은 성직자이고 누가 올바르고 선한 목자인가를 알 수 있을 것이다. 신에 반하여 행동하도록 강요받지 않는 한, 육신을 단련하기 위해 또는 이웃에게 순종하기 위해 행하지 않는 행위는 좋은 그리스도인다운 행위가 아니다. 또한 여기서 나는 형제단, 수도원, 교회 제단, 미사, 단식과 일부 성자에 대한 특별 기도는 거의 그리스도교적이 아니지 않을까 우려한다. 나는 이 모든 일에서 우리가 이것을 통해 자신의 죄가 정화되고 안녕을 얻을 수 있다고 생각함으로써 다만 자기 것만 추구하지 않는가를 염려한다. 또한 이런 생각은 그리스도인의 믿음과 자유에 대한 무지에서부터 오는[127] 것이므로 이로써 그리스도인의 자유가 철저히 말살된다.

---

127 A : 'venit' 없이 'fidei Christianae liberrime' ; D, E : 'fidei Christianae et liberrimae
    venit' ; 비텐베르크 판과 예나 판 : 'Christianae fidei et libertatis venit'.

많은 눈먼 목자들이 백성에게 그런 행위를 칭송하고 면죄부로 부채질하지만, 믿음은 결코 가르치지 않은 채 그런 행위를 하도록 격려하고 촉구함으로써 이 무지와 자유에 대한 탄압을 부지런히 확증한다. 그러나 당신이 기도하고 단식하거나 교회에서 (그들이 말하는 대로) 세우고자 한다면 나는 당신에게 충고한다. 즉 당신이 자신을 위해 어떤 — 일시적이거나 영속적이거나를 막론하고 — 유익한 일을 마련하려는 목적으로 행하지 않도록 조심하라. 당신은 당신에게 모든 것을 제공할 수 있는 당신의 신앙에 해를 끼칠 것이기 때문이다. 그러므로 믿음이 능동적이든 수동적이든 간에 실천을 통해 성장하도록 보살피고, 다른 사람이 당신과 당신의 선함에서 성장하고 안녕을 누릴 수 있도록 당신이 줄 것을 자유로이 거저 주라. 이로써 당신은 진실로 선한 그리스도인이 될 것이다. 당신이 믿음을 통해 자신을 위해 넘치도록 가졌고 신이 믿음 안에서 모든 것을 당신에게 선사했다면 몸을 훈련함에는 필요치 않는 당신의 선행(bona opera)[128]이 당신에게 무슨 유익이 있는가?

보라, 우리가 신으로부터 받는 자비는 한 사람으로부터 다른 사람에게로 흘러들어가 모든 사람에게 주어져야 한다. 이로써 각자는 자기 이웃을 받아들이고 마치 자신이 그 대신인 것처럼 그에게 행동해야 한다. 신의 자비가 그리스도로부터 우리에게로 흘러온다. 그는 마치 자신이 우리인 것처럼 우리를 받아들이고 우리를 위해 일한다. 우리로부터 신의 자비가 그것을 필요로 하는 자들에게로 흘러가야 한다. 그러므로 또한 내 이웃의 죄를 가리고 대신 기도하기 위해 신 앞에 나의 믿음과 의를 내놓아야 한다. 그리스도가 우리를 위해 그렇게 했듯이 그 죄를 스스로 받아들이고 그들의 죄가 마치 내 죄인 것처럼 죄 가운데에서 애쓰고 섬길 것이다. 이것이 참된 사랑이고 그리스도인의 삶의 진정한 규칙이기 때문이다. 그런데 믿음이 참되고 순수할 때 사랑도 참되고 순수하다.

---

128   A, D, E: 'bona et opera'.

그러므로 사도는 「고린도 전서」 13장에서 사랑이 자기 것을 구하지 않는다고 사랑을 칭송한다.[129]

그러므로 그리스도인은 자기 자신 안에서 사는 것이 아니라 그리스도와 자기 이웃 안에 살며, 그러나 믿음을 통해 그리스도 안에, 사랑을 통해 이웃 가운데 있는 것은 그리스도교적이 아니라(aut Christianum non esse, in Christo per fidem)[130]는 결론을 내린다. 즉 믿음을 통해 자신을 넘어 신에게로 올라가며, 다시 사랑을 통해 자신을 지나 이웃에게로 내려오며, 그럼에도 언제나 신과 신의 사랑 안에 머문다. 이것은 그리스도가 「요한복음」 1장에서 말한 것과 같다. "너희는 하늘이 열리고 천사들이 인자 위에서 오르락내리락하는 것을 보게 되리라."[131]

이상이 당신이 보는 것처럼 우리 마음을 모든 죄와 율법, 계명으로부터 해방하는 영적이고 참된 자유에 대한 말이다. 바울이 「디모데 전서」 1장에서 "율법은 의인을 위해 제정된 것이 아니"라고 말한 것처럼[132] 이 자유는 하늘이 땅을 능가하듯 모든 다른 자유를 능가한다. 그리스도는 우리로 하여금 이 자유를 이해하고 지키게 만든다. 아멘.[133]

마지막으로 나에 대해 선하게 말하지 않고 내 말을 곡해함으로써 왜곡하는 자들이 그럼에도 불구하고 내 말을 이해할 수 있다면 그들을 위해서 몇 마디 추가해야 한다. 이 신앙의 자유를 들으면 곧 그것을 육적 방종으로 바꾸고 자신이 모든 것을 할 수 있다고 생각하는 자들이 많다. 그들은 정해진 날에 금식하지 않고 또는 다른 사람들이 금식할 때 그들 자신은 고기를 먹거나 관습적인 기도를 생략하고 코를 찌푸리면서 인

---

129   「고린도 전서」 13:5.

130   D, E : 'aut Christianum esse in Christo per fidem'.

131   「요한복음」 1:51.

132   「디모데 전서」 1:9.

133   독일어 판은 여기서 끝난다.

간들의 명령을 조롱하기 때문에 그리스도인이 되는 것처럼 의식과 인간적 법과 전통을 멸시하고 비난함으로써만 자유로운 그리스도인처럼 보이기를 바란다. 그러나 그들은 그리스도교와 관련된 나머지 것은 완전히 무시한다. 다른 한편에서 이런 자들과 대립해 정해진 날에 금식하거나 육식을 절제하거나 일정한 기도문을 외우고, 그들 자신은 순수한 믿음의 일을 조금도 행하지 않으면서 교회법과 교부의 명령을 자랑함으로써 의롭게 되는 것처럼 의식을 준수하고 중시함으로써 안녕을 얻으려고 하는 자들이 있다. 양자는 분명히 책망받을 만하다. 왜냐하면 더 중요하고 안녕에 필요한 일은 소홀히 하고 사소하고 불필요한 일을 놓고 크게 흥분하여 싸우기 때문이다.

사도 바울이 중도를 걸으라고 가르치고 양쪽을 비난하여 말한 것보다 옳을 수 있는가? "먹는 자는 먹지 않는 자를 멸시하지 말며 먹지 않는 자는 먹는 자를 심판하지 말라."[134] 여기서 사도가 의식을 멸시하지 말라고 가르치기 때문에(지식이 그들을 우쭐하게 만들었기 때문에) 경건심 때문이 아니라 순전한 경멸 때문에 의식을 무시하고 비난하는 자들이 책망받는 것을 본다. 다시 사도는 그들을 심판하지 말라고 다른 완고한 자들을 가르친다. 어느 쪽도 건설적인 사랑으로 상대방을 보호하지 않기 때문이다. 그러므로 여기서 성서의 말씀을 들어야 한다. 즉 성서는 우리가 오른편이나 왼편으로 치우치지 말고, 마음을 즐겁게 하는 주님의 옳은 의를 따르라고 가르친다. 이것은 모든 사람이 행위나 의식적 실천으로 봉사하고 헌신함으로써 의롭지 않은 것처럼 그것들을 생략하고 멸시함으로써만 의롭다고 여기지 않을 것이기 때문이다.

우리는 그리스도에 대한 믿음을 통해 행위로부터 자유로운 것이 아니라 행위에 대한 생각, 즉 행위를 통해 추구하는 칭의에 대한 어리석은 기대로부터 자유롭다. 믿음은 우리의 양심을 건강하고 올바르게 만

---

134 「로마서」 14:3.

들고 지킨다. 믿음을 통해 우리는 행위가 없을 수 없고 없어서도 안 되 겠지만, 의가 행위에 있지 않음을 안다. 이것은 이 죽을 몸의 모든 행위 가 음식과 음료 없이 존재할 수 없지만 행위에 우리의 의가 있지 않고, 도리어 믿음에 있으며, 그럼에도 불구하고 행위를 멸시하거나 포기해서 는 안 되는 것과 같다. 이렇게 우리는 세상에서 이 육신적 삶의 필요에 의해 구속되지만 이로써 의롭게 되지는 않는다. 그리스도는 "내 나라는 이 세상에 속하지 않느니라"라고 말했지 "내 나라는 여기 또는 이 세상 속에 있지 않느니라"라고 말하지 않았다.[135] 또한 바울은 "우리가 육 안 에서 살지라도 육에 따라 싸우지 아니하노니"라고 말한다.[136] 또한 「갈 라디아서」 2장에서는 "내가 육 안에 사는 것은 신의 아들에 대한 믿음 안에 사는 것이라"라고 말한다.[137] 이렇게 우리가 일하고 살고 행위와 의식 안에 있음은 이 삶의 필요한 일들을 행하고 육신을 다스리고 보살 피는 것이지만, 그럼에도 불구하고 우리는 이런 것에 의해서가 아니라 신의 아들에 대한 믿음으로 의롭다.

그러므로 그리스도인은 중도를 걸어야 하고 이 두 종류의 인간을 염 두에 두어야 한다. 그는 귀머거리 독사처럼 자유의 진리에 대해 들으 려 하지 않고 옛날 유대인들처럼 믿음을 제쳐놓고 자신의 의식을 의를 위한 수단으로 내세우며, 명령하고 강요하고 잘 처신하기 위해 이해하 려 하지 않는 완고하고 고집 센 의식 지상주의자들과 봉착한다. 그는 이 런 자들에게 대항해야 하고, 그들이 이 불경건한 생각으로 많은 사람을 기만하지 않도록 반대로 행하고 강력히 제동을 걸어야 한다. 이 사람들 의 눈앞에서 고기를 먹고, 금식을 깨고, 그들이 중죄로 여기는 다른 일 을 믿음의 자유를 위해 행하는 것이 유익하다. 그들에 대해서는 "그들

---

135 「요한복음」 18:36.
136 「고린도 후서」 10:3.
137 「갈라디아서」 2:20.

을 내버려두어라, 그들은 맹인이니 맹인의 인도자"라고 말해야 한다. 그러므로 바울은 그들이 강요했을 때 디도에게 할례를 베풀기를 거부했다.[138] 또한 그리스도는 사도들이 안식일에 이삭을 훑는 것을 변호했다.[139] 다른 한편으로 그리스도인은 (사도가 말한 대로[140]) 단순하고 무지하고 믿음이 약한 자들을 만나게 되는데, 그들은 이 신앙의 자유를 이해할 수 없다. 그들을 분노하게 만들지 말고 더 완전히 깨우칠 때까지 그들의 연약함을 비난하지 않도록 배려해야 하다. 이 사람들은 완고하고 사악해서 그러는 것도 아니고, 또한 그렇게 생각하지도 않으니 다만 신앙의 약함 때문이다. 그들이 걸려 넘어지는 것을 피하기 위해 금식과 그들이 필수적이라고 생각하는 다른 일들을 지켜야 한다. 사랑은 누구도 상처 주지 않고 모든 사람에게 유익한 이런 것을 요구하기 때문이다. 그들은 자기 탓이 아니라 그들의 목자의 탓으로 약한 것이다. 이 목자들은 전통의 덫과 무기로 그들을 사로잡았고 악하게 기만했으니, 신앙과 자유의 교훈은 이 전통의 덫으로부터 벗어나야 했고 치유되어야 했다. 그래서 사도는 「로마서」 14장에서 "내 식사가 내 형제를 걸려 넘어지게 한다면 나는 영원히 고기를 먹지 않을 것이니라" 그리고 "그리스도로 말미암아 속되다고 생각하는 자를 제외하고 누구에게도 속된 것은 없으되, 걸려 넘어지게 함으로써 먹는 사람에게는 악하니라"라고 말했다.[141]

그러므로 이 전통의 교사들에게 강력히 대항해야 하고, 또한 교황의 법을 신랄하게 질책해야 할지라도(이 법을 가지고 그들이 신의 백성 가운데 광분한다) 불경건한 폭군들에 의해 이런 법으로 사로잡혀 있는 소심한 대중이 깨우칠 때까지 그들을 배려해야 한다. 그래서 늑대에 대항하

---

138   「마태복음」 15 : 14; 「갈라디아서」 2 : 3.
139   「마태복음」 12 : 1 이하.
140   「로마서」 14 : 1.
141   「로마서」 14 : 15; 「고린도 전서」 8 : 13; 「로마서」 14 : 14.

되, 동시에 양 떼에 대항하지 않고 양 떼를 위해 싸우라. 또한 당신이 법과 입법자들을 공격한다면 약한 자들이 걸려 넘어지지 않도록 그들 자신이 폭정을 인식하고 자신의 자유를 깨달을 때까지 그들과 함께 법을 지켜야 한다. 당신의 자유를 사용하고자 한다면 바울이 「로마서」 14장에서 "여러분이 가진 믿음을 신 앞에서 스스로 간직하라"[142]라고 말한 것처럼 이것을 은밀하게 행할 것이다. 그러나 약한 자들 앞에서 사용하지 않도록 조심하라. 거꾸로 폭군과 완고한 자들 앞에서는 그들을 무시하고 이 자유를 철저히 사용하라. 이것은 그들 자신도 자신이 불경건하고 자신의 법은 의를 위해 아무것도 아니고 그 법으로는 의를 세울 수 없음을 깨닫도록 하기 위함이다.

그러므로 의식과 행위 없이는 이 삶을 살 수 없을지라도 어쨌든 뜨겁고 거친 청년기는 이 사슬로 제약되고 보호받을 필요가 있고, 모든 젊은 이는 자기 육신을 같은 노력으로 단련해야 하며, 그리스도의 지혜롭고 신실한 일꾼이 되어야 한다. 그래서 그들은 그리스도의 백성을 다스리고 모든 것을 가르치되, 그들의 양심과 신앙에 상처를 입히지 말고 그들에게서 반감이나 쓴 뿌리가 올라와서 이것에 의해 여러 사람이 오염되지 않도록 할 것이다. 이것은 바울이 「히브리서」에서 믿음을 상실한 후 행위를 통해 의롭게 될 수 있는 것처럼 행위에 대한 생각으로 오염되지 말라고 훈계한 것과 같다.[143] 믿음을 한결같이 역설하지 않는 한, 믿음에 대해 침묵하고 오직 인간적 법을 가르치는 경우 이런 생각이 쉽사리 많은 사람을 오염시키는 것은 불가피하다. 지금까지 해롭고 불경건하고 살인적인 교황들의 전통과 신학자들의 견해가 이런 덫에 의해 지옥으로 끌려간 무한한 영혼들에게 행한 것처럼 말이다.

요약하자면 가난이 부유함에서, 신실함이 업무에서, 겸손이 명예에

---

142 「로마서」 14:22.
143 「히브리서」 12:15.

서, 절제가 공동생활에서, 정결이 쾌락에서 시련을 당하는 것처럼 신앙의 의가 의식에서 위협을 받는다. "솔로몬은 자신의 의복을 불태우지 않으면서 불을 가슴으로 운반할 수 있겠는가?"[144]라고 말했다. 그럼에도 불구하고 부유함과 업무, 명예, 쾌락, 잔치에서와 마찬가지로 의식에, 즉 위험에 처하지 않을 수 없다. 이것은 어린아이가 죽지 않기 위해서는 가슴을 따뜻하게 하고 하녀들의 보살핌이 절실히 필요하지만, 성인에게는 소녀들 사이에 머물러 있는 것이 건강의 위협이 되는 것과 같다. 그래서 거칠고 뜨거운 인간 세대에게는 의식의 강철 같은 족쇄로 속박하고 단련하는 것이 필요하니, 이것은 그들의 무기력한 정신이 악행을 통해 멸망하지 않기 위함이다. 그러나 그들이 그런 일을 통해 의롭게 된다고 고집을 부린다면 그들에게는 죽음이 될 것이다. 왜냐하면 그들은 차라리 그런 것을 통해 의롭게 되거나 많은 것을 얻기 위해서가 아니라 도리어 악을 행하지 않고 믿음의 의에 더 쉽게 도달하기 위함이라는 것을 배워야 하기 때문이다. 그들은 연령대의 충동을 억제하지 않는 한, 감당할 수 없기 때문이다.

그러므로 그리스도인의 삶에서 의식은 목수와 장인이 집을 짓고 재료를 가지고 작업하기 위한 준비 단계 이상으로 간주되어서는 안 된다. 재료를 준비하는 이유는 무엇인가가 남아 있기 위해서가 아니라 그것 없이는 집을 짓거나 무엇을 만들 수 없으니, 완벽한 건축물은 정돈되어야 하기 때문이다. 여기서 보듯이 건축물 자체는 멸시받지 않고 최고로 추구되지만, 아무도 의견이 진정한, 영구적인 건축물이라고 생각하지 않기 때문에 의견은 멸시받는다. 어떤 사람이 현저히 미쳐서 평생토록 이런 준비를 많은 비용을 들여가며 꾸준히 고집스럽게 진행하는 것 외에 다른 것은 신경 쓰지 않고 건축 자체에 대해서도 생각하지 않고 이런 헛된 준비와 망상에 만족하고 자신의 행위를 뽐낸다면 모든 사

144 「잠언」 6:27.

람이 그의 광증을 측은히 여기고 그가 쏟아 부은 비용으로 큰 건축물을 세울 수 있었을 텐데라고 생각하지 않겠는가? 그러므로 우리는 의식도 행위도 무시하지는 않고 가장 요구한다. 그러나 행위에 대한 생각은 멸시하는데, 이것은 사람들이 행위를 참 의로 여기지 않기 위함이다. 이것은 사도가 말한 바 "언제나 배우기는 하지만 결코 진리에 도달하지 못하는"[145] 자들처럼 이런 노력에 온 생명을 걸고(figunt)[146] 실패하는 위선자들이 결코 그 결과에 도달하지 못하는 것과 같다. 그들은 집을 지으려고 준비하는 것처럼 보이지만, 결코 집을 짓지 않기 때문이다. 즉 그들은 경건의 형상에 머물러 있고 그 능력을 건드리지 못한다. 그럼에도 불구하고 그들은 일시적으로 이런 노력에 만족하며, 감히 다른 사람들을 판단하려 한다. 그들은 다른 사람들의 행위가 유사한 화려함으로써 빛나지 않는다고 본다. 그러나 만일 그들이 믿음으로 가득했다면 헛되게 낭비하고 남용한 신의 선물로써 자신과 다른 사람의 안녕을 위해 어떤 중대한 일을 이룰 수 있었을 것이다.

그러나 인간 본성과 (그들이 말하는 대로) 자연적 이성은 천성적으로 미신적이고 앞서 주어진 법과 행위에 의해 의에 도달할 수 있다는 생각에 기울어져 있고, 여기에 추가해서 모든 지상의 입법자들 관행에 의해 같은 생각으로 길들여져 있고 고정되어 있기 때문에 자기 스스로 이 행위의 종살이에서 벗어나 신앙의 자유를 인식하는 것은 불가능하다. 그러므로 주님이 우리들을 이끌어주고 가르침 받은 자, 즉 신께 순종하는 자들로 만들고 그 자신이 우리 마음에 그가 약속한 것처럼 법을 새겨주도록 기도할 필요가 있다. 그렇지 않는 한, 행함은 우리에게 속한다. 신자신이 우리 마음에 이 은밀한 지혜를 가르치지 않는 한, 자연은 이것을 저주하지 않을 수 없고 이단적이라고 판단할 것이다. 왜냐하면 사람

---

145 「디모데 후서」 3:7.
146 D, E: 'fingunt'.

은 여기에서 걸려 넘어지고, 그에게 어리석은 것으로 보이기 때문이다. 이것은 옛날에 예언자와 사도들에게서 일어난 것과 같고, 지금 불경건하고 맹목적인 교황들이 그의 아첨꾼들과 나와 유사한 자들에게 행하는 것과 같다. 신께서 언젠가 우리와 함께(nobiscum)[147] 그들도 불쌍히 여길 것이며, 그의 얼굴을 우리 위에(super nos)[148] 비추기를. 이것은 우리가 지상에서 신의 길을 알고, 모든 민족 가운데서 그의 유익함을 알기 위함이다. 그분은 영원토록 축복 받은 자로다, 아멘.[149]

---

147 E에는 없다.
148 A, 비텐베르크 판, 예나 판: 'super eos'.
149 비텐베르크 판과 예나 판: 'Amen.' 다음에 'Anno M.D.XX.'가 추가되어 있다.

아래는 바이마르 판이 사용한 판본 목록이다.
본문 각주에서 지시된 부호들은 이 판본들을 지시한다.

1. 독일 민족의 그리스도인 귀족에게 고함: 그리스도인 신분의 개선에 대하여

1. 16세기 표준 독일어 인쇄본

A.

An den Christlichen Adel ‖ deutscher Nation: von des ‖ Christlichen standes ‖ besserung: D. ‖ Martinus ‖ Luther. ‖ Vuitenberg. ‖ 4절판 48장, 마지막 장은 공백.

비텐베르크에서 멜키오르 로터(Melchior Lotther)가 인쇄.

B.

An den Christlichenn ‖ Adel deutscher Nation: ‖ von des Christlichen ‖ standes besserung: ‖ D. Martinus ‖ Luther. ‖ Durch yhn selbs ge = ‖ mehret und corrigirt. ‖ Vuittemberg. ‖ 표지 틀 포함. 4절판 50장, 마지막 장은 공백.

비텐베르크에서 멜키오르 로터가 인쇄.

C.

An den Christlichenn ‖ Adel deutscher Nation: ‖ von des Christlichen ‖ standes besserung. ‖ D. Martinus ‖ Luther. ‖ Durch yhn selbs ge = ‖ mehret und corrigirt. ‖ Vuittemberg. ‖ 표지 틀 포함. 4절판 50장, 마지막 장은 공백.

비텐베르크에서 멜키오르 로터가 인쇄.

D.

An den Christlichen Adel deutscher ‖ Nation: von des Christlich ‖ en standes besserung ‖ D. Martinus ‖ Luther. ‖ Holzschnitt =Verzierung ‖ ¶ Getruckt zu Leipßgk durch Wolffgang ‖ Stöckel. 1520. 뒤표지 인쇄. 4절판 42장, 마지막 3장은 공백.

E.

An den Christli = ‖ chen Adel deutscher Nation ‖ von des Christlichen standes besserung. ‖ D. Martinus Luther. ‖ 표제 아래 목판화. 4절판 36장, 마지막 장은 공백.

표지 목판화: 오른손에 칼을 들고 왼손에 깃발을 든 기사. 에르랑엔 판은 목판화를 정확하게 설명하지 않는다. 라이프치히에서 발렌틴 슈만 (Valentin Schumann)이 인쇄.

F.

An den Cri ‖ stlichen Adel deüt ‖ scher Nation: von ‖ des Christlichen standes besserüg ‖ D. Martinus ‖ Luther. ‖ Vuittenberg. ‖ 표지 틀. 4절판 46장, 마지막 장은 공백. 끝에: ¶ Durch jn selbs gemeret und corrigirt (그 자신에 의해 증보되고 교정됨). ‖

스트라스부르에서 레나투스 베크(Renatus Beck)가 인쇄. 그의 이니셜

이 아래쪽 방패 안에 들어 있다.

G.

An den Christli ‖ chen Adel deüt ‖ scher Nation. ‖ von des Christ ‖ lichen standes ‖ besserung D. ‖ Martinus ‖ Luther ‖ Wittenberg. ‖ 표지 틀 포함. 뒤표지 인쇄. 4절판 38장, 마지막 장은 공백. 끝에: XSM. ‖

위쪽 표지 틀 안에 연대 숫자 '1520'이 들어 있는 펄럭이는 리본. 스트라스부르에서 인쇄(?).

H.

An den Christli — ‖ chen Adel deütscher Na ‖ tion, von des Christēli ‖ chen stands besserūg ‖ D. Martinus ‖ Luther. ‖ 4절판 48장, 마지막 장은 공백.

바젤에서 아담 페트리(Adam Petri)가 인쇄. 이 판본에는 각 장마다 특별한 표제가 발견된다.

I.

Teütscher ‖ Adel. ‖ ⒜N den Christēli = ‖ chen Adel teütscher Na ‖ tion: von des Christenli = ‖ chen stands besserung. ‖ D. Martinus ‖ Luther. ‖ ♣ ‖ wittenberg. ‖ 표지 틀 포함. 4절판 48장, 마지막 장은 공백.

표지 틀 안은 12개의 방패 형상으로 구성된다. 이것을 통해 I와 K가 구별된다. 바젤에서 안드레아스 크라탄더(Andreas Cratander)가 인쇄(?).

K.

I와 동일, 그러나 다른 표지 틀을 갖춤.

여기서는 4개의 둘레 장식이 표지 틀을 형성하고, 각각의 테두리는 아라베스크를 포함한다. I와 동일한 인쇄소에서 제작됨.

L.

An den Christlichenn ‖ Adel deütscher Natiō ‖ von des Christlichē ‖ standes besserung. ‖ D. Martinus ‖ Luther. ‖ 표제 아래 작은 목판화. 표지 틀 포함. 뒤표지 인쇄됨. 4절지 36장, 마지막 장 공백.

표지 목판화: 괴물과 싸우는 성(聖) 게오르크. 표지 틀 안에는 아래쪽 사각형 속에 연대 숫자 "M · D · I · XXI"가 두 행에 걸쳐 있다. 아우크스부르크에서 한스 프로샤우어(Hans Froschauer)가 인쇄.

M.

Hie nach volget so Doctor ‖ Martinus Luter neulich ge ‖ macht hat. von Christ ‖ lichs stādes besserūg ‖ welches in dem erstē ‖ getrucktē buech ‖ lin nit begrif− ‖ fen ist. 4절지 4장, 마지막 장 공백.

로마 황제에 대한 부분만 들어 있다. D에 대한 설명 참조. 자체 부호를 갖추고 있지만 H에 속한다. 바젤에서 아담 페트리가 인쇄.

Nᵃ.

Hie nach volget ‖ so Doctor Mar = ‖ nus Luter iüngst ‖ gemacht hat. vō Christlichs stan = ‖ des besserūg. ‖ welchs in dē erst gedrucktň buech = ‖ lein nitt begrif− ‖ fen ist. 표제 틀 포함. 뒤표지 인쇄됨. 4절지 4장, 마지막 장 공백.

Nᵇ.

"Mar = ‖ tinus"에서 'ti'는 보기에 단순히 손으로, 그러나 동일한 활자로 추후 인쇄된 듯 보인다.

O.

Hie nach volget ‖ so Doctor Marti ‖ nus Luter iüngst ‖ gemacht hat. vō Christlichs stan = ‖ des besserunng. ‖ welchs in dē erst gedrucktň buech = ‖ lein nitt begrif − ‖ fen ist. 표제 틀 포함. 뒤표지 인쇄됨. 4절지 4장, 마지막 장 공백.

표제 틀, 활자, 부호와 내용은 N과 같고, 따라서 아우크스부르크에서 한스 프로샤우어가 인쇄.

P.

Drey Biechlein etc. (p. 282, M의 상세한 설명 참조) Bl. Aij^a − J6^b.

2. 이탈리아어 번역본

a.

LIBRO ‖ DE LA EMENDA = ‖ tione & correctio dil ‖ stato Christiano. ‖ [장] ‖ Anno. M.DXXXIII. 표제 틀 포함. 뒤표지 인쇄됨. 8절판 112장, 마지막 장 공백. 끝에는 표지처럼 종이 한 장.

b.

Libro de la emendatione et correctione dil stato Christiano. 1553. S. l. et n. Avec titre gravé.

3. 근대 표준 독일어 판본

A.

"An den ‖ Christlichen Adel deutscher Nation ‖ von des ‖ Christlichen Standes ‖ Besserung: D. Martinus Luther. ‖ [Strich] ‖ Mit ‖ Anmerkungen. ‖ [Verzierung] ‖ Frankfurt und Leipzig, ‖ 1782. ‖ " 8절판 IV와 108쪽.

B.

"D. Martin Luther's ‖ Sendschreiben: ‖ An den Christlichen Adel deutscher Nation. ‖ [Strich] ‖ Auf Grund einer genauen Revision des Worttextes ‖ nach der ‖ vermehrten wittenberger Original = Ausgabe Luther's von 1520 ‖ mit Erläuterung und einer Einleitung ‖ herausgegeben von ‖ Dr. Ernst Kuhn. ‖ [Zwei Striche] ‖ Berlin 1870. ‖ Verlag von L. Heimann." 8절판 XVI과 80쪽.

C.

"An den christlichen Adel deutscher Nation ‖ von des ‖ christlichen Standes Besserung ‖ von ‖ Martin Luther. ‖ (1520) ‖ [Verzierung] ‖ Halle a. S. ‖ Max Niemeyer. ‖ 1877. ‖ " 8절판 VI과 80쪽.

D.

"An den ‖ christlichen Adel deutscher Nation ‖ von des christlichen Standes Besserung. ‖ Von D. Martin Luther. ‖ Bearbeitet, sowie mit Einleitung und Erläuterung versehen ‖ von Prof. Dr. Karl Benrath. ‖ [Strich] ‖ Halle 1884. Verein für Reformationsgeschichte. ‖ " 8절판 XVI과 114쪽.

각 인쇄본 가운데서 A는 초판(初版)의 지위를 받기에 합당하고, B는 루터 자신에 의해 교열되었으며 일부분이 증보(增補)되었다. C는 B를 따르고, *B*는 다시 C를 따르고, *C*는 A를 거의 정확히 재현하였다. 나머지 판들이 A 혹은 B로 거슬러 올라가는지는 B에서 추가문이 있는지 없는지를 통해 쉽게 알 수 있다. 판들 사이의 상호 관계를 조사하는 것은 연구 범위를 벗어나는 것이다.

루터 작품의 전집 출판은 B에 근거한다: 1553년 비텐베르크 판, Th.

VI., Bl. 569a-592a, 1555년 예나 판, Th. I, Bl. 319a-348b, 알텐부르크 판, Th I, pp. 480~510, 라이프치히 판, Th. XVII, pp. 457~490, 발흐(Walch) 판, Th. X, Sp. 296~399, 에르랑엔 판, *Deutsche Schriften*, Bd. XXI, pp. 277~360. 이 작품을 포함하는 다른 전집들 중에서 *Die drei großen Reformationsschriften Luthers vom Jahre 1520: 'An den christlichen Adel deutscher Nation von des christlichen Standes Besserung', 'Von der babylonischen Gefangenschaft der Kirche', 'Von der Freiheit eines Christenmenschen', für das deutsche Volk,* herausgegeben von Lic. th. L. Lemme, Gotha, 1875를 언급한다. 이 작품은 이 책 pp. 5~72에 있다. 헌정문은 De Wette, *Dr. Martin Luthers Briefe*, Th. I, p. 457f.에도 있다.

바이마르 판의 텍스트는 A를 토대로 하되, 추가문은 B를 따랐다. 또한 매우 신중하게 B, C와 *C*를 고려했으며, 세부적인 독법은 F와 I를 따랐다.

2. 교회의 바빌론 포로에 대한 마르틴 루터의 서주

1. 라틴어 판

A.

DE CAPTIVITATE ‖ BABYLONICA ECCLESIAE, ‖ Prælidium Martini Lutheri. ‖ Vuittembergæ. ‖ 테두리 안에 표제, 4절지 44장, 마지막 장 공백.

비텐베르크에서 멜키오르 로터가 인쇄.

B.

DE CAPTIVITATE ‖ BABYLONICA ‖ ECCLESIAE. ‖ præludium Martini ‖ Lutheri. ‖ Vuittembergæ. 테두리 안에 표제, 4절지

44장, 마지막 장 공백.

비텐베르크에서 멜키오르 로터가 인쇄.

C.

DE CA ‖ PTIVITATE ‖ BABYLO ‖ NICA ‖ ECCLESIAE. ‖
PRAELVDIVM ‖ Martini Lutheri. ‖ 표지 뒷면에 루터의 초상과 다
음 글이 있다: "Numina coelestem nobis peperere Lutherum, Nostra diu
maius fæcla videre nihil. Quem si Pontificum crudelis deprimit error,
Non feret iratos impia terra Deos."(신성이 우리에게 천상적 루터를 낳았고,
우리 천한 자들은 오랫동안 보다 위대한 것을 보지 못할 것이다. 끔찍한 오류
가 교황청을 압도한다면, 불경한 땅은 진노한 신들을 감당할 수 없다.) 4절지
40장, 마지막 쪽에는 다만 "LAETA ‖ LIBERTAS"(기쁜 자유)라고 쓰여
있다. 마지막 장의 앞 쪽에는 목판화가 있고, 그 위에 "R S M"이란 글자
가 있다. 그리고 목판화 아래, 루터의 글 마지막에 시구 4행이 있다.

마지막 장의 앞 쪽에 목판화: 두 마리의 서로 깨무는 개.• 스트라스부
르에서 요한 프뤼스(Johann Prüß)가 인쇄.

D.

DE CA ‖ PTIVITATE ‖ BABYLO ‖ NICA ‖ ECCLESIAE.
‖ PRAELUDIUM, ‖ Martini Lutheri. ‖ 표지 뒷면에 루터의 초상
이 있고, 그 아래 다음 문장이 있다: "Numina coelestem nobis peperere
Lutherum, Nostra diu maius fæcla videre nihil. Quem si Pontificum
crudelis deprimit error, Non feret iratos impia terra Deos."(신성이 우리
에게 천상적 루터를 낳았고, 우리 천한 자들은 오랫동안 보다 위대한 것을 보지

• H. E. G. Paulus, *Auch zu Heidelberg war Doctor Martin Luther*, p. 92에서 개를 사자
라고 설명한다.

못할 것이다. 끔찍한 오류가 교황청을 압도한다면, 불경한 땅은 진노한 신들을 감당할 수 없다.) 4절지. 마지막 쪽에는 다만 "LAETA ‖ LIBERTAS"(기쁜 자유)라고 쓰여 있다. 마지막 장의 앞 쪽에는 목판화가 있고, 그 아래에 루터의 글 마지막에 시구 4행이 있다. 마지막 장의 앞 두 번째 쪽에 "Finis"(끝)가 있다.

E.

DE CA ‖ PTIVITATE ‖ BABY ‖ LONICA ‖ EC − ‖ CLESIAE. ‖ PRAELVDIVM, ‖ Martini Lutheri. ‖ 표지 뒷면에 루터의 초상이 있고, 그 아래 다음 문장이 있다: "Numina coelestem nobis peperere Lutherum, Nostra diu maius fæcla videre nihil. Quem si Pontificum crudelis deprimit error, Non feret iratos impia terra Deos."(신성이 우리에게 천상적 루터를 낳았고, 우리 천한 자들은 오랫동안 보다 위대한 것을 보지 못할 것이다. 끔찍한 오류가 교황청을 압도한다면, 불경한 땅은 진노한 신들을 감당할 수 없다.) 4절지 58장, 마지막 공백. 끝에 다음 글이 있다: "FINIS PRAELVDIO, quod te docere potest lector qualis res tita futura sit."(서주의 끝, 독자는 전체 사태가 어떻게 될 것인지를 그대에게 가르칠 수 있다.)

전지 B의 두 번째 장은 일부 판본에서는 'Aij', 다른 데서는 'Bij'로 표시되어 있다. 바젤에서 아담 페트리(Adam Petri)가 인쇄.

F.

De captivitate. ‖ Babylonica Ec − ‖ clesiae : Praelu ‖ dium Marti ‖ ni Lutheri. ‖ ✗ ‖ ℙ Vuittenberge. ‖ 테두리 안에 표제. 4절지 30장, 마지막 장은 공백. 루터의 글 말미에 4행의 시구 다음에 다음의 시가 뒤따른다.

¶ Ad Lectorem.

M	ersus inanilogis animi vigor artibus. exu	L
A	veri errauit cognitione di	U
R	egna superstitio sua prohdolor impia rexi	T
T	egnica nugistrepae floruit vmbra schol	E
I	psis vsq fuit haurire e fontibus erro	R
N	on mediocris honos somnia mera sequ	I
U	erum lutherius finem (veteri priusvs	U
S	ublato) dabit his lector amice mali	S

(독자에게. 정신의 힘이 오랫동안 헛된 수사학에 빠져서 진리의 지식에서 추방되어 헤매었다. 오 고통이여, 미신이 그의 불경한 왕국을 지배했도다. 오류가 샘에서 취할 때까지 허망한 말로 소란스러운 스콜라의 그림자가 번성했다. 작지 않은 영광이 순수한 잠을 뒤따랐다. 친애하는 독자여, 루터는 이 악을 진정으로 종결시킬 것이다.)

비텐베르크에서 인쇄되지 않음.

G.

D. Martini ‖ Lutheri DE CAPTIVITA = ‖ TE BABYLONICA. ‖ ADVERSVS CATHARINVM ‖ Responsio, in qua Danielis iuxta uisio Christianissme explicatur. ‖ DE LIBERTATE CHRISTI = ‖ ana, Monimenta omnium longe ‖ præclarißima. ‖ ※ ANNO M.D.XXIIII. ‖ 테두리 안에 표제. 표지 뒷면 인쇄됨. 8절지 154장, 마지막 장 공백.

표지 뒷면은 Bl. H8a까지. 스트라스부르에서 볼프 쾨펠(Wolf Köpffel)이 인쇄.

362

2. 독일어 판

a.

Von der Babylonischen gefengk ‖ nuß der Kirchen, Doctor Martin Luthers. 그 아래 루터의 초상. 4절지 72장, 마지막 쪽에는 다만: "R.S.M. ‖ Mit gwalt man gwalt vertriben sol, ‖ Das schint an dißen hunden wol. ‖ Bey gwalt vernunfft hat kleinen platz. ‖ Christus macht frind [sic], der teufel hatz. ‖ [목판화] Herodes o vnmilter findt, windt? ‖ Was foerchst Christus dir kům zůgsch = ‖ Nit nimpt er an die toedlicheit ‖ Der gibt das rych der seligkeit."(폭력은 폭력으로 물리쳐야 한다. 이것이 이 개들에게 좋을 듯하다. 폭력 앞에서 이성은 설 자리가 많지 않다. 그리스도는 평화를 이루고, 악마는 증오를 만든다. 헤로데스, 오 잔인한 원수여, 그리스도가 무엇이 두려워서 그대로부터 사라졌는가? 그는 죽음을 받아들이지 않고 복락의 나라를 준다.)•

처음 'V'는 'W'로도 읽을 수 있다. 표제의 루터 초상과 마지막 쪽의 목판화는 C와 같은 판목(版木)에서 온 것이다. 그러므로 스트라스부르에서 요한 프뤼스가 인쇄.

b.

Von der Babylonischen gefengk ‖ nuß der Kirchen, Doctor Martin Luthers. 그 아래 루터의 초상. 4절지 72장, 마지막 쪽에는 다만: "R.S.M. ‖ Mit gwalt man gwalt vertriben sol, ‖ Das schint an dißen hunden wol. ‖ Bey gwalt vernunfft hat kleinen platz. ‖ Christus macht frid [sic], der teufel hatz. ‖ [목판화] Herodes o vnmilter findt, ‖ Was

---

• "Herodes etc." 이하는 원래 루터의 글 결론부를 이루며, 따라서 서지적 기술에 들어가지 않는다. 그러나 이 부분은 인쇄상 배열 때문에 여기에 (다음 판본도) 들어가야 했다.

foerchst Christus dir kům zůgschwindt? Nit nimpt er an die toedtlicheit ‖ Der gibt das rych der seligkeit." (폭력은 폭력으로 물리쳐야 한다. 이것이 이 개들에게 좋을 듯하다. 폭력 앞에서 이성은 설 자리가 많지 않다. 그리스도 는 평화를 이루고, 악마는 증오를 만든다. 헤로데스, 오 잔인한 원수여, 그리스 도가 무엇이 두려워서 그대로부터 사라졌는가? 그는 죽음을 받아들이지 않고 복락의 나라를 준다.)

처음 'V'는 'W'로도 읽을 수 있다. 표제의 루터 초상과 마지막 쪽의 목판화는 C와 같은 판목에서 온 것이다. 그러므로 스트라스부르에서 요한 프뤼스가 인쇄.

c.

Von der Babylonischen gefengk = ‖ nuß der Kirchen, Doctor Martin Luthers. 그 아래 루터의 초상. 표지 뒷면 인쇄됨. 4절지 70장, 마지막 장의 앞 쪽에는 다만: "R.S.M. ‖ Den gewalt man dultig leiden sol, ‖ und schütten uff des feynds haubt kol. So sygt der christen mensch mit gott, ob schon das ist der welt ein spott. ‖ R S M ‖ [목판화] Herodes o gottloßter findt, ‖ was foerchst Christus dir kům zůgschwindt? Nit nimpt er an die toedtlicheit ‖ Der gibt das reich der seligkeit." (폭력을 인내로 감수해야 한다. 그러면 원수의 머리에 숯을 붓는 것이다. 이것이 세상에 는 비웃음거리이지만 그리스도인은 이렇게 신과 함께 승리한다. 헤로데스, 오 불경스러운 원수여, 그리스도가 무엇이 두려워서 그대로부터 사라졌는가? 그 는 죽음을 받아들이지 않고 복락의 나라를 준다.)

처음 'V'는 'W'로도 읽을 수 있다. 표제의 루터 초상과 마지막 쪽의 목판화는 C와 같은 판목에서 온 것이다. 단 양자는 여기서 보다 낡은 것 처럼 보인다. 후자는 이미 파손되었다. 그러므로 스트라스부르에서 요 한 프뤼스가 인쇄.

d.

Uon der Babylonischen gefengk = ‖ nuß der Kirchen, Doctor Martin Luthers. 그 아래 루터의 초상. 4절지 72장, 마지막 장 공백. 끝에: Herodes o gottloßter findt, ‖ was foerchst Christus dir kům zůgschwindt? Nit nimpt er an die toedtlicheit ‖ Der gibt das reych der seligkeit." (헤로데스, 오 무정한 원수여, 그리스도가 무엇이 두려워서 그대로부터 사라졌는가? 그는 죽음을 받아들이지 않고 복락의 나라를 준다.)

아우크스부르크에서 외르크 라들러(Jörg Radler)가 인쇄.

e.

Von der Babylonischen gefengk = ‖ nuß der Kirchen, Doctor Martin Luthers. 그 아래 루터의 초상. 4절지 64장, 끝에는 시구 대신 "Finis" (끝) 가 있다.

Veesenmeyer, *Litterargeschichte etc.*, p. 140에서 추정한 것처럼 아우크스부르크에서 질반 오트마르(Silvan Otmar)가 인쇄.

바이마르 판의 텍스트는 *Tom II. omnium operum Martini Lutheri*, Witebergae, 1546, Bl. 66^b-93a = Witebergae 1551, Bl. 63^b-88^{b}에서 A를 따르되 일부 의심스러운 구절을 삭제했으며, *Tom. II. omnium operum D. Mart. Luth.,* Ienae 1557, Bl.273a-301b에서는 대부분 비텐베르크 판을 따르되 부분적으로 A를 따랐고, *D. Lutheri opera latina var. arg.*, vol. V., Francofurti ad M.(이른바 에르랑엔 판), pp. 16~118에서 A와 예나 판을 따랐다.

3. 그리스도인의 자유에 대한 논설

라틴어 판

A.

"EPISTOLA LVTHERIANA AD LEONEM DECIMVM SVMMVM PONTIFICEM. ¶ TRACTATVS DE LIBERTATE CHRISTIANA. ☙ Vuittembergae." 표지 뒷면 인쇄됨. 4절지 18장, 마지막 장 공백. 끝에: "ANNO DOMINI M.D.XX."

1520년 비텐베르크에서 요한 그뤼넨베르크가 인쇄.

B.

"EPISTOLA LVTHERIANA AD LEONEM DECIMVM SVMMVM PONTIFICEM. ¶ TRACTATVS DE LIBERTATE CHRISTIANA. Vuittembergae." 표지 뒷면 인쇄됨. 4절지 20장, 마지막 장 공백. 끝에: "ANNO DOMINI M.D.XX."

비텐베르크에서 인쇄되지 않음.

C.

"Epistola Mart. LVTHERI ad Leonem X. & Tractatus de libertate christiana. Antverpiae per Michael. Hillenium, MDXX." 4절판.

D.

"☙EPISTOLA LVTHERIANA AD LEONEM DECIMVM SVMMVM PONTIFICEM. DISSERTATIO DE LIBERTATE CHRISTIANA PER AVTOREM RECOGNITA. VVITENBERGAE." 4절지 26장, 마지막 장 공백. 끝에: "ANNO DOMINI M.D.XX."

1520년 바젤에서 아담 페트리가 인쇄.

E.

"EPISTOLA LVTHERIANA AD LEONEM DECIMVM SVMMVM PONTIFICEM. LIBER DE CHRISTIANA LIBER = ‖ tate, continens summam Christianae Euãgelii vim, nihil absolutius, nihil conducibilius neque a veteri = ‖ bus, neque a recentioribus scriptoribus proditu est. Tu Christiane lector, relege iterum atque iterum, & Christum imbibe.♣ RECOGNITVS VVITTEMBERGAE." 표지 뒷면 인쇄됨. 4절지 22장, 마지막 장 공백. 끝에: "ANNO DOMINI M.D.XXI."

1521년 비텐베르크에서 멜키오르 로터가 인쇄.

F.

"DE LIBERTATE CHRISTIANA DISSERTATIO MARTINI LVTHERI, PER AVTOREM RECOGNITA. EPISTOLA EIUSDEM AD LEONEM DECIMVM SVMMVM PONTIFICEM." 표지 틀 있음. 4절지 26장, 마지막 장 공백. 끝에: "ANNO DOMINI M.D.XXI."

1521년 바젤에서 아담 페트리가 인쇄한 것으로 추정.

G.

"DE LIBERTATE CHRISTIANA DISSERTATIO MARTINI LVTHERI, PER AVTOREM RECOGNITA. EPISTOLA EIUSDEM AD LEONEM DECIMVM SVMMVM PONTIFICEM." 표지 뒷면 인쇄됨. 8절지 27장, 마지막 장 공백.

H.

"DE LIBERTATE CHRISTIANA DISSERtatio MAR. Lutheri. per autorem recognita. ITEM ☙ ORATIO PHILIPPI MELANCH. DE Officio Sacerdotali Vuittembergae habita. ITEM SCHOLIA EIVSDEM

IN DECALOgum, qui habetur Exo.xx. NOREMBERGAE, ANNO M.D.XXIIII.″ 8절지 35장.

바이마르 판은 A를 기본으로 삼고 D와 E, 비텐베르크 판과 예나 판을 정확하게 고려했다. 두 전집의 경우 반복적으로 나오는 형식 quidquid, quidquam만은 표시하지 않았다. 「교황 레오 10세에게 드리는 루터의 서신」의 경우, 요아네스 아우리파버(Joannes Aurifaber)와 데 베테(De Wette)의 서신 모음집 독법을 따랐다.

95개조 반박문*

    진리에 대한 사랑과 정열에 이끌려 인문학 및 신학 교사요 비텐베르크의 정교수 마르틴 루터 신부의 사회로 비텐베르크에서 아래의 논제들을 토론에 부친다. 그러므로 우리와 함께 참석하여 말로써 토론할 수 없는 자는 문서로 토론할 것을 요청한다. 우리 주 예수 그리스도의 이름으로. 아멘.

    1. 우리 주요 스승인 예수 그리스도는 "회개하라 등"을 말함으로써 믿는 자들의 모든 삶이 회개가 되기를 바랐다.(「마태복음」 4:17)

    2. 회개에 관한 말씀은 성례전(즉 사제들의 직무로써 거행되는 고해와 보속의 성례전)적으로 이해될 수 없다.

    3. 그럼에도 불구하고 그는 내면적 회개만을 의도한 것은 아니다, 육에 대한 다양한 살해가 밖에서 행해지지 않으면 내면적인 것은 아무것도 아니다.

    4. 자기 자신에 대한 미움이 남아 있을 때까지(즉 참된 내적 회개), 즉 하늘나라가 도래할 때까지 형벌은 남아 있다.

• *Martin Luthers Werke*, Bd. 1, Weimar, 1883, pp. 233~38.

5. 교황은 자신의 판단에 의해 또는 교회법이 부과한 형벌을 제외하고 어떤 형벌도 용서하기를 바라지 않으며 용서할 수도 없다.

6. 교황은 죄책을 신에 의해 사함 받은 것으로 선언하거나 승인함 없이는, 또는 자신에게 유보된 케이스를 사함 없이는 어떤 죄책도 사할 수 없다. 이것이 무시될 때 죄책은 그대로 남는다.

7. 신은 모든 일에 있어서 자신의 대행자 사제에게 그 자신을 낮추어 굴복시키지 않는 사람의 죄책을 결코 용서하지 않는다.

8. 회개에 관한 법은 오직 살아 있는 자들에게 부과되고, 같은 법에 따라 죽을 자들에게 아무것도 부과되어서는 안 된다.

9. 그러므로 교황 안의 성령이 그의 결정에서 죽음과 긴급의 조항을 예외로 두는 것은 우리에게 잘하는 것이다.

10. 죽을 자들에게 교회법이 정한 회개를 연옥을 위해 유보하는 사제들은 무지하고 잘 못하는 것이다.

11. 교회법이 정한 형벌을 연옥의 형벌로 변경함에 관한 저 가라지는 확실히 주교들이 잠든 사이에 뿌려진 듯 보인다.

12. 이전에는 교회법이 정한 형벌은 진실한 뉘우침의 시도처럼 사죄 선언 이후가 아니라 이전에 부과되었다.

13. 죽을 자는 사망을 통해 모든 것에서 벗어나고, 합법적으로 교회법으로부터 경감을 받음으로써 법에 대해 이미 죽은 것이다.

14. 죽을 자의 불완전한 건강, 즉 불완전한 사랑은 필연적으로 큰 두려움을 수반하며, 그것이 작을수록 더 큰 두려움을 수반한다.

15. 이 두려움과 공포는 그 자신에게 연옥의 형벌을 (다른 것은 말할 것도 없고) 주기에 충분하다. 왜냐하면 그것은 절망의 공포에 가장 가깝기 때문이다.

16. 절망과 거의 절망적 상태, 안전이 다른 것처럼 지옥과 연옥, 천국은 다른 것으로 보인다.

17. 연옥에 있는 영혼에게는 공포가 감소하는 것처럼 사랑이 증가하

는 것이 필연적인 것으로 보인다.

18. 그들이 공로의 상태 또는 증가하는 사랑의 상태 밖에 있다는 것은 이성에 의해서나 성서에 의해서도 입증되지 않은 듯 보인다.

19. 우리가 아무리 확신한다고 할지라도 그들이 또는 그들 모두가 복락에 대해 확신한다는 것은 입증되지 않은 듯 보인다.

20. 그러므로 교황은 모든 형벌의 전면적 사면이라는 것을 단순히 모든 형벌이 아니라 자신에 의해 부과된 형벌에 대한 것만으로 이해한다.

21. 그러므로 교황의 면죄부를 통해 인간이 모든 형벌로부터 풀려나고 구원받는다고 말하는 면죄부 설교자들은 착각하는 것이다.

22. 교황은 이 생에서 교회법에 준해 치렀어야 할 영혼에 대한 형벌을 연옥에서 면제할 수 없다.

23. 모든 형벌에 대한 용서가 누군가에게 주어질 수 있다면 그것은 오직 완벽한 자들, 즉 극소수에게만 주어지는 것이 확실하다.

24. 그러므로 대부분의 백성은 형벌을 면함에 관한 저 무차별적이고 찬란한 약속에 의해 기만당할 따름이다.

25. 교황이 연옥에 대해 보편적으로 이런 권능을 가진다면 모든 주교와 목회자도 자신의 대교구와 교구에서 특별히 이런 권능을 갖는다.

26. 교황이 열쇠의 권한을 통해서가 아니라 (그에게는 그런 권한이 없다) 중재에 의해 영혼을 용서해주는 것이 가장 잘하는 것이다.

27. 돈궤에 던진 동전이 짤랑거리는 순간 영혼이 올라간다고 말하는 자들은 인간을 설교한다.

28. 돈궤에 던진 동전으로 이득과 탐욕이 증가할 수 있음은 확실하다. 그러나 교회의 중재는 오직 신의 판단 안에 있다.

29. 성 세베리누스와 파스칼리스에 대한 이야기처럼 모든 영혼이 연옥에서 속량받기를 바라는지 누가 알겠는가?

30. 아무도 자신의 뉘우침의 진실성에 대해 확신할 수 없고, 또한 뒤따르는 완전한 용서에 대해서도 확신할 수 없다.

31. 진실로 회개하는 자가 드문 것처럼 면죄를 진실로 매입하는 자도 드무니, 즉 극히 드물다.

32. 면죄 문서를 통해 자신이 구원에 대해 확실하다고 믿는 자는 그의 선생과 함께 영원히 저주받을 것이다.

33. 교황의 저 용서를, 인간을 신과 화해시키기 위한 신의 한량없는 선물이라고 말하는 자를 경계해야 한다.

34. 왜냐하면 저 용서의 은총은 다만 인간에 의해 제정된 바 성례전적 보속의 형벌에 해당되기 때문이다.

35. 속량 받을 자의 영혼에게는 고백적 통회조차 필요하지도 않다고 가르치는 자들은 그리스도교적인 것을 선포하지 않는 것이다.

36. 어떤 그리스도인이든 진실로 뉘우침으로써 면죄 문서 없이도 형벌과 죄책으로부터 마땅히 완전한 용서를 얻는다.

37. 누구든 진실한 그리스도인은 살았든 죽었든 간에 면죄 문서 없이도 신으로부터 주어지는 그리스도와 교회의 온갖 축복에 대한 몫을 얻는다.

38. 그럼에도 불구하고 교황이 수여하는 용서와 (교회의 축복에 대한) 참여를 멸시해서는 안 된다, 왜냐하면 (내가 말한 것처럼) 사죄 선언은 신의 사죄 선언이기 때문이다.

39. 아무리 박식한 신학자에게도 면죄의 관대함과 통회의 진실함을 동시에 백성 앞에서 추천하는 것은 매우 어렵다.

40. 진실한 통회는 형벌을 요청하고 사랑하지만, 관대한 면죄는 형벌에서 벗어나게 하고 미워하게 만든다.

41. 백성은 다른 사랑의 선행보다 사도적 면죄를 선호하는 오해를 범하지 않도록 사도적 면죄를 선전하는 것에 대해 조심해야 한다.

42. 면죄의 매매가 자비 행위에 비교할 수 있다는 것은 교황의 생각이 아님을 그리스도인들에게 가르쳐야 한다.

43. 가난한 자에게 주거나 궁핍한 자에게 꾸어주는 것이 면죄 매매보

다 훨씬 잘하는 것임을 그리스도인들에게 가르쳐야 한다.

44. 사랑은 사랑 행위를 통해 증가하고, 인간은 더 선해지지만 면죄에 의해 선해지지 않고, 다만 형벌로부터 자유롭게 될 따름이다.

45. 궁핍한 자를 보고 그를 무시한 채 면죄를 위해 (돈을) 주는 자는 교황의 면죄가 아니라 신의 진노를 얻는다는 것을 그리스도인들에게 가르쳐야 한다.

46. 필요한 것 이상을 갖지 않는 한, 자기 가정을 위해 필요한 것을 남겨두어야 하고 결코 면죄를 위해 낭비해서는 안 된다는 것을 그리스도인들에게 가르쳐야 한다.

47. 면죄를 매매하는 것은 자유로운 일이며 명령이 아님을 그리스도인들에게 가르쳐야 한다.

48. 교황은 사죄를 수여함에 있어서 봉헌된 돈보다는 자신을 위해 헌신적 기도를 바라고 필요로 한다는 것을 그리스도인들에게 가르쳐야 한다.

49. 교황의 사죄는 그것을 신뢰하지 않으면 유익하지만, 그것을 통해 신에 대한 두려움을 잃어버린다면 가장 유해하다는 것을 그리스도인들에게 가르쳐야 한다.

50. 교황이 설교자들의 면죄 판매를 알았다면 성 베드로 바실리카를 자기 양 떼의 피부와 살과 뼈로 세우기보다는 재로 변하기를 선택할 것임을 그리스도인들에게 가르쳐야 한다.

51. 교황은 성 베드로 바실리카를 (필요하다면) 팔아서 그 돈으로 사람들에게 (그들 중 대부분으로부터 일부 면죄 설교자들은 돈을 우려내는데) 돌려주기를 바란다는 것을 그리스도인들에게 가르쳐야 한다.

52. 면죄의 전권 대표나 교황 자신이 그들을 위해 자기 영혼을 담보로 내놓을지라도 면죄 문서를 통한 구원의 확신은 헛되다.

53. 면죄 선전을 위해 다른 교회에서 신의 말씀이 침묵하도록 명령하는 자들은 그리스도와 교황의 원수들이다.

54. 같은 설교에서 신의 말씀보다는 면죄에 보다 긴 시간을 할애함으로써 신의 말씀에 불의가 가해진다.

55. 교황의 생각은 필히 면죄가 (이것은 가장 작은 것이니) 종소리 한 번, 한 번의 행렬, 한 번의 의식으로 실행된다면 복음은 (이것은 가장 큰 것이니) 종소리 백 번, 백 번의 행렬, 백 번의 의식으로 선포되어야 한다는 것이다.

56. 그것으로부터 교황이 면죄를 수여하는 교회의 보화는 그리스도의 백성에게는 충분히 거명되지 않았고 알려져 있지도 않다.

57. 많은 설교자들이 교회의 보화를 쉽게 베풀지 않고 다만 모으기 때문에 그것은 일시적인 보화가 아닌 것이 분명하다.

58. 교회의 보화는 그리스도와 성인들의 공로가 아니다. 왜냐하면 그것은 언제나 교황 없이도 속사람에게 은총을, 겉사람에게 십자가와 죽음, 지옥을 만들기 때문이다.

59. 성 라우렌티우스는 교회의 보화가 교회의 가난한 자들이라고 말했다. 그러나 그는 그 시대의 어법으로 말한 것이다.

60. 우리가 (그리스도의 공로에 의해 선사된) 교회의 열쇠는 저 보화라고 말하는 것은 우연이 아니다.

61. 분명한 것은 형벌과 유보된 케이스의 면제를 위해서는 교황의 권능만으로 충분하다는 것이다.

62. 교회의 참된 보화는 신의 영광과 은총에 관한 거룩한 복음이다.

63. 복음은 가장 미움받는 것이 당연하니, 왜냐하면 그것은 첫째를 꼴찌로 만들기 때문이다.

64. 그러나 면죄의 보화는 가장 사랑받는 것이 당연하니, 왜냐하면 그것은 꼴찌를 첫째로 만들기 때문이다.

65. 그러므로 복음의 보화는 그물이니, 이전에 그것을 가지고 거룩한 사람들을 낚았다.

66. 면죄의 보화는 그물이니, 지금 그것을 가지고 사람들의 부를 낚

는다.

67. 설교자들이 가장 큰 은총이라고 외치는 면죄는 이익을 증대하는 한에서 그런 것으로 이해된다.

68. 그러나 면죄는 진실로 신의 은총과 십자가의 경건에 결코 비교되지 않는 것이다.

69. 주교와 목회자들은 사도적 사죄의 전권 대표들을 온갖 경외심으로써 받아들여야 한다.

70. 그러나 그들이 교황의 위임 사항 대신 자신의 꿈을 선전하지 않도록 모든 눈으로 주시하고, 모든 귀로 경청해야 한다.

71. 사도적 사면의 진정성에 반대해서 말하는 자는 저주받은 자이다.

72. 그러나 면죄 설교자의 말의 방종과 방자함에 대해 염려하는 자는 축복받을 것이다.

73. 교황이 면죄 판매를 손상하기를 고안하는 자들에게 진노하는 것이 정당한 것처럼.

74. 면죄의 핑계로 거룩한 사랑과 진리를 해치는 자들에 대해 진노하는 것은 훨씬 정당하다.

75. 어떤 사람이 신의 어머니를 모욕하는 불가능한 죄를 범했을지라도 교황의 면죄가 그를 풀 수 있을 정도라고 생각하는 것은 미친 생각이다.

76. 반면에 우리는 교황의 면죄가 사함받을 수 있는 죄의 책임을 결코 제거할 수 없다고 말한다.

77. 성 베드로가 교황이라면 보다 큰 은총을 줄 수 없다고 말하는 것은 성 베드로와 교황에 대한 신성모독이라고 말한다.

78. 반면에 우리는 현재 교황과 모든 교황이 보다 큰 은총을 가졌으니, 즉 「고린도 전서」 12장에서 말한 것처럼 복음과 치유 능력과 은총을 가졌다고 말한다.

79. 교황의 팔로 찬란하게 세워진 십자가가 그리스도의 십자가와 맞

먹는다고 말하는 것은 신성모독이다.

80. 이런 설교를 백성 가운데 행하도록 허락한 주교와 목회자, 신학자들은 답변해야 한다.

81. 면죄에 관한 제멋대로의 설교는 학자들에게조차도 교황에 대한 경외심을 평신도들의 비방이나 신랄한 질문으로부터 구출하기 쉽지 않게 만든다.

82. 즉 교황은 가장 사소한 이유로서 바실리카 건축을 위한 가장 불결한 돈 때문에 허다한 영혼들을 속량한다면, 왜 가장 의로운 이유로서 영혼들의 거룩한 사랑과 필요를 위해 연옥을 비우지 않는가?

83. 이미 속량받은 자들을 위해 기도하는 것은 불의한 것이므로 왜 죽은 자들의 장례와 추도 미사가 지속되고 그들을 위해 기부된 금전을 반환하지 않거나 환급을 허용하지 않는가?

84. 불경건하고 신에게 적대적인 자에게 돈 때문에 경건하고 신에게 친근한 영혼을 속량하는 것은 허용하고, 그럼에도 불구하고 경건하고 사랑스러운 영혼의 필요를 위해서는 값없는 사랑으로 영혼을 속량하지 않는 이 새로운 신과 교황의 경건은 무엇인가?

85. 고해에 관한 법은 이미 오래전에 사실상 사용되지 않음으로써 폐지되어 죽었음에도 불구하고, 어째서 살아 있는 것처럼 면죄의 인가를 통해 돈으로 변제되는가?

86. 교황은 왜 그의 부가 오늘 가장 부유한 자보다 더 큰데도 가난한 신도들의 돈보다 차라리 그의 돈으로 성 베드로 바실리카를 지을 수 없는가?

87. 교황은 완전한 통회를 통해 완전한 면죄와 참여의 권한을 가진 자들에게 무엇을 용서하고 참여케 하는가?

88. 교황이 한 번 하는 것처럼 하루에 백 번 신도들 중 누구에게라도 이 사죄와 참여를 베푼다면, 교회에 얼마나 큰 축복이 더해지겠는가?

89. 교황이 돈보다는 사죄를 통해 영혼의 구원을 바란다면, 왜 이미

승인된 사죄 문서를 (그것이 동일한 효력이 있음에도 불구하고) 정지시키는가?

90. 평신도들의 이런 주장들을 권력으로 억누르거나 답변을 통해 해결하지 않는 것은 교회와 교황은 비웃는 원수들에게 내놓는 것이고 불행한 그리스도인들을 만드는 것이다.

91. 그러므로 교황의 영과 정신에 따라 면죄를 설교한다면, 이 모든 문제가 쉽사리 해결될 것이고, 아무 일도 없을 것이다.

92. 그러므로 그리스도의 백성에게 "평화, 평화"를 말하는 모든 예언자들은 사라져라. 그러나 평화는 없다.(「에스겔서」 13:10, 16)

93. 그리스도의 백성에게 "십자가, 십자가"를 말하는 모든 예언자들은 잘하는 것이다, 그러나 십자가는 없다.

94. 형벌과 죽음, 지옥을 통해 그의 머리인 그리스도를 따르려고 노력하라고 그리스도인들을 훈계해야 한다.

95. 평화의 안전함을 통해서보다는 많은 환란을 통해서 천국에 들어가기를 믿어야 한다고 훈계해야 한다.(「사도행전」 14:22)

1517년

루터의 종교개혁 사상 핵심을 보여주는 3대 논문의 의미

1. 루터의 생애

1) 1517년 가을까지

마르틴 루터(Martin Luther)는 1483년 11월 10일 아이슬레벤(Eisleben)에서 아버지 한스 루터와 어머니 마르가레테 사이의 아들로 태어났다. 그의 출생 후 부친은 만스펠트(Mansfeld) 광산 일을 위해서 이사했고, 루터는 그곳에서 초등 교육을 받았다. 이어서 마그데부르크(Magdeburg)의 대성당 학교에서 교육을 받았고, 아이제나흐(Eisenach)의 상크트 게오르겐 김나지움에서 중등 수업을 받았다. 1501년 에르푸르트(Erfurt) 대학에서 인문학 수업을 받는데, 그의 선생인 요도쿠스 트루트페터(Jodocus Truttvetter)와 바르톨로메우스 아르놀디 폰 우징엔(Bartholomaeus Arnoldi von Usingen)은 유명론자들이었다. 동시에 그는 에르푸르트 대학에 유행하는 인문주의 영향도 받았다. 1505년 여름 학기에 인문학 마기스터 학위를 받은 후 부친의 소원에 따라서 법학 수업을 시작했다. 1505년 7월 부친의 집을 방문한 후 돌아가는 도중 들판에서 폭풍을 만나 죽음의 공포 속에서 성녀 안나의 도움을 호소하면서 수도사가 될 것을 약속했다.

1505년 7월 루터는 아우구스티누스 은둔자회 에르푸르트 수도원에 입회한다. 이 수도회의 당시 회장은 요하네스 폰 슈타우피츠(Johannes von Staupitz)였다. 1507년 그는 종신 서약을 거쳐 사제 서품을 받았다. 그는 수도회장의 뜻에 따라 신학 수업을 받게 되었다. 1508년 가을부터 1년 간 비텐베르크(Wittenberg) 대학에서 그곳 수도원의 일원으로서 인문학부에서 가르치면서 동시에 신학 수업을 계속 받았다. 비텐베르크 대학 교수직을 갖고 있었던 슈타우피츠와의 친분은 이 시기로 거슬러 올라간다. 수도회의 개혁과 수도원들이 작센 지방 수도회 관구와 통합하는 문제에 이의를 제기함에 따라 루터는 1510년 11월 이 문제를 보고하는 임무차 로마로 갔다가 1511년 4월에 귀환했다.

루터는 1511년 가을에 비텐베르크 수도원으로 전입했고, 1512년 10월 신학 박사학위를 받고, 슈타우피츠의 교수직을 승계했다. 1513년 「시편」 주석으로 교수 활동을 시작했다. 그는 중세기 주석가들 중에서 니콜라우스 폰 리라(Nikolaus von Lyra)를 높이 평가한 반면, 아우구스티누스로부터 결정적으로 자극을 받아 스콜라주의 성서 주석과는 거리를 두었다. 그의 해석학적 원리는 「시편」 텍스트를 영(靈)과 문자의 대립에서 이해하는 것이었다. 그는 1515년부터 「로마서」 주석을 시작했다. 여기서 아우구스티누스의 반(反)펠라기우스주의 작품 독서를 통해 바울 이해에 결정적으로 도움을 얻었다. 이 영향 때문에 단호히 스콜라주의 신학을 비판하게 되었다. 1516년 「로마서」 강의가 끝날 무렵 그는 에라스무스(Erasmus)가 새로이 출간한 『신약성서』의 라틴어 번역을 입수했고, 이를 통해 교회 전통에 대한 그의 비판적 관점은 강화되었다. 루터는 '갈라디아서 강해'(1516/17)와 '히브리서 강해'(1517/18)를 이어갔다. 교수 활동 외에도 1514년부터 비텐베르크시 교회에서 설교자로도 활동했다. 1516년 그는 신비주의자 요한 타울러(Johann Tauler)의 설교를 알게 되었고, 동시에 익명의 저자가 쓴 독일어 필사본을 입수했는데, 이 글이 타울러와 근접함을 알게 되어 평신도의 경건 훈련에 유익하다고 보아 1518년 이 필사본을 출판했다.(『독일 신학』)

2) 1517년 가을부터 1521년 봄 보름스(Worms) 제국의회까지

1517년 10월 31일 루터는 마인츠 및 마그데부르크 대주교인 알브레히트(Albrecht)에게 서신을 보낸다. 알브레히트는 그 지역 제후의 허용 아래 성 베드로 돔 건축 비용을 위한 면죄부 판매를 지시한 장본인이었다. 루터는 대주교에게 면죄부 판매를 철회할 것과 면죄 설교 대신 복음 설교에 신경 써줄 것을 요청했다. 루터는 이 서신에 면죄부를 반박하는 95개 논제를 첨부했다. 루터가 95개 논제를 같은 날 비텐베르크 성(城) 교회 문에 게시했는지 여부는 논란거리이다. 어쨌든 루터는 이 논제를 통해 학문적 토론을 유도하려는 의도를 가지고 있었다. 논제는 인쇄를 통해 신속히 퍼져 나갔다. 1518년 그는 『면죄와 은총에 관한 설교』에서 자신의 면죄 비판을 해설했다. 그는 여기서 면죄의 근저에 있는 교황의 권능, 그리고 교회가 부과하는 징벌과 신의 징벌을 혼동하는 것을 비판했을 뿐만 아니라 예수의 회개 호소가 제도화되고 외형화된 고해 성례전을 공격했다. 이로써 루터는 당시 다른 면죄에서 통용되는바, 금전과 결부된 면죄 관행에 문제를 제기했다.

1518년 4월 루터는 하이델베르크에서 개최된 독일 아우구스티누스 은둔자회 총회에서 그의 신학적 견해의 중심적 명제들을 방어했다. 이것이 이른바 하이델베르크 논쟁이다. 그 결과 그의 반스콜라주의적 사상에 감동한 마르틴 부처(Martin Bucer)를 비롯한 여러 명의 젊은 추종자들을 얻게 되었다. 그들은 이후 유럽 종교개혁의 선두 주자가 되었다. 한편으로 루터는 비텐베르크 대학에서 대학 교육개혁을 위해 헌신했고 이로써 작센 선제후 현자 프리드리히(Friedrich der Weise)의 고문 게오르크 슈팔라틴(Georg Spalatin)을 통해 선제후의 지원을 얻게 되었다. 개혁의 일환으로 1518년 여름 필리프 멜란히톤(Philipp Melanchthon)을 그리스어 교수로 초빙했고, 후자는 곧 루터 신학에 경도되었고 열렬한 루터

추종자가 되었다. 비텐베르크 대학 교수 중에서 안드레아스 카를슈타트(Andreas Karlstadt)가 루터의 추종자임을 공공연히 드러냈다.

그 사이 로마 교황청에서는 루터의 면죄 비판을 빌미로 이단 재판이 시작되었다. 1518년 교황청 신학자 프리에리아스(Prierias)는 루터의 95개 논제에 대립해 교황의 권위를 내세웠으나, 루터는 즉각 신랄한 답변으로 반박했다. 교황청이 작센 선제후에게 로마에서 이단 재판을 받을 수 있도록 루터를 인도해 줄 것을 요청했을 때 선제후는 독일 내에서 심문하도록 하는 데 성공했다. 1518년 10월 아우크스부르크에서 교황청 특사 토마스 카예탄(Thomas Cajetan)의 심문이 있었고, 이 자리에서 신앙의 구원적 의미와 '교회의 보화' 개념에 대한 토론이 제기되었다. 루터는 교회의 보화를 교회가 처분할 수 있는 그리스도의 공로가 아니라 오로지 그리스도의 복음으로 이해할 것을 역설했다. 루터는 카예탄이 요구한 면죄 비판 철회를 거부했으니, 자신의 주장이 성서에 의해 반박되지 않았다고 보았기 때문이다. 그는 그 자리에서 교황에게 항소를 제기했고, 그 후 비텐베르크에 돌아가서 교황 대신 공의회에 항소를 제기했다. 왜냐하면 그는 교황청 재판에서 더 나은 결과를 기대할 수 없다고 판단했기 때문이다. 작센 선제후는 루터를 로마로 인도하거나 독일에서 추방하라는 카예탄의 요청을 거부했다. 왜냐하면 루터의 이단 혐의는 명백하게 입증되지 않았기 때문이다.

1519년 여름 라이프치히에서 비텐베르크의 두 신학자 루터 및 카를슈타트와 요하네스 에크(Johannes Eck) 사이에 논쟁이 개최되었다. 에크는 루터의 면죄 비판의 명제들을 공격하면서 교황의 수장권을 쟁점화했다. 앞서 루터는 교황의 수장권은 인간 법에 따라 역사적 조건 아래서 특정 지역에서 승인된 것이라는 견해를 피력한 바 있다. 반면 전 교회에 대한 교황의 수장권은 신의 법에 따라 거부하는 것이 당연하다. 논쟁 과정에서 루터는 또한 공의회의 권위도 신의 법에 의거해 거부했고, 교황의 절대권을 비판한 얀 후스(Jan Hus)의 명제를 콘스탄츠 공의회가 부당하게 유죄 판결한 사건을 예로 들었다.

　루터의 신학은 점차 분명하게 복음 신학으로 발전했다. 복음과 신앙의 상관관계는 그의 신학의 기본 요소가 되었다. 그 사이에 그는 논쟁적 성격의 글 외에도 그리스도인의 삶에 관한 상이한 문제들을 다룬 비논쟁적 글들을 집필했으니, 예를 들어 죽음을 위한 준비, 혼인, 고리대금, 파문에 관한 글들이 그것이다. 또한 1519년의 3개 성례전, 즉 고해, 세례, 성만찬에 관한 설교는 「교회의 바빌론 포로에 대한 마르틴 루터의 서주」(1520)의 집필로 이어지게 되었다. 이 글에서 그는 가톨릭 교회의 7개 성례전을 검토한 후 세례와 성만찬만이 성서적 근거를 가진 것으로 인정했다. 또한 같은 시기에 「독일 민족의 그리스도인 귀족에게 고함」을 출판했는데, 여기서 그는 교황청과 전체 교회 삶에서의 폐단을 척결하기 위한 전제로서 세례 받은 자들의 사제직에 근거해 모든 평신도들이 교회 개혁에 참여할 것을 호소했다. 같은 시기에 집필된 「그리스도인의 자유에 대한 논설」은 신앙과 행위의 관계를 다룬다.

　1520년 2월 루뱅 대학과 쾰른 대학 신학부는 루터의 신학을 반박하는 의견서를 공개했다. 1520년 6월 교황 레오 10세는 루터에 대한 파문 위협 교서 '주여, 일어나소서'(Exsurge, Domine)를 공표함으로써 루터에 대한 이단 판결을 결정했다. 에크는 이 교서 집필에 참여했다. 교서에 의하면, 1520년까지 출판된 17개 저작에서 발췌한 41개 명제를 근거로 회개, 면죄, 연옥, 인간의 원죄, 교황의 권위, 공의회, 출교, 이단자 박해에 관한 루터의 견해를 이단적으로 판단했다. 모든 루터의 저작은 압류되어 소각되어야 한다. 루터는 교서의 공표 후 60일의 기간 안에 자신의 견해를 철회할 기회를 가지며, 거부할 경우 그는 이단자의 징벌을 면할 수 없다. 교황청과 연결된 카롤루스 밀티츠(Carolus Miltitz)의 조언으로, 교서가 아직 중부 독일에서 공표되기 전에 루터는 교황에게 공개서한을 집필했다. 서신의 목적은 철회 시한이 경과하기 전에 교황청의 나머지 절차를 수정할 가능성을 열어 두기 위한 것이었다. 서신에는 앞서 언급한 「그리스도인의 자유에 대한 논설」이 첨부되었다. 다른 한편으로 교황 교서는 루터의 이론을 성서적 근거에 의해 반박하지 않은 채 이단적이라 판결했고, 이로써 성서적 권위를 교회의 교리권에 굴복시켰으므로 루터는 교서를 적그리스도의 교서라고 선언했다. 그는 1520년 12월 10일 비텐베르크 성문 앞에서 대학생들과 함께 파문 위협 교서와 교회 법전을 소각하는 이벤트를 벌였으니, 교황의 지나친 권위 주장을 공격하는 시위성 행위였다.

1521년 1월 3일 루터에 대한 파문이 교황 교서를 통해서 공포되었다. 작센 선제후를 포함한 제국의 신분들이 교황의 유죄 판결을 제국 법에서 실행에 옮기기 전에 루터를 공정한 법정에서 심문해야 한다고 요구했으므로 신성 로마 제국의 황제 카를 5세는 루터를 보름스 제국의회에 소환하면서 안전 통행증을 발부했다. 1521년 4월 17일 첫 번째 심문에서 기대와 어긋나게 루터에게는 황제와 제국 신분 앞에서 오직 입장 철회만 허용되었다. 루터는 인간의 구원과 신의 말씀에 관계되는 일이므로 하루 생각할 시간을 달라고 청했다. 그다음날 그는 성서에 근거한 반박에만 굴복할 용의가 있다고 말했고, 영원한 구원의 문제에 대해 자신은 신의 말씀에 묶여 있으므로 철회할 수 없다고 선언했다. 그는 귀환 도중에 작센 선제후의 기사들에 의해 바르트부르크(Wartburg) 성으로 납치되었다. 루터에 대한 황제의 제국 파문 칙령은 작센 선제후가 출발한 후 5월 25일 공포되었다. 제국 파문에 의해 파문 당사자의 모든 세속적 권리가 박탈되고 그는 체포되어 황제에게 인도되어야 한다. 또한 그의 추종자들과 그를 보호하는 자들도 파문 대상이 된다.

3) 바르트부르크 시기와 1522년부터 교수와 설교자로서의 활동

루터는 1521년 5월부터 1522년 3월 1일까지 바르트부르크 성에서 은신하는 동안 슈팔라틴과 서신으로 연락을 취했고, 또한 그를 통해 비텐베르크 대학 교수들과도 접촉했다. 그는 집필 활동에 전념했다. 그는 자신에게도 해당되는 문제를 『수도원 서약』에서 다루었는데, 수도원 서약과 복음과의 모순을 지적했다. 수도원 서약은 종교적 법 아래 인간 삶을 속박하는 것인 반면, 인간 양심은 신앙의 자유 안에서 그 법으로부터 벗어나 있다. 그는 이러한 사상에 근거해 수도원을 탈퇴했다. 그러나 이 시기에 가장 중요한 것은 『신약성서』의 독일어 번역 작업이었다. 비텐베르크로 귀환 후 1522년 9월에 독일어 『신약성서』 초판이 출판되었다.

교황의 파문과 황제의 제국 파문 이후 루터는 작센 선제후의 보호 아래서만 생존할 수 있었다. 그러므로 그는 로마 가톨릭 신학자들과의 대화에서 더 이상 종교개혁의 입장을 대변할 수 없었고 거의 비텐베르크 밖으로 나갈 수도 없었다. 그는 1522년 가을부터 『구약성서』 번역 작업을 속행했으며, 멜란히톤과 다른 사람들이 그를 도왔다. 완전한 독일어 성서는 1534년에 비텐베르크에서 출판되었다.

1522년부터의 설교 활동은 『구약성서』 또는 『신약성서』 텍스트나 교리문답에 관해 연속적으로 설교하는 방식을 취했다. 대부분 설교는 복음서 텍스트에 대한 주석 설교였다. 그는 중세기의 전통적 해석학 원리, 이른바 성서의 4중적 의미(문자적 의미, 알레고리적 의미, 도덕적 의미, 종말론적 의미) 해석에 대해 비판적이었다. 그래서 그는 알레고리적 의미를 점차 포기하게 되었다. 그 밖에 루터는 바르트부르크 시기에 강림절과 성탄절을 위한 성서 묵상(Postillen)을 썼는데, 곧 사순절 성서 묵상도 집필했다. 이것은 주로 가정 예배를 위한 간략한 성서 해설이라고 할 수 있다.

4) 1522년 이후 상황에 근거한 집필 활동

1522년 그가 비텐베르크로 귀환했을 때 종교개혁의 흐름을 제어할 필요를 느꼈다. 그는 8회에 걸친 사순절 설교에서 그리스도를 향한 신앙은 구원에 필수적이 아닌 삶의 문제에 있어서 이웃 사랑의 정신으로, 내적으로 전통적 종교에 연연하는 약한 자를 고려해야 한다고 역설했다. 카를슈타트는 비텐베르크에서, 1521년 성탄절부터 성만찬에서 평신도의 잔을 금하는 대신 빵과 잔으로 거행하는 것과 고해 성사를 강제하는 대신 고해 성사를 금지하는 조치를 도입했다. 루터는 성만찬을 두 가지 요소로 받는 것을 평신도의 자유에 맡기고, 고해는 교회법에 구속됨이 없이 평신도의 자유에 맡기도록 조처했다. 그는 형상 숭배에 대해서는 철저한 형상 금지를 고집하지는 않았다. 영혼 미사와 성자 미사 및 성체 축일은 단계적으로 폐지되었고, 성자 축일은 극도로 감축되었다. 1523년 가을 루터는 비텐베르크시 교회에서 성만찬을 두 가지 요소만으로 거행했다. 그는 주일 미사에서 여전히 라틴어 전례를 고수했다. 그는 회중으로 하여금 찬양에 보다 많이 참여하도록 만들기 위해 친구들에게 찬송가를 작시하도록 격려하고, 1523~24년에 스스로 24개의 찬송가를 만들었다. 그가 만든 찬송가는 이후 36개로 늘어났다.

그는 『세속 권력론』(1522~23)에서 그리스도인들이 그리스도의 나라와 세상 나라의 차이에도 불구하고 세속 권세에 복종해야 할 의무를 지시한다. 그러나 세속 권세가 권력의 한계를 범해 영혼이나 양심을 지배하려고 할 때 그리스도인은 인간보다는 신에게 순종해야 하고, 세속 권세에 저항하고 필요한 경우 고난을 당해야 한다.

1524년 토마스 뮌처(Thomas Müntzer)가 종교개혁의 관철을 위해 폭력 사용을 옹호했을 때, 루터는 『선동적 영에 대하여 작센 제후들에게 드리는 서신』에서 뮌처를 정치적인 위험인물로 규정했다. 1525년 4월 루터는 튀링겐 주(州) 북부에서 농민전쟁이 발발했다는 소식을 접했고, 슈바벤 농민들의 『12개 요구 조항』에 대해서도 알게 되었다. 이에 루터는 『평화를 위한 훈계』에서 영주들에게 사회적 폐단을 청산할 것을 호소했고, 농민들에게는 그들의 요구를 세상적 권리보다는 신의 법 차원에서 살필 것을 경고했다. 그러나 농민전쟁이 확대됨에 따라 루터는 『강도와 살인을 일삼는 농민 폭도들을 반박하여』에서 농민들이 자기 문제에 있어서 스스로 판관 노릇을 하며 살인과 강도질로 나라의 평화를 파괴하고 복음을 멸시한다고 비난했다. 동시에 그는 세속 권세가들에게 폭동을 진압함으로써 그들의 법적 의무를 이행하도록 훈계했다. 그해 7월 루터는 『농민을 적대한 가혹한 책자에 관한 회람 서신』에서 자신의 이전 입장을 해명하면서 세속 권세가들에게 폭동 진압 후 무고한 자들을 처벌하지 말고 책임자에게도 자비를 베풀라고 조언했다.

루터는 1525년 6월 시토회 수녀였던 카타리나 폰 보라(Katharina von Bora)와 혼인했다. 그는 1519년 이후 여러 번 수도사 및 사제의 독신주의의 종교적 가치를 비판했고 1522년 이래 양심적 자유에 따른 수도사 신분 포기를 촉구한 바 있다. 루터에게는 아들과 딸이 각각 3명씩 태어났다. 루터의 집에는 가족 외에도 친척과 학생들이 거주했으며, 1531년 이후 다양한 주제를 놓고 식탁에서 손님들과 벌인 담화들이 조교들에 의해 기록되었다. 이 식탁 담화는 1566년에 처음 출판되었다.

농민전쟁이 끝난 후 1524년 9월에 에라스무스는 『자유의지론』을 출판했는데, 그의 인문주의 정신에 따라서 신의 은총과 인간의 자유의지를 협력적인 것으로 이해했다. 여기에 대해 루터는 『노예의지론』에서 인간에게는 무신적 삶과 그리스도 신앙을 통해 해방된 삶 사이에서 선택할 수 있는 자유가 없다고 답변했다.

에라스무스와의 논쟁 후 루터는 이미 시작된 울리히 츠빙글리(Ulrich Zwingli)와의 성만찬 논쟁에 개입했다. 츠빙글리는 예수의 성만찬 제정어 "이것은 내 몸이다"를 상징적으로 해석했고 그리스도의 몸과 피가 빵과 포도주에 실재한다는 루터의 이론을 중세적 잔재라고 비판했다. 츠빙글리는 1523년부터 이미 가톨릭 미사 제물을 루터와는 다른 관점에서 비판한 바 있다. 츠빙글리는 그리스도의 십자가 희생의 일회성을 강조했고 성만찬을 십자가 사건에 대한 교회 공동체의 기념 행위로 이해했다. 반면 루터는 1520년 이후 성만찬을 예수 그리스도의 언약 행위로 이해했으니, 즉 예수 그리스도는 최후 만찬에서 자신을 빵, 포도주와 동일시하면서 제자들에게 자신의 육신적 운명과 결부된 사죄의 약속을 준 것처럼 공동체에 사죄의 약속을 선사한다고 보았다. 루터는 츠빙글리가 그리스도의 몸과 피가 성만찬의 두 요소에 실재하느냐의 문제에 집착한 것을 유감스럽게 생각했으니, 제정어의 해석에 직면해서 이 문제에 답변하지 않을 수 없었다. 결과적으로 상이한 성례전 개념, 성만찬 행위의 성격에 대한 근본적인 문제 제기는 뒷전으로 밀려났다. 1531년 마르부르크에서 헤센 주의 방백(方伯) 필리프 1세에 의해 주선된 양측의 종교 대화는 성만찬 문제에 있어서 아무런 합의 없이 결렬되었다.

종교개혁이 선제후령 작센에서 보급되는 가운데 상이한 결과를 초래했으므로 1524년 이후 교회 시찰의 필요성이 제기되었다. 1527년부터 비로소 선제후령 작센 일부에서 선제후의 지시와 전권 위임에 의해 교회 시찰이 시행되었다. 1525년 말 루터는 요한 발터(Johann Walter)와 함께 독일어로 작성된 독일어 전례서를 만들었다. 성만찬 전례서는 철저히 자신의 성만찬 이해를 반영했다. 1528년 루터는 교회 시찰을 계기로 교리문답의 5개 항목(십계명, 사도 신조, 주기도문, 세례, 성만찬)에 대한 일련의 설교를 했고, 이어서 1529년 대교리문답서와 소교리문답서를 출판했다.

1530년 아우크스부르크 제국의회에 멜란히톤이 집필한 아우크스부르크 신조가 제출되었고, 루터는 신분들에게 종교개혁의 정당성과 제국 내 정치적 평화를 위해 최소한 노력할 것을 호소한 바 있다. 그는 가톨릭 성직자들에게 가능한 한 프로테스탄트를 공격하는 황제의 전쟁에 가담하지 말라고 경고했다. 루터는 슈말칼덴 개신교 제후 동맹에게 정당방위의 상황에서 황제에 대항해 저항할 권리가 있음을 시인했다. 1536년 비텐베르크 일치 신조가 루터의 동의 아래 만들어졌다.

1537년 초, 아이슬레벤의 목사 요하네스 아그리콜라(Johannes Agricola)는 한 설교에서 신의 도덕법(즉 십계명)이 아니라 복음이 그리스도인에 대한 신의 진노를 계시한다고 주장했다. 루터는 아그리콜라가 비텐베르크에서 유포되고 있는 익명의 저자의 반(反)율법주의적 명제들의 배후에 있다고 의심했다. 이 명제는 율법을 더 이상 그리스도인들에게 가르쳐서는 안 된다고 주장했다. 루터는 여기에 대해『반율법주의자 반박』등 여러 글에서 이른바 율법의 제2용법, 즉 율법이 성령의 도구로서 인간 마음에 죄에 대한 슬픔을 일으켜 인간으로 하여금 복음에서 제공된 그리스도의 율법 성취를 위해 준비시킨다고 진술했다. 십계명을 선포하는 것을 단순히 거부하는 것은 그리스도인들이 더 이상 죄인이 아니며 교회는 오직 거룩한 백성으로만 구성된다고 주장하는 것과 같다. 다른 한편으로 십계명은 적극적으로 그리스도인들이 어떻게 살아야 하는가를 가르친다는 것을 루터는 지적했다. 이것이 이른바 율법의 제3용법이라고 불리는 것이다.

5) 루터의 만년

1539년 12월부터 루터는 헤센 주의 방백 필리프 1세의 이중 혼인 문제에 연루되었다. 필리프는 아내의 시녀와 혼인하기를 원했다. 필리프는 구약시대 족장들의 일부다처제를 들먹이면서 루터, 멜란히톤, 부처의 승인을 요청했다. 신학자들은 공작에게 은밀히 혼인할 것과, 혼인할 경우 그것에 침묵할 것을 마지못해 조언했다. 1540년 3월 필리프는 두 번째 부인과 혼인했고, 멜란히톤과 부처가 증인을 섰다. 그러나 필리프는 혼인 사실을 숨길 수 없었고 루터의 조언을 공개하겠다고 위협했다. 이에 루터는 혼인을 전면 부인했다. 필리프에게 조언한 것은 그의 최악의 실수 중 하나였다. 이 사건은 루터의 명성에 지속적인 상흔을 남겼다.

루터는 수년 동안 질병에 시달렸다. 메니에르증후군(난청, 현기증, 이명 등을 수반하는 증세)과 백내장이 그 예이다. 1531년 이래 그의 건강은 점차 악화되었다. 수십 년에 걸친 로마와의 투쟁, 그의 이전 동료들과의 갈등, 필리프 1세의 이중 혼인 스캔들을 건강 악화의 주요 원인으로 들수 있다. 그의 좋지 않은 건강은 그를 다혈질적으로 만들었고 글의 어투를 거칠게 만들었다.

루터의 교황에 대한 마지막 비판문인『로마 교황제 반박』(1545)은 황제 카를 5세와 교황 바오로 3세 사이의 갈등에서 비롯된 것이다. 황제는 1544년 슈파이어 제국의회에서 교회 공의회가 개회될 가망성이 없으므로 적어도 제국에 대해서는 종교 문제를 해결하기를 바란다고 선언했다. 이에 대해 교황은 한 교서에서 그리스도교계에서 교황의 절대적 수장권을 강조했다. 루터는 앞의 글에서 중세기 교황들의 반(反)황제적 권력 주장을 상기시켰다. 루터는 세상을 떠나기 직전까지 작센 선제후의 일부 교회의 정치 행위를 지원했으니, 목사 임명이나 혼인 분쟁 등의 문제에 조언을 아끼지 않았다. 1546년 2월 18일 루터는 그의 친구들이 지켜보는 가운데 숨을 거두었다.

2. 루터 신학 사상의 결정체, 3대 논문

비텐베르크 대학의 신학 교수인 루터는 1517년 당시 물의를 일으킨 면죄부 판매를 반박한 이래, 점점 더 예언자적 열정에 불타게 되었다. 특히 1519년의 라이프치히 논쟁을 통해 점차 독일 민족은 루터 편으로 돌아섰다. 종교개혁자의 본래 종교적 의도를 파악할 수 없었던 인문주의자와 기사, 시민, 농민들은 자신들이 오랫동안 기다려온 교회와 제국의 개혁을 루터가 가져오리라는 확신에 차 있었다. 이때 사람들은 개혁을 자신들의 정치적·사회적 목표 달성으로 이해했다. 도처에서 대학생들이 비텐베르크로 몰려들었다.

이때 루터는 몇 편의 글들을 통해 독일 민족에게 종교와 제국의 개혁을 호소했다. 때마침 발명된 인쇄술은 전혀 새로운 선전 가능성을 제공했다. 루터는 생생한 대중적 언어로써 악습을 타파하고 자기 입장을 변호하며 자기 종교적 경험을 증언하고 그에게 도움을 청하는 자들에게 목회자로서 충고를 아끼지 않았다.

이 글들에는 신학적으로 볼 때 한 가지 공통점이 있다. 그것은 바로 신앙은 그리스도교인의 삶의 전부이며, 따라서 '만인 사제직'만 있다는 것이다. 이로써 중세 사회의 원리, 곧 영적인 것과 세속적인 것의 분리는 끝났다.

그러나 여기에 신학적인 것 이상이 있다. 즉 신학 전문가들뿐만 아니라 폭넓은 독자층을 확보했다는 것이 1520년의 그 글이 갖는 역사적 의미이다. 새로운 것을 기대하는 독일 민족의 관심이 루터의 한 몸에 쏠리게 되었다. 그는 옛 세계를 파괴하고 새로운 세계를 건설하려는 혁명적 소용돌이의 진원지가 되었다. 이를 의식한 루터는 독일어로 점점 더 많은 글을 쓴다. 그는 이제 신학자들로부터 등을 돌려 평신도에게로 향한다. 이에 따라 그의 언어는 비신학적이 된다. 그의 글은 읽기 편하게 짤막했으며, 돈 몇 푼으로도 살 수 있었다. 그럼에도 불구하고 1520년 루터의 글들은 내용에서나 형식에서나 종교개혁자가 써낸 가장 중대한 작품들이다. 이 작품들의 가치는 그것들이 시대와의 생생한 대결에서 직접 탄생한 고백서이며, 루터가 본질적인 점들을 집중적으로 다루어 종교개혁의 대강령을 만들어냈다는 데 있다.

루터는 1520년 8월 중순부터 11월 중순까지 단 3개월에 걸쳐 논문 세 편을 썼는데, 「독일 민족의 그리스도인 귀족에게 고함」 「교회의 바빌론 포로에 대한 마르틴 루터의 서주」 「그리스도인의 자유에 대한 논설」이 그것들이다.

1) 「독일 민족의 그리스도인 귀족에게 고함」

독일어로 쓰인 「독일 민족의 그리스도인 귀족에게 고함: 그리스도인 신분의 개선에 대하여」는 그 제목 자체가 민족적 테마를 시사한다. 이는 귀족에게 자기 신분 내에서 개혁을 하라는 권고가 아니다. 오히려 귀족에게 도탄에 빠져 있는 그리스도교를 개혁하도록 호소한다. 성직 신분이 개혁의 의지가 없으므로 평신도(귀족 신분)들이 치유자가 되어야 한다는 것이다. 13세기 이래 평신도의 강력한 부상(浮上), 교회 문제에 대한 평신도의 점진적인 개입, 역으로 일방적으로 성직자 중심으로 발전해왔던 교회와의 경쟁은 마침내 절정에 도달했다. 평신도 계층은 교회 내에서 자기 권리를 혁명적으로 선포했다. 로마에 대한 독일인의 증오는 이 평신도의 자구책에서 유일한 배출구를 발견했다. 이 독일인의 증오를 대변하는 자가 바로 루터였다. 그는 이 논문에서 세속 권력에 대한 영적 권력의 우위성, 교황의 교리적 권한 및 공의회에 대한 교황의 권한을 거부하는 반면, '만인 사제직'을 강조한다. 이 개념은 바로 반(反)로마주의 운동을 가장 간단명료하게 표현한 말이다. 모든 그리스도인은 성직 신분에 속하며 그들 사이에는 직업적 차이 외에는 다른 차이가 없다는 것이다. 그리스도교 사회에서의 차이는 신분의 차이가 아니라 기능상의 차이이다. 교황과 주교들이 실패했다면 세속 신분이 스스로 도와야 한다. 여기에 백성의 극단적 성인 선언이 있다. 독일인은 루터의 호소에서 오랫동안 거부당했던 권리가 성취되는 것을 느꼈다. 그리스도교계에는 두 개의 구분된 신분이 있지 않고 단 하나의 신분만 있다는 저 기본 신념으로부터 로마의 수위성은 더 이상 존재할 수 없다는 견해는 당연한 것이다. 이는 곧 로마 교황만이 성서를 올바로 해석할 수도 없고, 교황만이 총회를 소집할 권한도 없다는 것이다. 이 권한은 어느 그리스도인에게나 있다. 이로써 교회 개념이 극단적으로 탈(脫)성직화되었으며, 한편으로 그것의 민주화가 이루어졌다. 이와 함께 독일 민족의 독자적인 사상이 법적·경제적·종교적으로 전면에 나타났다. 경제적으로 자급자족을 실시해야 하는 것처럼 모든 주(州)는 자기 방식대로의 법을 가져야 한다. 특히 독일 교회는 교회 법정을 가진 독일 주교가 있어야 하고, 교황은 여기에 더 이상 관여해서는 안 된다. 초년도 헌상 성직록은 프랑스에서처럼 주의 제후가 보유해야 한다. 독일 정신사에서 처음으로 한 인간의 견해가 민족 감정을 대변하고 지배했다.

이 논문에서 루터는 교회 개혁을 기존 구조 안에서 달성하려는 희망을 포기했음을 분명히 했다. 그는 자신의 신학적 단초들이 이제 교회의 내적 토론 공간을 위해 의도된 것이 아니라 여전히 교회 직무상 통일체로서 이해된 그리스도의 몸 전체를 갱신하기 위해 사용되어야 한다는 것을 점차 숨김없이 드러냈다. 그렇기 때문에 그는 (그의 사회윤리적 참여는 다른 종교개혁 신학자들에 비해 종종 덜 진화된 것으로 서술되었으나) 사회적·정치적 개혁 시도에 착수했다. 이 개혁 시도는 한 세기 전부터, 예를 들어 독일 민족의 불만(Gravamina)의 형태로 예고되었으나 별로 성공적이지 못했다. 로마에 대항하는 민족적 통합의 중세적 주제는 그동안 크로투스 루비아누스(Crotus Rubianus)와 울리히 폰 후텐(Ulrich von Hutten) 같은 인문주의자들을 통해, 그리고 1518년 아우크스부르크 제국의회에서 긴급히 논의되었으나, 이제 새로운 대변자를 만났다. 루터는 처음에 사회개혁자로서 등장한 것이 아니라 올바른 복음의 증언, 그리스도인의 신분, 영적·세속적 권세에서의 직무를 일반적으로 염려했다.

루터에게 동기부여의 여지는 컸다. 사회적으로 몰락한 신분, 즉 기사 계급은 복고적이고 상황을 유지하려는 동기를 가졌다. 그러나 독일과 서유럽 대학들의 인문주의적 학자층의 지향점은 달랐다. 그럼에도 불구하고 교황청의 정치적·재정적인 과도한 영향에 적대하여, 고위 성직 계급의 세속적 행실에 적대하여, 그리고 많은 수도원에서의 방종한 행태에 적대하여 큰 의견의 일치가 있었다. 이런 상황 속에 루터는 말했으니, 그는 ─상이한 기대의 스펙트럼에도 불구하고─ 많은 사람들로부터 환영을 받을 수 있었다.

루터는 저술 작업에서 확실하지 않은 자료에 의존했다. 추측컨대 1520년 봄에 나온 후텐의 두 대화편인 『바디스쿠스』(*Vadiscus*)와 『인스피키엔테스』(*Inspicientes*)가 그가 의존한 자료에 속한다. 그러나 루터는 주제를 독자적으로 편집하여 다른 개혁자들과 차별화했다.

루터의 관점에서 보면, 로마에는 적그리스도가 앉아 있었다. 그는 교황과 공의회, 주교들과 수도회에 항소하려는 시도를 가망 없는 것으로 여겼다. 1520년 6월 7일 슈팔라틴에게 보낸 서신에 이런 글귀가 쓰였는데, 이 서신은 교황청을 적대하는 일련의 강력한 말들을 내포하고 있다. 여기서 지하 세계가 교회 속으로 들어옴이 허용되었다. 루터는 로마 교회를 지원하는 자들의 어리석음에 대해 글로써 탄핵한다.

'적그리스도의 비밀'은 결국 폭로되어야 할 것이다. 그래서 루터는 자기 친구에게 로마 교황청의 독재와 무익성에 대항해 황제 카를 5세와 전체 독일 귀족에게 고하는 글을 출판할 계획임을 알린다. 이로써 루터는 풍성한 결과를 가져올 전기를 마련했다. 그는 교회와 사회를 개혁하기 위해 세속 권력만 행동 능력이 있다고 간주한다. 그는 그리스도인 제후들이 교회의 일원으로 '만인 사제직'의 틀 안에서 교회와 국가의 변화를 위해 자신을 잘 규제할 수 있어야 한다고 선언한다. 루터는 보니파키우스 8세의 '양검 이론'(Zwei Schwert Theorie), 즉 세속 권력에 대한 영적 권력의 헤게모니가 끝났음을 알린다. 신학적 사상은 교회 개혁을 위한 행동 이론이 되었다.

이 글은 루터의 전투 동료인 니콜라우스 폰 암스도르프(Nikolaus von Amsdorf, 1483~1565)에게 헌정되었으며, 황제 폐하와 그리스도인 귀족을 수신인으로 언급한다. 「전도서」 3:7의 인용문을 포함한 짤막한 헌정문에서 루터는 자신이 그동안 획득한 통찰을 공개하려는 결심을 다음과 같이 알린다. "침묵의 시간이 지나갔고 말할 때가 왔습니다." 그는 그리스도인 귀족에게 "영적 신분이 교회를 돕는 것이 합당하지만 완전히 소홀했기 때문에 하나님은 평신도 신분을 통해 자신의 교회를 돕고자 하는가"라는 질문을 제기한다. 그는 귀족 신분에게 감히 말한 것에 대해 변명하고자 한다. 그러나 그는 현안 문제들에서 오로지 신의 영광을 추구해야 한다고 느낀다.

루터는 독일 그리스도교의 모든 신분들의 난제를 안다. 종교회의는 어떤 도움도 주지 못했다. 많은 다른 사람들처럼 루터는 비참한 민족에게 한 젊은, 고귀한 피가 수장으로 주어진 것에 큰 기대를 건다. 그의 친구들이 후일 그에게 가톨릭교도로 남아 있는 황제에 대항하여 종교개혁을 위해 주 제후들이 주도권을 가지는 것을 인정하도록 촉구해야만 했다. 교황의 권력은 황제의 권력을 역사 속에서 종종 경시했고 억눌렀다. 이 현상은 최근에 '피에 굶주린 율리우스 2세'에서 절정에 달했다. 이 교황은 실제로 영적 심오함을 통해서가 아니라 차라리 전투와 방종을 통해 권력을 과시했다.

루터는 '로마주의자'들에게 철거해야 할 세 가지 장벽이 있음을 말한다. 첫 번째, 영적 권력은 세속 권력보다 위에 있다고 주장하고, 두 번째, 교황은 성서에 대해 독점적 해석권을 주장하며, 끝으로 교황은 종교회의를 소집할 권한을 오직 자신에게 유보한다는 것이다.

첫 번째 장벽에 대해 루터는 '만인 사제직'의 이해를 가지고 상세히 설명한다. 모든 그리스도인은 세례를 통해 사제가 된다. 주교가 누군가를 축성하면 이로써 그는 교회 공동체 전체가 권세를 가질지라도 '전체 모임'(=교회 공동체)을 대신해 권세를 수행하는 직무를 위해 그 누군가를 구별하는 것이다. 광야에서 공동체는 세례를 주고 미사를 집전하며 사죄를 베풀고 설교할 직무를 위임받을 자를 선출할 것이며, 마치 주교와 교황이 그를 축성하듯이 그렇게 할 것이다. 이 맥락에서 후일 자주 인용되는 다음과 같은 문장이 발견된다. "비록 누구나 그런 직무를 수행하는 것이 적절하지는 않을지라도 세례에서 나온 사람은 이미 사제, 주교, 교황으로 축성 받은 것을 자랑할 수 있다."

루터는 여기서 공동체의 위임을 불가결한 기준으로 전면에 내세운다. 중요한 것은 기능적 의미에서의 직무 혹은 행위이지 신분이 아니다. "그들은 모두가 영적 신분에 속하며 진정한 사제와 주교, 교황들이기 때문"이다. 그러나 모두가 같은 기능을 갖는 것은 아니다. 지금 통용되는 교회법의 의미에서 성직자들은 모든 권세를 가지는 것이 아니라 다만 신의 말씀을 가지고 성례전을 집행할 권위를 가진다. 루터는 '파괴될 수 없는 품격'(character indelebilis), 즉 사제 서품을 통해 획득된 상실할 수 없는 품격을 부정한다. 따라서 면직된 사제는 일반 평신도와 다를 바가 없다.

루터는 영적 권력을 통해 세속 권력을 후견하는 것을 거부한다. 세속 권력은 "교황이건 주교이건 사제이건 수도승이건 수녀이건 간에 그 누구에 대해서라도 해당자의 신분에 관계없이 그리스도교계 전체를 통해 아무런 장애 없이" 그 직무를 수행해야 한다. 「로마서」 13 : 1 이하를 언급한 가운데서 루터의 두 왕국론의 단서를 인식할 수 있다. 세속 권력은 그리스도의 몸(Corpus Christianum)의 한 지체(肢體)로서 영적 신분에 속한다. 그러므로 신 앞에서 권력 수행에 대해 책임져야 한다.

두 번째 장벽에 대해 루터는 모든 그리스도인이 신으로부터 가르침을 받아야 한다는 점을 지적한다. 그는 교황이 다른 그리스도인처럼 오류를 범할 수 있다고 여긴다. "만일 우리가 교황보다는 성서를 자기편에 가지고 있는 사람을 믿지 않는다면 교황이 잘못을 저지를 때 그리스도교계를 누가 돕겠습니까?" 루터는 성서를 자신의 것으로 여긴다면 올바로 가르쳐야 한다고 주장하기 위해 독점적 직무 이해를 배척한다. 바울이 「고린도 전서」 2 : 15에서 영적 인간은 모든 것을 판단한다고 진술한다는 것이 독점적 직무 이해와 결부되지 않는다.

세 번째 장벽에 대해 루터는 다른 두 장벽이 무너질 때 이 장벽은 저절로 무너질 것이라고 주장한다. 루터는 325년 니케아 종교회의가 교황의 소집 없이 성립되었음을 입증한다. 필요하다면 모든 그리스도인이 폐단을 청산할 종교회의를 요청할 수 있다. 교황이 교회의 개혁을 방해한다면 세속 권력에 도움을 청할 수 있다. 여기서 개신교 주 제후들의 비상 주교직이 이미 준비되었다. 세속 권력은 자유로운 종교회의가 소집되도록 돌볼 수 있다. 그것을 위해 섬기는 "동료 그리스도인 …… 동료 사제들" 그리고 "동료 성직자들"은 "모든 사안에서 같은 권세를 가지고 있고" 직무와 행위를 가지며, "그들은 하나님으로부터 모든 인간에 대해 이 직무를 가진다 ……."

글의 제2부에서 루터는 그전에 이미 제기되었던 허다한 개혁 요구들을 언급한다. 교황궁의 화려함과 사치, 최고 권력의 표현으로서 삼중관을 쓰는 일, 많은 수의 추기경들, 교황청의 재정 실제, 부당한 성직 수여를 탄핵한다.

제3부에서는 세속 성직자와 수도원에서의 악습에 주목한 후 계속해서 '그런 끔찍한 행태'를 개선할 것을 제안한다. 너무 많은 교회 축일을 비판한 것에서부터 대학 개혁에 이르기까지 여러 가지 방안을 제시한다.

결론적으로 루터는 실천될 수 있는 것보다 많은 것을 요구했다고 생각한다. 또한 그는 자신이 진술한 공격의 위험성을 의식한다. 그는 반론을 예상하고 자신의 사안이 '정죄 받지 않는다면' 아무것도 이룰 수 없을까라고 우려한다. 그는 그리스도인 귀족이 빈곤한 교회를 위해 최선을 다하기 위해서는 올바른 영적 용기를 가지기를 바란다.

8월에 비텐베르크의 인쇄소를 떠난 루터의 글이 짧은 시일 내에 당시로서는 경악스러울 정도로 보급된 것은 요구된 사안들의 독창성 때문이 아니라 그것들을 생생하게 종합하고 신학적으로 정돈했기 때문이다. 인쇄업자 멜키오르 로터(Melchior Lotther)가 8월 18일에 4,000부를 출판하자마자 순식간에 매진되었다.

루터의 몇몇 친구들은 이 글의 '무섭게 거친' 어조에 대해 경고했다. 루터는 에르푸르트의 요하네스 랑(Johannes Lang)에게 자신의 발언이 상황 조건적임을 설명했다. 적그리스도에 대해서는 이런 대담한 태도가 적합할 것이다. 8월 19일에 루터는 당시 수도원장으로 뉘른베르크에 살았던 벤체슬라우스 린크(Wenzeslaus Linck)에게 귀족에게 보낸 호소에서 언급한 사안을 온건하게 취급하는 것이 호응을 얻을 수 없다는 취지로 서신을 보냈다. 이를 위해 그는 바울이 자기 적수를 '개'로 표현(「빌립보서」 3:2)하거나 다른 곳에서는 '사탄의 종'으로 공격했음을 지적한다. 그 밖에 귀족에게 보낸 호소문을 유보하라는 랑의 요청이 너무 늦게 도달했다며, 자신의 글은 이미 출판되었다고 말한다. 루터는 이것을 후회하지 않으며, 자신의 친구에게 하나님의 영이 그를 몰아가는 것이 아닌지 누가 알겠는가라고 묻는다.

이미 초판이 출판되고 나서 며칠 후 같은 인쇄업자에 의해 재판(再版)이 나왔다. 곧이어 다소 수정된 많은 재판들이 나왔다. 이 글의 보편적 의미가 보급의 신속한 대성공을 이끌었던 것만은 아니다. 이 글은 다음 세기에도 간헐적으로 인쇄되었다.

루터는 하룻밤 사이에 이 글을 통해 새로운 친구를 얻었다. 또는 이미 친구가 된 자들이 그들의 우정을 강화했다. 불운한 기사 계급의 지도자인 프란츠 폰 지킹엔(Franz von Sickingen)은 감동을 받고 루터를 동맹 파트너로 간주했다. 일생토록 가톨릭 교회에 충성했던 작센의 수염 달린 게오르크 공작(Herzog Georg der Bärtige)조차 로마로 보낸 한 서신에서 루터가 많은 문제를 정당하게 지적했다는 확신을 억제하지 못했다. 많은 제후들이 그들의 지지를 알렸으며, 루터는 슈팔라틴에게 이 사실을 지적했다. 루터 자신도 다양한 동기에 의해 새로 얻은 친구들을 무차별적으로 자신의 사안의 대변인으로 평가하거나 받아들이기를 신중하게 피했던 것처럼 그의 선제후는 이 모범적인 대중 활동 이후에도 역시 루터를 공공연히 인정하지는 않았다.

2) 「교회의 바빌론 포로에 대한 마르틴 루터의 서주」

위의 논문에 이어 곧 제한된 독자를 위해 라틴어로 쓴 「교회의 바빌론 포로에 대한 마르틴 루터의 서주」가 출판되었다. 여기에서 루터는 신학적으로 가장 신랄한 공격을 가했다. 즉 교회는 스콜라주의적 성례 전론에 사로잡혀 있다는 것이다. 이 글은 다만 7개 성례전에 대한 공격 이상을 의미한다. 이는 전통적인 성례전 개념, 즉 교회 전례에서 역사하는 신적 생명의 객관주의에 대항하는 것이다. 그러나 그는 객관적 성례 전주의를 비판하는 데서 극단으로까지 밀고 가지는 않았다. 그는 이것을 츠빙글리와 열광주의자들에게 맡겼다. 1529년 마르부르크에서처럼 루터는 이미 여기서 "이것은 내 몸이다"를 고수했다. 그는 세례와 성만찬만 허용하고 회개(고해 성사)는 유보 단서를 붙여 성례전으로 인정했다. 그는 성만찬에서 평신도가 포도주를 마실 자유를 요구하고, 전통적 '화체설'(化體說)을 일개 이론에 지나지 않는다고 폄하했다. 그는 성만찬에서 그리스도 몸의 참된 임재를 확립한다. 그러나 이 '임재'의 양태 문제는 미결로 남겨둔다. 특히 루터는 끈질기게 미사 내지 성만찬이 제사라는 교리를 공격한다. 성만찬은 우리에게 죄 사함을 약속하는 그리스도의 유언(언약)이다. 성만찬 제정의 말씀은 전체 복음의 요약이다. 이 언약을 믿음으로써 영접하는 대신 인간들은 이것을 제사, 즉 하나의 행위로 만들었다. 따라서 그리스도의 선물이 하나님께 바치는 인간의 제물이 되었다.

루터는 인간의 상태와 무관한 '작위적 행위'(opus operatum)를 부인하지는 않지만, 특히 강하게 스콜라주의 신학에 반대하여 성례전적 은혜를 신앙으로써 받을 필요성을 강조한다. "믿으라, 그러면 이미 먹은(은혜를 받은) 것이다." 수찬자의 신앙은 예수 그리스도의 현실적 임재를 일으킨다. 빵과 포도주의 본질은 변화 없이 남아 있다. 이로써 그것에 대한 언급은 없지만 사제의 성례전적 직무는 불필요하게 되었다. 사제직은 기껏해야 교육적 목회의 의미에서 그리고 말씀을 선포하기 위해 성서를 아는 자가 있어야 한다는 사실 때문에 존재 가치를 가질 뿐이다. 종교적 삶의 핵심인 미사를 거부하고 4개 성례전을 거부한 「교회의 바빌론 포로에 대한 마르틴 루터의 서주」에서 분명해진 사실은 루터의 생각이 근본적으로 교리상 가톨릭 교회와 배치된다는 것이다.

루터는 교회가 『구약성서』의 이스라엘 백성이 바빌론으로 포로로 끌려간 것과 유사하고, 또한 아비뇽 교황청(1309~77)과 유사한 처지에 있다고 설명한다. 즉 교회는 그 자체의 교리 형성과 실천을 통해 자기 자신에 얽매어 있다는 것이다.

루터는 이 글을 이미 그 사이에 공표된 파문 위협 교서에 대항하는 신학적 방어의 첫 번째 조치로 간주한다. 이 글은 라틴어로 교회 및 신학적으로 책임 있는 자들을 위해 집필되었고, 1439년 피렌체 공의회 이후 가톨릭 교회가 공인한 7개 성례전, 따라서 중세 교리적 체계의 대들보를 공격한다. 성례전을 3개(세례, 성만찬, 고해 성사)로 축소함은 사제 직무, 목회 활동의 큰 부분 그리고 심리적 인간 지도에 대한 이해의 기초를 빼앗는 것이다. 이로써 일생 동안 서구인을 성례전적으로 포박한 가톨릭 교회의 교회 개념이 정지되었다.

이 글은 돌연 탄생한 것이 아니라 루터의 앞선 성례전 설교로부터 나온 결과였다. 그는 이런 교회의 비성서적 확신을 지원하는 글들에 의해 도전을 받았다. 루터가 다른 글로 공격한 라이프치히의 아우구스티누스 알펠트(Augustinus Alvelt)는 「한 가지 요소 아래서의 성찬에 관한 논문」에서 성서로부터 한 가지 요소 아래서의 성만찬을 변증하려 했다. 이탈리아의 도미니쿠스 수도회 신부인 이시도르 이솔라니(Isidor Isolani)는 루터에게 취소할 것을 권고하는 글을 썼다. 8월부터 루터는 특정인에 답변하기 위해서가 아니라 가톨릭 교회의 성례전론을 보편적으로 반박하려는 목표를 가지고 집필에 착수했다. 성례전의 기본 전제는 신앙을 훈련하는 신적 약속이 존재해야 한다는 것이다. 1520년 10월 6일에 이 글은 루터의 친구 가운데 한 사람인 헤르만 툴리히(Hermann Tullich)에게 바치는 헌정문과 함께 출판되었다.

루터는 교리에 대해 엄격한 체계로 글을 쓰는 일이 드물었다. 그러나 여기서 그는 성례전론을 반박하기 위해 엄격하게 장(章)과 절(節)을 구분해 주제를 다루었다. 그의 후대의 글들에서는 이런 일이 다시 발견되지 않는다. 교회의 고위층과 신학자들은 3개 성례전이 비참한 포로 상태에 처해 있으며, 이를 통해 교회는 그 온전한 자유를 박탈당했음을 알아야 한다. 저자는 먼저 3개 성례전에 대한 그릇된 이해를 논한다. 그 후에 그는 나머지 4개 성례전을 거부하는 근거를 제시한다.

빵의 성례전이 믿는 자들에게 다만 한 가지 형태 아래서만 수여됨으로써 그 본질과 완전성이 로마의 독재자에 의해 탈취된 것을 가리켜 루터는 '첫 번째 포로'라고 표현한다. 로마 교황은 그의 명령을 통해 성서의 증언을 왜곡함으로써 독재자가 되었다. 루터는 전통적인 우유성(accidentia) 이론과 화체론을 '두 번째 포로'로서 거부한다. 왜냐하면 이것은 아리스토텔레스 철학을 근본적으로 추종하기 때문이다. 그러나 그는 빵의 요소 속에 예수의 몸의 임재를 확립하고, 이를 위해 강철과 불의 융합을 원용한다. 그러므로 각 요소는 철과 불이며, 따라서 '그리스도의 변화된 몸'은 '빵의 모든 부분 속에' 존재할 수 있다. 루터는 진실로 그리스도의 몸과 피가 성만찬에 현존함을 믿는 단순한 신앙을 지지하고 아리스토텔레스적 사변을 거부한다.

루터는 '선행과 제사'의 의미에서의 미사를 빵의 성례전의 '세 번째 포로'로 본다. 교회는 교회 백성을 위한 호화스러운 축제 및 다른 재정적 음모와의 연관 속에서 미사를 타락시켰다. 미사의 능력, 본성, 본질은 전적으로 그리스도의 말씀에 있다. 그러므로 루터는 「마태복음」, 「고린도 전서」 11장, 「누가복음」에 전해진 것과 같은 그리스도 제정의 말씀을 명심하라고 요청한다. 미사는 죄 사함의 약속이며, 약속하는 신의 말씀이 있는 곳에, 받는 인간의 믿음이 필수적이다. 행위, 능력, 공로로서가 아니라 '오직 믿음으로' 인간은 신의 약속에 다가간다.

그러므로 성례전론에서 믿음과 약속은 결합되며, 양자는 똑같이 필요하다. 또한 믿음만이 제단 성례전을 위한 올바른 준비 자세이다. 미사는 본질적으로 그리스도의 말씀과 다름없다. 선물로서의 신의 사랑과 자비만이 성만찬의 약속 내용이다. 그리고 이것을 믿는 것이 중요하다.

여기서 실재적 임재를 유지하면서도 아우구스티누스의 명제를 반복한다. "믿으라, 그러면 이미 먹은 것이다." 그런데 약속한 자의 말이 아니라면 무엇을 믿어야 하는가? 약속하는 복음은 미사를 제사가 되도록 하지 않는다. 선행으로서 실행된 미사가 아니라 믿음 안에서 붙잡은 그리스도의 언약이 결정적인 것이다. 그러므로 결론에서 오직 믿음만이 양심의 평화로, 불신앙은 다만 양심의 혼란으로 표현될 수 있다.

루터는 세례의 성례전이 인간들의 법규에 의해 가장 적게 왜곡되었다고 본다. 허다한 서약은 세례에 대한 침해로 간주된다. 세례는 지속적 능력을 가지며, 이른바 난파 이후에 두 번째 널빤지로 불리는 회개를 통해 보완되는 것이 아니다. 세례를 신뢰해야 하고, 세례에 대해 절망할 필요가 없다. 세례가 회개를 통해 보완된다는 가설로 말미암아 서약, 선행, 보속, 순례, 면죄부 같은 보조 도구가 날조되었다. 도리어 교회는 그리스도인을 부지런히 '세례의 순수함'으로 돌아오도록 호소해야 한다. 세례에서 선사된 약속에 대한 신앙은 루터에게는 너무나 소중하기 때문에 어린아이들 세례를 도와주는 '타인의 신앙'에 대해 말한다.

회개와 고해 문제에 대해 루터는 본질적으로 새로운 것을 진술하지 않는다. 그는 고해 및 그것과 결부된 보속 행위가 영리와 권력을 위한 도구가 되었다고 교회를 비판한다. 여기서 그리스도교는 단순한 성서의 말씀으로 돌아가야 한다. 회개는 필요하다. 그러나 이 제도는 인간의 영혼을 절망으로 떨어지게 해서는 안 된다.

그러나 루터가 성례전에 대한 자기 기준을 갖다 댈 때 현재의 고해 성례전에서 난관을 느낀다. 그는 글의 결론 부분에서 또다시 그것을 언급하는데, 본래 성례전이란 부가되는 표지를 통해 약속된 것일 따름이라고 말한다. 모든 나머지 성례전은 '순전히 약속'이다. 따라서 엄밀히 말해 오직 두 개의 성례전만 있다. 즉 세례와 성만찬이다. 왜냐하면 우리는 여기서만 신적으로 제정된 표시와 죄 사함의 약속을 보기 때문이다. 그러나 고해 성례전은 신적으로 제정된 가시적 표시를 갖지 않는다. 그것은 세례에 이르는 길, 곧 세례로 돌아감에 불과하다.

위에 언급한 루터의 기준은 이제 네 가지 다른 교회 행위에 완전히 적용된다. 그것들은 성례전 개념에 부합하지 않는다. 견신례에 대해 우리는 그리스도가 그것을 약속했다는 말을 어디서도 읽지 못한다. 우리는 그것을 신적으로 제정된 성례전으로 간주할 근거가 없다. 그러므로 견신례를 교회의 관행, 즉 성례전적 의식으로 간주하는 것으로 충분하며 구원을 일으키는 믿음의 성례전으로 간주할 수 없다.

또한 혼인도 성서적 근거 없이 성례전으로 간주된다. 질료('표시')와 형상('신적 약속의 말씀')은 믿음 안에서 상호 연관지어질 수 있고 성례전의 구성 요소로 간주되는데, 혼인에는 이것들이 존재하지 않는다. 혼인이 사도의 선포에서 그리스도와 교회의 비유로 간주될지라도 신적 제정의 결핍 때문에 성례전이 아니다. 그러므로 혼인은 '인간적 노력'에 속한다. 그러나 그것이 믿음에 해를 끼치지 않는 한에서 사랑으로 관용할 수 있다.

사제 서품도 고대 교회에서는 알려지지 않았으니, 교황 교회에 의해 날조된 것이다. 이 인간적 제도에는 은혜의 약속이 없다. 이런 말로써 루터는 가톨릭 교회의 사제 개념을 문제 삼았다. 『신약성서』 전체는 서품 성례전을 한마디도 언급하지 않는다. 루터는 귀족에게 보낸 글에서 제시한 만인 사제직에 대한 주장을 반복한다. 우리가 모두 세례를 받은 것처럼 우리가 모두 동등하게 사제라는 사실! 우리의 동의에 의해 사제들에게는 다만 봉사만 위임되어 있다면, 그들은 우리가 자발적으로 양보하는 것을 제외하고는 우리에 대한 어떤 권세도 가질 수 없다는 것을 알아야 할 것이다. 루터는 성직자와 평신도를 하늘과 땅처럼 구분하는 것이 용납될 수 없다고 보는 점에서 고대 교부들도 자기편이라고 생각한다. 이것은 치욕이며 또한 교회를 혼란으로 몰고 간다. 여기서 그리스도인의 형제애는 무너졌다. 목자는 늑대가, 일꾼은 독재자가, 성직자는 세속적인 인간이 되었다. 교황 교회는 이런 새로운 것, 비성서적인 것을 도입함으로써 성서의 증언뿐만 아니라 고대 교회의 발전으로부터 벗어났다. 고대 교회는 올바른 교회이고, 교황파 교회는 그릇된 교회이다. 그는 교회에 대한 이해에서 일관되게 이 주장을 견지할 것이다.

마지막으로 교황파 신학자들이 최후 도유(塗油) 의식을 성례전이라 칭한 것에 대해 루터는 인용한 「야고보서」 4:15~16에서 이 견해에 대한 어떤 근거도 발견하지 못한다. 루터는 교회에서 실천되는 최후 도유의 형식, 관습, 능력, 목적을 전적으로 배격하지 않으려 한다. 그러나 이것은 「야고보서」에서 병자에게 기름을 바르는 것에 대해 기록한 것과는 아무런 상관이 없다. 교회에서 승인된 이 성례전은 변증법적 신학자들의 궤변에서 만들어진 '허구'이다. 성례전 제정의 주체에 대한 선행하는 논증에 의하면, 소금과 물의 봉헌이 교회의 관습으로 도입된 것처럼 최후 도유를 성례전에 포함한다면 의도하는 바가 무엇인지 분명하다.

믿음과 거기에 뒤따르는 기도가 여기서 모든 것을 작용하게 한다! 교황파 신학자들이 생각하듯이 최후 도유는 '효과적 표시'이기는 하지만 신앙의 기도는 병자를 도울 것이고 주님은 낫게 할 것이라는 분명한 말씀에 따라서 그럴 뿐이다. 모든 피조물은 말씀과 기도를 통해 성화될 수 있고 이런 의미에서 최후 도유는 사죄와 평화를 수여한다. 왜냐하면 받는 자는 그가 믿는 대로 자신에게 일어날 것을 믿기 때문이다. 교회의 일꾼이 착각할지라도 받아들이는 자의 신앙은 착각하지 않는다. 그러므로 루터에게는 성례전론 전체가 신앙에 대한 물음 속에 있다. "믿어라, 그러면 가질 것이다!"라는 그 자신의 명제는 1520년의 글에서 새로이 확증된다.

또한 계속적인 종교개혁적 행동을 위한 「교회의 바빌론 포로에 대한 마르틴 루터의 서주」는 많은 찬성 외에 더 많은 이반(離叛)을 초래했다. 후자는 교회의 계급서열적-성례전적 구조를 건드리고 싶어 하지 않는 개혁 가톨릭적-인문주의적 사고를 가진 자들에게 특히 그러했다. 수년간 루터의 길에 대해 공감을 가지고 따랐던 에라스무스는 로마 교회와의 분명한 단절을 지지하지 않았다. 도리어 자신의 평화적 참여는 이제 헛수고가 되었으며, 단절은 불가피해졌다고 생각했다. 종교개혁의 조형 예술에서도 때로는 두각을 나타냈던 루터의 적수인 프란치스코회 신학자 토마스 무르너(Thomas Murner)는 무지한 자에게도 '새로운 가르침'의 사악성을 과시하기 위해 루터의 동의 없이 「교회의 바빌론 포로에 대한 마르틴 루터의 서주」의 독일어 번역본을 출판했다.

　젊은 황제의 고해 신부인 요한 글라피온(Johann Glapion)은 처음에는 루터의 글에서 칭송할 만한 점을 기대했지만, 나중에는 전통적인 교회론으로부터의 급격한 단절에 대한 자신의 경악감을 작센 선제후인 프리드리히의 총리인 그레고르 폰 브뤼크(Gregor von Brück)에게 알렸다. 반년 후에 보름스에서 루터의 적수가 될 교황 특사 알레안더(Aleander)는 이 글을 신성모독이라고 표현했다. 신학 교육을 받은 잉글랜드 왕 헨리 8세는 이 글을 읽고서 궁극적으로 루터에 적대적이 되었으며, 7개 성례전을 배격한 것을 반박하는 신랄한 팸플릿인 「7개 성례전에 대한 확증」(Assertio septem sacramentorum)을 썼다. 로마는 1521년 5월에 작성되고 7월에 출판된 반박문의 저자 헨리 8세에게 '신앙의 수호자'(Defensor fidei)라는 칭호를 수여함으로써 이에 대응했다. 소르본의 신학자들도 반박에 동참했다. 「루터의 가르침에 대한 파리 대학 신학부의 결정」(Determinatio theologicae facultatis Parisiensis super doctrina Lutheriana)이 그것이다. 교황 측근에게조차 루터의 글은 주목을 받았다. 추기경 가스파르 콘타리니(Gaspar Contarini)는 교황에게 루터가 제기한 논거들이 완전히 부인할 수 없음을 인정했다. 여기에는 성서 해석 강의가 아니라 실천적 교회론에 관계되는 주제들이 언급되고 있기 때문에 관계되는 모든 사람들에 대한 도전이라는 사실이 더욱 현저하게 부각된다. 이런 일은 루터가 복음을 행동 이론으로 이해하기 때문에 구교로부터 벗어날 수 있었던 자들에게도 일어났다. 교회의 바빌론 포로가 개종함에서 근본적 동기를 부여한 자들은 —— 예를 들어 요하네스 부겐하겐(Johannes Bugenhagen) —— 처음에는 '악명 높은 이단의 인상'을 가졌으나, '철저한 연구'를 통해 세상이 지금까지 눈멀었고 '비텐베르크의 아우구스티누스파 은둔자가 진리에 통달했다는 확신'을 얻었다.

　빈번한 출간, 번역, 주해 그리고 찬반의 입장들은 「교회의 바빌론 포로에 대한 마르틴 루터의 서주」가 완결된 주제를 갖춘, 가장 두드러진 종교개혁적 저서들 가운데 하나에 속한다는 것을 설명해준다. 개신교 교리 형성에서 이 저서의 모범적 의미는 아무리 높이 평가해도 지나치지 않다.

3) 「그리스도인의 자유에 대한 논설」

이 글은 파문 위협 교서인 '주여, 일어나소서'의 공표 이후 교황에게 루터의 정통성과 선한 뜻을 확신시키기 위해 밀티츠의 권고로 쓰였다. 이 글에서는 그리스도인의 삶의 이상을 대중에게 친근하게 서술하기 위해 교회에 대한 공격이 후퇴한다. 따라서 이 글은 루터의 모든 글 가운데 가장 온건한 편이다. 이것은 전체 그리스도교계를 대상으로 한다. 여기서 루터는 가톨릭 분위기에 가장 접근해 있다. 그럼에도 불구하고 글의 기조에는 만인 사제직 개념이 깔려 있다. 루터는 하늘 아버지에 대한 자유로운 헌신과 거기서 자라나는 자유로운 기독교적 형제 봉사를 설교한다.

그리스도인의 자유는 구원받은 인간의 진수이다. '그리스도인'은 율법에 예속되는 백성에 대립하는 그리스도교 자유의 백성의 다른 이름일 뿐이다. 율법적 경건의 위험에 대한 공격은 '자유' 개념을 날카롭게 드러나게 만들었다. 그러나 자유 개념은 칭의론의 결과이다. 인간은 오직 믿음을 통해서만 율법의 예속에서 완전히 해방된다.

그리스도인은 신앙 안에서의 복음, 즉 그리스도의 약속을 받아들이는 한에서 만물의 주인이며 누구에게도 예속되지 않는다. 그러나 그가 완전히 자유로움에도 불구하고 그는 "믿음으로부터 신에 대한 사랑과 기쁨이 흘러나오며, 사랑으로부터 이웃을 위해 자발적으로 봉사하기 위한 기쁘고 유쾌하고 자유로운 마음이 나오기 때문에 감사 또는 배은망덕, 칭찬 또는 질책, 이득 또는 저주를 감안하지 않을 것이다." 따라서 그리스도인은 "만물에 예속된 종이며, 누구에게나 예속되어 있다." 루터가 생명의 위협에 직면해서도 중용을 지키려 했다는 것은 납득할 만하다.

1520년 가을에 루터의 저술 활동은 경탄할 만했다. 「교회의 바빌론 포로에 대한 마르틴 루터의 서주」가 출판되고 나서 며칠 만에 새로운 글에 착수했으니, 이 글의 신학적 독창성과 학문적-사상적 완성은 1520년의 다른 두 위대한 발언에 뒤처지지만 그것이 대중에 끼친 영향력은 그리스도 안의 새로운 복음적 존재에 대한 인상 깊은 용이한 명제들로 말미암아 당대에 비교할 것이 없을 정도이다.

루터에 대한 재판을 목전에 두고 작센 선제후와 루터가 속한 아우구스티누스 수도회, 외교관 밀티츠는 점차 심화되는 갈등을 잠재우기 위해 노력했다. 그 사이에 자신에게 공지된 파문 위협 교서에 대해 듣게 된 루터는 자신의 수도회 형제들과 밀티츠에게 자신의 평화의 태세 내지 양보 의지를 알리기 위해 교황에게 서신을 작성하는 데 동의했다. 루터와 밀티츠는 파문 위협 교서와 이것에 부합하는 에크 박사의 선동이 유발 요소로 비치지 않도록 하기 위해 서신 날짜를 9월 6일로 앞당겨 표시하는 것에 합의했다. 서신의 부록으로 루터의 타협적 입장을 표현해줄 소책자를 계획했다.

그러나 루터가 교황만을 수신자로 생각하지 않았다는 것은 서신과 부록 책자를 위해 독일어판과 라틴어판을 계획했다는 사실에서 드러난다. 독일어판과 라틴어판은 시간적으로 매우 짧은 간격을 두고 만들어졌다. 독일어판은 더 짧고 신속하게 탈고되었으니, 다른 경우에서처럼 신중하게 작성되지 않았다. 라틴어판은 더 길며, 신학적 표현에서 더 정확했다. 루터는 상이한 독자층을 고려해 교황을 향해서는 온건한 표현을, 로마 가톨릭 교회에 대해서는 거친 표현을 사용했다.

주목할 만한 사실은 교회의 파문 통고가 루터로 하여금 과도하게 흥분하도록 도발하지 않았으며, 도리어 1520년 10월에도 여전히 적어도 언어적으로는 개방적이었다는 것이다. 심지어 루터는 '사과할' 용의가 있었고, '자신을 교황에 대항해 어떤 악한 것을' 의도하지 않았으며, 오히려 교황에게 최선을 기원하고 아무와도 언쟁이나 다툼을 원하지 않는 인간으로 여겨줄 것으로 확신했다. 그에게는 '오직 하나님의 말씀의 진리'가 중요했다. 그는 모든 면에서 양보하고자 했지만, 신의 말씀을 포기하거나 부인할 수는 없었다. 그에게 다른 동기가 있다고 억측하는 자는 그의 글을 올바로 이해하지 못한 것이다. 그러므로 '루터의 경우' 는 종교개혁자의 이해에 따르자면, 자신이 대변한다고 생각하는 하나님 의 일이다.

「교황 레오 10세에게 드리는 루터의 서신」과 「그리스도인의 자유에 대한 논설」은 내용적으로 분리해야 할지라도 교황에게 또다시 그리스 도인의 삶에 대한 자신의 이해를 진술하려는 루터의 전체 의도는 서신 과 글을 다시 긴밀하게 연결해서 보아야 할 충분한 동기가 있다. 루터가 분명히 그와의 치밀한 접촉을 추구했던 츠비카우(Zwickau) 시장(市長) 인 헤르만 뮐포르트(Hermann Mühlpfort)에게 바친 독일어판의 헌정문 은 이를 넘어 저자가 자신의 저술을 서재 대신 시 의회실에 머물며 점 차적으로 개신교 설교에 자신을 개방하는 폭넓은 독자층을 위해 생각 했다는 것을 지시한다.

서신에서 루터는 '죽음의 수렁' 로마에 레오 10세가 위험스럽게 앉 아 있는 '페스트 같은 교황좌'에 대한 이 기간 동안의 공격에서 아무것 도 철회하지 않는다. 교황은 아첨꾼에 대항해야 한다. 루터에게는 성서 해석이 중요하기 때문에 그는 자신의 견해를 취소할 수 없다, 이것은 더 큰 혼란을 줄 것이다. 또한 '성서를 해석할 수 있는 규칙이나 척도'를 인 정할 수 없다. 하나님의 말씀은 포박되어서는 안 된다. 여기에 루터의 행동의 동기가 새로이 드러난다. 당시 교회에 대항해 점진적으로 증가 하는 그의 개별적 항변들은 그가 하나님의 말씀에 대한 '해석의 법', 즉 인간적 전통을 부인함을 의미한다. 루터의 자유론은 이미 말한 것을 요 약하고 있지만, 새로운 그리스도교 윤리를 표현한 점에서 탁월하다. 교 회의 바빌론 포로가 칭의론 이해를 성례전론에 적용했다면, 그리스도인 의 자유론은 칭의 받은 자의 삶에서 자유와 봉사에 대해 진술한다.

루터는 긴장감 넘치는 변증법으로 신앙과 봉사의 상관관계를 명확하게 밝히고자 한다. 즉 "그리스도인은 만물에 대한 자유로운 주이며, 누구에게도 예속되지 않는다. 그리스도인은 만물에 예속된 종이며, 누구에게나 예속되어 있다." 루터는 목회적으로 신중하게 비신학자들도 이해할 수 있게 두 명제를 해설한다. 그는 다음과 같이 결론을 내린다. "그리스도인은 자기 자신 안에서 사는 것이 아니라 그리스도와 자기 이웃 안에 살며, 그러나 믿음을 통해 그리스도 안에 사랑을 통해 이웃 가운데 있는 것은 그리스도교적이 아니라는 결론을 내린다. 즉 믿음을 통해 자신을 넘어 신에게로 올라가며, 다시 사랑을 통해 자신을 지나 이웃에게로 내려오며, 그럼에도 언제나 신과 사랑 안에 머문다 ……."

글 전체는 파악하기 용이하며 일목요연하므로 두 명제에서 진술의 핵심을 쉽게 인식할 수 있다. 루터에게는 마음을 모든 죄로부터, 또한 율법과 계명으로부터 해방하는 올바른 영적 그리스도인의 자유가 중요하다. 방종주의를 허용하지 않는 마지막 명제의 올바른 해석을 위해서 루터의 초기 주석이 필수적이다. 여기서 진술된 복음적 자유 개념은 정치적 자유 이해를 능가한다.

선행이 인간을 선하게 만들지 못한다. 이것은 이미 지금까지 루터의 인간론에서 분명히 알 수 있다. 선한 인간이 선행을 행한다. 그런데 선한 인간은 그리스도와 죄인 사이의 즐거운 교환에서 생긴다. "여기에 공유뿐만 아니라 유익한 싸움, 승리, 안녕과 속량의 가장 달콤한 광경이 벌어진다. 그리스도는 같은 인격으로 신이며, 죄를 짓지 않았고 죽지 않고 저주받지 않을 뿐만 아니라 죄를 짓거나 죽거나 저주받을 수 없는 인간이므로 그의 의와 생명, 안녕은 누구도 능가할 수 없고 영원하고 전능하다. 이 인격이 신부의 죄, 죽음, 지옥을 믿음의 반지 때문에 자신과 함께 나누고 자신의 것으로 만들고 마치 그것이 자기 것인 듯이 자신이 죄를 범한 것처럼 고난 받고 죽고 지옥으로 내려감으로써 모든 것을 정복하고 또한 죄와 죽음, 지옥이 그를 삼키지 못하고 오히려 필연적으로 싸움을 통해 그 자신 안에 삼켜졌다. 그의 의는 모든 사람의 죄보다 탁월하고, 그의 생명은 모든 죽음보다 강하고, 그의 안녕은 모든 지옥보다 월등하기 때문이다. 그러므로 믿는 영혼은 자기 신랑 그리스도에 대한 믿음의 담보를 통해 모든 죄로부터 자유로우며, 죽음에서 안전하고 지옥으로부터 보호받으며, 자기 신랑 그리스도의 영원한 의, 생명, 안녕을 선사 받는다. 이렇게 그리스도는 자기 신부를 생명의 말씀으로 씻음으로써, 즉 말씀과 생명, 의, 안녕의 믿음을 통해 정결하게 만들어 흠도 주름도 없이 영광스럽게 드러낸다. 이렇게 「호세아서」 2장에서 말한 것처럼 그리스도는 믿음, 자비, 긍휼, 의와 지혜 안에서 신부와 약혼한다." 루터는 이 혼인 반지를 믿음이라고 신비주의적 표상을 채용하여 진술한다. 이 신비주의 표상은 고대 교회의 그리스도론의 내용으로 채워진다. 그리스도는 마치 자신이 그 죄를 행한 것처럼 믿는 자들의 죄를 제거한다.

이런 칭의 이해는 선사된 신앙과 선사된 의를 하나님 앞에서 내 이웃을 위해 봉사하는 그리스도교 윤리를 산출한다. 나는 내 이웃을 받아들여야 하고, "그리스도가 우리 모두에게 행한 것처럼, 그들이 내 몸인 것처럼" 행동해야 한다. 그리스도인의 삶과 이웃과의 삶은 우리에게 전적으로 낯설지만, 우리의 짐을 덜어주는 동시에 책임지우는 효과적 사건으로서의 칭의의 열매이다.

라틴어로 작성된 서신과 논설문은 수신자와 시대의 조건에 따라 역사적 맥락 속에서 그 영향을 끼쳤다. 물론 독일어 판은 라틴어 판에 비교할 수 없이 훨씬 널리 유포되었다. 12쪽 분량의 초고는 간단함과 어법의 명료성 때문에 이해하기 쉬웠다. 그러므로 이 글은 루터의 급진적인 신학 비판과 교회 비판이 '그리스도 안의' 새로운 존재에, 그리스도인 형제와의 삶에 있어 구체적으로 무엇을 의미하는지를 지시하기를 기다렸던 독자들 속으로 통제할 수 없이 파고 들어갔다. 라틴어 판은 1524년까지 8판, 독일어 판은 1526년까지 18판이 출판되었다.

1483	11월 10일, 아이슬레벤(Eisleben)에서 아버지 한스 루터(Hans Luther)와 어머니 마르가레테 루터(Margarethe Luther) 사이에서 출생.
1488	만스펠트(Masfeld) 시립학교 입학.
1497	마그데부르크(Magdeburg) 공동생활형제단에서 수업 시작.
1498~1501	아이제나흐(Eisenach) 장크트 게오르크 교구학교에서 수학.
1501	에르푸르트(Erfurt) 대학 인문학부에서 수학.
1502	인문학 바칼라우레우스 학위 취득.
1505	인문학 마기스터 학위 취득. 슈토테른하임(Stotternheim) 부근에서 폭풍을 만나 수도사가 되기로 서원(誓願). 아우구스티누스 은둔자회 에르푸르트 수도원에 입단.
1507	에르푸르트 대성당 사제로 서품을 받음. 수도회의 지시로 신학 수업 시작.
1508~09	비텐베르크(Wittenberg) 수도원으로 이전. 비텐베르크 대학 윤리철학 교수직에 취임.
1509	성서학 바칼라우레우스 학위 취득. 성서 주석 강의를 시작함.
1510	수도원 업무로 로마 여행.
1512	신학 박사학위 취득 및 성서학 교수직에 취임.
1513~15	제1차 「시편」 강해.
1515~16	「로마서」 강해.
1516~17	「갈라디아서」 강해.
1517~18	「히브리서」 강해.

1517	10월 31일, 면죄부를 반박하는 95개 논제를 공표함.
1518~21	제2차 「시편」 강해.
1518	4월 26일, 하이델베르크(Heidelberg) 수도회 총회에서 논쟁.
1518	6월, 루터에 대한 교황청 재판 개시.
1518	10월 12~14일, 아우크스부르크(Augsburg)에서 토마스 카예탄(Thomas Cajetan)으로부터 심문을 받음.
1519	알텐부르크(Altenburg)에서 카롤루스 밀티츠(Carolus Miltitz)와 제1차 회동.
1519	6월 27일~7월 16일, 라이프치히(Leipzig)에서 요하네스 에크(Johannes Eck)와 논쟁.
1519/1529	루터의 설교집 출판.
1520	6월 15일, 루터를 파문하는 위협 교서인 '엑스수르게 도미네'(Exsurge Domine, '주여, 일어나소서')가 선포됨.
1520	8~10월, 종교개혁 3대 논문 집필 및 출판.
1520	10월 11일, 밀티츠와 제2차 회동.
1520	12월 10일, 비텐베르크 성문 앞에서 교회 법전과 파문 위협 교서를 소각.
1521	1월 3일, 루터에 대한 파문 교서인 '데케트 로마눔 폰티피쿰'(Decet Romanum Pontificum, '로마 교황은 이렇게 말한다')이 선포됨.
1521	3월 6일, 보름스(Worms) 제국의회에서 황제의 소환 통보를 받음.
1521	4월 16~26일, 보름스 제국의회에 출두.
1521.5~1522.3	작센 선제후 현자 프리드리히(Friedrich der Weise)의 보호 아래 바르트부르크(Wartburg) 성(城)에 은신하면서 『신약성서』 번역 및 『수도원 서약에 대한 마르틴 루터의 판단』과 『라토무스 논박』 등을 집필.
1521	5월 25일, 황제 카를 5세에 의해 보름스 칙령이 선포되어 루터에 대한 제국 파문이 발령됨.
1522	3월 6일, 비텐베르크로 귀환한 이후에 열광주의자를 경계하는 설교(일명 '인보카비트 설교') 시작.
1522	『신약성서』의 독일어판 출판.
1524	4월, 농민전쟁이 발발해 초기에는 농민군을 동정했으나, 그들의 폭력적 처사에 경악하여 『강도와 살인을 일삼는 농민 폭도들을 반박하여』에서 농민군에 대해 강경한 입장을 취함.

1525	『노예의지론』을 집필하여 에라스무스(Erasmus)의 '자유의지론'에 대해 논박.
1525	5월 15일, 프랑켄하우젠(Frankenhausen) 전투에서 농민군 대패, 토마스 뮌처(Thomas Müntzer)가 체포됨.
1525	6월 13일, 수녀 출신의 카타리나 폰 보라(Katharina von Bora)와 결혼(슬하에 여섯 명의 자녀를 둠).
1526	루터파 교회 조직 개시. 『독일어 미사』 집필.
1527	선제후령 작센 교회 시찰.
1528	『선제후령 작센 교구 목사의 교회 시찰 지침』 집필.
1528	아이슬레벤의 개혁자 요하네스 아그리콜라(Johannes Agricola)와 칭의론에 대한 이견으로 충돌.
1529	『대교리문답』과 『소교리문답』 집필.
1529	10월, 마르부르크(Marburg)에서 성만찬 문제로 울리히 츠빙글리(Ulrich Zwingli)와 처음이자 마지막 대화.
1530	아우크스부르크 제국의회에 루터파 신앙고백(일명 '아우크스부르크 신앙고백') 제출. 루터파 교회의 공식적 출범.
1531	10월 11일, 카펠 제2차 전투에서 츠빙글리 전사(戰死).
1534	『구약성서』의 독일어 번역을 완성하여 『신약·구약성서』 출판. 이를 통해 근대 표준 독일어의 정착에 기여함.
1534~35	뮌스터(Münster)의 재세례파 왕국.
1536	슈말칼덴 동맹(루터파 영주들의 동맹)을 위한 신조 작성.
1537	아그리콜라와 논쟁(일명 '반율법주의 논쟁') 시작.
1539	『반율법주의자 반박』과 『종교회의와 교회에 대하여』 집필.
1539	12월, 헤센 주의 방백(方伯) 필리프 1세의 중혼(重婚) 문제에 연루됨.
1543	반(反)유대인 저서인 『유대인과 그들의 거짓에 대하여』와 『그리스도의 거룩한 이름과 혈통에 대하여』 집필.
1545	로마 교황에 대한 마지막 비판문인 『로마 교황제 반박』 발표.
1546	2월 18일, 아이슬레벤에서 작고함.

찾아보기